古城旧事

Hometown :

Once Upon a Time

田野 Tian Ye

ISBN-13: 978-1-7324612-0-8

其他代替的书名：无人记起

导读：

《古城三部曲》讲述的是一段发生在山东半岛中部古城的故事，这段故事始于清末，终止于二十一世纪初页。《古城三部曲》的第一部《古城旧事》叙述了古城自光绪元年直到抗战胜利之后冬天这段时间的历史。在本册书中，大英雄和小人物在历史潮流的涌动下，粉墨登场：传教士与阿訇、商人与学者、土匪与军阀、侵略者与反抗者……他们将上演一个个波澜壮阔、爱恨情仇的故事。

从德昌洋行的兴起到东亚公司的昌盛，从镇江抗英到旗城的消亡，从齐鲁大学的变迁到山东大学的风风雨雨……我的家族的命运也在这段沧海横流的历史进程中被永久地改写了。当我回首去追寻这段历史的时候，却发现了一颗又一颗精美的珍珠，我愿意把这条被尘封的珍珠项链儿呈现于读者的面前。

声明：

《古城三部曲》的创作受到真实历史人物和事件的启发，但是不能等同于历史，特此声名！

自序

二十多年前，我就多次有写一部关于我的家乡古城小说的冲动，但是，每一次都因为种种原因而没有成文。随着时间的推移，创作的冲动非但没有减少，反倒与日俱增，《古城三部曲》就是在这种冲动下产生的。

我要讲述的的故事发生在山东半岛中部古城，那里有像父亲一样的山峦和像母亲一样的河流，有着如画般的四季以及史诗一般的往事，那里曾走出过商业巨贾和政界要人，也曾经是臭名昭著的土匪的故乡，但更多的是像田家、赫舍里（张）家、张家以及马家一样平凡而善良的父老乡亲……

《古城三部曲》是我对古城的一次朝圣，我把我的故事也倾诉给蓝天与白云，希望雨水能把她洒落在故乡那片青色的土地上。我亲爱的朋友们，我已经尽力来叙述这些故事了，希望读者能通过这些故事，更好的了解那片美丽的田野。千山万水走遍，心中却总有些留恋；古城，别来无恙……

田野

2018 年夏秋于德克萨斯

献给我的嬷嬷马金叶，
献给国民革命军第八军张克文，
献给四七年秋潍县去世的田美丽，
献给我的亲人和故乡！

引子

　　"很久很久以前，沧海刚刚变成桑田，天上还挂着十个太阳，那十个炽热的太阳把大地烤得赤地千里，江河断流，庄稼绝收。老百姓凄惨的哭喊声到达了玉帝的宫殿，可怜天下的苍生玉帝命令后羿弯弓射日，后羿射掉了那十个日头中的九个，只在天上留下一个太阳。那落地的九个日头把西北炙烤成了沙漠和戈壁，玉帝令托塔李天王以两座巨山压住了那九个日头，接着又吩咐灌口二郎显圣真君即日出发，将两座震日巨山投入东方碧波万顷之中。

　　二郎神杨戬不敢怠慢，以万兆金扁肩挑两座镇日大山，驾祥云一路向东疾行。那二郎真君走到咱们鲁中附近的时候，他已经累得汗滴如注了，身上滴下的汗水化为阳河、弥河以及附近的小河。他的那只哮天犬却只顾逍遥自在，一会儿追逐草地上的野兔，一会儿又朝着树丛里的山鸡扑去，没承想惊醒了栖息在梧桐树上的凤凰，受惊的凤凰疾飞而去，却一头撞进了二郎神的怀里。这杨戬踉踉跄跄站立不稳，担杖[1]前面的一座山从金扁上豁鼻儿坠地，那就是古城正南方的那座劈山，惊魂未定的二郎神高声怒喝凤凰，振翅南飞的神鸟应声石化后成为了绵延苍翠的凤凰山。精疲力竭的二郎神万般无奈，只好从金扁的后面卸下另外一座大山，把它安放在了南城阜财门十里开外的地方，那就是不远处的云门山……"

　　在我很小的时候，我青石板街十三号的嬷嬷[2]，她叫马金

---

[1] 扁担

[2] 当地方言，奶奶

1

叶儿，是这样向我讲述家乡古城南面那些群山的由来的。那时天上正下着瓢泼大雨，我嬷嬷正在搓板上洗着一堆衣服，一个雷声响起的时候，我吓得赶紧躲到了她的身后……

第一卷 丁戊奇荒

1

在一个风高月黑的夜晚，层层海浪正朝着岸边滚滚涌来，它们愤怒地敲打着岸边的细沙和礁石，如同千百年前的海浪一般无休无止，依月晕长长长消。海边矗立的这座破庙不知从何时起已经荒芜，庙前的一棵古槐也早已经枯死，枯树干如今倒成了现成的鸟窝，几只幽灵一般的乌鸦呆呆地站在死槐树的枝桠上。古槐附近还有几棵细细的榆树，不过曾今繁茂的榆树叶早已经被揪得精光，连榆树皮儿也被剥得干干净净，光秃秃的树干的显得有几分诡异，倒像是不远处一块乱坟岗子上的累累骨头一般。

古槐的树洞里传来了夜猫子的叫声，那是幼鸟饥饿的声音，最近地里的老鼠比以前少多了，连夜猫子的日子也不好过了。四更时分，远处传来一阵喧哗之声，接着是凌乱噪杂的脚步声，古槐上那几只乌鸦听到人声，径自扑棱一声骤然飞去，转眼就消失在夜色之中。七八个衣衫褴褛的汉子蹒跚地走进了破庙里，一个文弱的中年书生在案几上点燃了一盏油灯，在昏暗的灯光下，他们一个个看起来心事重重，神色也显得十分凝重。为首的是一个高个儿的独眼龙，破旧的长衫上是油乎乎的血迹，看起来倒像是个乡下杀猪的屠夫，他脸上那道长长的伤疤使他更加显得杀气十足。

"烧酒呢？"独眼龙问道。

一个瘦瘦的年轻人取出一只瓷碗，他抖抖地在碗里倒满了烧酒，众人一个接一个，将手指用刀刺破，把血滴进了那碗烧酒里。独眼龙和书生对视了一眼后，书生开口道："都拿定主意了？"

"早就拿定了！"

众人在案几前一起跪了下来，中年书生开口道："皇天在上，后土在下，天地之大，竟然没有吾等的活路。幼儿嗷嗷待哺，却死于饥荒；老母孑孓一身，却无力奉养。神明在上，吾等今日愿结为异性兄弟，不能同年同日生，但愿同年同日死，生死与共，永不悖逆。若其中有人忘记今日之誓，天可诛之，人人亦可杀之！"

众人一一报上各自的大名后，将瓷碗里的烧酒一饮而尽。

黎明时分，初升的太阳染红了海面，一位身着打满布丁的青布长衫两腮塌陷的大下巴中年人，带着清晨的潮气，疾步走进了这座冷冷清清的破庙里。中年人长身跪在神龛前，低声念叨着："吾乡吾土，吾祖吾父，愿你们的神灵保佑俺们一家，今夜能平平安安到达对岸，等俺淘到金子挣了钱，一定回来，好好祭奠你们一番！"中年人磕了几个响头后，起身快步离开了破庙，急匆匆地向岸边走去。岸边的海潮声中夹杂着一些呼儿唤女的哭声，这是一群打算从海路闯关东的人，如果幸运，他们也许不久会到达渤海对面儿的关东，如果不幸运的话，他们也许很快就会葬身这渤海湾的鱼腹之中。不一会儿，那群闯关东的人已经出海了，岸边又恢复了往常的平静。

炽热的阳光一览无余地照耀着蔚蓝色的海面，也炙烤着胶东半岛内陆干涸的土地，天上如同一下子多出了九个太阳一般。自打今年立春起，老天爷就没有开恩下过一滴雨水，夏天的一场飓风把仅有的一些庄稼全部刮倒，秋天的庄稼颗粒无收，野草无青，方圆几百里饥馑载道，附近饿死的百姓不计其数，事实上，这仅仅是这场被后人称为"丁戊奇荒"的旱灾的开始。这场旷世灾荒将持续三年有余，灾荒波及直隶、山东、山西、陕西、河南等省，受灾人口超过一亿，近千万人被饿死，两千余万灾民逃荒。这诡异的天灾摇动历史的翅膀，将对晚清的历史产生极其深远的影响。

离海边不远的那棵古槐树下，乌鸦和夜猫子早已经不知去向，几只幽灵般的野猫正在附近不怀好意地逡巡着，它们听到了破庙里传出的一阵阵撕心裂肺的婴儿哭声。

"哇～哇～哇～"

海边有些潮湿的碎石小路上，一位洋人传教士正和他的随从走在西进的道路上。随着大车的来回摇摆，二位客旅此刻都有些昏昏欲睡。洋传教士似乎在遥远的梦境中听到了一阵阵哭声，于是他猛然醒了过来，传教士听得真切，哭声是从附近的那所破庙里传出来的，他连忙拍了拍同伴的后背，示意他把马车停到那棵古槐下面。

这位洋传教士身穿一件灰突突的中式长袍，头戴瓜皮小帽，脑后还拖着一条可笑的假辫子。如果不是因为留着山羊胡子，他应该是个方脸堂，这位洋人看起来仪表堂堂，偶尔一丝忧郁使他显得有些沧桑，其实他也才仅仅三十岁而已。洋传教士下车快步跑进破庙，年轻的马车夫在古槐下停好大车，也跟着进了庙。传教士朝着破旧的神仙拜了几拜后，在废旧的佛龛上看到了一个由棉槐编成的破篮子，哭声就是从那里面传出来的。破篮子里垫着一块褪了色打了补丁的棉花套子，里面包裹着一个哭得声嘶力竭的婴儿。孩子已经哭得满脸通红，声声透着无穷的委屈。传教士摇了摇头，嘴里念了几句圣经后，把孩子抱了起来，贴在了自己的胸口上。听到传教士的心跳声，孩子的嚎哭声慢慢地变成了抽抽嗒嗒，最后停止了啜泣。

"不知道这又是哪个逃荒人家扔下的孩子？"穿青布长袍的年轻车夫操的是海蛎子味儿的胶东话，"或者是哪个王八蛋土匪造的孽？照这样下去，等到了古城，咱们直接开个孤儿院算了！"

传教士长长地叹了一口气，开口竟是一口很溜的北方官话："那也没有办法！于佛于基督，不管怎么说，我们都不应该见死不救。"

这年轻车夫是烟台一个船长的儿子，船长是一个常年在海上漂泊的中国基督徒，做为传教士的朋友，他吩咐在烟台的儿子专程送传教士去古城传教。年轻人凑过来，看了看篮子里的婴儿：孩子看起来是个干净孩子，脸色白得鲜亮，阔额头，宽人中，圆润的下巴。

"那咱们怎么办？"

"这样吧，先支上火给他烧点儿米汤喂喂。咱也该煮一杯咖啡喝提提神儿了，我都快要让你的马车摇散架了。"

婴儿喝完米汤，立刻安静了下来，想必他也早已经哭累了，一会儿就熟睡了起来。传教士和他的年轻马夫一边喝着咖啡，一边天南海北地瞎聊着，大青马和小灰驴儿也在树下甩着尾巴吃着草料，那群诡异的野猫们也早已不知去向了。此时太阳斜射，天空碧蓝如洗，海面如镜，这位叫李摹太[3]的外国传教士见到此情此景，禁不住神思飘摇，想起了他遥远的故乡——

---

[3] 李摹太：（Timothy Richard，1845 年 10 月 10 日－1919 年 4 月 17 日），英国浸信会传教士。1876－1879 年华北五省发生空前严重的旱灾（丁戊奇荒），李摹太在古城积极赈灾，收养孤儿，后来那里成为大英浸信会山东传教中心。

大不列颠王国的威尔士来。这位来自遥远的欧罗巴海边的传教士，没有继承父亲的农庄，或者像他祖父一样成为一名乡村铁匠，而是在家乡的一条小河里接受洗礼之后，成为了一名神学院的学生。李摹太在神学院努力学习了包括古埃及、巴比伦、印度和中国在内的世界通史，尤其对那个神秘的远东古国产生了巨大的兴趣，为此他还下了一番苦功夫，学会了一口流利的中国北方官话。

从神学院毕业之前，李摹太就向英国浸礼会协会提交了到中国北方传教的申请，在被批准后不久就乘船到了中国。到达中国后的李摹太宁愿深入内地，穿当地人的衣服，住进当地人的家里，吃当地饭菜。他也随时准备过一种自我牺牲的生活，而不是像他的某些同胞一样安居在沿海繁华的商埠里，整天花天酒地，自甘坠落。他把自己这样的传教方式称为"有远东特色的传教"，而他那些沉溺于物质享受的同僚们却指责他行为乖戾，为此我们的这位传教士还曾写过几本小册子，和这些所谓的"正统教徒"们进行过激烈的论战哩。

喝完了黑咖啡，又吃了几块儿干巴巴的英国饼干后，李摹太和车夫把孩子放在马车上，继续朝西赶路。

"嘚儿，嘚儿！驾，驾！"

年轻人把马鞭往天空一扬，鞭子梢儿在空中发出一声脆响，马车缓缓向远方驶去。李摹太极目四望，漫长而碧蓝的海岸线和寂寥的蓝天融为一体，只在远处能看出一线淡淡的拼接，荒凉的海滩上只有渔民留下的鱼骨头、扇贝壳以及岸边几艘破烂不堪的渔船。不远处巍峨的群山像是涂了一层淡淡的云烟，显得悠远而气宇轩昂。辽阔的天空中，青色的山岗上的黄色和绿色正在角力，显然黄色已经占据了上风，枯黄的树叶无奈地从枝头坠落，最后撒落在苍茫的大地上。

"秋天一定是这里最美丽的季节吧？"李摹太自言自语道。

"要是景色能当饭吃，那该有多好！"年轻人回了一句。

"那饥饿的人有福了，因为他们将要饱足！"

"阿门！"

黑咖啡和着几块儿破碎的饼干下肚后，年轻人的心情畅快了起来，他挥动了几下鞭子后，低声哼起了山东小曲儿："可人爱的小黑驴儿，蹦蹦哒哒的真有趣儿；俏俏利利那四条腿儿，雪里站的粉白蹄儿；黑眼圈儿，红粉鼻子儿；滚圆的脊梁白肚皮儿；向东到过东海边，向西也曾到济南府；向南过了黄河岸，向北去过那泰安山……"

车夫的小曲儿勾起了李摹太对往事的回忆：自从抛锚到达烟台后，他曾经试图穿越南满洲到过朝鲜，也曾试图定居小城牟平，可是迫于各地民众被煽动起来的"谁想把自己毁掉，去给洋鬼子抬轿"的强烈排外情绪，他只好知趣地又回到烟台教区。第二年他去了山东省城济南，专门考察了三年一度的乡试—科举考试。在领略世界上最不可思议的教育制度是如何运作的同时，他趁机向云集省城的文武考生进行了传教布道。可惜直到如今，他除了在济南为一个来自河南的下级军官举行了一次洗礼外，可谓两手空空，一无所获。当然，也不能说完全没有收获，具有讽刺意味的是，他在济南府最大的收获竟然是差点儿丢了性命。李摹太在大明湖附近的旅店里倒霉地传染上了"热病"，幸亏得到了当时也在济南旅行休假的美国长老会传教士狄考文[4]的照顾，他才得以死里逃生，慢慢康复了起来。康复后的李蓦太准备离开省城，沿着渤海海岸线返回烟台，临行前的李蓦太显得疲惫而且极度失望。

"难怪圣灵禁止圣保罗去亚细亚讲道[5]，看来并非没有道理啊？"

曾在古城办过学的狄考文安慰自己的同僚："也许你该去古城看看……"

"古城？"

"对！那是个很独特的地方，既是两京通衢之地，又有朝廷的绿营驻防，各族杂居，民风倒也包容，你一定不会有在满洲或者牟平的那种可怕经历。到那儿小住一段时间，专心研究一下如何在中国北方传教，或许你会在那里找到你所需要的答案。"

李蓦太眼神忽然就有些迷离了："既然是这么说，那我倒真应该考虑一下……"

"我隐约感觉到，在那里有许多人，他们心中有一种难以言传的追求，似乎是对一种比中国的三大宗教所启示的更高真理的追求。"狄考文用充满哲理的语调，抑扬顿挫地告诉李蓦太。

---

[4] 狄考文 (Calvin Wilson Mateer 1836—1908) 美国基督教北长老会传教士、教育家、翻译家和慈善家、中国近代科学教育的先驱。在山东创办了中国第一所现代高等教育机构广文大学（齐鲁大学之前身），主持翻译了流传至今的圣经中文译本"和合本"。

[5] 《使徒行转》第 16 章

"既然如此，那我就更应该去那儿瞧瞧了！"

狄考文博士笑了起来："那儿可是英美教会争得热火朝天的地方，如果你能够在那里打开局面的话，我们美国长老会一定会退避三舍的。"

"那我们一言为定！"

正是因为与狄考文博士在济南的那番对话，李摹太才走在了赶往古城的路上，此刻的他也坚信这次古城之行会不同于以往的任何一次旅行。年轻人唱累了停了，李摹太喝完咖啡后心情也变得好起来，他跟年轻人谈起了他正在翻译的名著《西游记》以及他对于汉传佛教的认识。颠簸的马车吱吱扭扭地进入了鲁中的大地。没过多久，前面出现了一个荒凉的小村子，一座座土房子横七竖八地矗立着，村口有一个已经干涸的荷塘，河床里已经露出了洁白的石子儿。

"前面就是个村子了，咱俩要不要停下来看看？"年轻人试探地问道。

"我们得在这儿停下来看看，至少该到村子里找个奶妈，要不然，孩子醒了怎么办？"李摹太笑着问年轻的同伴。

年轻人表示同意："嗯，是得找个奶妈，要不然咱俩大老爷们儿可伺候不了这种小月孩儿。不过，这鲁中历来民风彪悍，十里不同音，百里不同俗，现在各地又闹饥荒，还有土匪横行，咱们还是小心点儿为好！"

"不用担心，反正我也不急着赶路，咱们可以在这个村子住上几天，看看当地的风情和老百姓受灾的情况。要是真遇上土匪，我倒真想和这些东方罗宾汉们好好聊一聊哩！"

其实李摹太他们二人在破庙附近时，早就已经被附近的土匪盯上了。当这些东方罗宾汉们就要下手的时候，却发现对方竟然是个洋人，于是他们知趣地悄然离开了。中年书生对众人解释道，连老佛爷都怕洋人，更何况是咱们几个无名的乡间小贼呢？

也是在这个季节，从临淄进入古城的黄土驿道上也走来一支风尘仆仆的车马队伍，车头的旗杆上飘扬着"钦命旗城"的杏黄色大旗，本地人一看就知道那是驻扎在古城北边被称为北城旗兵的兵马。领头的是一位姓瓜尔佳氏的中年人，他骑着高头大马，显得神采飞扬。他身后的马车上装载着手下从西口置办的各种兽皮、药材以及瓷器酒醋等等。瓜尔佳协领这趟太原之行除了给舅舅祝寿，还顺路派人去了趟西口，而且从舅舅府上带回了会养马的蒙古爷孙二人，真可谓一箭三雕。

别看这个必勒格是个既矮又胖的图瓦老人，可人家祖祖辈辈都生活在草原的马群里，自小就学会了一手儿驯马相马的绝活儿。当必勒格和孙子阿拉莫斯让几匹小马前蹄跪倒，为太原府舅舅祝寿的时候，老太爷禁不住心花怒放："这小马祝寿真是吉祥，赏钱！"

看完了必勒格爷孙的小马祝寿，瓜尔佳协领心里不由得有些惋惜，转头对舅舅抱怨道："咱们古城的那个马场，里面有上千匹骏马，可我手下的那群混账东西都快把那些战马给养死了！"

"必勒格，你愿不愿意跟这位大人去一趟古城？你可要好好想想，他的马场可是比我的这个马圈大多了！"老寿星今天心中畅快，可谓有求必应。

老人听后眼睛一亮，接着笑了起来："在下全凭二位老爷差遣。"

见寿星今日如此慷慨，老瓜尔佳高兴得下巴上的胡子也跟着一起抖了起来："那就多谢舅舅您老人家了！"

瓜尔佳轻而易举地从舅舅的府上得到了蒙古爷孙二人，毕格勒和阿拉莫斯骑着一匹浑身雪白的小马，紧紧跟着瓜尔佳父子，这支旗城队伍一路经过山西河南，很快就进了山东地面儿。那时候才是个半大小子的阿拉莫斯不停地四处东张西望，好奇地打量着周围的丘陵和树林，打着"钦命旗城"的大车队爬上了一个土坡儿后，前面就是九州之一的古城了：只见一片土色泛青的田野之中，一条玉带环绕其间。玉带一般的阳河和巍峨的城墙环绕着九州之一的古城（南城），古城今日之城垣，即南阳城故址也。阳河上的万年桥翘首北望着满洲绿营旗兵驻防的旗城（北城）[6]。往南眺望，近处的火石山显得光秃秃的，不远处的凤凰山以南倒是多了一些苍翠，凤凰山背后的群山之中几个主峰劈山、云门山、逐次排开，更远的沂蒙群山背后就是一望无际的大海了。

瓜尔佳协领指着不远处对必勒格说："前面就是古城！当年我的老祖宗是在雍正十年的秋天，沿着我们经过的同一条驿道进驻古城的。自此以后，吾等有战事则战斗，无战事则练兵，男人生而为兵，女人不外嫁，替爱新觉罗家族守卫着这座千里锦绣的东大门。"

"老爷，这古城看起来的确名不虚传！"必勒格起大拇

---

[6] 本文中古城北城人操接近北京话的方言，而古城南城人操鲁中方言本文北城与旗城互指

指来恭维着。

"只不过今年赶上旱灾，这古城倒是少了许多秋色哩！"

必勒格紧跟着又问："您说的那个马场在哪儿呢？"

"就在那儿！""那"字显然是有意拉长了些；瓜尔佳协领扬起马鞭，指向古城东南那片丘陵和大海之间的茫茫群山。

2

和南城的布局完全不同，北城绿营被两条南北大街和八条小街分成八旗十六佐，每旗分前后两佐，正红旗和正黄旗这两旗处于北城的西北面，镶黄旗和正白旗处于东北，镶红旗和镶蓝旗处于西南，正蓝旗和镶白旗则处于北城的东南。南北大街十字路口东路北有将军府，俗称大人府，是这座绿营城的最高行政机构，南门内路西有理事同知府，是北城的司法机关，南门路东有副都统衙门，是北城的军事长官，自乾隆廿六年将军一职被裁撤后，副都统作为北城的最高军政长官移居将军府，副都统衙门改为旗城官员朝拜与庆典用的万寿宫。

最近这些年月，满洲绿营旗兵每次替朝廷出征回来，这座驻防的北城里都会一下子多出很多脱珥、剪发以示守节的满族寡妇。城中东西南北各族族长家影壁后的八角形石座会升起一根九尺长的木杆子，一个锡斗高高悬挂在杆顶，穿着花花绿绿衣裳的萨满教达翰儿祭祀每天都敲着八角鼓，跳来跳去为死者们招魂。死了人的丧家在家门前树起招魂幡或者挂上魂帛，亲属们还要登上屋顶呼喊招魂，让死者的灵魂能从战场回到自己的家乡。

北城正红旗索尔济和正黄旗赫舍里如今都是绿营的防御，如同绿营里的其他将佐兵丁一样，每日寅时云板一敲，他们就要在军校场集合、操练，直到云板再次敲响起，一天的操练才算结束，此时的西天已是漫天彩霞。索尔济和赫舍里的祖先都来自所谓的"肃慎之地"[7]，从龙入关后一直居于京师，雍正十年，他们的祖辈打着钦命的明黄旗，浩浩荡荡来到了山东半岛古城北面这座新建的旗城（北城）。在北城建城之初，为了保证八旗的战斗力，清政府对八旗驻防营做出了严禁旗人经商，不准学习工农业生产技术等严格的规定，八旗官兵全家的惟一生活来源就是所谓的"俸饷"，旗人们多年来一直严格地遵守着这些规定。如今将近一百多年已经过去了，虽然这些远道而来的绿营将士已经成为了地地道道的古城人，可他们的口音却依然保持着京师的口音。

望着北城西庙里面密密麻麻供奉着的牌位，索尔济和赫舍里都为自己的萨格答玛法和阿玛们[8]感到骄傲，萨格答玛法们在那场镇江战役中的英勇表现，就连侵略者也把他们称为"保家卫国而光荣牺牲"的"英勇战士"[9]。可是在后来与捻军作战中，古城旗兵的表现却大失水准，不仅旗兵死伤过半，连领军的佐领也死于乱军之中，虽然阿玛们不象萨格答玛法们那样威名远扬，不过他俩都觉得他们的父辈无愧于爱新觉罗，无愧于脚下这片锦绣的齐鲁大地。

索尔济是个闲不住的旗人，自从从瓜尔佳家的儿子那儿听

---

[7] 肃慎，是夏代及商代生活在松花江流域一带的部族

[8] 满族对祖父和父亲的称谓

[9] 中英鸦片战争中的一场战役，一八四二年七月英军进犯镇江，古城旗兵浴血奋战，重创英军。

说最近南山里有老虎出没后，他就动了到南山里打猎的年头。

"听瓜尔佳说那只老虎毛色绝佳，只可惜他只是远远地看了一眼哩。"

赫舍里却觉得瓜尔佳仅仅是看花了眼而已："他看到的也许是一只山猫或者马虎[10]，老虎在附近早就绝迹很久了。"

"要不咱们亲自去南山里看看吧，就是能猎到山猫或者马虎，不也是一桩美食么？"

自打入秋之后，索尔济和赫舍里每隔几天都会去南边儿的深山密林里。今年天气干燥，兔子、山猫、马虎和山鸡四处找水喝，打猎一下子变得容易了许多。

天刚蒙蒙亮，女人们就把熏肉、柿子饼和酸奶子放在马鞍子前面，俩人收拾妥当后骑上马一溜烟地沿着青石板小路向南驰去。二人经过大人府的时候，看到达翰儿更夫晃晃悠悠地走过旗南北大街，慢慢地往家里走去。索尔济和赫舍里出了旗城南门宁齐门后，沿着青砖路一路向南，过了演武厅和军校场后就上了一条平坦的土路。又走了不到一袋烟的功夫，两位旗人来到了阳河岸边。

阳河上屹立着连接南北两城的万年桥，万年桥旧名南阳桥，古城的母亲河阳水蜿蜒流经其下，万年桥桥栏用白石雕成，四周刻有二十四孝、松鹤同春、张良圯下遇黄石等浮雕。二人打马过了万年桥，沿着方石砌成的大路打马进了南城。

南城始建于北魏时期，初为土城，砖城建于洪武三年，城

---

[10] 狼

墙高十二米，厚六米，长十三华里零一百零八步，共有城垛口一千七百七十七个。沿着南城的北门大街，经过古城县衙和城隍庙时，街上的人越发多了起来，小商小贩已经开始在城隍庙以北的主要街道估衣市街上聚集。估衣市街是条正南正北笔直的大街，向南经过街上的长丰当铺、金诚药房、仙客来客栈、赵家香油作坊、骚狐羊沙家油饼、冯家花园以及卢家饼铺……五里桥卖豆腐的老汉正在金诚药房旁的丁字路口敲着梆子，那梆子声在清冷的早晨传得很远很远，提醒着想要买豆腐的人家。赵家油坊门口的招牌上写着：小磨香油麻汁，被捂住双眼的大灰驴正在油坊里不知疲倦地围着石磨转着圈儿，一股清香芝麻香味从油坊飘了出来。过了参府街不久就是冯家花园了，卫里的一个独眼老头儿也推着他的黄米糕车子，停在了冯家花园对面的一片儿荒地上，他从荷包里取出烟袋，装上烟丝，深深地吸了一口后，然后喊了起来："黄米糕咧，黄米糕！尝一口粘掉牙咧！"

沿着估衣市街过了卢家饼铺后，再往前就是南门大街了。经过青石板街附近衰败不堪的旧朝衡王万寿宫府邸，继续往北去就到了南城的阜财门。走出古城阜财门，不远处就是两座商贾过客打脚儿歇息的茶馆儿，茶馆儿附近坐着路边休息的脚夫、车夫、拾粪的老农以及几个破衣烂衫逃荒要饭的大人和孩子。一条南北黄土路直直地通向南山里，另外一条东西向的黄土路连接东乡和西乡。两条黄土路两边是一片片干涸的庄稼地了。赫舍里手搭凉棚向南山望去，劈山山顶的山沟和云门山上的云门洞看起来十分清晰，附近连绵的山顶上没有一丝云彩。

在阜财门南面不远处，两条黄土路交叉的甘石桥附近矗立着一座火神庙与一座龙王庙，龙王庙里最近香火旺盛，来求雨的人络绎不绝。火神庙旁边的柳树林子里设有一个粥厂，很多衣不蔽体的逃荒难民都早早地等在了这里，头上插着草标的大人孩子们沿着柳树荫一字排开，倒好似做生意的商贩一般。一位赤裸着上身的中年人在一块儿空地上练起了把式，长长的大辫子高高盘着地盘在头顶上，中年人一口气翻了好几个筋斗，引来众人的一阵喝彩。因为饿得眼冒金星，他一个跟头儿没翻好，一个仰巴扎[11]"扑哧"一声摔倒在地上，四周围观的人发出一阵哄堂大笑来。

"酿[12]嗯[13]这功夫不行啊？"提着画眉笼子的青石板街地主刘元兴失望地对他摇了摇头。

中年人拍了拍身上的尘土，悻悻地答道："俺已经好几天没吃顿饱饭了，再好的功夫身上没劲儿也使不出来。"

刘元兴将信将疑地打量着中年人："俺要是给你买仨菜包子，等你吃完了，你就能连翻七七四十九个跟头儿么？"

满头大汗的黑瘦中年人连忙点头："俺只要吃完了菜包子，甭说是七七四十九个跟头儿，就是八八六十四个也照样能翻！

"大爷大娘，给点吃的吧，俺快饿煞连。"地上抱着孩子的女人衣衫不整，青筋暴起的两个乳房像晒干了的茄子一样吊在胸前。

"老爷，您买了俺吧，俺会伺候人，还能陪你睡觉，给您生小子儿。"一个半大女孩儿细声细语地招呼着周围的行人，赫舍里和索尔济看着心中不忍，各自从怀里掏出几个铜子儿来，扔在了地上。

---

[11] 仰面摔倒

[12] 那么

[13] 你

看到路旁一位道士在看相算卦，赫舍里下马朝他走了过去，招牌上写着"云门散人"。只见此道士须发洁白，慈眉善目，看起来倒是颇有些仙风道骨的感觉，道士见两人身上系着红带子，知道对方是来自北城的旗人，于是笑吟吟地朝着二人施了个大礼。

"两位军爷想测点儿什么呢？"

"呵呵！"赫舍里笑了起来，"我看你不像是平庸之辈，你倒说说看，最近的这场旱灾是怎么回事儿啊？"

云门散人微微一笑："原来军爷问得是这个？怎么说呢，如今华夏面临前所未有之变局，这就好比军爷家里演的一场堂会，神仙老虎狗、生旦净末丑马上就要粉墨登场，上演一场千古未有的大戏哩。"

赫舍里还想细问，道士却只是搪塞："天机不可泄露。"

见道士磨磨唧唧不够爽快，索尔济心中倒有些不快："别听他胡言乱语，咱们走吧！"

二人正欲转身离去，云门散人却不慌不忙地开口道："二位军爷留步！"

"你还有什么事儿？"

"二位军爷这些年里务必不要出门远行……以免招来……无妄之灾。"

心高气傲的索尔济耳听道士咒诅自己，禁不住心中有些不快，脸色也立刻阴沉了下来。赫舍里却上下打量着道士，开口道："你明明知道我们是朝廷绿营的人，却说出此种言语，是何用意？你难道不知道？如果我们不听朝廷的调遣，那是要掉脑袋的。"

"跟他扯这些干什么，咱们走！"

二人正欲打马前行，却看见从城门里晃晃悠悠走出来个衙役。衙役一面敲着锣，一面发出像破锣一样的声音："都听清楚了！再过一个时辰封路，县太爷大人要亲自出城求雨！"

"都听清楚了！再过一个时辰封路！"

赫舍里好奇地叫住了那个衙役："你们南城县令这是唱的哪一出戏啊？"

"什么？"

衙役刚要发作，看到枣红马的主人是北城旗人装饰，立刻换了一副面孔，他耐下性子，陪着笑脸，一五一十地告诉两位旗人事情的原委：自从今春以来，古城就没有下来一滴雨水，如今庄稼颗粒无收，饥馑载道。不仅全城老百姓个个忧心忡忡，本城知县的太夫人，有悯天下苍生之忧，情急之下也憋出了重病。为了表示自己爱民如子以及孝道至诚，知县大人今天要在自己的脖子、手腕、脚踝上带上锁链，头戴柳条帽，带领官衙里的大小官员随从，徒步到城外的庙中求雨，为古城的百姓和老母祈福！

"这……也……"

索尔济听完衙役的叙述后，禁不住咧开嘴笑了起来，却看到赫舍里正朝他摆了摆手，就连忙绷紧了脸。北城副统领曾多次告诫他们作为旗人要做份内的事情，无非就是要训练骑射，以保一方平安，随时听从朝廷的调遣，切忌在民间挑弄是非，飞扬跋扈，更不能引发事端，至于南城的知府或者县太爷想要怎么治理地方，那是他们的事情，是非对错自有朝廷的定例和章法。想完这些祖训，索尔济从鼻子里喷出一口气后，和赫舍里继续打马前行。

"这简直是在百姓面前自暴其丑！"看看衙役走远，索尔济终于开口说道。

"南城知县虽然是个活宝，却也算是个孝子吧。"赫舍里若有所思地回答，"不过……"

"我敢跟你打赌，这个凤凰店子的乡巴佬是求不下什么雨雪来的！"索尔济一脸嘲讽地答道。

"是啊，连一丝儿风都没有，这是不是要地震啊？"

"或者是出了什么妖孽，刚才那个道士不是说什么神仙老虎狗么？"

初升的太阳斜射在南城城墙上，粥厂的衙役们懒洋洋地开始生火烧水，粥厂周围的人愈发多了起来。

"人都快饿死了！"

"你们要是等不及了，还可以去西门附近的法庆寺，那儿也设有粥厂！"

赫舍里和索尔济手正欲拨马向前，却看见东西向的土路上驶来了一辆马车，这辆马车正沿着护城河，朝着阜财门这边儿行来，马车上除了坐着两个汉人外，好像还端坐着一个洋人。见着洋人来到古城，赫舍里不禁想起了镇江的那场著名的战役和自己死去的萨格答玛法来，于是他低声地对索尔济说："老索，你往那撒摸撒摸[14]，东面是不是来了个洋鬼子？"

---

[14] 看一看

马车渐渐走近了，索尔济也看清了端坐在马车上的三个人。洋人穿着长袍，留着山羊胡子，面色阴郁地坐在中间，一条假辫子像猪尾巴一样垂在脑后；车夫身着华服，二十出头的样子，目不斜视地干着大车；车子的另一边儿是一位二十岁上下的村妇，脸上满是家雀儿[15]屎一样的雀斑，罩着一件灰色麻布衣服，怀里抱着一个看起来刚出生不久的婴儿。仔细一打眼儿就能看出，这个女人的衣服是由一件男性的长衫仓促改成的，穿在女人身上显得肥肥大大，显得不伦不类。马车后半部分横七竖八地载着几个箱子和细软。吱吱扭扭的马车后面，还跟着一头灰不溜秋的驴驹子，驴驹子上驼着另外的一些行李。

赫舍里座下的枣红马看到自己同类，禁不住撒着欢儿，径直迎上前去，鼻子里兴奋地喷着气，蹄子也不停地在地上跺来跺去。索尔济的大白马也不示弱，巴巴地凑上前去，朝着自己同类的屁股不停地嗅着，索尔济勒了勒缰绳，吆喝着坐下的大白马：畜生，谁叫你停下来的，还不快走！索尔济的大白马似乎觉出了主人的怒气，于是调转头后放开四蹄沿着向南的土路狂奔了起来，赫舍里的枣红马见状，也调转马头，跟在大白马后面狂颠[16]了起来，两匹战马一前一后，撒下一路的烟尘。

路边的庄稼地由于干旱而龟裂，看起来像是大地上的一道道伤口一样，有人徒劳地在地里寻找着地瓜和草甜根儿，饥饿至极的人竟然啃起山脚下的观音土来。索尔济和赫舍里不忍再看，马儿们一口气跑出去老远，远远地把古城抛在了身后，快到火石山子的时候，二人才扽了扽缰绳让大白马停止了狂奔。

---

[15] 麻雀

[16] 跑

"吁~，吁~，吁~~！"

"舍里子，你有[17]没有看到那个洋人穿的是咱老百姓的衣裳，瓜皮儿帽子下面还留着一根辫子哩。"

赫舍里笑了笑："看到了，我刚要仔细瞅，你就撂开缰绳跑了。哎，不知道他们进城要干什么……"

"我上次听瓜尔佳协领说，这些个王八蛋现在跟他娘的赶集一样在四处传他们的洋教。"

"怎么还领着个汉人娘们儿？"

"那肯定是车夫的媳妇儿。"

"不对！那个年轻后生一身光鲜，那个女人穿着寒酸，倒像是个逃难的小寡妇！"

"你倒是看得够仔细！"

"你有没有看到，那个女人怀里还抱着个孩子哩。"

"哦……还带着个孩子？"

二人放马前行，刚刚穿过几条沟沟壑壑，迎面看到穿着破破烂烂的一老一小，每人身上背着一小捆柴禾，慌慌张张地从凤凰山方向跑了过来。爷孙俩走地气喘吁吁，走近了二人，放下了柴禾，嘴里大口地喘着白气儿："吓杀人连，吓杀人连！"

赫舍里滚鞍下马走近了老头问："怎么回事儿？"

老头子回过头，心有余悸地指着远处："俺跟俺孙子早起

---

[17] 索尔济对赫舍里的昵称

去打两担柴禾，结果在凤凰山下面遇到了几只马虎（狼），一路跟着俺爷儿俩，差点儿就把命搭上了，俺劝你们几位爷也别往前走了。山里的那些马虎已经饿昏了头了，现在正四处寻人吃哩！"

索尔济在马上听到有狼一下子来了精神，马上问："附近有马虎（狼），有几只？在哪儿呢？"

小孩子指着不远处的凤凰山："就在那儿，好几只呢。样子长得像狼狗，眼睛却像灯笼一样！"

赫舍里听着孩子说像狼狗，就问他："尾巴是耷拉着还是翘起来的？是长尾巴还是短尾巴？"

孩子又说："尾巴又短又粗，还耷拉着哩。"

索尔济兴奋起来，扔了几文钱给孩子后，兀自扬鞭策马而去，赫舍里赶紧在后面紧紧跟上。

果不其然，索尔济很快就在凤凰山山脚下看到了新鲜的狼爪印儿，二人沿着狼的足迹又追了三四里路，终于追上了一只土青色的狼。这只掉队的狼竖着两只大耳朵，用灯笼一样的眼睛恶狠狠地盯着正在靠近的生人，仰起头发出了几声嚎叫，瘆人的声音在山谷中回荡着。索尔济和赫舍里一左一右端着鸟铳放马朝狼跑了过来，感到危险的大青狼转头开始朝不远处尖嘴儿山附近的松树林里逃蹿。这只狼在山地里跑得很快，不久就逃到了树林边，索尔济打马从右边包抄过来，一扬手里的鸟铳，"啪"的一声枪响击中了狼的后腿儿，狼趔趄了一下，继续朝树林里一瘸一拐地奔跑。赫舍里朝着已经慢下来的大青狼点燃了鸟铳，"砰"的一声枪响后，大青狼倒在了雪地里，树林里的鸟儿也被惊得纷纷飞走。鲜血从狼的脖颈处流了出来，一会儿的功夫就染红了附近的土地。这时候，从远处的树林里传来了几声狼的哀嚎。

这只狼看起来是只成年的母狼，她眼睛无神地盯着走过来的两个旗人。母狼在阳光下显得皮包着骨头，肚子还在一上一下地起伏着。索尔济俯下身子看着这只奄奄一息的大母狼："他妈的，不该打这畜生了，你看！"

赫舍里这时也注意到了他们刚才重伤的原来是一只怀孕的母狼，禁不住咒骂了一句："操，今天真他娘的晦气！"

快要断气的大青母狼哀怨地看着远处的树林，这时候，从远处传来了几声群狼的嚎叫声，母狼的耳朵竖起来动了两下。一阵山风吹过，几只秃鹫落在了附近的树枝上，赫舍里叹了口气，把刀对准了母狼的咽喉，然后转过脸去说："俺们兄弟今天误伤了你，你也别恨俺们。俺不忍心看着你受罪，你赶紧就带着你的孩子投胎去吧。"

3

光绪元年那个秋天，旗城的索尔济和赫舍里出城打猎，却在凤凰山下误伤了一只饿红了眼的母狼。那个秋天的早晨，当一轮红日从东方升起，刚刚照在灰秃秃的古城阜财门附近城墙上的时候，两位旗人和赶到阜财门口的李摹太等人擦肩而过，而后他们就如同两条平行的直线向前延伸，又好似两个夜空中划过的流星，倏忽之际消失在茫茫夜空之中。没有人能够想得到。在很多年之后，他们其中的一个人成为了我爷爷的太爷爷，而另外一个人则成为了我的曾外祖父。

那一天天气炎热，天上没有一丝云彩，地上也没有一丝微风，那天古城发生了两件大事儿：第一件是古城知县要出城求雨，第二件则是洋人传教士用药膏治好了知县老母亲的不治之症。

干涸的土地、断流的小河、枯黄的树叶以及衣衫褴褛的古城人并没有使刚刚来到古城的李摹太感到丝毫扫兴，相反，如同圣人方济各亚西西第一次看到了偌大的苦像，又仿佛看到自己坐的轮船顺利地绕过了非洲好望角，李摹太疲惫的脸上露出了一丝微笑："看来这就是我们要到的地方了，怎么样？看起来倒像是西游记里正在闹旱灾的花果山哩。"

正抱着孩子寡妇荷花疑惑地问："酿[18]怎[19]这是到了哪儿尼[20]？"

赶车的年轻人擦了擦头上的汗，不无失望地咕哝着："这里是九州之一的古城，照理儿说现在应该是个秋高气爽的收获季节，不过今年赶上了旱灾，看起来灰不溜秋的实在不像个样儿，千年古城的繁华一点儿都没看出来，逃荒的饥民倒是不少！"

从甘石桥边无精打采枯黄的柳树下，传来一阵骚动和叫嚷声，李摹太走下车后，分开人群，原来甘石桥墩旁大柳树下躺着一位衣衫褴褛的农妇，一群看热闹的人只是远远地围在农妇四周，却无人愿意上前搭救。李摹太走上前，蹲下身去，看到

---

[18] 那么

[19] 咱们

[20] 是个在鲁中方言中时常出现的疑问后缀

了农妇那张由于变形而分辨不清年龄的脸，他刚要伸手去摸那农妇的鼻息，一个站在附近的衙役喊了一声："别摸，她有麻风！"

李摹太没有理会对方，伸手探了探农妇的鼻息，接着又按了按她的脉搏，却早已经没有了心跳，看来农妇早已经断气了。他摇了摇头，站起了身来叹了口气对衙役说："唉！已经死了，赶紧烧掉埋了吧。"

马车进城后继续在南门大街上缓缓而行，李摹太一面好奇地看着四周，一面寻找着客栈。过了青石板街，商贩渐渐地多了起来。估衣市街上的商贾和路人们纷纷停下了手里忙着的事情，看猴子一般侧目盯着这位穿着中式服装的"洋人"和他的随从。看到大家嘀嘀咕咕地窃窃私语，李摹太尴尬地朝着路人点头微笑。

当年估衣市街和青石板街附近的许多人都目睹了洋人进城的那一幕，地主刘元兴家的长工刘疤痢正从疙瘩庙附近挑水回家，他放下担杖后揩了一把头顶上的汗珠儿，捂着嘴对着田家大院的长工薄结巴的耳朵嘀咕道："这个他娘的洋人看起来岗[21]像是只大马猴哩！"

"像像像……志怪里的的的……妖怪老老老……山山山……精精哩。"田家的长工结结巴巴地回了一句。

皮货匠张三簸箩的儿子张七斗还"咩咩咩"地朝着洋人学了几声山羊的叫声，引得围观的众人大笑了起来。嘴里正含着手指头的朱小尾在他老娘怀里也见到了传教士李摹太，当看到这个高个子的洋人咧嘴朝他笑的时候，朱小尾居然被吓得放声大哭了起来。他娘赶紧从旁边的卢家火烧铺子里给他买了个柿

---

[21] 非常，很

子大小的酥皮儿火烧，于是朱小尾破涕为笑，抱着糖火烧满嘴泻涎[22]地啃了起来。

那天上午巳时过后，南城的几条主要街道开始戒严，客商们也在衙役喊街通知封路之后不得不停业半天。南城的男女老少争先恐后地挤在一起，观看县太爷带领衙门里的大小官员出城求雨，衙役们敲着锣鼓走在前面，县衙的大小官员一起跟在后面。

"咣～，咣～，咣～～！"

只见五短身材、体态肥胖的古城知县将自己打扮得如同犯人一般，身披锁链，头戴柳条帽走在队伍正中间。古城大小官员紧随左右，有的身上背着柳条儿，有的手臂上绑着麻绳儿，有的脖子上戴着枷……

南城的百姓们觉得县太爷这个阵势只有一年一度的社戏或者阳河河滩的秋后问斩可以与之相媲美，大伙儿有的指指点点，有的摇头连连，有的忍俊不禁，刘元兴的小老婆一下子笑喷了，嘴里的几颗嚼碎的仁丹竟然飞到了田蚂蚱的脸上。总之，这场县太爷求雨的活动正变得越来越滑稽。不知真相的人会以为这是在处决犯人之前进行的游街示众，而将要被处决的人正是古城知县和大小官员们。

一路颠簸进城的李摹太在估衣市街的"仙客来"客栈里放好了行李后，刚刚喝了几口茶水，就目睹了古城一场令人哭笑不得的闹剧。他站在仙客来客栈的二楼，一面捋着胡子观看着知县出城求雨，一面饶有兴趣地听着客栈老板添油加醋地解释着这场求雨闹剧的原因："据说县令的真心并不是为了求雨，

---

[22] 口涎

而是因为他老母亲哩。咱们这位县令早年丧父，由老母亲拉扯大，据说是他家乡的一个大孝子。入秋之后，县令的老母亲身体不适，日渐消瘦，就连县令的好友温大夫、精诚药房和城北的精益居也一筹莫展，听说连棺材和老衣裳都已经预备好了……"

"哦……那你们这位知县……老太太到底得的是什么病呢？"李摹太好奇地问客栈老板。

老板把县令老母亲的病症一一叙述了一遍，叹了一口气后，加了一句，"最近古城得这种病的人不在少数啊，真是天作孽啊！"

聆听完县令老母亲以及附近很多老百姓发病的症状后，李摹太立刻意识到县令老母亲的发病症状与去年自己在省城济南得的那场"热病"的症状近乎完全一样。

"这不是天作孽，这是一种叫热病的传染病！"

"是热病？"

"这病我可以治好！"李摹太微微一笑后，轻声对客栈老板说。

"什么？你……你可以治好？"客栈老板将信将疑地看着这个洋人。

"是啊……"李摹太继续说道："老板，麻烦你现在就去一趟县衙，你去告诉县太爷的手下，就说我李摹太可以医治好老夫人这个病，而且保证老人家在三天之内安好如初！"

傍晚时分，英国传教士李摹太在五彩晚霞中敲响了古城县令府邸的大门，古城县太爷满脸狐疑地接待了这位谈吐不俗的洋人。本着"死马当成活马医"的心态，县太爷接受了李摹太的毛遂自荐。李摹太在详细询问了县令老母亲的病情后，从怀里取出一个装着白色药膏小瓶子，给老人服用了少许药膏，便随即告辞回了旅店。

县令老母亲在服用了传教士小瓶子里装的白色药膏后，当晚病情就出现好转，第二天食欲大增，大便顺畅，通体畅快。正如李摹太所言，三天之后老太太果然安好如初，可以挂着拐杖四处在院子里喂她的草鸡和大白鹅了。南城县令大喜过望，不仅大摆宴席招待了李摹太及其随从，而且邀请他租住进了自己县衙附近闲置的几间厢房。

洋人神医使本地县太爷母亲起死回生的事儿一时之间在本地传为佳话，来县衙向外国神医讨要白色药膏的人络绎不绝。那些年，古城很多人患了所谓的"热病"。从现代医学的观点来看，包括县令老夫人在内，这些人的热病更像是因为摄入的食物或水受到霍乱病菌污染而引起的，李摹太带来的白色樟脑油把县令的老母亲和很多本地患热病的人从死神手里救了回来。整个秋冬，李摹太源源不断地向民众免费发放奎宁丸，他还亲自到各个粥厂去参与救济灾民，灾民感激涕零的同时，也被这个一口官话的洋人惊得目瞪口呆，不知所措。

李摹太救死扶伤和参与救济灾民的行为，使得古城县令一家和古城的许多人开始重新审视关于对洋人的种种谣言。很快，李摹太就成了本地县令的座上宾。县令和他的老母亲更是向对待老熟人一样，亲切地称他为"老李"。县令的凤凰店子老乡，大夫温大夫也时不时拜访传教士，和他讨论《黄帝内经》和各种医学问题。李摹太甚至还被邀请参加了温大夫凤凰店子老家的一场别开生面的婚礼。结果在温桂芳的婚礼上，大家都忙着去看这个留长辫长山羊胡子的洋人，以至于冷落了拜天地的新郎和新娘。

李摹太不但走遍了古城周围的寺庙，而且多次造访城西的法庆寺。明衡王府被查抄时，财产一半归入法庆寺中，法庆寺院因而得以拓展成为古城规模最大的寺院，与长清灵岩寺、诸城侔云寺、五莲光明寺号称山东四大禅寺，清代多位高僧均曾住持过法庆寺。须发如雪的住持在斋堂里听李摹太讲述了一番他们的信仰和救主后，觉得虽然旧约中的上帝喜怒无常，可是新约中的上帝却倒是有几分菩萨心肠，可见只要放下屠刀，便可立地成佛，于是高颂佛号，阿弥陀佛，善哉善哉！

李摹太和城东真教寺和清真寺的阿訇们讨论耶稣和尔撒、摩西和穆萨、《出埃及记》和《黄牛章》以及十字军东征和叙利亚等等问题，阿訇们还邀请李摹太一起参加礼拜五的主麻，当李摹太告诉东门附近的教众们耶稣是上帝的独生子的时候，有个年轻的瘦阿訇竟然捂着嘴偷偷地笑了起来，白胡子老阿訇恶狠狠地瞪了他一眼，他才赶紧止住了笑声。

不管李摹太到哪里造访，门外都挤满了古城爱看热闹的人群。大人小孩儿们都用沾了唾沫的手指，捅开窗棂纸向里偷窥着；有一次，李摹太正在茅房里拉屎，有人也蹲下来和他搭讪；还有一次他正褪下裤子撒尿，一个中年娘们突然闯了进来，李摹太一面提着裤子捂住下体，一面懊恼地说："你们难道没听见我一直在咳嗽吗？"

女人哈哈大笑了起来，理直气壮地说："俺才刚[23]没听见是你咳嗽，还以为是个刺猬在叫哩！"

李摹太每天出去都会带一个笔记本儿，把路上的见闻、和别人的对话、参加婚礼的情况以及所有的鸡毛蒜皮的事情都记录了下来，晚上他会在油灯下整理这些笔记或者继续翻译《西

---

[23] 刚才

游记》。

李摹太也曾尝试着在住所附近开设了基督教认知班，可是当地老百姓除了对他的神奇药丸感兴趣外，没人对他的传教和耶稣感兴趣。他有时候会准备一些吃的、喝的，想以此为诱饵引起大家的兴趣。可是每次大家吃完喝完，就会找各种借口离去，有的人忽然闹起了肚子，有的人忽然觉得头晕目眩，更可恶的是有些人不但偷拿食物，有时候连桌上的盘子碗筷也会顺手拎走……

李摹太有时候会朝住在隔壁的古城司库田大寿抱怨几句，田大寿对他解释道："本地民风如此，百姓有小过而无大恶，委实并无恶意。"

如果说南城里有一个人对李摹太的神感兴趣的话，那就是城里管税粮款的司库田大寿。住在青石板街路北的田大寿说来也是书香门第，田家在田大寿他爹这一辈子开始做起了钱庄生意，家道渐渐殷实了起来。田大寿年轻的时候读过不少闲书，对本地的民风也比较熟悉，虽然曾经沾染过几年鸦片烟，后来也慢慢地戒掉了。田家家境丰阔，衣食无忧，唯一的不足是自己已经年近五旬，娶妻多年，却膝下无儿无女，娶了个偏房后，仍未能如愿。

因为南城司库的衙门和李摹太在县衙附近租住的四合院只有一墙之隔，田大寿在处理完公务之后，就会信步从县衙来到老李的住处闲扯几句，二人倒也算是投缘，一来二去，李摹太和田大寿倒成了无话不谈的朋友。

一走进传教士的屋门，田大寿就笑眯眯地问："老李在忙啥呢？"

李摹太此时正好累了，看到田大寿来了，心里十分高兴："瞎忙着呢，老田你来的正好，我正好累得眼睛都酸了，想着找个人拉拉呱[24]哩！"

李摹太向田大寿请教《西游记》和《聊斋》里的一些故事情节，或者某个词汇的准确翻译。田大寿每次同李摹太见面，都要向他灌输一番自己的学佛心得。后来李摹太回到伦敦著述，还专门在他的书里提到了他们之间的一些有趣的争论。田大寿也向李摹太咨询了他信的主和耶稣到底灵不灵验，于是李摹太给田大寿讲了关于雅威[25]造访亚伯拉罕并使他的妻子萨拉怀孕的故事。田大寿听后觉得这倒是和聊斋里的一些章节十分相似，于是也一一列举出这些故事来。

有一天李摹太为难地问田大寿："老田啊，我路上捡的这个孩子要不你就收下吧，这也算是上帝的恩典，说不定我哪天就得动身走了！"

田大寿低头思索片刻，接着满口应承了下来："这倒是个好事儿，那俺老田从此也有儿子了！"

"不过，你最好不要告诉别人孩子的身世，那样对这孩子不好！"

"这你放心好了！他们一直住在城西法庆寺附近一个僻静的小院子里，那里平时连个人影都没有哩！"

田大寿和女人商量妥当后，就找了个良辰吉日，趁着夜色就把奶妈荷花和那个从破庙里捡的孩子接到了田家大院。田大寿的女人一看到这个白净的孩子后，立刻喜欢得爱不释手。过

---

[24] 聊天，讲故事

[25] 沙漠一神教的神

了没多久，田家选了个良辰吉日，给孩子换上新帽子新衣服新鞋，祭拜了祖宗的牌位，按照田家的家谱，起名叫做济世。

转眼就是第二年的秋天，田家女人专门挑了个大吉大利的日子让田济世抓周。床前设了长案，屋里点上了安息香。田大寿从书房里拿来了笔、墨、纸、砚以及一册《论语》，又从帐房里拿来了红木算盘和账册，田家女人拿来了钗环、酒令和胭脂，田蚂蚱一瘸一拐地拿了一把桃木做的青龙偃月刀来……

一会儿的功夫，各种物件面面俱到，满当当地摆了一长案。脸色红润的荷花将哥儿放在了长案前，嘴里嘟囔着："天灵灵地灵灵，少爷抓周灵灵灵！"

这时候，满屋子的人一面说着些鼓励的话，一面紧张地盯着田济世。只见孩子四处看看后伸出小手，似乎要去碰《论语》，田大寿大喜过望，嘴里刚要叫好；孩子眼神一转，却没有动《论语》，看到他抬手要去碰那胭脂盒子，吓得田家女人和荷花紧张地捂住了嘴巴，荷花急得伸出手来，弹了田济世的小手一下；孩子望了望荷花，咧开嘴笑了笑，流出一嘴的口涎。他又转身去够那把青龙偃月刀，薄结巴高兴地说："将将……将将来是是……将将……才哩。"薄结巴结结巴巴的话音未落，田济世却一把抓起了放在长案中间的红木算盘来，一面咧嘴笑着，一面"哗啦哗啦"的摇动着田大寿的算盘。

"算盘好，算盘好！真是俺的好儿子！"田大寿笑呵呵地把田济世抱了起来，田家女人这时诵起了阿弥陀佛，荷花伸手递给田济世一个山药葫芦，满屋子的人也如释重负一般，觉得青石板街田家大院的钱庄生意算是后继有人了。

青石板街是条正南正北的大街，以前曾经是前朝衡王府的万寿宫，如今衡王府曾经辉煌的门楼早已经颓废不堪，一扇门板也已经不知去向，进门口的石牌坊歪歪斜斜地埋在土里，旁边的条石摇摇欲坠，中间青砖铺成的甬道，呲牙咧嘴地伸向远处，如今的衡王府再也看不出一丁点儿旧时的王公世家的模样来了。遥想当年衡王在嘉靖年间来到古城的时候，西班牙人正在攻陷格拉纳达，克里斯托弗·哥伦布不久将会首次扬帆出海寻找新大陆。崇祯末年，古城衡王归顺了大清，顺治三年，清廷以叛乱为由诛杀末代衡王朱由楲，抄斩了衡王府。可怜的衡王家族被迫四散逃命，来不及逃走的则被变卖为奴，衡王的家产财宝"半归禅刹（法庆寺），半入侯门（主要是北城满族）"，富丽堂皇的古城衡王府瞬时被夷为平地，真可谓"侯门一入深似海，可怜生在帝王家"。衡王家族大部分逃到了古城西南山区的王坟，但是衡王家也总有几个漏网的小鱼、小虾或者家丁留在了古城，比方说青石板街甬道南面住的朱老黑。

看起来黑不溜秋的朱老黑，说起来也算是明朝衡王府的正宗传人了。朱老黑的女人领着朱小尾，荷花抱着抓完周的田济世，和附近的娘们儿古蹲[26]在大槐树下嚼老婆舌头的时候，衡王的传人朱老黑正满头大汗地忙着修葺他家早已坍塌很久的院墙。一条大青蛇"扑棱"一声从青砖里钻出来的时候，他被吓得大叫一声后，一个屁股蹲儿坐在了一滩新鲜狗屎上，于是朱老黑开始大骂大青蛇和家里的母狗来，捎带着又骂起自己的女人和儿子朱小尾。

朱老黑破口大骂的时候，刘元兴的儿子狗蛋儿和刘疤瘌的儿子刘根儿，正在估衣市街天主教堂的地基附近捡碎石子玩儿。石匠刘元奎和他的徒弟们在前面叮叮当当地敲着石头，刘狗蛋和刘根儿就像跟腚猴子一样跟在石匠后面捡；几个泥瓦匠们在忙着丈量地基，用墨线在石头上打出印记来；一只母狗带着

---

[26] 蹲

它的一群狗崽子在地上嗅来嗅去，一只狗崽子像一团棉花一样，滚到了附近几只觅食的走地鸡跟前，五颜六色的走地鸡们瞪着惊恐的眼睛，咯咯咯地看着这只撒欢儿的狗崽子。

青石板街西面住的是原先冯阁老的后人，不过因为裱糊匠冯吉祥是庶出的一支儿，总是有点儿自惭形秽的感觉，除了帮冯吉安裱糊一下字画之外之外，和这个估衣市街上冯家正宗传人来往并不多，和老龙湾冯家庄子的冯氏家族倒是多有交往。

青石板街东面靠近四井口的院子里住的是南城的地主刘元兴，据说刘元兴和估衣市街的刘元奎最早都是一个刘家的。刘家人丁兴旺，庄稼地也多，尤其是青石板街的刘家，不过刘家的关系错综复杂，就是南城最有学问的老秀才也说不清楚他们之间的来龙去脉。前一阵子，地主刘元兴为了求雨，把自己笼子里那几只值钱的画眉和八哥都放了生，此刻他正因为担心今年的地租而急得在自家院子里踱来踱去，他一面来回转着圈儿，一面用痒痒挠挠着身上的湿疹。从仉家庄附近庄稼地里回来的刘疤瘌舀了一瓢凉水喝完，对着像熊瞎子一样踱步的东家刘元兴说："东家，听说估衣市街上的天主教徒在盖房子哩？"

"又是洋人？"

"不光洋人，也有外地来的汉人哩……"

刘元兴停住了脚步，若有所思地说了一句："刘根儿他爹，俺看这干旱十有八九就是这些操蛋的洋人给招惹来的。"

4

青石板街西头的地主刘元兴朝着长工刘疤瘌倒苦水儿的时候，青石板街路中间的皮货匠张三簸箩正沿着估衣市街刚刚过了仓巷，冯家花园的公子冯如圭前一阵子赊了几件狐皮上衣，昨天张三簸箩碰到冯家的佣人常宝，常宝告诉老皮货张，最近家里手头宽裕了，老爷要把那狐皮钱还你哩。张三簸箩心里一面盘算着该如何花销冯家还的这笔赊账，一面还在担心儿子张七斗会不会割坏了刚进的那几张青猾皮。

青石板街田家大院的对面住的是一家回民皮货匠，张七斗他爹刘三簸箩原先是五里桥姓刘的一家回民的三儿子，后来过继到了青石板街姓张的回民舅舅家里，才改名叫了张三簸箩，附近的人称之为"刘改张"。青石板街张家以前主要做皮帽子，皮帽子就是用黄鼠狼皮染色后做成的各色样式的帽子，等到了张三簸箩这一代，开始经营兼做皮裘，皮裘可以是羊皮也可以是青猾皮或者貂皮袄，不过好皮料的价钱就会翻好几倍。

张三簸箩从年轻的时候起就跟着他爹拾掇皮货，在他手里经手的皮货不计其数。皮货生意在古城是家族性的作坊，严格地遵守着传男不传女的老规矩，而且皮货生产具有极强的季节性，所以旺季的时候家里雇的帮工人声鼎沸，张家的院子连屁股也调不过来；等到了淡季，就只剩下家里的那几口人儿了。

每年开春以后到三月初，张三簸箩就带着张七斗和其他几家皮货作坊掌柜们，一起做伴儿出西口，到包头、交城、枣强、大营和顺德府等地，早早地和各地商贩儿敲定买卖皮货的合同。张三簸箩就是这样在西口认识了正在采购马驹子的必勒格和阿拉莫斯，必勒格觉得"张记"皮货不容易记住，因为这世界上姓张的人实在是太多了。

"下次谁还会记得你这个张掌柜是河南人还是安徽人？"蒙古人歪着脑袋问老皮货张。

"要不怎么说俺家怎么回头客少呢，你倒是说到点子上了！"张三簸箩拍着手说："赶明儿俺去找阿訇问个名儿？"

不久，张三簸箩和张七斗去了趟真教寺，请白胡子阿訇给自家的皮货作坊请了个"福禄寿皮货"的名字，阿訇用毛笔把"福禄寿"用汉字儿和阿拉伯文都写了一遍，接着又叮嘱张家父子："你们应当知道你们的财产和子孙只是一种考验，在真主那里才会有更重大的报酬。"张三簸箩恭恭敬敬地接过阿訇的书法，张七斗虽然认识一些经字儿（阿拉伯文），可是每次都觉得那一个个经字儿像是他爹放在箱子里的一把把形状各异的割皮刀子呢。

福禄寿皮货掌柜张三簸箩还没走到冯家花园，就看见冯家的佣人常宝正指挥着几个人往大车上装东西，知道肯定冯阁老家又卖了一批值钱的东西。

"张三哥，冯公子在东边儿的菊花园里等你哩！"

张三簸箩好奇地问："常宝，今天是哪里的客商？"

"是个江南的客商，是冯大人原先在江南任上的时候就认识的。"

估衣市街上的冯家花园最早是衡王府的东华园，康熙年间，东华园成为退休的大学士、太子太溥冯溥的私人花园，冯太溥着实下了一番功夫把冯家花园变成了古城的小苏杭。园内小桥流水，花木葱郁，石峰参差，亭台错落，使人流连忘返；蜿蜒的溪流、潺潺瀑布、假山下的横石桥、瀑水桥、大石桥……精心的布局显示出花园主人卓尔不群的品味，使花园显得山奇水秀别有情趣，成为古城南城的一处幽静的去处。冯家的后人冯吉安从南方县令任上退隐回到家乡后，顺理成章地搬进了这所康熙园林里。虽然冯溥曾经是权倾朝野的清廷重臣，可是后来冯家却是一代不如一代，到了冯吉安这一代，祖上的余荫已经薄如鲁缟，他时不时地要靠变卖家产和花园里的奇花异草以接济家用。

常宝指挥着家里的佣人在前园忙活的时候，冯吉安正陪着那位江南的客商在假山的亭子里吃着酥饼，品着新鲜的雨前。江南客商一抬起头，正好可以望见远处的云门山，他开口用吴侬软语问道："冯大人，本地人都说人无寸高，这云门山顶的'寿'字到底有多高？"

冯吉安听到客人问起这"寿"字的典故来，顿时来了精神，他捋了捋八字胡须，慢条斯理地说："要问这寿字有多高，你算是问对人了。"

"说来话长，这云门山的'寿'字乃明嘉靖年间，衡王府内掌司冀阳周全为了给衡王朱戴圭祝寿，想出一个'寿比南山'的主意讨好衡王。此人遍请能工巧匠，在山前云门拱璧的摩崖上，镌刻了这个巨大的'寿'字儿。此'寿'字儿，通高三十丈，宽一十三丈，仅仅'寿'字下面的"寸"字就高达九丈，所以古城当地人有'人无寸高'之说。"

江南客人听完后不住地点着头，禁不住连声称奇："说起这衡王来，鄙人隐约记得《红楼梦》里记载了一位'姽婳将军'林四娘，据说当年某位恒王出镇古城，他'好武兼好色'，于是令手下的一班美女，习武之后攻城拔寨，不知可有此事？"

主人点头答曰："这林四娘是明末崇祯年间的秦淮歌妓，后来成为衡王朱常庶的宠妃，其实平生只参加过一次大战，就香消玉殒，实在是令人唏嘘，因此被当地人称为"姽婳将军"。

江南客人今天从冯家买了不少古玩瓷器，十分满意，临走之时，他又对冯吉安提出自己有意收购园中"福、寿、康、宁"四大奇石。冯吉安一听对方对那四块儿奇石感兴趣，脸色倒有些不悦，脑袋立刻摇得像拨浪鼓一样。

"此四块儿太湖石，乃是先祖在江南重金购置，属于山石精粹，天然呈现出福、寿、康、宁四种姿态，可谓价值连城。我冯某就是砸锅卖铁，也绝不会卖掉园中的四大奇石。"

江南客人微微一笑："我也是受人之托，随便问问，绝对不会强人所难，夺人之爱的。"

送走了江南客人后，又替儿子还了好几个债主的欠款，冯吉安心里未免有些沮丧，夫人冯秦氏开始在一旁指桑骂槐，暗指冯吉安是败家子。冯吉安怏怏地离开正房，一个人躲进了假山后面的书房里想读几章《庄子》静静心，刚翻了一会儿《庄子》，他就变得烦躁不安起来。

南城县令和英国传教士眉来眼去的消息，早就传到了这位任满还乡县令的耳朵里。据说天主教徒也在估衣市街的南头儿，准备挖地基建教堂。刚才江南客人也隐约提到，最近有几个洋人对冯家花园颇感兴趣。冯吉安觉得这可不是件好事儿，于是他放下了《庄子》，踱步到了窗前，朝正在树荫下摆弄花盆儿的佣人喊道："常宝，你去给我叫顶轿子来，我要去拜见副都统大人和知府大人！"

那天下午，心急火燎的冯吉安坐着轿子，后面跟着佣人常宝，一路向北先后拜访了古城知府和北城的副都统。知府的答复是："连北京也有很多洋人，从来也没出过什么麻烦事儿。我听说这个洋人发放过药，为百姓做了一些好事呢！无缘无故地找他的麻烦是说不过去的；至于天主教徒来到木地，本官也无能为力，朝廷是和他们订过条约的。"

"知府大人，也许他们是在借为民众做好事之名行不法之事呢？"

"如果你听说他们做了什么不法之事，尽管来告诉我，本大人是绝不会坐视不理的。"

"使鸡司夜，令狸执鼠，皆用其能，上乃无事！"北城都统像孔老二的球胆[27]一样文绉绉地打起了官腔来，他慢条斯理地讲出一番大道理来："我多次告诫手下的佐领协领，除了每天例行的操练之外，第二就是要防范进城的流民，谨防他们借机闹事，节外生枝；还有就是千万不要去招惹那些个洋人，你也不是不知道，咱们和他们打过几次仗，哪次不是割地赔款？"

无言以对的冯吉安只好坐着轿，灰溜溜地回到了估衣市街，把自己关在书房里，硬着头皮读起了《庄子》。

"子非鱼，安知鱼之乐？"

"井蛙不可以语于海，夏虫不可以语于冰。"

冬去春来，李摹太这几年在古城参与赈灾、收养孤儿，还通过揽学救助当地的许多莘莘学子。他不但翻译完了《西游记》的初稿，而且他在古城已经记录了几大本笔记。更重要的是，在他的笔记中，李摹太似乎已经找到了一部分他一直都在苦苦追寻的答案，如果不是全部答案的话。

"当我们洋人人仅仅依据普通和尚的智力来评判佛教徒的时候，就犯了一个大大的错误。一种宗教，一种赢得了当地最

---

[27] 鲁中方言 男性睾丸处

伟大的心灵的信奉的宗教，是不可以等闲置之的。"

"把许多本地文化习俗贬低为罪恶，而不承认他们所崇敬的大多数的事物是值得肯定的。结果是，这些小册子所到之处，都会爆发对传教士的暴乱。之所以发生暴乱，不是因为汉人邪恶，而是因为小册子的作者的无知——他们没有全面研究过当地人的观念，却在当地人毫无过错的地方，指责他们有罪……"

既然自己在古城的使命已经完成，而且随着古城不断泛起的流言蜚语传进了他的耳朵里，李摹太觉得到了该走的时候了。临行之前，李摹太向认识的人一一话别，也拜访了青石板街的田大寿。

"老田，我最近就要离开古城了！"李摹太向田大寿道别。

"咋能这么急？"田大寿倒是颇有些依依不舍。

"我该继续往西走了，我也想去山西、陕西和直隶这些地方看看；你们不也常说，天下没有不散的宴席吗？"李摹太回答。

田大寿觉得他说得也不无道理："那也好，你一路上要小心。不过，等你以后有时间，就回来看看，这儿也算是你的半个家乡了。"

李摹太咧开嘴笑了："你说得不错，古城确实算是我的半个家乡了，你还别说，我现在还真有些恋恋不舍哩！"

田大寿笑了："俺让蚂蚱送送你吧？"

李摹太摇了摇头："不用麻烦蚂蚱了，估衣市街的温老大夫已经替我找了一个车夫了。"

田大寿把李摹太送出田家大院门口的时候，月色如同水银一般倾泻在青石板街上。

田家的马车夫田蚂蚱坐在大车上倒是一表人材，下了大车后却是个走路歪斜的瘸子。田蚂蚱回到家里解开牲口，又把车放好后，然后一窜一窜地给驴马喂上草料和饮水，驴马吃完喝完后高兴了起来，在田家大院的地上就势一躺，来来回回地打起滚儿来，奶妈荷花就带着田济世来看驴马在地上打滚儿，田蚂蚱也跟过来低头去看驴马打滚儿，两只像贼一样的眼睛却忍不住盯住了荷花儿胸前的那两只木瓜一样的奶子和细腰下的俩大屁股蛋子。荷花儿感觉到了田蚂蚱那双火辣辣的眼睛烫伤了自己的奶子和尻子，于是就带着田济世去鸡舍旁看小鸡啄米，田蚂蚱也跟着来到鸡舍旁看小鸡啄米。

当天晚上，田老太太把荷花叫进了自己的房间里，她咳嗽了几声说："荷花呀，你觉得蚂蚱这个人怎么样啊？"

荷花不解地答道："蚂蚱他还不赖，起早贪黑，挺勤快的一个人。"

田老太太又问："你不嫌他腿瘸吧？"

荷花儿脸红了，想了一会儿说："腿瘸倒没什么，只要人勤快就行！"

田老太太笑了："俺觉得也是！哦……你田大爷和俺……想撮合着你俩在一块儿过日子，不知道你愿不愿意啊？"

荷花儿的脸变得更红了，声音也变得更小了："掌柜的……看着怎么好就怎么办吧。"

田蚂蚱和荷花儿的婚礼是在端午节那天举行的，所以当晚上的酒席上多出了凌枣粽子。那个夜晚，田蚂蚱一面揉搓着荷花儿的那两只木瓜奶，一面把自己在牲口圈里看到的那些事儿一股脑儿都用到了女人身上，女人面红耳赤地在他怀里挣扎着。第二年荷花儿就生下了儿子田秫秸，青石板街的孩子们在一天天地在长大，青石板街的老人们却在一天天地变得苍老了起来……

一百多年之后的一个秋日的下午，一大群来自传教士李摹太故乡的访问者再次来到了古城，那时候古城已经有很多年没有来过外国洋人了。在那个阳光灿烂的下午，我、祁桂枝、朱鸭子还有五奎正走在回家的路上，旁边还跟着我嬷嬷马金叶，她正在唠叨着终于发现了为什么我右脚的鞋比左脚的鞋磨损得快，当我们走到民主南街人民公园附近的时候，那几个外国人朝我们走了过来。

其中一个洋人竟然还会说普通话，这不禁使我们大吃了一惊，就如同发现家里养的那只五色大公鸡有一天早上忽然开口说话一般。她问我们这条大街是不是原先的估衣市街？我们这几个少先队员刚要说不是，嬷嬷却开口大笑了起来，她笑完之后，才一本正经地告诉那几个外国人："这就是原来的估衣市街，不过那都是几十年前的事情了，现在这条大街叫民主街。"

"原来如此……那座基督教堂在哪里？"

"就在那儿，印刷厂的旁边儿！"我们急忙把印刷厂、印刷厂宿舍以及博物馆统统指给这些外国人看。

"哦，那这就是冯家花园喽？"那个外国女人指着我们身边的白色门楼儿问。

嬷嬷又接过了话茬："冯家花园那早就是老黄历了，现在叫人民公园哩！"

"你们听说过李蓦太么？"

"李蒙汗，我们当然知道！他是人民公园的售票员大爷，每天都喝得迷迷瞪瞪的，外号叫李蒙汗。"

趁着李蒙汗睡觉的时候，我们不知道多少次在回家的路上偷偷溜进过人民公园哩，我还专门把售票窗口和公园票价指给他们看："门票五分正！"

最后这些外国人对我们表示感谢，还说了几句抑扬顿挫如同《更我学》一般的英文，那时候我们还都不懂英文。祁桂枝好像说了句这是我们少先队员应该做的，也许我也喊了一句"向雷锋叔叔学习"之类的口号，也许是傻乎乎的朱鸭子莫名奇妙地喊了那么一句。对于那天下午确切的记忆，其实我已经记不清楚了，只记得那时候天空是那样蔚蓝，我们的眼神是那样的清澈，我嬷嬷的脚步依然那样的咚咚有力……

第二卷 鱼跃于渊

5

　　知了在高高的梧桐叶下开始学着鸣唱的时候，张三簸箩的脾气就会像入夏的天气一样变得急躁了起来，他一会儿指挥雇工们把生羊皮放在荷花湾里，反复搓洗；一会儿一眼不眨狄盯着张七斗在大水缸里放上硝和黏米面，雇工们把羊皮放在缸水中翻腾淘洗的时候，张三簸箩早已经在缸里调好了皂角水，一个缸里站一个雇工，用脚不停地蹬踩着里面的皮子。

　　"再踩快点儿，趁着今儿日头好！"

　　张家父子害怕遇到阴雨天气，春夏时节如果阳光充足，羊皮一个月就可以出缸；可是如果碰到阴雨天，往往需要好几个月才能出缸。伙计们把出缸后的羊皮捞出晒干之后收起来铺板，用清水喷洒湿润后再用样式不同的刀子铲子修理，刮好后的皮子就可以上案子做活了。张家上案子缝制皮袄也有规矩，山羊皮一律要头朝上，如果是绵羊皮则要头朝下，毛质好的皮子讲究要放在前襟、后背、袖子、而毛质差点的皮子要放在肩腋这些不显眼儿的部位。如果是给富人家做狐豹这高档皮袄就更讲究了，不但做工复杂，而且需要精工细作；要给北城的王爷格格们制作一件精美的狐皮衣，有时候竟然需用耗费上百张狐皮，要忙活上好几个星期才能出活儿。张七斗每天都把扔的到处都是的裁制皮袄剩余的边角下料收集起来，经过一番长短大小和色泽的搭配后，张家的女人们穿针引线就把这一片片儿碎毛皮缝制成了一张"千张袄"。你看别小看这千张袄，在冰天雪地的隆冬时节，这可是御寒的上好物件！

张家大院的男人们在大太阳地下挥汗如雨的时候，张七斗的女人也在张家里屋的炕上挥汗如雨，她爹一声娘一声的叫唤着，费了大半天的气力，终于生下了一个健康的小厮儿[28]来。张七斗想起了阿訇的警告来，不要因为得男孩而狂喜，也不要因为得女孩而忧伤，因为一个人不知道男孩有益还是女孩有益。为了感谢安拉，张家立刻宰了两只羊庆贺，在婴儿出生后的第七天，阿訇为婴儿起了个经名叫易卜拉欣，张三簸箩恭恭敬敬地把易卜拉欣这个名字记载了家谱上，可是不久张家人就记不起是易卜拉欣还是易卜欣拉了，倒是愿意叫他张蚁羊了。

张蚁羊出生的那年夏天，张三簸箩和张七斗吃了弥河边上石疙瘩家种的西瓜，当天晚上就上吐下泻，张家父子二人差点就一命呜呼了，连估衣市街的温大夫和卫里的马大夫也一筹莫展，倒是多亏了博物堂里的怀恩光，用一些臭烘烘的药水儿奇迹般地挽救了两个皮货匠。

秋去冬来，时光如白驹过隙。这些年间，古城先后已经来了好几拨儿传教的洋人，天主教堂和基督教堂先后在估衣市街盖起了几间小草屋，成了他们的教堂。天主教堂在估衣市街最南端，基督教堂也在估衣市街的南端，离天主教堂不远，就在冯家花园的斜对面儿。天主教堂的神父是黄县的王保禄，据温大夫说，王家以前是纳鞋底儿的，后来不知怎么就成了虔诚的天主教徒；基督教堂里有两个英国人，先到古城的那个叫怀恩光，后到的那一个叫库寿宁。

想当年，刚来到古城的怀恩光[29]就像是阿里巴巴找到了强

---

[28] 男孩儿

[29] 怀恩光(John Sutherland Whitewright 1858—1926) 英国浸礼会教士，1880 年到古城传教。1887 年在古城办博物堂以及格罗培真学校(齐鲁大学神学院前身)

盗藏在山里的宝藏，花了好几个月的时间，整天流连于附近的乡村院落，甚至连农民喂猪的猪石槽也要翻来覆去地研究一番。怀恩光把他收集的那些杂七杂八的东西胡乱堆积到自己的草房里，还给草房起了个名字叫"博物堂"。几年下来，博物堂内堆满了本地的各种飞禽走兽的标本和毛皮，有死鹰、死山鸡、虎皮、狼皮、野兔皮、狐皮、以及黄鼠狼皮，还有蝴蝶、干钩活儿以及过灶婆等各种昆虫实物标本……

有一次，怀恩光捉来的一条碗口粗的大黄长虫[30]从博物堂里逃了出来，刺溜一下钻进了冯家花园的假山里，大伙儿拿着粪叉和木棒找了一整天，围着冯家花园里里外外转了个遍，也没有找到那只该死的长虫。怀恩光去过南京和苏州园林，见过大世面，他禁不住对冯吉安大肆恭维了一番他家的这个园子，脸上不禁充满羡慕之色，冯吉安听罢却着实吃惊了一番，他一直洋人对他的这份家产不怀好意，这下是他娘的不打自招了。

"哪有什么狗屁大黄长虫？洋人红口白牙撒谎，脸都不带红的！"

冯吉安的女人却认为怀恩光他们这些洋鬼子就是地狱里的妖怪入了凡尘，城南人对怀恩光的磁铁和硫酸铜溶液变色的妖术感到大为惊异，可是过了一阵子，觉得怀恩光的戏法如同程咬金的三斧头，翻来覆去也就只有那些鬼把戏，也就渐渐地失去了兴趣。怀恩光还特意雇请了一个做泥人儿的，雕塑了一些本地的人物泥彩雕像，其中有一组用大玻璃罩着的泥塑格外引人注目，塑的是青石板街的张三簸箩和儿子张七斗两个人在贪吃了西瓜摊儿上叮满苍蝇的西瓜后，手捧肚子到精诚药店时痛苦的神态。田蚂蚱觉得张七斗那个泥塑倒是真有些像他本人，

---

[30] 蛇

可是泥塑张三簸箩却一点儿也不象，张三簸箩那张鞋巴子脸被塑成了一张冬瓜脸，乍一看，倒像是刘家老地主和张七斗吃西瓜吃坏了肚子。这样几年下来，怀恩光虽然搞了不少花哨的东西，传教却没有什么起色，烟台总教区见怀恩光传教不利，于是又派了一个叫库寿宁的传教士到古城。

月光如流水一般静静地泄在田家大院里，田家的女人早早地洗完脚上床了，不一会儿卧房里就穿出了女人均匀的呼噜声。抽着烟袋锅子的田大寿悄悄地走出屋子，老汉隔着窗户能看见儿子田济世还在灯下打着盹看书，骒马在圈里安静的吃着草料，西厢房里田蚂蚱和朱小尾正在为许褚和马超谁更厉害而争论地面红耳赤。田大寿不禁笑了起来，他觉得还是吕布稍胜一筹，其实要不是因为年迈，老将黄忠也还不赖。田老汉趁着夜色溜达出了田家大院，走在青石板路上的时候，他已经从黄忠想着邓艾和姜维，不知不觉间已经溜达到了估衣市街中间儿基督教堂的草屋前，月色如水银一般正倾泻在估衣市街上。这时候田大寿忽然想起了李摹太离开的那个夜晚来，也不知道那位传教士如今怎样了？田大寿犹豫了一下后，还是硬着头皮敲了敲草屋的门。

正在油灯下愁眉苦脸的传教士库寿宁[31]起身开门，认出了来人是青石板街钱庄的田大寿。留着一撮像猪鬃刷子一般胡子的库寿宁赶紧招呼他进屋坐下，接着吩咐他老婆玛丽赶紧倒两杯热茶来。田大寿一面喝着英国红茶，一面听库寿宁在灯下悠悠地说起那个传教士来："我虽然没见过他本人，却也拜读过他写的几本书籍。我还听说他和很多高官缙绅都有来往，曾经

---

[31]库寿宁：Dr.Samuel Couline，英国浸礼会传教士，1884 年到达山东古城。古城花边、广德书院、崇道书院的创立者。

去过山西、陕西，下过直隶，赈过灾，开过粥厂，也收留过不少孤儿，听说他得过好几次热病和疟疾，在晋中被土匪洗劫一空，连身上的衣服都被抢光了，还说他过黄河的时候羊皮筏子翻了，他差点儿就被淹死。可是说来说去，他每次都能化险为夷，现在过得好好的呢，说不定那天就会回到古城哩。"

田大寿点头说道："俺一听就知道这个人是李摹太，这一晃之间好多年都过去了。"

二人你一言我一语谈话之间，库寿宁开始向老汉倒起了自己的苦水来："田大爷，既然你和他是朋友，你就不能陪着我四处走走？"库寿宁一脸疑惑地看着田大寿："古城的男女老少一听见我提信教的事儿，他们要么摇摇头走开，要么捂嘴而笑，这到底是何故呢？"

"咱这古城是著名的怀砖之地[32]，人情冷暖，一言难尽，你时间长了就慢慢自己体会吧。俺是真帮不了你，家里那个钱庄一天到晚离不开俺，而且俺一把年纪了，走不了远路了。"

见小胡子有些失望，田大寿托着腮帮子想了片刻："这样吧，俺问问家里的长工薄结巴愿不愿意吧。"

听田大寿要自己陪着那个小胡子洋人去传教，薄结巴一面赶着瞎了一只眼的驴转圈儿磨着白面，一面取笑起那个小胡子传教士来："搞……搞些……些个……个啥……啥么？他……他半天……也说不出个啥……"

田大寿对他拍拍手说："行了行了，你就干脆唱上一段儿

---

[32] 重利轻义

吧。"

为了不陪传教士老库去乡下传教，薄结巴唱了一段儿即兴胡编乱造的扬琴戏，伶牙俐齿地讲述了一番市井流传的经过添油加醋的传教士老库闹出的诸多笑话。听薄结巴把传教士说得这么不堪，田大寿和田蚂蚱禁不住乐得哈哈大笑了起来。

"你真该跟着那个唱扬琴戏的外乡人一起走了……"

"不过，你们也许不知道吧，洋人那草屋子里停着一辆英国洋车哩！"田大寿这时候打断了田蚂蚱的打岔，"他想让你骑车送他下乡哩。"

"洋洋……洋洋洋车……车车车。"正在呲着门牙大笑的薄结巴停止了嬉笑，听掌柜的说到了洋车，他倒是真有几分动心哩。

一听东家提到洋车，田蚂蚱也不禁添了几分羡慕："俺要不是因为腿脚不灵便，俺田蚂蚱肯定就去了！"

田大寿继续说道："你要是有时间去他那儿，你可是咱这古城第一个学会骑洋车的人。你仔细想想，你没事儿带着他去四处走走，附近的男女老少看到你骑着洋车，那得有多风光？"

库寿宁的教堂里确实有辆洋车，他在估衣市街的石头路上教薄结巴如何骑洋车的时候，引来了附近不少的大人和孩子。在摔了十几个跟头之后，薄结巴终于可以歪歪扭扭地骑着洋车在附近转悠了，又过了几天，薄结巴就学会了如何载人骑车了。许多年之后，当第一家洋车行在估衣市街上开张的时候，车行老板老常宝和外甥秦歪嘴儿还专门跑到了仇家庄，详细询问了薄长果关于薄结巴当年骑洋车的情景，后来还发表在古城当地的报纸上，题目就叫《薄福，古城洋车之先驱》。

谷雨时节，薄结巴和库寿宁第一次倒换着骑着洋车，跑了一趟火石山旁的仇家庄。先是薄结巴像大马猴一样端坐在大梁上，库寿宁把车蹬到了庄稼地尽头的观音庙附近，接下来的路程，库寿宁又像猴子一样端坐在大梁上，薄结巴继续蹬车前行。二人在坑坑洼洼的的土路上摔了几个大跟头后，薄结巴才骑着嗒啦嗒啦作响的洋车到了仇家庄。库寿宁在仇家庄的那次传教，除了从庄里的草炕上带回了一身跳蚤之外，他还带回了两布袋儿的山货，一个装的是山核桃，另一个装的是晒干的软枣。胖玛丽打开看时，觉得倒那些黑乎乎的软枣像是一大包羊屎蛋儿。薄结巴和库寿宁那一年还去过古城附近的许多地方，洋车都已经摔得不成样子了，小册子也散发了不少，库寿宁仍然一无所获，笑话倒是闹了不少。

次年清明时节，田大寿和老婆带着孩子要回一趟古柳镇娘家，田蚂蚱套好了车，带上干粮。临出门的时候，薄结巴风急火燎地赶了追了出来："东……家，咕……佑街的那个……传教士老库……也想去古……柳镇传教，你们能……不能……把他也带……上？"

田大寿笑了："怎么不能？拉一个人也是拉，拉四个人也是拉，俺觉得你都快成了老库的徒弟了。"

薄结巴头摇得像波浪鼓一样，又结结巴巴地告诉田大寿："那个传教士……笨嘴拙舌头，都快……一年了，连个徒弟的毛儿……也没招来，俺要是……他，都该要愁……愁死了。"

田蚂蚱在估衣市街接上了库寿宁。库寿宁说他老婆玛丽已经在草屋里快闷死了，能不能顺便把她也捎上，女人也想到乡下去散散心哩。那个玛丽是个大白胖子，往田家的车上吭哧一坐的时候，大车顿时压下去了一大节儿。几个人坐着马车，晃晃悠悠地出了古城北门，过了万年桥又走了一程后，路上的行人渐渐稀少了起来。路边是一望无际的庄稼地，庄稼因为雨水少显得黄不拉叽的，烟叶倒是长得不错，路东郭家店子附近的菜地里种的是一片大烟，红色、紫色和白色的罂粟花开得十分妖艳。两个中年旗人正骑在马上，指挥着手下人把一筐马粪抬进地里。田埂上坐着几个抽烟袋儿的满族老头儿和老太太，他们围着一个达翰尔人，穿得花里胡哨的达翰尔人，正在手舞足蹈地朝她们说着些什么事情。继续前行，胖女人逐渐认出了这是她和丈夫一路从烟台来古城时走的那条大路，于是就问田蚂蚱："难道这是要去羊角沟么？"

"今天可不是去羊角沟，一会儿咱们在三岔口往右拐，要去寿光的古柳镇哩。"田蚂蚱"啪"地摔了摔手里的长鞭子，马儿知趣地加快了脚步，大车朝着古柳镇方向驶去。可想而知，在那次在寿光的传教中，除了玛丽从当地妇女手中购得几片儿女红和花边儿之外，库寿宁还是一无所获。看到库寿宁结结巴巴口齿不清的那个样子，连田蚂蚱都着急得差点没背过气去。从古柳镇回来的路上，传教士库寿宁脸色铁青，一言不发。

6

在镶蓝旗的瓜尔佳协领死的那年春天，他的儿子带着满箱的金银财宝赶回了北京，在把父亲安葬之后，小瓜尔佳直接留任做了京官儿，早把沂山马场的包衣奴才蒙古马夫阿拉莫斯忘到了九霄云外。北城内上上下下没人愿意收拾瓜尔佳协领一家留下的烂摊子，沂山那个马场一下子变成了群龙无首的破鸡肋，阿拉莫斯不由得动了回大草原的念头，连包裹都已经收拾好了。沂山马场无人过问的事情最终惊动了新任副都统，新任副都统说起来和索尔济还有点儿姻亲，于是在副都统的好说歹说之下，正红旗佐领索尔济硬着头皮接手了古城马场执事这个"弼马温"的差事，并拉着佐领赫舍里做了副执事，又对阿拉莫斯好说歹劝，阿拉莫斯这才打消了撂挑子不干的想法。

赫舍里答应了索尔济做他这个马场副执事，是因为前任协领领兵南下，居然有一小半的旗兵因为得了瘴疫。赫舍里和索尔济被担架抬回了古城，大半年之后才渐渐恢复。不但如此，随军而行的马匹也在瘴疫中死了一小半儿，为此当时领军的马甲佐领还被朝廷给撤职严办了。索尔济和赫舍里想起那个"云门散人"曾经告诫过他们不要远行之类的话，心中觉得有些愕然。他们后来还专门去打听过那个道士的下落，道观里的人答曰，"云门散人"四海为家，如浮萍落叶一般，无人知晓他的踪影。

如今的南山马场除了几个只拿俸禄从不照面的旗人外，蒙古人阿拉莫斯和他小舅子石尊宝操持着马场，二人倒是从当地村落里雇了不少长工和短工。别看索尔济外表粗犷，可他脑子可一点儿也不糊涂。他发现原先协领记的账就是一本糊涂账，也许除了死去的瓜尔佳能看懂之外，没人能认出他歪歪扭扭像蚯蚓一样的账册记录，账册里面还夹杂着一些狗屁不通的满文和蒙古文。俗话说得好，"屎难吃，账难查"，以前的旧账才查了三分之一就没法再往下查了。阿拉莫斯摇晃着大脑袋摊开双手说："这账大部分都是原先协领跟他儿子记的，全都没经过奴才们的手。"

阿拉莫斯那个叫石尊宝舅子也摇晃着脖子上的玛瑙串说："奴才们就是收草料送马匹，而且奴才也不怎么认字儿识数儿，瓜尔佳大爷们让咱干啥，咱就支着耳朵听着呗。"

可是如今瓜尔佳协领已经死无对证，协领的儿子送完灵柩后也留在京城里等着候补到户部了，副都统也曾含含糊糊地暗示自己不必深究马场的过去的那些陈谷子烂芝麻，以免自寻烦恼。想到这里，索尔济禁心里不止有几分不悦，还有种上了贼船的感觉。他合上几本账，对着阿拉莫斯和石尊宝挥挥手："我们会跟副都统搞清楚的，现在你俩带着我们去马场转转。"

"遮！"

南山马场为北城旗兵营豢养着上千批战马，当初朝廷之所以把马场选在沂山附近，就是看中着这里水草丰美这个得天独厚的地理优势。鲁中到了沂山这一带，丘陵、群山与河流在这里形成了独特的地貌和景致。站在山顶鸟瞰，浩渺的白云在脚下翻滚，浓雾在峰峦间缓缓穿行，穿行于山路之中，时而晴空万里，时而细雨霏霏。赶上雨后放晴的时候，方圆百里的牧场一览无余，古刹寺庙遍布于山岭与小路之间，齐长城横亘峰峦，穆陵关地控海岱，当年齐国的雄姿依稀可见。

"吁~吁~吁~！"

阿拉莫斯和石尊宝把正在山坳里吃草的上千匹战马指给两位旗人看："这些都是散养在山林中的战马！"

赫舍里这是在卸甲以后第一次仔细地打量这样的战马，他忽然觉得骏马也许是所有动物里最漂亮的，你看看枣红马那圆滚滚的屁股蛋儿，再看看大黑马那飘逸的长尾巴，自己老婆的脸不也是一张长长的马脸吗？自己老婆的屁股蛋子不也滚圆滚圆的吗？想到昨晚轻抚自己女人那滚圆的屁股蛋子，赫舍里禁不住咯咯地笑了起来，下身儿也不争气地硬了起来，阿拉莫斯莫名奇妙地看着赫舍里："大爷，你笑什么？"

赫舍里这才红着脸止住了笑："这马放养得不错，那为什么上次派到南方去的那批战马死伤近半啊？"

阿拉莫斯沉吟片刻，才低声答道："小人听说那次是因为朝廷的调度失机，草料都没运上去，马匹是给活活饿死的。所谓马匹死于瘴疫之说，恐怕只是无稽之谈。不过，这些事情我也只是听说，不敢私底下妄议……"

赫舍里见这个蒙古人直来直去，心中倒有几分赞许，于是接着问道："对了，你是个蒙古人，你是怎么来的本地呢？"

阿拉莫斯答道："我以前跟着爷爷在北边养马贩马，后来在太原府认识了瓜尔佳协领，他叫我们爷孙过来帮着侍弄马，我们就一起来了古城。"

"那个石尊宝是我小舅子。"阿拉莫斯又指着不远处的石尊宝说，"他虽然不怎么懂牲口，可是脑子里却有些鬼心眼儿。"

赫舍里听完后点了点头："我们要的是你们心眼儿实诚，以后你们只要安心管马场，我们是绝对不会亏待你们二位的。至于瓜尔佳协领留下的那本儿烂帐，索尔济大爷会去跟副都统说清楚的。哦，对了，一会儿回城的时候，你让手下人拉两车马粪，运到郭家店子去。"

"遮！"

阿拉莫斯朝手下几个庄户人挥了挥手："你们赶紧去锄两车马粪，一会儿跟着两位老爷回城！"

两位旗人一下子就喜欢上了这个沂山马场世外桃源，从此之后，索尔济和赫舍里每个月都会抽出不少的日子来，去南山里的马场巡查，顺便在山里来回转悠转悠。不过，一说到马场的亏空，索尔济和赫舍里又禁不住都皱起了眉头。

　　光绪十二年入冬之后，正在教堂窗户旁刺绣的胖玛丽，发现自己的丈夫陷入越来越严重的忧郁之中。传教士库寿宁一脸阴沉，懒得甚至连胡子也不再修理了，他那撮儿每天都精心修理的小胡子，如今也已经成了一堆烂草般的络腮胡须。西方的圣诞节就要来临，库寿宁想到这几年的努力既没有功劳，也没有苦劳，可谓是如竹篮打水一场空。人家怀恩光虽然没有在古城没有打开局面，可人家至少开办了一家博物堂，并且以声光电等科技教化了古城老百姓。库寿宁所属的大教区也不止一次委婉地告诫他，也许他应该换一个地方或者去追求其他更适合于他的事业。库寿宁甚至对自己的能力和口才也产生了怀疑，最近连说话也开始像薄结巴一样结结巴巴了起来。冬天来临后，古城大雪封路，库寿宁除了和隔壁博物堂的怀恩光坐在一起喝喝咖啡闲扯之外，就只能被困在这几间草屋里。有的时候他早上都不想起床，心里祈祷着这个冬天能够快点儿过去，初春快点儿到来，那样他就可以继续出去传教了。

　　圣诞前夜的中午时分，古城下起了鹅毛大雪，纷纷扬扬的雪花很快就覆盖了这片青色的土地。胖玛丽朝外望了望，暗灰色的草屋屋顶变白了，教堂周围的树枝上，均匀地挂了一层糖葫芦一般亮晶晶的冰凌儿，街道也变白了，路上行人稀疏。风雪来临的时候，从莲花盆乡进城的宋老大，正带着他的儿子宋徽五，在县衙附近的城隍庙卖马蹄子烧饼。父子俩身上披着的蓑衣上很快披上了一层厚厚的雪花，看起来像是一大一小两只白色的水鸟。宋老大头戴大斗笠，袖口黑得如同木炭一般，他不时像出水的鸭子一样抖抖身上的积雪，儿子宋徽五[33]的鼻涕已经淌到了嘴唇上，手上也全是铁锈般的皴和冻疮。

乌压压的云层从北面的天空覆盖了过来，刚刚过午，天空就已经变成了铅色，雪花和北风卷在一起，像跳舞的妖怪一般四处乱蹿着，看来这雪一时半会儿是不会停了。看到街上的行人越来越少，宋老大开始有点儿担心回程了，还能不能在天黑之前赶回乡下？也许能赶回去呢！心里这么想着，他就开始推着车子往南走，走到估衣市街冯家花园附近的时候，道路已经变得湿滑难行。宋老大开始琢磨要不要在附近找个便宜的客店住上一晚，正在犹豫不决之际，觉得胸口一阵如针扎般疼痛，宋老大顿时头晕目弦，踉踉跄跄地倒在了估衣市街的雪地里。

待到苏醒过来的时候，见到眼前站着两个怪物，宋老大不禁大吃一惊。货郎仔细一想，顿时醒悟，看来自己这是已经死后到了阴间里。家里的女人秋天在山上采榆树叶子的时候刚刚摔死，自己又在卖货的路上被活活冻死，只是可怜了儿子徽五了，想到这里，宋老大眼睛一闭，眼泪已经夺眶而出。

"他醒过来了！"两个怪物相互看了一眼后，窃窃私语了起来。

"二位可是牛头马面大人？俺这可是到了阴曹地府吗？"宋老大闭着眼睛问道。

两个怪物相视之后，不禁同时笑出了声来。那位个子不高、长着两只大招风耳的瘦瘦的怪物首先开口："这位老乡，你

---

[33] 宋传典：(1875—1930) 字徽五。古城宋旺人，近代齐鲁商业大亨，山东省议长。

不要害怕，这儿可不是什么阴曹地府，这里是估衣市街新建的基督教堂。我们也不是什么牛头马面，恰恰相反，我们是上帝派来的使者，我是隔壁博物堂的主人老怀，今天救你的这位是这草屋的主人库寿宁，长寿的寿，安宁的宁。"

胖玛丽递给小胡子一碗小米儿稀粥，满脸络腮胡子的库寿宁轻声说："看来你是冻坏了，喝点儿热乎东西就会好的，会好的。"

宋老大在得知自己没死之后，带着儿子宋徽五给救命恩人磕头。为了表示感谢，他还把车里剩下的马蹄子烧饼，都悉数送给了胖玛丽。此时外面风雪交加，教堂里却温暖如春，莲花盆乡的贫农宋老大，就是在这个风雪交加的下午被抬进了估衣市街库寿宁的草房里。这位原名叫撒母耳.库林（Samuel Couline）的英国人用一碗小米汤，救活了宋老大。宋老大在那天下午找到了他的主。传教士库寿宁也在那一天，收下了他在古城的第一位信徒。就连胖玛丽在那天也有收获，她发现宋老大家的马蹄子烧饼十分香甜，吃起来比法国烤面包还要松软可口。她很快把这个秘密告诉了天主教堂里的嬷嬷们。

"你以后就在教堂的厨房里给大家做做饭吧，省得在外面日晒雨淋的。"库寿宁夫妻对他们的第一个徒弟格外地照顾。宋老大在厨房里忙活的时候，库寿宁开始教授宋徽五二十六个英文字母。那年刚刚入教的宋徽五衣服上还戴着黑孝，乍一看是个愚拙不堪的乡下孩子，可是没过多久，传教士夫妇就发现宋徽五不但聪明伶俐，而且做事稳妥可靠，如果稍加提携，也许以后可堪大用。

春天来临，古城护城河边的柳树抽芽的时候，宋老大在莲花盆乡的乡亲们络绎不绝地来到库寿宁的基督教堂受洗入教。看到教众越来越多，库寿宁和博物堂的主人怀恩光一起开办了一个广德书院。库寿宁盘算得很长远，他迫不及待地想从年轻人里面挑出几个信徒来，以后能慢慢地帮助自己。

说起来连库寿宁自己都觉得难以置信，他的命运就这样奇迹般地绝处逢生，古城基督教徒的门徒日渐加增，不仅有来自乡下的宋老大和走街串巷剃头的胡大牙等众多的乡下信徒，也有像城北做醋的蒋麻子以及西营子的缙绅白啸林这样的城里信徒。接下来的几年里，估衣市街这座基督教堂变得热闹了起来，他们不仅盖起了更多的房屋，连博物堂也得到了扩张，不但有了自己的广德书院，而且建起了自己的教会诊所……

天主教堂那几年也有了起色，保禄神父在九曲巷北端建起了一所孤儿院。孤儿院还没开张，就不断地有人把一些大大小小的孩子，趁着夜色扔在天主教堂的门口。天主教堂孤儿院里来了几位洋人嬷嬷，这些洋女人都穿着白袍子，带着白头巾，远远望去，倒像是附近出殡人家妇女的装束。天主教堂孤儿院里一大早就传出孩子此起彼伏的哭声，一股淡淡的尿骚味儿和消毒药水味儿漂浮在附近的空气中。

有一天傍晚，田蚂蚱出车回来晚了，走到九曲巷巷子口的时候，正好有两个洋嬷嬷一前一后从巷子中走出来，田蚂蚱竟然被吓得从大车上跌落下来，头上立刻就肿起了一个大包。

"你……可得小……小心！听说……估衣市街……九曲巷那边儿……最近闹鬼……"薄结巴有些心有余悸地对回到田家大院的田蚂蚱说。

"什么？闹鬼！"田蚂蚱顿时被吓得跳了起来。

他女人荷花也点了点头："俺听朱小尾他娘和卢大娘说，九曲巷到了三更时分之后就出来一群小白人儿……这些小白人儿直着身子跳来跳去，腿都不会打弯哩。她们还说……"

"她们还说什么了？"看女人欲言又止的模样，田蚂蚱倒有些着急地问。

"她们还说，天主教堂的神父和嬷嬷夜里把孤儿们吊起来，然后挖心取肺，最后把血从嘴里控出来，拿到他们那所护士学堂里去做药引子呢……"

田蚂蚱和薄结巴听完女人这番话后，吓得半天没有说出一句话来。田蚂蚱一想到自己差点儿被捉去做了护士学堂的药引子，禁不住有些心有余悸。

7

石尊宝是闵家庄子弥河边上石疙瘩儿子，自小就不务正业，为此不知道挨过他爹多少次打。很多年之后，当眠云楼赌馆的二掌柜被古城警备队长刘振彪一枪击中后背的时候，临死之前的石尊宝恍惚地记起了闵家庄子的那家赌馆儿，他想起了第一次偷牌被抓时的尴尬，想起了第一次赢钱时的心跳，可是他却从来没有想到自己最后会死在赌馆里。

石尊宝他姐姐嫁给了五里桥西头儿的阿拉莫斯那年，他也跟着父亲来到了南山马场，整天跟在毕格勒老汉和阿拉莫斯屁股后面跟马骡和驴子搞在一起。第一年下来石尊宝对养马知道了些皮毛，几年下来也还是只知道那些皮毛没有长进，为此阿拉莫斯和石尊宝没少争吵。不过，石尊宝也不是一无是处，他与生俱来的灵活头脑很快就找到了施展之地。跟着协领儿子和阿拉莫斯出了几趟西口后，石尊宝倒是从瓜尔佳协领父子以及三教九流的商贩那儿学了不少本事，那造假骗人的本领就如同芝麻开花，节节高了起来。

瓜尔佳父子变着法子糊弄满族官员，每年小瓜尔佳都会在关外采购貂皮时掺假，然后交给古城的皮货商家给旗人太太格格们缝貂皮大衣。石尊宝很快就青出于蓝而胜于蓝了，不久他学会了用草原上廉价的兔子皮代替貂皮。张七斗家给旗人做貂皮大衣的时候，发现貂皮货里掺杂的兔子皮越来越多，禁不住抱怨了几句，石尊宝一面给皮货张好处，一面告诉张七斗父子不要声张："用兔子皮充貂皮是上面儿的主意，再说了，那玩意儿穿在身上了谁能认出来啊？"

张七斗一面缝着假貂皮大衣，一面无奈地数落着石尊宝："俺不懂你们那些弯弯绕的猫腻，不过这兔子毛穿在身上可是容易掉毛哩！"

那些年，北城的王公大人太太格格们的貂皮大衣上貂皮越来越少，兔子皮却越来越多；到了冬天，穿着貂皮大衣的旗人进门后拍打身上雪花儿的时候，大衣上的兔子毛也像雪花一样哗哗地往下落。

索尔济和赫舍里接手沂山马场后不久，就带着阿拉莫斯和石尊宝出了一次西口。出发之前，喜欢听戏的副都统心血来潮，让索尔济和赫舍里顺便带回十几个唱戏的小姑娘回来。索尔济和赫舍里跟着阿拉莫斯在西口大集上转悠的时候，去张罗副都统差事的石尊宝却跑到太原的赌场和酒馆里鬼混，最后从晋北附近的窑子里买了几个年轻的农村女孩儿回来充数。

回程的路上，赫舍里觉得这些女子不像是唱戏的，倒是满身的风尘之气，最后搞清楚了这些女孩都是冒牌货后，赫舍里气得浑身发抖，差点儿一脚把石尊宝从马鞍子踢下去。

"你买的这些女人是些什么鸟玩意儿！"

"你怎么连副都统都敢骗，我看你他娘的是活腻歪了吧？"

石尊宝虽然觉得事情有些不妙，倒也不慌不满地问索尔济和赫舍里："小人想知道二位佐领大爷心里到底是怎么想的？爷们到底是图个虚名，到头来反而折腾得自己倾家荡产？还是不仅能把马场这个亏空堵上，最后还能赚一大笔呢？"

"你此话怎讲？"

"恕小人斗胆直言，如果我们什么都按照上面说的去做，到头来除了白忙活一场之外，还可能会倒贴银子进去，最后是猪八戒照镜子——里外不是人。如果咱们稍微动动脑筋，就可以搞得上上下下皆大欢喜，其实老协领和他儿子一直都是这么干的，如今我们这么做也是实在没有办法呀？"

"混账东西！你倒还有理了？"

"舍里子，也许他说得有几分道理……让他继续说下去……"

石尊宝此时却把账册翻出来，规规矩矩地递给了索尔济和赫舍里："二位爷看看这次的进账，然后再训斥小人也不迟，是不是这个理儿？"

赫舍里翻着账册，将信将疑地问："这一趟下来就赚了这么多钱？"

"那可不是么？所谓'马无夜草不肥，人无横财不富'

......"

"赚钱无可厚非，可是总得有个章法吧？"

"我早就跟他说过，他总是不听！"一直对舅子不满的阿拉莫斯也插嘴道。

索尔济看了看账本，半晌没有说话，最后朝着赫舍里点了点头后，开口对石尊宝和阿拉莫斯道："记住！你们以后不能做得太过分了，这面子上的事儿......总得过得去。"

"这个奴才知道，两位爷就放心吧！"石尊宝陪着笑回道，"这次给副都统捎的这些个姑娘他一定会满意的，无非是弹个琵琶，敲个八角鼓之类的，奴才会找人来，保证几天之内教会她们这些鬼把戏！"

此刻阿拉莫斯也摇头晃脑地插嘴道："他这话倒也没错，戏子和窑姐儿半斤八两，其实都是一路货色。石尊宝把她们从火坑里解救出来，也算是做了件功德无量的美事了！"

赫舍里听完阿拉莫斯这番言语，不由得有些哭笑不得，索尔济听罢不禁放声大笑了起来，笑完后，从怀里掏出两个精致的象牙鼻烟壶，扔给了阿拉莫斯和石尊宝一人一个。

"你俩一个唱白脸儿，一个唱黑脸儿，这场双簧都演到了副都统的头上了！"

回到北城交差后，赫舍里询问索尔济为何要由着这个石尊宝胡作非为，索尔济沉吟半晌后才反问道："舍里子，当年圣祖爷明明知道你们正黄旗的和珅贪赃枉法，却始终没有动他，你知道到底为了什么？"

"因为和珅虽无君子之德，却有理财之能？"

"没错，这个石尊宝也是如此。如果我们把他赶走，事情反而会更加棘手，我看这个人倒还算机灵，况且他毕竟和阿拉莫斯的亲戚，我们不妨让他放手去折腾，鸢飞戾天，鱼跃于渊。再说，如今马场亏空除了死马当成活马医之外，我们也实在是黔驴技穷啊。"

"你说得极是，不过，总得让他们有所顾忌吧？"

"我看以后咱们格外小心就可以了，不行得话，可以让富贵安和嘉勋也来帮我们打把手。"

赫舍里沉吟片刻后，也只好点头称是，嘴上却不饶索尔济："对了，那个和珅是你们正红旗的，不是我们正黄旗的。"

索尔济听罢，大笑了起来："我就知道你会这么说哩。"

真可谓按下葫芦瓢起来，以前没有信徒的时候，库寿宁为此发愁，可是自从有了信徒之后，库寿宁开始担心随之而来的一件事情，那就是教堂的开销。胖玛丽也随即发现了自己的丈夫正在为如何花费每一吊钱而绞尽脑汁，这个外表大大咧咧的苏格兰女人其实有一颗比针眼儿还要细的心。

付完了一笔开销后，库寿宁又把自己手头仅存的那点儿积蓄数了好几遍，不多不少一共还剩下五十吊钱。库寿宁正在苦思冥想如何开源节流的时候，胖玛丽不知什么时候已经放下了手里的针线活儿，手里还拿起一本儿圣经，悄悄地走到丈夫身旁，玛丽开始对着丈夫大声朗诵起马太福音来："所以我告诉你们，不要为生命忧虑吃什么，喝什么。为身体忧虑穿什么。生命不胜于饮食吗？身体不胜于衣裳吗？你们看那天上的飞鸟，也不种，也不收，也不积蓄在仓里，你们的天父尚且养活它。你们不比飞鸟贵重得多吗？"

库寿宁听女人念完这段经文，忍不住轻声笑了起来，他用手捋了捋粗硬的小胡子，疑惑地盯着眼前的女人："玛丽，你今天这是怎么了？这一段福音我已经读过几万遍了。"

胖玛丽也扑哧一声笑了起来："可你还是不知道其中的含义？"

"我要是不知道这段话其中的含义，那我还做什么牧师？"

女人却低头从凳子上捡起几块儿女红："那我想让你看看这是什么？"

库寿宁接过女人手中的东西，发现只是几片儿常见的花边和刺绣，就随手递给女人："这不就是你每天都在做的那些女红吗？"

胖玛丽摇了摇头："不对！这可不是我做的女红，这是我从本地农妇手里买来的女红，你仔细看看她们钩织的这些东西……"

库寿宁又仔细打量着这些花边儿，这才发现这些物件儿确实图案各异，做工十分精美。

"我打听了一下，丝质花边是欧洲高档服装的饰品，现在欧洲是紧缺货。"女人的眼睛亮了起来，"你想一想，如果我们把这些村妇们拢到一起，指导她们绣出各种丝质花边来，然后转运出口到欧洲去，不就可以得到巨额利润了吗？"

"这真是个好主意！"库寿宁禁不住高声叫喊了起来，"我怎么就没有想到呢？"

"处处留心皆学问，这答案有时候就在我们眼前，而我们却时常浑然不觉。"

说来话长，原来这钩制花边本来是胖玛丽在英国时的业余爱好，自从来到这山东后，她发现当地许多妇女都喜好编制各种物件儿，从草帽辫到花边儿，不一而足，而正是这些物件儿使这个细心的英国女人产生了巨大的商业灵感。

"玛丽！"库寿宁激动地开始在屋子里踱步，"你现在就开始着手布置这件事儿，不过教会明文不允许我们经商，我看倒是可以在教会寻摸几个年轻人，帮着咱们去具体操作花边事宜。"

"你放心吧，花边儿的事儿交给玛丽我，你就沉下心来好好培养出几个像样的人才吧。你白白撒种这么些年，也该到收获的时候了。对了，你看我们该出多少本钱，你顺便也给未来的花边洋行起个名字？"

"我这儿只有五十吊钱，你全部都投进去吧！既然我们的学校叫'广德书院'，我看这家商号就叫'德昌洋行'好了。你知道，这些中国人把'德'字看得无比高尚。"

"好，那就叫德昌洋行！"

传教士的老婆说干就干，当天就开始张罗开办德昌洋行的事儿。胖玛丽找来了宋徽五、胡约翰、白玉龙和蒋景涛这几个年轻徒弟，分别给他们布置了差事儿。看着德昌洋行渐渐有了个名堂，胖玛丽乐得不得了，一天到晚在教堂里哼着小曲儿："玛丽有只小羊羔，它雪白一身毛；无论玛丽到哪里，它总是跟着跑。"

没有一个人能够想得到，靠着五十吊钱起家的这家花边儿洋行居然一步步地发展成了鲁中乃至全国最大的花边儿洋行。随着德昌洋行的日见兴隆，库寿宁在东华门街的广德书院里的学生也渐渐多了起来，广德书院的课程不但有新旧约的学习，而且有四书五经、国文、历史、算术几何、三角微积分、格致、体操和英文……

冯家的佣人常宝在院子里忙活了半天，回到冯家花园假山后边的厢房里找水喝，却见到冯家儿子冯如圭和他女人正躲在厢房里抽大烟。阴暗的床榻之上，冯如圭正一面吞云吐雾，一面用手正揉搓着女人的一只纤纤金莲。床边放着点心和水果，女人大红兜兜里露出了大半只象牙色的乳房，像小甜瓜儿一样的乳房上镶嵌着一片儿红色的玛瑙。常宝被眼前的情景惊呆了，吓得半晌才缓过神来，连忙低头请罪。冯如圭却无事一般朝他挥了挥手，然后皮笑肉不笑地对常宝说道："你不用老跟在我爹屁股后面听风就是雨，何必那么费力劳神？常宝你要知道，这世上的活儿是永远干不完的。"

眼色迷离的女人收回了三寸金莲，优雅地将一小块儿甜瓜放进嘴里，也不阴不阳地加了一句："少爷说得不错，人生如梦，要懂得及时行乐。"

常宝连忙点头称是，嘴里却禁不住嘟囔了两句："像俺常宝这种庄户人，比不上少爷和妇人这种金贵人，一落地嘴里就叼着金饭勺儿，俺每天忙得屁股都要冒烟儿，哪有功夫及时行乐？"

"行了，你记住！老家伙今天火气大，你别去火上浇油。"

"这个俺自然知道。"

冯公子躲在假山桥边厢房里及时行乐的时候，估衣市街冯家花园里的主人冯吉安正在变得越来越焦躁。那天一大早当他听到儿子把冯家祖传的几件宝贝变成了长丰当铺的死当后，立刻气得暴跳如雷，他拿起书桌上的戒尺开始追打着冯如圭，父子二人围着假山转悠了好几圈儿后，冯如圭一溜烟地逃到了北边儿的树丛里。气喘吁吁的冯吉安望着祖上留下的这所康熙风格的花园，差点儿就纵深一跃跳进假山小瀑布下的那湾泉水里，干脆眼不见心不烦，一了百了算了。晚上躺在床上，冯吉安一想到了估衣市街对面的那两个该死的洋人也许此刻正在盘算着如何张开血盆大口吃掉他的冯家花园，他就禁不住浑身发抖以至于衣衫湿透。冯吉安被这些可怕的念头吓得彻夜难眠，他睡不着的时候一直在盘算着如何不使冯家花园最终不落入洋人的手中。事到如今，想来想去就只有一个办法了，那就是当机立断把祖宗留下的这个园子尽快卖给一个合适的人家。冯某即使不孝，也要对得起冯家的祖宗，对得起大清的朝廷，不如现在就把这个园子卖给北城的旗人，对！明天我要亲自去拜见去副都统大人。冯吉安心里这么盘算着，不觉附近的公鸡已经叫成一片了。

"常宝，备轿去将军府！

第二天一大早，冯吉安就坐上一顶绿呢儿小轿，一路逶迤来到了北城的将军府，通禀求见副都统文瑞。一见到副都统，还没开口说话，冯吉安的眼泪禁不住先流了下来："文大人，小人没脸去见列祖列宗。祖宗积下的阴德也许不久就要……葬送到奴才的手里了。"冯吉安把自己心中的委屈和困境一股脑儿都倒了出来，说完后，感觉心里卸下了一个千斤重的包袱。听冯吉安说完了，副都统文瑞却觉得心头愈加沉重，神色也逐渐暗淡了下来："说来话长啊，我看这笔账还得算到洋人头上。自从洋人叩关以来，不但是冯大人，就是我们北城绿营哪一次不是损兵折将，搞得现在人心涣散，一盘散沙？不过自从光绪帝亲政以来，醇亲王已经被任命为海军总理大臣，着力于北洋水师的成立，也许形势很快就会有好的变化。至于你那所园子，我文某不愿夺人所爱，而且我以后也不一定留在古城这个鬼地方。我倒是可以替你问问乌勒奋、塔拉拉或者索尔济这些个旗城里的有钱人……。"

"多谢副都统大人听我冯某唠叨这些陈谷子烂芝麻的事儿，我心里琢磨着，这座园子毕竟是圣祖仁皇帝赐给我先祖的，我虽然不孝，却还是希望这座园子能够物归原主，不要落入恶人之手。这样我冯某就是哪天死在老龙湾原籍，这心里也安生多了。"

"你放心好了，本大人一定会给你个交代的。就是圣祖爷和冯太傅如果知道你的这番苦心，也一定会含笑九泉的。"文瑞笑着恭维道："如今这世道，要是都能跟朝廷同心一德，那天下就太平喽。"

冯吉安见副都统如此体恤下情，心中不仅大喜，于是起身行礼告辞："多谢副都统大人！"

第三卷 多事之秋

8

　　索尔济从估衣市街冯吉安的手中买下冯家花园之前，就听旗城倭家花园的主人多次提起过这花园。以前只是耳闻这花园的名气和派头，如今亲眼所见果然是个小桥流水，优雅别致的绝佳去处。索尔济和赫赫舍里等人花了大半天的时间，才只把这冯家花园从头到尾走了一遍。

　　"这个园子就交给你俩替我打理了，对外人就说……是个江南客人买下的。"

　　"只要不落入洋鬼子之手，管他是江南客人还是塞外客人。"

　　"就你鬼精灵！"索尔济仔细叮嘱石尊宝，"什么时候缺钱的时候，我们就可以吧它高价卖出去，这叫奇货可居，你明白么？"

　　"承蒙指教，小的们明白。"石尊宝笑着应承着。

　　"石尊宝，我看你年纪也不小了，为什么一直不成家？"

　　"大人有所不知，俺觉得女人除了能生儿子之外，其实……就是个累赘……"

　　"有个女人还是应该的，我手下有个包衣的女儿叫海从云，和你年纪相当，可谓是花容月貌。你那天去和人家见一面，看看合不合适，据说他们这个海姓跟前朝的海瑞还有些渊源哩。"

"既然是入了大人法眼的女子，石尊宝敢不从命？"

见石尊宝如此乖巧伶俐，众人不禁一起大笑了起来。

"冯吉安原先的一个管家想来帮老爷打理这个园子，您看……"阿拉莫斯低声问道。

"我看那就不必了，还是找个外人来最好！"

石尊宝和和阿拉莫斯随后从弥河边儿的闫家庄雇了个哑巴老头儿打扫院子，还从附近的乡下弄了一个聋老头儿当花匠。那石尊宝和海从云成婚后不久，也搬到青石板街路北，石家就在朱小尾家的对面儿。

冯吉安家从冯家花园搬走后，冯家的佣人常宝却哪儿也没去，他借钱买下了估衣市街冯家花园西边儿一个带院子的三间草房。这个小院子原先是个马房，后面是一大片满是野草的荒地。

"咱又不是他冯家的孝子贤孙，跟着他去老龙湾干什么？"常宝的女人告诫男人，"再说了，他现在已经穷得叮当响了。"

"那就操起俺常家的老本行，俺还是赶大车吧！"

常宝住进草房后不久，就买了一匹驴驹子，套上冯家留下的那辆大车，干起了赶大车的行当来。常宝有的时候给对面儿库寿宁的教堂拉货，有时候给附近的长丰典当跑跑腿儿，或者替田大寿送送住在客房的外地客人。田家的钱庄后来又开始经营一些邮政，所以田蚂蚱和常宝有时候还充当了临时邮差的角色。常家有四个女儿，却没有儿子。四个女儿成年后全部远嫁，离常宝最近的四姑娘也在几百里外的明水镇。常宝一个人忙不过来，他想来想去，就从秦家店子他姐姐那里招呼来了外甥秦歪嘴儿帮着赶大车。

秦歪嘴儿的大名叫秦寒食，是西乡里秦家店子人。说起秦歪嘴儿来，秦家店子的人都会摇摇头，然后唉声叹气地诉说一番秦歪嘴儿的的来历：孩子是个苦命人，一生下来就被亲生父母给扔掉了。秦家店子大柳树下的老秦头儿，家道虽然殷实。老汉却秉性节俭，每天早上都有出门儿捡大粪的习惯。寒食节那天一大早，老秦头儿顺着新鲜的驴粪蛋子的味道一路寻下去，找到了一大堆正冒着热乎气儿的驴粪蛋子，也瞅见了刚刚被家人扔掉的秦歪嘴儿。老秦双手把孩子递给自己的娘们儿秦常氏。女人哆哆嗦嗦地接过了孩子，仔仔细细地端详了一会儿，笑着念念有词地说："阿弥陀佛，送子观音真是灵验啊！虽然孩子是个歪嘴儿，可也是观音她老人家送来的。"

老秦头两口子给秦歪嘴儿起名秦寒食，夫妻二人老来得子，对秦寒食比亲生儿子还好，娇生惯养长大。可是这秦寒食长大之后，读书脑子不行，细皮嫩肉也种不了庄稼。老秦头儿和秦常氏正在发愁的时候，二舅常宝却递话来说，他正好需要一个赶毛驴儿的。

"就是不知道咱家寒食喜不喜欢牲口哩？"

秦歪嘴儿打小喜欢和猫、狗、驴、马、骡这些畜生打交道，一听说赶驴车，二话没说，立刻高高兴兴地来到了估衣市街常家，帮着二舅赶起了大车来。

"啪～啪～啪～"

秦歪嘴儿很快就喜欢上了赶车这个行当，他觉得坐在大车上，甩起鞭子的样子十分威风。秦歪嘴儿不愿意回秦家店子老家，他不喜欢秦家店子男女老少在背后议论自己，也不想听那些嚼舌头的人叫自己是"私孩子"，更不想看到秦家族长那刀子一般不坏好意的眼神儿。秦歪嘴儿倒是时不时地回秦家店子去看他爹和他娘，但是每次没坐多久，就像被煎饼鏊子³⁴烤了屁股一样火急火燎地赶回古城。

"大大（爹），俺得回去了，二舅家有活哩！"

"在家睡一晚上也不成？"

"等下次吧！"

常宝的外甥很快就跟青石板街的田蚂蚱和朱小尾成了好朋友，那时候田蚂蚱刚刚从张七斗那里搞来了一本七十回本绣像《水浒传》，整个秋天一直到初冬，他们傍晚的争论已经从了武松、林冲、呼延灼和卢俊义等的兵器和武艺讲到了潘金莲和潘巧云谁更有姿色的问题。田大寿和田济世的私塾先生有时候也跟着掺合几句，私塾先生每次都会感慨一番"少不读水浒，老不读三国"的大道理。

常宝家那三间草房的对面儿就是天主教传教士怀恩光的博物堂，如今的博物堂因为杂物多，显得愈发拥挤。秦歪嘴儿来到古城的第一个冬天，常宝和秦歪嘴儿顺着雪地上的月光回到估衣市街，二人刚把牲口赶进了圈里饮上，却发现满身是泥的怀恩光急匆匆地来找常宝："常宝，我得借你的马槽用两天，把一个婴儿耶稣泥塑放在里面，想当年我主耶稣基督就是降生在这马槽里的。"

---

³⁴ 鲁中一带烙饼的器具

"你就随便挑一个拿回去用吧。"常宝指着地上的两个马槽，满口应承了下来。

怀恩光借到了马槽后，却并不急着离去，原来他唠唠叨叨地还想邀请舅甥二人明天一起观看明天的耶稣降生，那个胖玛丽要装扮成处女玛利亚，库寿宁则穿戴成木匠约瑟夫，他怀恩光自己是东方三博士之一。秦歪嘴儿满脸狐疑地盯着这个长着一对招风耳的外国人，心里一直在骂骂咧咧地嘀咕着：原来这个老怀信的主竟然他娘的生在了一个破马槽里，其实也和俺秦寒食差不多哩。

光绪二十年秋后，清日在黄海爆发了大东沟海战，北洋水师损失惨重，消息传到南北城，双城震动。次年孟春，北洋水师三十余艘战舰在威海卫，被日本联合舰队全部击沉或俘虏，至此，大清政府苦心经营的北洋舰队已经全军覆没。春夏时节，中日签订《马关条约》的消息从日本传来，差点儿没把索尔济和赫舍里的下巴惊掉，二人禁不住破口大骂李鸿章误国。根据条约规定，清政府向日本割让宝岛台湾以及澎湖列岛，必须在三年内以年利五厘的利率交清对日赔款和辽东赎金共计两亿三千余万两。

就在这年的小满时节，基督教堂的客房里迎来了一位来自济南的不速之客——李摹太。听到是多年前的李摹太回来了，田大寿就赶紧带着田济世来看望又一次得了热病回到古城养病的李摹太。李摹太一听说是田大寿和儿子来了，立刻记起了这位古城司库老朋友，想起了那年海边的那所破庙，也记起了那个在海边破庙里哇哇啼哭的婴儿。前几年田大寿给儿子娶了个寿光娶了个媳妇，婚后小两口举案齐眉，倒也过得相敬如宾，田大寿给田济世的儿子起名叫立人。

"时间过得好快啊，想不到你老田的儿子已经长这么大了。"李摹太感叹道。

"已经中了秀才了，马上就要参加乡试了。"田大寿对两腮塌陷的李摹太说。

"很好很好。"身体还很虚弱的传教士连连点头，"只可惜你没有去读新学，以后你可以让你的儿子去新学读书。这大清先输于西洋，又败于东洋，已经到了不得不变法维新的时刻了。"

"变法则国家有救乎？"

李摹太接着意味深长地对田济世说："变法亦或有救，不变法，则大清必亡矣！"

田济世望着这个陌生的洋人，似懂非懂地点了点头。

温桂芳也代死去的父亲拜访了李摹太，还带上了已经就读于广德书院的继子温子培[35]，李摹太一眼就喜欢上了这位伶俐乖巧的少年。温家自从离开凤凰店子进城后，一直住在估衣市街的最北头儿的温家大院里。老大温桂芳子承父业，在这估衣市街行医为业，他兄弟温桂香则在城北卖饽饽和炒菜。温桂芳夫妻婚后多年没有孩子，温桂香家却有三个儿子：温老大、温老二和温老三，又过了些年景，温桂芳夫妻干脆领养了兄弟家的温老大，起了个大名就叫子培。

"你喜欢读什么学问？"

---

[35] 即温树德：(不详—1959) 字子培。古城凤凰店村人。16 岁时入英国皇家海军学校，归国后任清北洋舰队军官，民国政府海军司令，胶澳商埠督办。此人一生既酿成青岛惨案，又坚辞不投靠日本做汉奸，曾任山东参议，1959 年死于饥荒

"《孙子兵法》和东洋铁甲舰！"温子培口无遮拦地脱口而出。

"胡说，李先生勿要听他口无遮拦……"

"小孩子嘴里吐实言！"李摹太朝着温桂芳摇了摇手，笑着对温子培说道，"哦……你喜欢铁甲舰？这很好！可是你知道吗？如今这世上最好的铁甲舰是我们英吉利造的哩！"

"英吉利？"

"对，英吉利在遥远的欧罗巴洲。"

这李摹太身体复原之后，很快就离开了古城，悄然赶往京师。此时的李摹太已经是如李鸿章和张之洞等的座上客，而且与更热衷于维新的康有为、孙中山、梁启超也有较深的交往，在此之后，这些维新派们将和光绪帝一起导演一场维新运动。据说又是这位李摹太，他不但发表了《七国新学备要》，向康有为提出中美英日结合成紧密的联邦籍以对抗俄国这样的建议，甚至在戊戌变法期间向康有为提出聘请东洋人伊藤博文为顾问，付以事权这种荒唐的念头。保守派官员们密奏慈禧太后："风闻东洋故相伊藤博文，将专政柄。伊藤果用，则祖宗所传之天下，不啻拱手让人。"慈禧太后老佛爷惊觉事态严重，于是当机立断发动政变，重新训政，结束了那场一百零三日的戊戌变法。

9

田济世的女儿田巧儿出生的那年冬天，田大寿和原先做司库时的几个同僚一起出城去顺河楼赏雪，回来之后就染上了风寒，第二天田老汉喘气就像是坏了的风箱。城南估衣市街的大夫温桂芳仔细给田大寿把完脉后，叹了口气告诉田家人："老人家年轻的时候身体底子羸弱，能活到这个寿限已属不易，只怕是……过不了今年冬天了。"

果不其然，田老汉没过两天，就到了大限之时。换上了老衣裳的田大寿看起来十分虚弱，他咽气之前叮嘱田济世："你要好好孝顺……孝顺你娘，你以后要让立人……去学耶稣会的新学，那个李摹太……他不像是个打诳语的人；还有，你莫要学上那些……坏习气，一定要管好田家这份家业……"

"大大（爹），您就放心吧，您说的俺全都记住了！"

田济世依依不舍地望着老父亲，田大寿最后看了一眼家里人，眼神中似乎还有无限的留恋。田济世中了秀才之后，参加过一次乡试却名落孙山，后来赶上父亲死后丁忧。几年下来，田济世也不愿意再出去追求功名，只希望在乱世之中能好好地打理家里的这份产业。

温桂芳住的温家大院北面紧靠着神父保禄的天主教堂，九曲巷将天主教堂一分为二，南面是教堂，北面的几座小平房则是嬷嬷们和孤儿们住的育婴堂。育婴堂里一天到晚都是孤儿们哇咕的[36]哭声、刺耳的尖叫声以及嬷嬷们像母鸡一样的唠叨声。天主教堂的神父保禄喜欢到温家串门，保禄觉得温桂芳见多识广，不似南门附近许多榆木脑袋般的俗人。温桂芳也愿意和保禄聊一聊如今的天下大事，保禄说到想要扩大护士学堂和孤儿院规模的时候，大夫还给神父提过不少有益的建议。

---

[36] 委屈

保禄和医生坐着客厅里讨论着中医和西洋医术的时候，温子培正和隔壁天主教堂的那些孤儿们在附近的水塘边儿玩水哩。温桂芳的女人给孩子们叠了很多纸船，纸船在水塘里横七竖八地飘着，好奇的扁嘴们[37]也呱呱叫着游了过来，对着纸船乱啄一气儿，一下子把水塘里飘着的纸船都打翻了。有个豁唇儿[38]的孤儿心疼地大哭了起来：“俺的船，俺的纸船！”

“别哭了，让俺娘再给你叠一个不就成了！”温子培一面安慰着豁唇儿孤儿，一面叮嗨[39]着他娘再给豁唇儿叠几只纸船。

那些年每当雨季到来的时候，天主教堂附近都会漂出大大小小的纸船，那是温子培和孤儿们叠的纸船，那些纸船顺着石板路上的积水，沿着估衣市街一直往北流，有几只坚硬的纸船，竟然一路出了北门，流进了滚滚大阳河里。

婆娑的杨柳树梢儿春情荡漾般地摇曳着，一轮暗黄色的明月像剪纸一样镶嵌在天际，桥上的石狮子也倒映在粼粼的阳河水面上。自从协领索尔济和佐领赫舍里带领一部分绿营去天津训练新军之后，沂山马场的事儿就交给了索尔济的儿子富贵安和赫舍里的儿子嘉勋。富贵安长得酷似自己的父亲，脾气也十分相似。他最近心情很好，不但刚刚晋升为副佐领，而且今年一开春他又娶了一房侧室。富贵安那天穿了一件紫色的马褂，特意把最近刚从东洋人那儿搞来的一把宝剑，也挎在了腰间，酷似堂会里唱群英会的周公瑾，真可谓春风得意马蹄疾，一日

---

[37] 鸭子们

[38] 兔唇

[39] 缠着

看尽古城花。赫舍里家的儿子防御嘉勋则因为偏头痛，显得有些两眼发胀，他无精打采把一件绿马褂胡乱套在身上，看起来倒像是水浒里的病关锁，嘉勋娶得是索尔济家的格格，说起来富贵安倒算是他的舅子。

石尊宝早早地就让"杏花楼"老板安排一桌上好的酒席，富贵安看着这三月美景，觉得以后的日子就如后院里迎风就长的步步高花[40]，一节儿更比那一节儿红火。杏花楼的菜做得好，酒烫得好，石尊宝的马屁拍得也恰到好处。阿拉莫斯喝了酒后，也打开了话匣子，扳着手指头摇着大脑袋，从八俊图说到天下名驹，从刘玄德的卢说到吕布的赤兔和大宛城的汗血马。四人把酒言欢，不知不觉酒过三巡，富贵安心中越发畅快起来，吩咐店老板找几个歌女来作陪。不一会儿老板就找来了四个小姑娘，富贵安笑着问花枝招展的几个姑娘："谁的小曲儿唱得好？给爷几个哼一个。"

几个姑娘指着一个丰润的红衣貌美女子说："她唱得最好。"

红衣女子也不客气，道了吉祥后坐了下来，调了几下琵琶弦就弹着唱了起来："暂伴月将影，行乐须及春；我歌月徘徊，我舞影零乱；醒时相交欢，醉后各分散；永结无情游，相期邈云汉……"

富贵安喝了一声彩："好！唱得好，好一个醒时相交欢。"

嘉勋也夸道："唱得不错，好一个醉后各分散，唱得我都要流泪了。"

---

40 百日菊

　　大家听富贵安和嘉勋说笑得有趣儿，不禁哈哈大笑了起来。四个姑娘见男人们开心大笑，也就不再拘束，坐下来开始劝酒，大家的兴致越发高了起来。酒吃得正酣之时，富贵安隐隐约约听见从楼下传来不避上讳的声音，还有君权神权的字眼儿。正在兴头上富贵安醉眼朦胧中竖起了耳朵听着，楼下的每句话一声声地都变得愈发刺耳起来。富贵安皱起了眉头，朝老板招招手："这是哪个少调理的没教养的满嘴放炮，也不避上讳？这还是不是大清朝的江山了？"

　　"对不起爷，对不起爷，我马上就叫他们切莫口无遮拦，几位爷不要生气。"老店板连忙走上前来，陪着笑回答。

　　"且慢！楼下这些王八蛋是些什么人？"嘉勋问。

　　刘老板连忙小声回答："那是估衣市街洋人传教士的一个徒弟白玉龙，他们那个什么……洋行，还是什么商社，现在正在跟他认识的几个后生……在闲扯蛋呢。"

　　嘉勋觉得喝得差不多了，就朝楼下吹了个口哨。两家的家丁上了楼来，扶着已经喝得有些醉醺醺的富贵安下楼。富贵安下楼后，一把推开家丁，摇摇晃晃地到了白玉龙一伙人的桌前，指桑骂槐地说："别以为投靠了洋人就腰板儿硬了，这天下还是不是爱新觉罗的江山社稷？"

　　白玉龙也是个不好惹的公子哥，刚要开口发作，抬头看时，却原来是一个喝得醉醺醺的满洲旗人，此人衣着高贵，腰间系着一条红带子，旁边还别着一把精致的宝剑。白玉龙先是顿了一下，转念又一想，觉得自己也有洋人撑腰，又上了些酒劲儿，就不冷不热地说："这位爷喝醉了吧？怎么平白无故地就跟我叫上板了？"

　　"我可没喝醉，我脑子清楚得很。给洋人做了干儿子就成了长了三只眼的马王爷，要上房揭瓦了？"富贵安借机耍起了酒疯。

白玉龙微微一笑："如今饥民遍野，土匪横行，你这位爷看起来锦衣珍馐，武艺高强，那德国人强租胶澳的时候，你跑到哪儿去了？大东沟海战的时候，你又跑到哪儿去了？现在反倒朝着我这位守法良民吹胡子瞪眼？"

甲午之战爆发之时，古城旗兵曾经被派去烟台，却因为武器实在陈旧无法参战，这件事儿成为绿营上上下下的奇耻大辱，也成为新军训练已经势在必行的契机。白玉龙当着富贵安的面儿旧事重提，无异于伤口上撒盐，富贵安被白玉龙噎得满脸通红，右手不禁紧紧握住了东洋剑柄，恶狠狠地盯着白玉龙。那嘉勋见状，连忙上前抱住富贵安，"老富，你能不能息事宁人，忘了祖训吗？"

和白玉龙一起的后生们也赶紧上来打圆场。嘉勋认出了其中一位是古城薛团练的儿子，薛家公子显然也认出了富贵安和嘉勋。

"原来是正红旗佐领，在下薛德周，前几天听家父说起过富贵安大爷，说您少年持重，前途不可限量。今天我们几个在这里如有冒犯，还望将军多多海涵！"

另外一个高个儿鹰钩鼻子后生，也拉住了白玉龙，不让他再发言语。富贵安见对方是原先古城薛团练的儿子，又听见薛德周一番好言软语，气也就消了一半儿，于是就顺水推舟地说："原来是薛师傅的大公子，过两天我还要请他和杨弹腿一起在校场教授兄弟们点儿真功夫呢！"

薛德周指着周围的人介绍到："这位是西营子的白玉龙，

这位是东门里的沙巴头……"

10

己丑年间的南城知县老崔，除了收集鼻烟壶外，一辈子也没什么其他爱好。他喜欢鼻烟里麝香的那种味道。老崔的书房里摆放着各种各样的鼻烟壶：木头的，玛瑙的，陶瓷的、玉石的，象牙的，甚至有嘎啦[41]皮儿的……

一个鼻烟壶能让老崔忙活好一阵子，不管是从南城旧货市场收来的，还是从走街窜户的小贩儿那儿搞来的，他都在晚上偷偷拿到书房里，在灯下仔仔细细上上下下里里外外地品味。他有一次发现一个鼻烟壶的内壁上刻了一句范仲淹的词"纷纷坠叶飘香切"，立刻心血来潮，请匠人在鼻烟壶外侧刻上了一句"珍珠帘卷玉楼空"。把鼻烟壶翻来覆去地欣赏一番后，他接着把家丁买来的上好大黄烟叶叮叮咣咣地研碎，然后又把从"精诚药房"买来的上好中药和着烟丝在铜钵里花上半天功夫混合碾压，最后小心翼翼地装进鼻烟壶里。折腾到三更天过后，老崔老婆派丫鬟来轻声细语地叫老崔：

"老爷，岗[42]晚流连[43]，太太说您该睡了。"

正在忙活的老崔吃了一惊，咳嗽一声后说："知道了，俺马上就来了！"

---

[41]蛤蜊

[42]很，非常

[43]流即是"了"，连是个常用的后缀，表示完成

一进古城衙门口，听说拳民聚集在教堂、洋人和一些二毛子的住处后，老崔禁不住吃了一惊，连忙拿出一个玛瑙鼻烟壶，连吸了好几鼻子后又打了几个喷嚏，然后抽了抽鼻子后，半晌才对手下人说："你们赶紧抽出几队人手，去给老子守住估衣市街那座教堂。记住！千万别他娘的闹出人命来。"

"刚才有拳民涌到县衙来了……"

"他们要干什么？"

"他们想要库房里的武器……"

"简直是胡扯，让他们立刻滚！"

拳民们也在南城青石板街和估衣市街附近揪出了送洋人下乡传教的坏佃户薄结巴，给洋人送货的坏车夫秦歪嘴儿，给教堂里教众看病的坏医生温桂芳以及经常和教堂眉来眼去的坏商人田济世。最后在薄结巴保证不再骑洋车，秦歪嘴儿保证不再给洋人送货，田家和温家每家愿意出几挂面条和两打子单饼，并且保证不再跟洋人眉来眼去后，拳民们这才消气渐渐散去，朝着心寺接和东华门街的几个洋人的走狗家中走去。

入夏以后，原本要跟阿拉莫斯和石尊宝去一趟热河的富贵安和嘉勋，也被所属协领风急火燎地调防到古城北面，只说是把住几个要塞。二人带着一小队人马带着鸟铳和几只林明顿[44]快枪一溜烟儿地出了城。直到出城以后，富贵安才想起刚才忘了问协领，这风风火火地赶往城北到底是为了什么："协领这又是唱的哪一出戏，叫咱们出来到底为个啥？"

---

[44] 美制枪，当时以容易走火而闻名

嘉勋也觉得十分困惑："他只说要把住几个要塞，我估计协领也没从副都统大人那儿得到什么准信儿，副都统大人肯定没从巡抚大人那儿得到什么准信儿，不过应该是跟洋人有些干系，所以这出戏咱们也只好现编现唱了。"

"难道是要吓唬吓唬洋人？我看该好好整治一番这些洋人了，还有那些踩着鼻子上脸儿的二毛子们！"

"道理虽然是这样，不过巡抚大人这次和义和团搞在一起，就怕到头来是抱着锅底亲嘴儿——弄个一脸黑哩！"

"要不咱们就在三岔口停下来算了，既能守住河口，也能堵住去寿光的大路。"

"好主意！"嘉勋点了点头。

富贵安挥舞着着林明顿，对手下一个亲兵喊道："你去，告诉弟兄们到三岔口就停下来！"

嘉勋连忙拨了一下马头："老富，你别把枪口对着我，这狗屁的林明顿容易走火。"

富贵安和嘉勋他们这一标人马在野地里忍了几天后，觉得简直是度日如年，此时的天气也慢慢地热了起来，士兵们也懈怠了下来，整天琢磨着怎么偷懒或者找地方睡觉。没过多久，古柳镇一个妓院的老鸨子听到了风声，领着几个满脸胭脂粉儿的妓女，来到富贵安和嘉勋驻地的小路上。天一擦黑，这几个女人就跟夏天的萤火虫一样，在附近走来走去。富贵安上茅房回来的时候，发现几个旗兵像苍蝇一样围着那几个妓女问东问西，气得他一脚踢到一个绿营兵的屁股蛋子上，又转身训斥这些娼妓："拔腚滚蛋，没看见爷这是朝廷的绿营！"

妓女骂骂咧咧地扭着屁股离开了，一面走一面嘴里嘀嘀咕咕："还朝廷的绿营呢！看你那副臭德性！"

"我要不是看你是个娘们儿，我早就把你抓到堆波房（监狱）里去了！"富贵安愤愤地骂道。

"回家和你老婆弹杏核儿，玩嘎啦哈[45]去吧你！"妓女回了一句后，咋眼之间就消失在了朦朦的夜色里。

老鸨子和妓女刚走不久，远处忽然传来几声鸟铳射击的声音，接着是嘈杂的人声和车马之声。等声音随着火把近了之后，富贵安才看清楚这群人正是基督教堂的库寿宁那一伙人。看到人群中白玉龙脸上还挂着鸡蛋黄儿，一副失魂落魄的狼狈样，富贵安心里乐开了花，笑嘻嘻地上前搭茬："天色已晚，诸位这是着急忙活地要去哪儿啊？"

传教士的大徒弟宋徽五惊慌失措地对着富贵安作了个揖："这位军爷，我们正被拳匪追赶，现在必须尽快赶到羊角沟海边，然后坐船去烟台，希望军爷高抬贵手放我等过去。"

富贵安挥了挥手，示意手下人放行："鄙人只是奉命在这儿防务，以防事态扩大，并不打算为难谁。对了，现在城里的形势到底如何？"

"他们马上就要烧教堂了！你们得去管管啊！"胖玛丽带着哭腔，对正带着另外一帮人赶过来的嘉勋哀求道。

"我们没有接到上面的命令。"嘉勋一本正经地告诉胖玛丽，"目前只能在此处驻防，恕爱莫能助！"

库寿宁见嘉勋这么说，无奈地摇了摇头后，带着那伙人仓

---

[45] 一种满族游戏，当地人常以杏核代替骨头玩这个游戏

皇地朝北奔去。看着教堂里的一车人一溜烟地朝着羊角沟方向逃窜，富贵安禁不住大笑了起来。

"你看看他们这幅狼狈相，平时里不是挺威风来着么？"

一夜平静，第二天一早，副都统派人来通知富贵安和嘉勋："招呼兄弟们收拾家伙，咱们可以打道回府了！"

那天的黄昏时分，传教士一行人灰溜溜地逃出了估衣市街的基督教堂，沿街被四周的人群恶语相加，躲在人群中的朱小尾还朝着传教士他们扔了两个散了黄儿的臭鸡蛋，其中一个臭鸡蛋正好砸在白玉龙的脸上，众人都为朱小尾喝了声彩。刘家的长工刘根儿出城去仇家庄子浇地回来的路上，看到青石板街的朱小尾正像跟腚狗儿[46]一样，跟着一群手舞足蹈的义和拳拳民。其中领头的是一个方脸的络腮胡子，他因为天热大敞着胸前的衣襟，漏出一身黑乎乎打着卷儿的胸毛来。只见这络腮胡子把大辫子盘在头顶，挥舞着双手领着人群高喊："砸烂洋人的狗头！"

周围聚集的人群也跟他齐声高喊："砸烂洋人的狗头！"

旁边看热闹的卢家小媳妇也怯生生地像蚊子一样跟着喊："砸烂洋人的狗头！"

刘根儿见卢家小媳妇也跟着大家叫喊，顿时觉得心头一阵发热，于是扔下手里的水桶和担杖，也跟着拥挤的人群朝着教堂涌去。络腮胡子看到旁边看热闹的人越聚越多，喊得越发起劲了："扶清灭洋！"

---

[46] 指紧跟别人身后的人

人群也大声喊道："扶清灭洋！

也有人在喊："停止修建铁路，阻止妖孽！"

大伙儿也一起高喊："停止修建铁路，阻止妖孽！"

刘根儿干脆脱光了膀子，把上衣搭在肩膀上。他挤在人群中，身边是一伙儿义和拳拳民，这些人一个个盘起了头上的大辫子，嘴里还念念有词地念着咒语。刘根儿不知不觉地跟着拥挤的人潮到了基督教堂附近，只见许多人都在教堂门口附近的空地上焚香，空地的中间站着一位道士打扮的中年人。只见此人披头散发，双目紧闭，正手持长剑，嘴里念道："日出东方一滴油，惊动弟兄天下行，弟兄惊动李君王，君王惊动杨二郎，二郎惊动云门王，云门王惊动老君来显灵……"

"烧了洋人的狗窝！"不知是谁高喊了一句，人群中发出一阵阵叫好声来。络腮胡子健步走到了教堂的草屋前，吩咐手下几个人爬上了教堂的屋顶。不一会儿，教堂的屋顶就被点燃了，发出"噼里啪啦"的声音。刘根儿像正月十五晚上观看社戏一样，津津有味地看着教堂的几件草房被烧成一片灰烬。在火光之中，他看到不远处的朱小尾正在笑哩，嘴巴咧得像个开了绽的簸箕一样。

趁着月色，刘根儿也和附近的女人孩子一起，在烧焦了的残垣断壁中寻摸了半天。最后他找到了一个铜制尿壶，一个看起来不错的瓷瓶和两个雕塑的泥人儿。他在捡起瓷瓶的时候，还跟两个不认识的妇女发生了争执。妇女们一再声称是她们首先看到了瓷瓶，刘根儿却说是他首先捡起了瓷瓶，妇女们恼羞成怒地说刘根儿是只癞皮狗，刘根儿回骂女人们不讲理，"你么是……是蝎虎溜子[47]！”刘根儿结结巴巴地骂道。

“你娘才是蝎虎溜子哩！”妇女们立刻反唇相讥。

刘根儿忽然觉得十分无趣，看来自己是骂不过这些女人，有道是好难不和女斗，于是他拿着捡到的东西，蹓蹓跶跶地去找他的水桶和担杖，却发现水桶和担杖早已经没有了踪影。刘根儿在青石板街、南门大街和估衣市街来来回回找了半天，还是没找到。于是他低声臭骂了几句偷捎[48]贼后，气哼哼地走回了刘家大院。

11

午后的太阳虽然没有正午那么毒了，可是天气却变得更热了，空气里似乎正酝酿着一种不详的预兆，连梧桐树里的知了也此起彼伏地呱躁着，似乎提前知道了什么……

知了知了知了……

杜了杜了杜了……

嘉勋觉得心中烦躁，正在坐立不安之际，噩耗从天津传来，随同钦差大臣荣禄在天津激战的古城新军损失惨重，岳父索尔济在鏖战中中弹身亡，阿玛赫舍里身受几处重伤，却万幸保住了性命。嘉勋的女人听见自己阿玛的死讯，立刻背过了气

---

[47] 壁虎

[48] 当地人把水桶成为捎

去人事不省。嘉勋跟头轱辘[49]地忙了好几天，前脚儿刚把看病的先生送出门去，迎头就碰见了达翰尔人咣咣咣地敲着锣走进了巷子："副都统有令，校场集合！"

"出了什么事儿？老郭。"

"要出大事儿了，你还是赶紧去找你舅子，到校场集合吧！"

各旗的绿营在校场集合后，就匆匆出了城，沿着向西的驿道消失在茫茫夜色里。富贵安和嘉勋的那标人马被安排在了金家岭附近的一个山坡上，在这里可以俯瞰四周的这一大片丘陵下的平原地带。富贵安和嘉勋布好了警戒，接着朝四周撒了各路探子。过了不一会儿，一个小探子回来说附近还驻扎着一小队杨荣泰的淮军人马。

"我是不明白，对付这么几个小毛贼要前堵后围，用得着这么大动干戈吗？"富贵安骑在马上骂道。

嘉勋也摇了摇头："咱也不明白这姓袁的[50]葫芦里卖的是什么药？"

"什么狗屁东南互保，我看这个河南骗子脑后有反骨！"还带着孝的富贵安最近有些焦躁，"这一准儿是他妈的做给洋人看的。"

旗兵们乘着月色在松树林里捉了不少的知了猴子，装了满满的一大铜盆儿，亲兵们敲开了金家岭附近的一户农家的大门

---

[49] 手忙脚乱

[50] 袁世凯

，借着人家的灶台炒了一大铁锅知了猴子[51]。知了猴子炒好之后香气扑鼻，一个外号叫"小通宝"的亲兵，盛了一大盘儿，巴巴地端到了富贵安和嘉勋的面前。

富贵安笑了骂道："你们这帮龟孙子，叫你富爷我怎么说你们好呢？你们去吃吧，大爷我没有心情。"

小通宝也笑了："嘉勋爷也尝尝，小的我这儿还带了些好大曲呢。"

嘉勋摇摇头，也笑着吩咐小通宝："你去告诉兄弟们千万别喝醉了，绝对不许抽烟袋，更不许划拳。听到了吗？"

"遮，奴才们明白。"

夜色中的松林上空飘着一层淡淡的烟雾，昆虫单调的叫声给这片树林平添了几分宁静。人困马乏的义和拳拳民没人会想得到，此刻在这附近的松林里竟然前前后后驻扎了好几棚绿营军和淮军新军，他们此刻正一步步走进这个包围圈儿里。

"嗵！"

一声震耳欲聋的炮声后，树林里的绿营军和新军像下山的猛虎，一起扑向已经疲惫不堪的义和拳。早已经疲惫不堪的拳民们此刻抵挡不住，呐喊一声后，四散而逃。绿营和新军各自为政，开始分头追击。富贵安这边也堵住了一小股拳民，富贵安刚想说"下马乖乖投降"，可手里的林明顿却不争气地走火了，一枪正击中了一个拳民小头目的马蹄子，拳匪们顿时一片大乱。

嘉勋在夜色中紧紧追赶着一个年轻后生，后生骑着一匹大

---

[51] 蝉

青马，在树林中没头没脑地乱窜。两人在松树林中一前一后马头马尾相接，嘉勋抬起林明顿，一枪砸在了后生的肩膀上。后生"哎吆"一声摔下马，落在了厚厚的松树叶和松果覆盖的地面上。嘉勋立刻滚鞍下马，一把掀开对方的头巾，禁不住大吃一惊，对方不是别人，却是自己请的拳脚教头杨弹腿的儿子，小名叫杨屎蛋儿。

"屎蛋儿，你怎么跟他们搅合在一起了？"

被摔蒙了的杨屎蛋儿用手揉了揉眼睛，仔细打量了一下，方才认出了对方是曾经到过杨家庄的北城人嘉勋："嘉勋大爷，原来是您啊！……唉，这事儿说来话长。先是俺们庄附近的人不愿意修铁路，后来俺觉得这帮人做事很仗义，其实心里处处想的是朝廷……"

嘉勋打断了杨屎蛋儿，急促地问他："那这事儿你爹他知道吗？"

"俺爹他不知道，俺跟他说俺要去大名府投师学艺去。"

"你起来，跟着我走！我把你领出去，你回家赶紧出去躲几天。等风声过去了，我自然会通知你爹的。"

"谢谢嘉勋大爷了。"

"听叔一句话，你还太小，以后少掺合这种事儿，弄不好会掉脑袋的！"

"小人明白了！"

义和拳的这场风暴终于平静了下来，朝廷很快就发下谕旨，嘉奖旗城将领处置得当，北城各级官员均有褒奖，南城崔知县和他的手下因为玩物丧志、处置失措以及当差不力则被就地免职。正所谓"法网恢恢，疏而不漏"，古城县城各处参与打、砸、抢、烧的拳民和暴徒们都得到了相应的惩罚。首恶必办，孙家楼孙连开的首级被装在木头笼子里，高高地悬挂在城门之上，引来一群又一群飞来飞去的青头苍蝇以及每天都围着观看的古城老百姓。第二个原则是从恶必罚。城里城外凡是参与打砸抢的都要到县衙自首，否则，被查清后将罪加一等。城里写字先生的生意一夜之间火爆了起来。写自首材料和检举材料的人在城隍庙附近排起了长队。大伙儿也不怎么说话，各自心怀鬼胎，害怕被图谋不轨的人举报。

不久，新任姓吕的知县经过慎重考虑，派手下的衙役，挨家挨户地发出县城文告。青石板街长工的刘根儿因为参与打砸抢被判为新建的教堂出民伕，直到新教堂建成为止，在此期间，东家的活儿一丝一毫也不能耽搁。朱老黑的儿子朱小尾因为煽风点火传播谣言，而且为暴民提供了打火石，也受到了为教堂出工的同样惩罚……

到了基督教堂开工的那一天，吕知县亲自送来了一块匾额，上面龙飞凤舞的是吕知县本人的手书。库寿宁和大家认了半天也没读出来，最后还是旗城的祁塔拉念了出来："春风化雨。"

吕知县笑着点了点头，摇头晃脑地对大伙儿说："不错，鄙人写的确实是春风化雨！"

旗城的副都统也派来了一个瘦瘦的高个子，这个自称姓祁塔拉的人一开口，大伙儿就知道他学问了得。听到洋人们和祁塔拉你一言我一语地用洋话闲扯了起来，在场的众人心中不由地暗暗称奇，想不到北城里还有这样的奇人。

就连东关的两座回民寺院也都各自送来一大筐炸油香[52]。清真寺送的是素油香。这素油香是用白面和着少许盐和糖，用小磨香油慢火炸出来的。东关真教寺也送来来一篮子枣泥儿馅的炸油香，白面里加了不少的枣泥儿。民伕们见到吃的，都你拿一个，我拿一个，一会儿的功夫，装油香的两个篮子就见了底儿。

自此之后，青石板街的朱小尾每天都和长工刘根儿一起，到基督教堂工地当伕子。工地的头儿点完名后，大伙儿开始各自忙活。几个月之后后，未来的基督教堂就已经初见规模了，重建的教堂以石头做地基，四面儿都是青砖，和以前那一排小草屋相比，简直可以说是脱胎换骨了。搬砖都搬出老茧来的刘根儿看着一天天立起来的教堂，心里也不禁涌上了一股自豪感。他一面抽着烟袋锅，一面对朱小伟说："这鸟教堂真他娘的气派！"朱小尾点了点头："听说这次教堂扩建的银子都是俺咱老百姓人头儿摊的。"

"可见这些操蛋的洋人都是些花花肠子的癞皮狗！"

"听田蚂蚱和秦歪嘴儿说，潍县那边又开始修铁路了。听说上次因为发生了械斗冲突，才停工停了一年多。"

"这修铁路破了人家的风水，以后子子孙孙少不了会遭报应哩！"

宋徽五的父亲宋老大，负责教堂厨房里大大小小的杂事儿。有一次厨房里用完了大块儿的云南茶砖，刘根儿没找到宋老

大，倒是胖玛丽变魔术般取出些像烟丝一样的黑色粉末递给朱小尾，一本正经地告诉刘根儿："这个可以对付，宋老大明天就会买到茶砖。"

刘根儿干完了活，中间休息的时候，端起马石上的"茶水"就喝，却被苦得一口把"茶水"喷了出来，倒是正喷了朱小尾一脸。刘根儿盯着朱小尾煮的那一大锅黑乎乎的东西，气得骂了起来"你他妈的这是煮的什么鸡吧玩意儿，熬中药吗？"

其他民伕喝完后，也呲牙咧嘴地随声附和："怎么比黄连还苦，是不是毒药啊？"

胖玛丽正好走过，看到大伙儿呲牙咧嘴的样子，禁不住哈哈大笑了起来。

"这是咖啡，能提神醒脑呢。"

胖玛丽吩咐朱小尾，赶紧到青石板街皮货张家要了一些新挤的羊奶，又从厨房里拿了些砂糖放在大锅里搅了搅，然后让朱小尾分给大家喝。刘根儿哑巴着嘴巴喝了两口儿加了羊奶和砂糖的咖啡，皱了皱眉头后嘀咕道："这狗屁玩意儿咱庄户人还真喝不习惯，你们还是拿到中药房里去吧。"

瘦骨伶仃的朱小尾所有民伕里最清闲的，只要忙完了自己的活儿，朱小尾就会像个丢了尾巴的夜猫一样，一刻不停地在教堂院子里瞎溜达。广德学堂的学生越来越多了起来，朱小尾透过窗口，能认出大一点儿的孩子里有温大夫的儿子温子培，小点儿的有田家钱庄的田立人以及附近估衣市街和心寺街的几个孩子……教堂的几个洋人和库寿宁的几个徒弟轮流给广德学堂的学生们上课，库寿宁和怀恩光教授大伙儿英文和神学，大徒弟宋徽五教授的是化学和英文，二徒弟胡约翰教授的是新旧约，三徒弟白玉龙教授格致、英文和体操，四徒弟蒋景涛教授一点儿英文和格致。

有一天早晨，博物堂的那个瘦猴子洋人怀恩光发现了教室窗外探头探脑的朱小尾，于是朝他喊道："康美英！朱小尾傻乎乎地朝四周看了看，也没有发现叫康美英的人，就红着脸说：俺，朱小尾。谁知他的回答引起了教室内同学们的哄堂大笑，笑得朱小尾脸都像猪肝儿一样红了，他们还在笑个不停。经过怀恩光的解释，朱小尾才知道康美英原来是英文进来的意思。朱小尾朝怀恩光摆了摆手："不康美英了，俺还在熬糊米汤呢！"

库寿宁的几个徒弟中，朱小尾和宋徽五最熟悉，有时候见面还要闲扯几句。宋徽五骄傲地告诉朱小尾，现在就连北城绿营的副都统也有意邀请他们，去北城帮助海岱书院建立新学。倡导者就是上次那个叫祁塔拉的高个子。常言说得好，穷人家的孩子早当家。南山里出生的宋徽五，虽说是穷苦人家出身，却长的白净面皮，鼻直口方，为人也十分宽厚。虽说宋徽五年纪不大，却早已经成了库寿宁的左膀右臂，为了给学堂里的学生上化学课，宋徽五还专门翻译了一本儿叫《化学详要》的书。宋徽五还跟蒋景涛以及博物堂的洋人怀恩光，在院子角落的厕所旁边建了一个小房子，在门口挂了一个木头牌子，上面写着"实验室"三个字。刘根儿和其他几个工匠一开始以为"实验室"就是茅房，还跑进去在里面尿过几次尿，后来被蒋景涛碰到，还劈头盖脸地训斥了他一通。教堂落成后不久，宋徽五就因为致力于古城教育而被公推成为古城的县教育会会长，为此，落选的白玉龙还忿忿不平了很久哩。

白玉龙此人做事八面玲珑，也深得库寿宁夫妻的其他人的喜爱。白玉龙把从南营子沙老二那儿学来的一套沙氏太极拳简化后，当成体操教给广德书院高年级的学生们。白玉龙在体操课上不再好好说话，却忽然撇起了洋文来。他喊："碗！"学生们拉开了起势；白玉龙喊："吐！"学生们左右野马分鬃；白玉龙喊："丝蕾！"学生们接着白鹤亮翅……

德昌洋行那些花边儿女工们休息的时候，正赶上白玉龙教高年级的学生们体操，又听见白玉龙嘴里叽哩呼噜地说着洋文，都觉得十分有趣，就聚在一起看白玉龙的体操课。有几个乡下女工们看到白玉龙风流倜傥，心里就暗恋起他来，到了后晌[53]回到了宿舍也睡不好觉，只喜欢听别人提到白玉龙的名字，好和大家一起谈论他一番。城里的女工们适时地朝夜来[54]后晌思春的乡下女工们提醒着："别犯傻了，姑娘们，人家白玉龙家可是西营子那边的大户人家，听说已经和崇道书院[55]的一个女学生定了婚，你们就死了那条心吧！"

新建成的古城基督教堂矗立在估衣市街和东华门街之间，占据着曾经的衡王府邸的中心地段，如今的古城英国浸礼会基督教堂、广德书院、博物堂等连成了一片儿青砖建筑，规模远远超过可古城周围几位阁老家的园子，甚至可以跟估衣市街上的冯家花园互相媲美了。如果说那库寿宁心里还有一件事儿没放下，那就是什么时候也该给德昌洋行找个新地方了。与此同时，估衣市街南端的天主教堂也修缮一新，他们新建的护士学校已经扩展到了东华门牌坊的西侧，孤儿院也成了一排崭新的青砖斗檐大房子了。

---

[53] 当地土话，晚上

[54] 昨天

[55] 库寿宁在西皇城街建立起一所专门招收贵族女子的寄宿学校，崇道书院又称西书院

12

自光绪二十四年，朝廷就召谕各省府厅州县所有大小书院，一律改为兼习中学西学的学堂，因戊戌变法失败，政令未能实施，到光绪二十七年，才又复命实施，从此之后，古城的大小书院，一律改为中西兼习的学堂。古城知县吕祖年在东关王沂公的故宅创办了第一所县立高等小学堂，当年就招生六十人，至光绪三十三年，古城已有共有小学堂二十五处之多。北城驻防满营也设有高等小学堂四处，还包括一所女子学堂。没过多久，铁皮火车一声长鸣，像驾着云彩的铁龙一样冒着白汽儿从海边儿沿着胶济铁路开进了古城车站。古城车站设在南城城北，距南城五里有余，距北城一里不足。古城车站开始通火车的那几天，附近村镇的男女老少们扶老携幼，一起拥到了古城城北，大伙儿都要亲眼看看那条能腾云驾雾的大铁龙。自此之后，古城的商旅东迄青岛，西至济泺，北通平津，南至京沪，皆指日可达矣。

青石板街的石尊宝和五里桥的阿拉莫斯倒腾了一批脚踏车和两辆东洋车回来，于是老常宝在古城开起了第一家租赁脚踏车的店铺，石尊宝把两辆东洋车中一俩卖给了城东老赵家的赵牛角，另一辆卖给了城南石尊宝的邻居朱小尾。从此以后，朱小尾和赵牛角每天拉着东洋车在南城北城和火车站附近转悠，既能拉客，还能看见冒着蒸汽的铁火车，倒也乐在其中。

自从那庚子事变之后，古城的教会每年都会有一些留洋名额，据说这些本地学生留洋的钱是来自于庚子赔款的银子。青石板街的人听说洋人拿出银子来资助古城的学生留洋，马上叽叽喳喳地争论了好几天：有的人认为洋人亦有仁德之心，有的人认为这些洋人可能是没安好心，还有的人认为庚子赔款也有俺家的一份儿，凭什么要送别人家的孩子留洋？温大夫儿子的温子培，因为品学兼优，被选入留学英吉利的名单中，就学于英吉利皇家海军学校。

温子培奔赴英吉利的那天一大早，朱小尾和赵牛角就拉上温氏父子和大小箱子细软去火车站。一路上，温桂芳都在不停地叮嘱着儿子，好像他有好几箩筐的啰嗦话要讲：到了英国要注意水土，要记着给家里写信，开军舰的时候不要掉到海里，更不要把军舰撞到礁石上或者漩涡里去等等……火车喘着粗气，呼哧呼哧进了古城车站，温子培登上了火车后，朝和大伙儿挥挥手："爹，你回去吧，小尾叔、牛角叔咱们后会有期！古德拜（再见）！"

"子培贤侄，一路保重！古德拜（再见）！"

朱小尾和赵牛角放下东洋车，也朝温子培挥手告别。一声汽笛声之后，火车又呼哧呼哧离开了古车车站，火车愈跑愈快，沿着铁轨朝无际的远方奔去。

青石板街的皮匠张七斗他爹在"刘改张"之前，老家是城东五里桥的。张七斗是个多愁伤感的人，每年到了春天，张七斗会被《古兰经》里真主的话语感动的流下了眼泪：天地的创造，昼夜的轮流，利人航海的船舶，真主从云中降下雨水，借它而使已死的大地复生，并在大地上散布各种动物，与风向的改变，天地间受制的云，对于能了解的人看来，此中确有许多迹象。等到了秋天，秋风一起，树叶泛黄，张七斗会不自觉的潸然泪下，拿出陈子昂《登幽州台歌》："前不见古人，后不见来者。念天地之悠悠，独怆然而涕下……"

秋风又吹起的时候，家里最忙的时节也已经过去了，张七斗又开始平白无故地流眼泪了，于是他背上褡裢儿，蹓蹓跶跶地朝着五里桥走去。张七斗最好的朋友是五里桥卖豆腐的马二聋汉，马二聋汉的祖上曾经做过朝廷的高官，富极一时的时候，马家家里的香油都是放在一个个雕花大水缸里的，如今的马家早已衰败，从马二聋汉他爹开始，曾经装香油的雕花大水缸里已经改装豆腐渣和卤水了。

五里桥的马二聋汉和青石板街的皮匠张七斗可谓是王八看绿豆——对上眼儿了，这两位穆斯林一见如故，十分投缘。马二聋汉每次都把没买完的豆腐留几块儿给张七斗，张七斗也时不时地送给马二聋汉一个翻皮帽子或者一件狗皮坎肩儿。马二聋汉的女人见张七斗来了，赶紧做了一碗豆腐脑出来，撒上芫荽、葱丝儿和蒜末儿，再浇上半勺子甜面酱。张七斗喝完了豆腐脑后就打开了话匣子，皮匠是个能说的伙计，而且往往一说起来就刹不住车闸。马二聋汉因为耳朵不好使，话倒是不多，却伸长了耳朵仔细听张七斗唠叨。张七斗讲完了，用手擦擦嘴角的唾沫星子，马二聋汉点点头，慢悠悠地评论一番。马二聋汉扯着嗓子跟皮匠讲上一番古城这几天的流言蜚语，最后免不了对张七斗说起了他最近从赵大舌头那里听的几段儿唱腔。马二聋汉说到忘情之处，不禁开口唱了起来：聋汉一会儿是老将黄忠，威风凛凛，用拖刀计斩杀夏侯渊；一会儿是开封府的包龙图，面对负情朗铁面无私；一会儿摇身一变又成了佘太君……

马二聋汉住在五里桥东头，阿拉莫斯住在五里桥西头，张七斗和马二聋汉成了朋友之后，南山马场的阿拉莫斯和石尊宝也成了马家的常客。阿拉莫斯和瑙铁父子时不时地到马家喝豆腐脑，听听各种唱腔，也和石尊宝帮着把马家地里的烟叶儿贩卖到外地去。吕知县在古城大办新式学堂的那些年，跟着父亲从外地回来的璐铁给马二聋汉的儿子马金牙带回了几个精美的小纸盒子，盒子里装的是西洋纸烟。

马金牙打开这个纸盒子，发现里面除了装着十支纸烟外，还有几张印刷精美的风景图片儿。

"璐铁，俺说这是啥玩意儿啊？"马金牙好奇地摆弄着手里的纸烟和图片儿。

"马大哥，这是从西洋传过了的纸烟，现在在上海和天津这些有租界的地方很是风靡哩。你看看，不需要烟袋或者荷包儿，抽起来多方便？"

"这有什么，俺们也经常用草纸卷了烟丝抽，这是雕虫小技，俺马廷举也能做出这玩意儿来。"

"关键是这十支纸烟都要做得大小一样，这就是学问，还要给这纸烟盒起个好这些听的名字！"

马金牙把西洋纸烟翻来覆去地研究了好久，璐铁又来喝豆腐脑的时候，马金牙叮嗨（一再要求）着璐铁一定要跟着去外地看看这制造纸烟的工艺。

"那还不容易，到时候俺顺路来接上你就行了。"

"俺和俺爹商量着，哪天干脆把这豆腐坊改称烟草作坊得了！"

富贵安和嘉勋升迁没几年，就赶上朝廷裁减绿营扩建新军，粮饷银两也开始时有拖欠，搞得他俩到了现在都不知道自己到底是个什么头衔儿。整个北城最近很不顺，上下也是人心惶惶。很多旗人每天除了遛遛鸟儿，斗斗蛐蛐或者公鸡外，就是在一起喝闷酒，发发牢骚，最后大骂一通袁世凯和奕劻等等这些混账误国的王八蛋。

北城上下人心浮躁之时，祁塔拉正为海岱书院的旧学改新学而忙得焦头烂额。祁塔拉邀请了库寿宁的几个徒弟们来北城授课，除了白玉龙因为忙于德昌的生意不愿意来北城之外，其他人也都成了海岱书院的先生。县教育会会长宋徽五教授英文和化学课，不过，因为宋徽五忙得一塌糊涂，有时会把该上的化学课上成了英文，却把英文课上成了化学。

东洋车夫朱小尾经常送库寿宁的徒弟们到海岱书院去上课，这一段路很长，等赶到海岱书院门口的时候，东洋车夫就已经累得气喘吁吁了。朱小尾休息片刻后，觉得万般百无聊赖，因为要等着先生们上完课后搭车，看看日头还早，朱小尾起身朝火车站走去，兴许能在那里找到闲着的赵牛尾聊会儿天哩。南城的车夫朱小尾告诉赵牛尾自己不大愿意搭载北城里的旗人，因为他发现最近这些旗城人出手都很小气，虽然知道最近北城现在上上下下不景气，可是面子上你总得过得去吧。该出两角车钱的时候，有人会掏出几个铜子儿来打发朱小尾：家里最近不太好，你看我就只有这么多。朱小尾也只好朝他们挥挥手：算了算了，你还是自己留着买芫荽、葱、姜、蒜吧。旗人有些尴尬，那就下次一块儿算吧。虽然他朱小尾也许能赚了个好名声，可是谁不喜欢大方的客人呢？

赵牛尾也抱怨了一番东门里那些七大姑八大姨，那些人每次坐他的东洋车都舔着脸不给车钱，就好像他赵牛尾欠她们一般。上次赵大舌头他娘包着牛下水的荷叶破了，流了一东洋车的牛杂碎，赵牛尾把东洋车里里外外洗了好几遍，直到现在车里还有一股牛腥味儿。吓得赵牛尾如今每次碰到熟人，都要低下头躲着她们走哩。

"也有大方的客人哩！"

像古城县教育会会长宋徽五就是朱小尾爱拉的客人，宋徽五不但为人温和，出手也十分大方，他每次都会多给些车钱，每到这时候，朱小尾就会推让一番：老宋，你又给多了。宋徽五却一本正经地摇摇头说：没有给多，多出来的那是贴士[56]。

"贴士，啥是贴士。"赵牛尾第一次听到贴士，觉得十分惊奇。

"怎么说呢？贴士是英文，这意思么……大致上就是咱们的赏钱。"

"哦，原来如此。"朱小尾若有所思地点点头，于是就收下了宋徽五的赏钱。

朱小尾回到青石板街，和驴车夫们闲扯的时候，也禁不住对田蚂蚱和秦歪嘴儿发了一番感慨："其实那些洋人跟咱们的心性差不多，听宋徽五说原来他们也有赏钱。"

田蚂蚱认为朱小尾少见多怪："谁他娘的不喜欢赏钱，正所谓礼多人不怪。去年卢家有个烙杠子头火烧的伙计，嫌东家过年忘了给赏钱，直接撩挑子不干了！"

"俺知道那个伙计，不就是劈山的老皮么。"

秦歪嘴儿这时候也打开了话匣子，立刻向田蚂蚱和朱小尾发表了一番他对洋人鸟语的新认识。比方说天主教堂的安黑丽卡和格蕾丝每次用他的大车，都会说一句"撒驴"或者"绑住

---

[56] TIPS 小费

”，有时候会说“糠焖糖入无”[57]，其实都是一个意思，就是问你好不好哩。

田蚂蚱见翻了烟瘾的秦歪嘴儿四处找废纸卷烟丝，就变戏法一般从怀里掏出几根烟卷儿：“你们来抽抽这个新玩意儿吧？”

朱小尾和秦歪嘴儿接过田蚂蚱递过来的纸烟，仔仔细细打量了半天，只见上边写着“龙球”两个字。

“你这从哪儿弄来的纸烟？”

“这是邻居老石那天给俺的，说是从外地捎回来的哩。”

“纸烟闻着倒是不错，怎么起了这么个叫“球”的难听名字呢？”

“那是你没学问，你没听说过这纸烟？”

“没听说过……”

“据说袁大头看到纸烟有取代旱烟的势头，所以在保定试办个纸烟厂。试制出卷烟时，恰逢西太后从西安回銮北京途经保定，于是袁大头就呈进香烟御用，并且禀明太后这是咱自己造的。西太后吸着香烟，跟金鱼一样吐出几个烟圈后，龙颜大悦，连连夸奖味道比洋烟好。袁大头正考虑香烟起个什么品牌，一见西太后吐的烟圈，立即决定叫‘龙球牌’哩！”

众人禁不住啧啧称奇，接着赶紧点燃了香烟，闷头吃了[58]

---

[57] Bonjour，Salut，Commemnt allez-vous 都是法语你好的意思

[58] 古城人把抽烟称为吃烟

起来，觉得味道还真不错。

"俺听说南营子的丁家和五里桥的马家也开了家作坊，雇了工人蚕[59]这种纸烟哩！"

"那倒好了，省得咱们以后找纸、费唾沫星子了……"

田蚂蚱和朱小尾的朋友秦歪嘴儿此时已经年纪不小了，长得也算眉清目秀，如果不仔细盯着他的脸看，你甚至看不出他是个歪嘴儿来，只有在笑的时候，他的歪嘴儿才会显得更加明显，所以秦歪嘴儿打小不爱笑，以免漏出自己的短处来。

父母帮秦歪嘴儿在秦家店子和孙家楼都相过几次亲，常宝的女人也给他在老龙湾提过一门儿亲，可是都没有成，原因很简单：看得上秦歪嘴儿的女人，秦歪嘴儿看不上人家；秦歪嘴儿看得上的女人，人家又看不上他，所以秦歪嘴儿每次去相亲都是乘兴而去，败兴而归。秦歪嘴儿的父母急得团团转，可秦歪嘴儿倒觉得无所谓，连三国里的赵子龙都感叹大丈夫何患无妻，自己还担心个啥？

13

庚子事变以后，估衣市街南端的天主教堂虽然也被拳民们毁坏，损失却并没有基督教徒那么严重，重修后天主教堂规模比以前大出了很多了，天主教堂的育婴堂也变成了青砖大房，育婴堂里收养了更多的孤儿。健康的小厮儿（男孩儿）很快会有人来领养，久而久之，天主教堂的孤儿院里女多男少，残疾

---

59 卷

孤儿多过健康孤儿。保禄和嬷嬷安黑丽卡以及格蕾丝把孩子们分成大中小三个班儿。小班主要做游戏，学学圣经；中班开始学习拉丁语、礼仪和旧约里比较深奥的章节；大班的学生就要开始学习护理知识，天气好的日子还必须跟着神父嬷嬷们，去乡下传教。

庚子事变以前，神父保禄就听到过不少关于育婴堂的谣言，说他们天主教堂虐待小孩儿，对里面的儿童挖眼放血，为得是从其中提炼返老还童的药物……保禄虽然对此种流言蜚语深恶痛绝，可是又没法堵住众人的嘴巴，不过育婴堂里确实空气污浊，时时飘着尿骚味道和孩子的哭声。

于是保禄吩咐搬进了新育婴堂的嬷嬷们，以后不准打骂这些孤儿，天气好的时候要时不时把孩子们拉到附近野地里，去做做游戏或者上上课。一来二去，驴车夫秦歪嘴儿就认识了天主教堂里的修女扣扣。扣扣一生下来就被人扔在了教堂门口，在教堂里一呆就是十几年。大班毕业以后，有的孤儿去信教的人家做了佣人，有的孤儿去医院做了护工。可扣扣却哪儿都没去，留在了育婴堂里帮着照顾小班中班的孩子们。天主教堂的修女扣扣虽然个子不高，却长得十分水灵；虽然脸庞消瘦，身上却偷着长肉；不过扣扣也有个包摊[60]，她是个天生的斗鸡眼，每当她看人的时候，眼睛却望着别处。那年，按照俺们家乡当时的标准，扣扣已经是个十八九的老姑娘了。

阜财门外的野地里开满了蓝帽子、黄帽子和红帽子的鲜花，到处飞舞着纷纷扬扬的婆婆丁[61]种子。孤儿们一出城门口儿，

---

[60] 缺点

[61] 蒲公英

就高兴得叫唤了起来，车还没有停稳，他们就开始撒着欢冲向野地。跑了一会儿后，扣扣就招呼他们在地里做起了游戏来："你拍三我拍三，三个孩子去爬山，你拍四我拍四，四个孩子去佛寺，你拍五我拍五，五个孩子打老虎……"

"这些孩子都很可怜，一生下来就没人要了。"

扣扣看着玩耍的孤儿们，幽幽地告诉身边的秦歪嘴儿。

"孤儿"这字眼儿像针尖一样正触到了秦歪嘴儿的痛处，于是驴车夫变得伤心了起来：俺一直没告诉你，其实俺也是个被遗弃的孩子，据说是俺爹在弥河边儿拾粪的时候捡到了俺。由于秦歪嘴儿孤儿的身世，扣扣那天就多看了他一眼。秦歪嘴儿也忍不住多看了扣扣，结果发现女人的那双斗鸡眼此刻显得迷离而多情。

一会儿的功夫，一个结巴男孩走过来比划着要扣扣和他们一起玩老鹰捉小鸡的游戏。孤儿们和扣扣一起"咯咯咯"玩得正欢的时候，秦歪嘴儿却走到花朵盛开的黑虎泉边儿，采集个头大的蓝帽子、黄帽子和红帽子，很快就采了一大束。孤儿们和扣扣玩累了，就躺在暖烘烘的草地上休息。秦歪嘴儿走过来，把手里的花束递给草地上的扣扣。扣扣接过花束的时候，脸一下子变得潮红了起来，那一双斗眼儿却显得更加迷离了。

秦歪嘴儿给天主教堂的孤儿院出车一次，就变得更加憔悴一些。终于有一天大早，一夜未眠的秦歪嘴儿像夜游神一般来找田蚂蚱，田蚂蚱和田秋秸听完秦歪嘴儿让田蚂蚱去找保禄，把天主教堂的孤儿扣扣许配给秦歪嘴儿的鬼话后，认为他一定是在红口白牙地说胡话哩，于是田蚂蚱父子禁不住哈哈大笑了起来。

"寒食啊，俺看你是夜来[62]后晌[63]中邪了吧？"

"俺说的句句都是心里话。"秦歪嘴儿着急地辩解道，"真的，你就帮帮俺吧，你总不至于看着俺打一辈子光棍吧？"

田蚂蚱叹了一口气："俺跟那个保禄不怎么熟，再说这种事儿俺怎么开得了口？"

秦歪嘴儿有些急了："不愿意拉倒！你看看，你家田秫秸的倒是娶了媳妇，那田簸箕都快能打酱油醋了，俺还打着光棍，真是饱汉子不知饿汉子饥！"

田秫秸他娘荷花正坐在炕沿上纳鞋底儿，看秦歪嘴儿急歪歪的样子，禁不住笑着了起来："俺看这样吧，你去找那个温大夫商量商量去，俺看他跟天主教堂那个保禄比谁都熟。"

当天下午，常宝带着秦歪嘴儿，提着几袋儿新鲜的燕尾酥和绿豆糕，找到了住在天主教堂隔壁的大夫温桂芳。温桂芳这个人心软，听完两位街坊的叙述，立刻觉得帮助秦歪嘴儿成婚，也是件和救死扶伤同样重要责任的事儿，于是他立刻提起那几袋子燕尾酥和绿豆糕去隔壁教堂找保禄。保禄听完温桂芳的话倒是感觉挺好玩的，立刻开口大笑了一番。笑完后，神父当真跑到了北边儿的育婴堂里，去当面问问扣扣的心思。

当得知扣扣竟然愿意嫁给这个马车夫的时候，孤儿院的嬷嬷安黑丽卡嬷嬷的脸立刻黑了下来，安黑丽卡嬷嬷已经年近五十，心里却只有二十出头，而且穿着打扮也是二十多岁的修女的打扮。

---

[62] 昨天

[63] 晚上.

"我的上帝呀，早知道这样，我就不会去雇他家的大车了，我宁肯让孩子们走着去野地。"

温桂芳尴尬地笑了笑，没有搭腔。

保禄赶紧给自己的朋友打着圆场："这也不是什么坏事儿，你先给我们介绍一下，这个秦寒食到底是个咋样的人呢？"

于是温桂芳一五一十，把从常宝那里听来的秦歪嘴儿的经历，又添油加醋地叙述了一遍。听完了温桂芳的叙述，保禄对安黑丽卡嬷嬷说："听起来，这个寒食倒是个不错的马车夫哩。"

安黑丽卡嬷嬷的脸色也慢慢地缓和了下来，不过她马上又想起了一件事儿："千好万好，你说的这个马车夫他信教吗？他知道我主耶稣基督吗？"

"他不信教。不过……"温桂芳挠了挠头说，"我想让他入教……应该不成问题。"

安黑丽卡嬷嬷摇了摇头："不行！这个后生一不信教，二不懂教门，我反对把咱们扣扣嫁给这个教盲！"

保禄叹了口气："安黑丽卡嬷嬷，在我的家乡有一句谚语，说闺女大了不能留，留来留去留成仇。圣经里不也说男女应该离开父母，结为一体么？"

秦歪嘴儿听到温桂芳的回话后立刻来了精神，但他磕磕绊绊地读完一页圣经后，却立刻像是被浇了一头冷水："这鸟玩意儿谁能看得懂？这个他娘的什么耶稣是个疯子，大白天说胡话吧？"

温桂芳不是信徒，自己也觉得这圣经说得云山雾罩，不过倒是好心劝慰道："我听人说这玩意儿讲究信则有，不信则无。

我也不是教徒，恐怕你得去请教保禄或者老库、老怀和那几个徒弟了。"

秦歪嘴儿后来还真去对面的教堂里请教过胡约翰关于耶稣撒种子的比喻，胡约翰听完秦歪嘴儿的讲述，就笑了起来："看来今天俺的责任重大，不过俺们的教门和保禄的教门不太一样，俺害怕给你讲错了，把你带到沟里去哩。"

"没关系，俺反正觉得你们这两家教门是半斤八两，反正也八九不离十。"

胡约翰就说起以前他爹种地撒种子，被河南人用坏种子坑了，后来做了剃头匠学徒的事儿。这时候秦歪嘴儿总算稀里糊涂地明白了，原来这个耶稣是在讲春天怎么买种子、撒种子、浇水和施肥等庄稼地里的那些事儿……

"那些伺候庄稼地的狗屁事儿刘根儿他最懂行哩！"秦歪嘴儿若有所思地对胡约翰说。

胡约翰却摇了摇头："俺说寒食啊，你不要太纠结这些撒种的比喻，你现在只要记住耶稣是为了救你而死，这就可以了。"

秦歪嘴儿却像自己的那头大黑驴一样倔强："可俺和这个耶稣非亲非故，他为啥要为救俺而死呢？"

胡约翰听他这么说，禁不住笑了起来："你这么想就复杂了，俺三言两意也说不清楚，你什么时候可以和老库或者怀恩光聊一聊。"

保禄神父耐心地听秦歪嘴儿胡乱讲了一番自己对圣经的感慨后，转眼之间拿出了一张文书。

"我看你现在可以入教了。"

秦歪嘴儿低头看了看文书，大略的意思是鄙人秦寒食愿今后无论从事何种职业，均以振兴天国为目的；鄙人愿无论置身何界，必以金钱赞助教会；鄙人愿此后终身布道。秦歪嘴儿看完这份文书，禁不住倒吸了一口凉气，脸上立刻显得有些不悦，心中不免抱怨温桂芳怎么事前也没有给自己说清楚。可是他转念又一想，觉得此事也怪不得别人，千错万错，只能怪自己鬼迷了心窍，而且自己年纪也不小了，如果不答应保禄神父，自己的这场求婚闹剧又该如何收场？扣扣的脸面又该如何挽回？二舅常宝听到秦歪嘴儿和天主教堂签了"卖身"文书，心中又气又恼："你这个大傻瓜！。秦歪嘴儿她娘也唠叨了好几天，觉得儿子这是把屎盆子往自己头上扣哩。

秦歪嘴儿婚礼那天，天主教堂里里外外挤满了附近看热闹的人们。朱毛蛋在人群中被挤掉了一只新鞋后，才像狸猫一样好不容易挤进了教堂。众人起立后，婚礼在胖玛丽悠扬的钢琴声中拉开了序幕。只见一男孩儿一女孩儿把蓝帽子、黄帽子和红帽子等野花撒在天主教堂大厅的走廊上，接着是一群着装整齐一致的孩子们做前导，两位新人身着盛装缓缓进入教堂。

婚礼的程序极其繁琐，神父和修女们都像是得了话痨一般，说起话来喋喋不休，没边儿没际。从秦家店子赶来的老秦头两口子觉得终于了却了一桩心事，心里倒也十分高兴。估衣市街的老常宝显然对这门亲事十分不满，他不明白世上的女人千千万万，他这个外甥为啥偏偏鬼迷了心窍，喜欢上了这个高颧骨、斗鸡眼儿的教会孤儿？老常宝看到婚礼上这些群魔乱舞的洋人们，一种不详的感觉忽然从他的心底慢慢地升腾了起来。

保禄为新人交换誓言的那一刻，穿着虎头鞋的田簸箕正跟他娘透过教堂的窗户，乐呵呵地从外面看着打扮的像个小丑一般的秦歪嘴儿，包裹在长裙里的扣扣则羞得满脸通红。当田簸箕他娘看到意大利神父紧身西裤前那一堆葡萄一样的东西时，脸也一下子红成了一张大红布。

朱小尾和田秋秸在那天都喝得伶仃大醉，二人一前一后，各自摇摇晃晃地回到了自己家里。田秋秸晚上躺在炕上直嚷着口渴，他女人给他端来了凉开水，田秋秸像叫驴一样喝完了水后，也像叫驴般一把拽过了女人，将睡眼惺忪的女人压在了身下，身下的女人也很配合，那天用狸猫般的指甲抓伤了田秋秸的后背。不胜酒力的朱小尾，那天晚上却头疼的要命，他嘟嘟囔囔地告诉自己黑不溜秋的女人，自己明天懒得出门拉东洋车了，朱家的黑女人听完后十分气恼，喋喋不休地在朱小尾的耳边数落了半宿，捎带着连他爹朱老黑和儿子朱毛蛋也一起骂了一顿。

秦歪嘴儿结婚那天被折腾得够呛，可他一整天都高兴得合不容嘴儿，也直到那天，新娘子扣扣才注意到新郎官竟然是个歪嘴儿……

很多年以后，南城附近的老辈人还能记起土匪秦三儿父母那场别开生面的婚礼。当秦三儿被山东省第八区自卫总队司令张天佐手下挑断了脚筋抬上刑场的时候，鲁中火辣辣的阳光照在白花花的河滩刑场上，被绑成粽子一般的秦老大和小云门哭成了泪人，秦三儿却想起了他娘扣扣给他讲过的那场婚礼来，于是他竟然咧开嘴笑了起来，周围的看客们禁不住为他喝起彩来："好个秦三儿，二十年后又是一条好汉！"

在天主教堂那场别开生面的婚礼之后，也发生了一件悲剧，年事已高的保禄因为操劳过度，在几天之后溘然长逝，天主教堂不得不举行了一场声势浩大的葬礼，众人把保禄神父埋葬在了南山教堂的墓地里，墓碑上写着"神父保禄，山东黄县人，在古城创立天主教堂……"。

秦三儿他娘扣扣从来没有把随后的那场葬礼告诉过秦三儿，因为她总觉得那是一个不好的兆头……

第四卷 走向共和

14

护城河西边东门城里的清真寺阿訇姓查，是个有点儿邻侵肩（斜肩）的高瘦子，家住在东关附近的南营子里。查阿訇喜欢晚起晚睡，他一大早就来到南营子附近的清真寺，先把里里外外打扫地一尘不染。在下午第三遍唤经之后，查阿訇就把自己关在清真寺旁的小厢房里，把房间的窗帘全部拉上，然后点上几根儿经香和蜡烛。飘着清新经香味儿的房间里此刻显得温馨而静谧，查阿訇端坐在床上，大段大段地背诵起古兰经来。此时阿訇觉得吉卜利勒[64]正缓缓降临到自己的房间里，整个清真寺被恩典和天使所覆盖，他的声音也变得更加抑扬顿挫了起来。他背诵古兰经的声音就像是吟唱："我曾展开大地，并将许多山岳投在上面，还使各种美丽的植物生长出来，为的是启发和教诲每个归依的仆人。我从云中降下吉祥的雨水，就借它而生长许多果树和五谷……死人的复活也是这样的。"

查阿訇沉浸在使者睿智的言语中，可是时间长了总会有个问题：有人来敲门。当老查正在吟唱着的《蜜蜂章》时，丁麻子家的四儿子丁四麦芒叮叮咣咣地来敲门。

"外面儿是谁啊？" 查阿訇不得不停下来问。

"查大爷，俺是丁四麦芒，俺爹让您给俺们家的烟草作坊

起个吉利名儿哩。"

查阿訇连想也没想，张口就告诉外面的人："麦芒啊，要不就叫蜜蜂牌吧？"

"嗯，蜜蜂牌！岗[65]好听哩，那就叫蜜蜂牌吧！"丁四麦芒道谢之后，赶紧回家把蜜蜂牌的名字告诉了他爹。

没过多久，查阿訇又被敲门声吓了一跳，他欠身问道："是谁啊？"

"俺是沙老二，阿訇，俺娘让俺找您帮着宰了家里那只大红公鸡哩。"

外面的人瓮里瓮气地回答，那是阿訇南营子的北邻沙老二。

"哦，是老二啊，你这两天有空还得陪俺去一趟东边的坟地哩？"

"赶明俺一整天都在家闲着哩！"

查阿訇起身出去帮沙巴头宰完公鸡后，俩人又聊着几句家长里短儿后，阿訇才回到屋里，继续背诵刚才那一大段古兰经。

护城河以东东门外的真教寺里也有一个阿訇铁阿訇，家住青龙街的，就住在卖步的赵大舌头隔壁。铁阿訇是个五短身材的胖子，他也喜欢早起早睡，一大早第一遍唤经之后，铁阿訇已经在真教寺的大槐树下活动筋骨了。活动完筋骨，铁阿訇就会沏上一壶酽茶，坐在槐树下研究起经书来。除了刮风打雷，下雨下雪，铁阿訇天天如此，为此附近的教门人把他称为"大

树阿訇"，铁阿訇哈哈大笑后欣然接受了这个绰号。

铁阿訇不喜欢大段大段地看经文，却喜欢一句一句甚至是一个字一个字地琢磨。参悟不透的时候，他就会围着真教寺里的那棵大槐树转圈儿。所以每当人们看见铁阿訇围着大槐树转圈的时候就会说，你们看，聂个[66]大树阿訇又在思考哩。有时铁阿訇会把自己思考的东西讲给别人听，可讲着讲着又发觉他原先思考的东西有点儿不大对劲儿，于是他就停下来说："不行，前面的不算，俺还是从头开始吧。除他所启示的外，谁又能窥测他的玄妙呢？"

五里桥的马金牙来找铁阿訇要个烟草作坊名字的时候，老铁正一面看着地上的蚂蚁，一面琢磨着《蚂蚁章》里那一只母蚁开口说话的经文，于是他抬起头对老马说："要不就叫蚂蚁牌香烟吧？"

"好吧，那就按照阿訇的主意叫蚂蚁牌了！"马金牙迈着鸭子步儿，高高兴兴地哼着《定军山》朝五里桥走去。

有人的地方就有争吵，有人的地方就有柴米油盐酱醋茶，有人的地方就有生老病死，有生老病死就需要阿訇。清真寺里忙的时候好像家家的事儿都聚到了一古墩儿，查阿訇恨不得自己像孙悟空一样有分身术。刚刚夏末，他就去住持了好几家婚礼。从南乡里回来的路上，查阿訇淋了点儿雨水，断断续续地咳嗽了好几个星期，嗓子眼儿的痰才渐渐消去，咳嗽也终于好了。这时候查阿訇才发现他这一病，竟然已经耽误了好多事儿，比如要到五、六家归真[67]人家的坟上去念经，他却早就给忘

---

[66] 那个

[67] 穆斯林死亡

得一干二净了。徒弟法蝈蝈看到阿訇心急火燎的样子，就安慰他说："没事儿，师傅。又没人看着你在坟上念经，到时候阿訇就告诉他们您都念完了，不就成了？"

"你在胡说些什么？"查阿訇一听徒弟这么说，脸立刻就黑了下来，"你别整天想这些歪门斜道儿，俺倒要问问你的阿拉伯语学得咋样了？你得赶紧学会念经，到时候大事小事你就可以替师傅了。"

法蝈蝈挠了挠头："其实俺也能磕磕绊绊地念下来，可是可是……"

"可是什么，有话就说，别吞吞吐吐的。"

法蝈蝈红着脸说："师傅，俺要是说了实话你可千万别笑话俺。"

查阿訇一边收拾行囊，一面斜过脸来看着徒弟："你说吧，俺保证不笑话你。"

"师傅，俺害怕一个人呆在坟地里，老觉得背后发毛哩。"

查阿訇噗嗤一声笑了："哎……俺的蝈蝈啊，你说叫俺怎么说你呢？你既然吃了这碗饭，就不能害怕去坟地。再说了，活人才可怕呢，以后你就会慢慢知道了。"

沙老二用脚踏车驮着查阿訇出了城，迎着升起的太阳，朝着东乡里的坟地骑去。三里庄子附近的庄稼地像个黄毛丫头的头发，看起来稀稀疏疏的；一阵风吹过，白杨树发出稀里哗啦的声音，前面是一大片高粱地，高粱像长满胡须的老人在风中摇曳着，看起来倒还长得不错。

"阿訇，没想到你看着这么瘦，其实可一点儿都不轻。"

查阿訇笑了："俺长得皮实，你别看老铁长得胖，其实没有俺老查健康哩。你要是累了，咱俩换换，俺来骑。"

"不用，俺老沙有的是气力。"

查阿訇在坟前念经的时候，沙老二就在附近的树林子里转悠，他本来想去杨弹腿家切磋切磋功夫，可是觉得杨弹腿家住的地方离坟地太靠东，又想去蚂蚁牌香烟他妹父马金牙家看看菊花开了没有，可转念一想又觉得五里桥离坟地又太靠西。他也不知道查阿訇什么时候能念完经，只好就在附近树林子里转来转去，胡乱练一番拳脚消磨时间。

太阳渐渐偏西，查阿訇终于从地上爬了起来，告诉八极拳师可以过去了。回去的路又是迎着落山的太阳，阳光像灯笼一样照得沙老二眼睛都睁不开。查阿訇看来也累了，像个磕头虫一般不停地在脚踏车上打着盹儿来。

"阿訇，你可别睡着了，回头掉到车下去。"

"那倒不会，俺就是有些倦了。其实俺这个年纪没有那么多觉了，真到了晚上反而睡不着了，白天倒是经常打盹儿。"

正说话间，二人忽然感觉天旋地转，一下子人仰车翻。阿訇和拳师都被路边事先设好的绊马索撂倒在路边的水沟里。

"倒也！倒也！"三四个穿得像叫花子一样的土匪笑嘻嘻地拍着手，幽灵一般从路边的高粱地里蹿了出来，个个手里都拿着短刀或棍棒。查阿訇哎呦哎呦还在地上叫唤的时候，沙老二已经一个鹞子翻身立了起来，定睛一看，知道自己今天这是遇上土匪了。三个土匪朝着沙老二走了过来，其中一个领头的一面挥舞着木棒子，一面骂骂咧咧地说："快他娘的把值钱的东西……"

话还没有说完，沙老二已经一个连环踢腿撩到了俩土匪，另外一个土匪被沙老二一脚踹到了脸上，一个仰巴扎摔了出去，几个土匪吓得从地上飞快地爬起来，一溜烟儿地钻进了高粱地里，转眼间就消失得无影无踪。沙老二把查阿訇扶起来，俩人相互拍打着身上的尘土。沙老二又检查了一下自行车，掰了掰车子链条，又轻轻地转了几圈，觉得还能对付着骑回去。正在这时，那个刚才被沙老二一脚踢昏的小土匪醒了过来，小土匪觉得鼻子发酸，脑袋发晕，用手摸了摸脸和后脑勺，发现都有血，接着"呸"地一声吐了一口唾沫，嘴里面竟然也有鲜血。小土匪朝着四周望了望，那群同伙儿连个影子也不见了，于是这个叫"衣来好"的小土匪坐在路边，哇咕（委屈）地放声大哭了起来。

沙老二冷眼瞧着这个马竿儿般的年轻人："你他娘的还有啥脸哭？"

衣来好越发哇咕了起来："俺是没脸哭，俺这是入伙后第一次出来，什么也没开张，鼻梁被你踢断了，上边门牙有两颗活动了，后脑勺子也被你一脚踢开了瓢。"

沙老二俯下身子，仔细看了看他的鼻梁，又轻轻压了压，问他疼不疼，最后对衣来好说："你没事儿，鼻梁也好着呢，就是流了些鼻血而已。"

查阿訇也让小土匪张开嘴，看看他的门牙。

"没事儿，就是活动了。你只要最近不要吃硬的东西，只喝稀粥，过上一两个月就会自己好了。"

小土匪停止了哭泣，半信半疑地问："真的？"

沙老二说："查阿訇给全东关的人看牙哩，他说没事儿就是没事儿；就连你脑袋后面那个大包，三天之内也准保会好的。"

衣来好从地上爬起来，捡起木棍要走，没走几步，阿訇朝他喊道："小兄弟，你还是别干这个行当了，这营生儿不适合你。"

衣来好一面走一面嘟囔着："俺衣来好生来家里穷，不干这营生儿还能干什么？"

张七斗娶的是铁阿訇的姐姐，所以张七斗的儿子张蚁羊管铁阿訇叫舅舅。张七斗的女人是个事儿妈，家里不管出个大事儿小事儿，她都会把她兄弟叫到张家大院的厢房里念上几段古兰经苏拉。女人时不时地盯着回历，查看五番乃玛子、主麻聚礼、斋月，以及大大小小节日的时间。张蚁羊的大儿子延福出生后大病不死，铁阿訇要来念了大半天的苏拉；张蚁羊侍弄皮货的时候差点儿让割皮刀子弄破手指头，铁阿訇也来念了一个钟头的古兰经。

立秋之后，在石家后院场院的那个柴垛后面，张七斗的女人找到了家里丢失两天的一只绵羊羔子，于是她就找人捎信儿，让他兄弟来给"福禄寿"皮货张家大院念念经，感谢那万能的真主帮她找回了这只心爱的绵羊羔子。赵牛角一大早就把铁阿訇拉到了青石板街。姐弟俩一见面儿，先天南海北地聊了一会天后。接着，张七斗的女人让儿媳妇点燃上好的经香，自己亲自动手，帮兄弟把厢房里的大炕铺得舒舒服服的。准备停当后，大人小孩都从房子里退了出来。铁阿訇也变得严肃了起来，独自一人端坐在厢房的床上，铁阿訇用手抹了一把脸后，诵经声就随着经香味儿飘出了窗外，像是来自很遥远的地方。

"比斯敏拉席雷莱哈麻尼雷莱黑米[68]……"

张家的女人们确信家里会平安好一阵子，一时半会儿不会再有白俩[69]，依布利斯和他的儿子们[70]，也不会来招惹家里的一家老小了。后晌之后，拉客回来的赵牛角又回到青石板街，接上念完经的铁阿訇，穿过青石板街和南营子之间一大片儿满是灌木和棉槐的野地，经过南营子后再转到东门。赵牛角一面拉着东洋车一面跟阿訇聊天，他告诉铁阿訇关于清真寺的阿訇老查前一阵子在路上遇上土匪的事儿。他按照沙老二的叙述又加上自己的想像，眉飞色舞地讲得不亦乐乎。赵牛角已经讲完了，却没听到铁阿訇的回音儿，东洋车夫回头看时，才发现这铁阿訇已经在车里睡着了，如同一只刚出生的绵羊羔儿一般。

城东的车夫赵牛角就住在南城东边护城河外的昭德街上，离铁阿訇的那座真教寺只有几步之遥。每天一大早，赵牛角念完晨礼后，就拿着半块儿杠子头火烧，匆匆忙忙地上路去火车站。可是没过不久，赵牛角就发现自己的竞争对手朱小尾并不是个勤快人，大部分日子里，太阳已经快到头顶了，朱小尾才拉着车，像夏末地里的蚂蚱一样一颠一颠地赶到火车站。而且朱小尾先要花很长时间看火车进出车站，或者坐在东洋车上抠着脚趾头发呆。到了下午，朱小尾才开始有了精神，像一阵风一般拉着顾客飞奔而去。而这时候，早起的赵牛角已经开始犯

---

[68] 即太斯米，意为"奉至仁至慈的真主之名"。在古兰经中除第九章"忏悔章"外，每章皆以此句话为开头

[69] 灾祸

[70] 回教里的撒旦，据说伊比利斯有五个儿子，分别代表了五种罪行：安沃教唆人荒淫；查兰布尔使人争吵不睦；大悖使夫妇彼此憎恶；索特教人说谎；提尔产生灾害和病疫

起困来，俩眼皮儿变得像秤砣一样沉，有时候顾客来坐车的时候，竟然发现东洋车夫已经在黄包车里打起了呼噜来。

这样一来，城东的赵牛角和城南的朱小尾井水不犯河水，两个车夫中午吃饭的时候经常凑在一起，天南海北地闲扯一番。赵牛角会带一些蜜蜂或者蚂蚁牌香烟到车站上去卖，而朱小尾则会拿着张家的皮帽子或者德昌洋行做的花边儿或是女红在车站里叫卖，每个车夫能从卖出的货物中得到不少好处哩。每次火车一停靠在古城车站，白花花的蒸汽还没有散尽，就会有一大群小贩跳上火车大声贩卖着。

"姚家酥骨烧鸡！"

"蜜蜂牌香烟，本地特产！"

"马记蚂蚁牌香烟！"

"德昌发网！保准老婆喜欢！"

"福禄寿翻皮帽子！"

有时候火车都已经启动了，小贩们还在车上忙着讨价还价。曾经不止一次，有些小贩从启动的火车上飞跳下来的时候，还摔断了胳膊和腿。据说火车站那个弹三弦儿的徇瘸巴[71]，之前就是个城北卖炸糖糕的，为了一只香油糖糕和一个外地人讨价还价，结果他娘的搭进去了两条腿。为此，那个徇瘸巴还专门编了一段《卖糖糕》叙述自己这段倒霉的经历，曲调婉转凄切，令围观者唏嘘泪下。

秋高气爽的一天，赵牛角起了个大早，拉上在东关开布店

---

[71] 瘸子

的赵大舌头和他儿子赵太侔[72]去火车站，赵氏父子要赶火车回老家烟台看家里生病的老太爷。"赵大舌头"并不是真正的大舌头，而是因为他那一口胶东口音。别看他分不清"是"和"四"、"人"和"银"以及"漏"和"肉"，可是这并不妨碍赵大舌头成为东关附近最著名的京剧票友，不过赵大舌头一开口唱谭鑫培的唱腔，好好的一出京剧就变成了山东快书，懂行的票友们禁不住生出一层鸡皮疙瘩来。赵大舌头的儿子赵太侔，小小年纪却品学兼优，多次受到古城县教育会的褒奖。当时古城他们那一辈儿的学生里流传有"东太侔，西宝山，北城有个祁奉先"之顺口溜，意思就是说东关的赵太侔、西营子的顾宝山和北城里的祁奉先都算的上是当时古城莘莘学子中的佼佼者了。

就在那天下午，太阳懒洋洋地照在古城车站上，早起的赵牛尾正手里攥着一个发网在黄包车里打呼噜，一位穿着不凡的青年人提着行李走下了火车。青年人朝着朱小尾走过来，一面走一面笑着问："小尾叔，别来无恙啊？"

听到青年人不南不北的口音，朱小尾倒先愣了一下，猛然想起这不是温家的儿子温子培么？

"噢，这不是子培吗？你可好久没回家了，你这一走都好多年了吧？"

温子培笑了笑，把行李放在地上："我刚回国，赶紧回家看看，过两天就走。"

"你去外国开军舰学得怎么样了？"朱小尾记起了温子培出国学开军舰的事儿来。

---

[72]赵太侔：（1889—1968）中国戏剧家，现代教育学家。曾用名赵畸，太侔为其字，山东古城东关青龙街人。山东大学创始人之一，山大两任校长

温子培笑了："已经学好了，过一阵子我就要去北洋海军了。"

"海军？了不得，了不得！俺还记得你小时候和天主教堂的那几个光腚孤儿夏天在荷花湾里和鸭子一起扑腾，这一眨眼的功夫都成海军了！"朱小尾把行李放进黄包车的时候，禁不住啧啧地赞叹了起来。

"爹，娘，我回来了！"

温桂芳和他老婆正在查看刚进的大黄和柴胡的成色，就瞧见儿子进了门，赶紧站起来："知道你要回来了，没想到这么快。"

"事情太多了，计划不如变化快！"温子培端详着老温家老两口，"也没觉得二老有什么变化。"

"不行了，老喽。岁月不饶人，我现在眼也花，头也发晕，你看看，你娘的牙都掉了一半儿了。"温桂芳接着问，"你在车站见到你二叔了吗？"

由于温子培是过继给温桂芳的，所以温桂芳嘴里的二叔其实是温子培的亲身父亲。

"我在车站里见到他了，就说了几句话，他和老二、老三正忙着卖包饭呢。"

正说着话，温家女人把鸡丝芫荽面端了上来。温子培稀里哗啦地吃了起来："真香，还是咱家乡的东西好吃啊！这英吉利吃的东西我还真不敢恭维。"

"你爹给你看了个好人家，人家叫朱素英，据说还是衡王正经八百的后人呢，要不你最近过去看看？"老太太坐下后，仔细地打量着这个正在变得越来越陌生的儿子。

"不行啊，娘，我得先去一趟福州船政学堂，接着要去威海卫哩，要不就等下次吧。"

"怎么好不容易回家一趟，还是这么风急火燎的？"

温子培在家里呆了两天，就离开青石板街。不久，城南的男女老少就都知道了，温家的儿子现在不但说话撇腔[73]，而且去了北洋水师开军舰哩。

古城基督教堂的牧师们最近经常去外地参加总教区牧师的讨论会，其他教区的牧师也常常会来到古城。看到东洋车拉着洋传教士们飞奔，报童就会跟着拉着洋人的东洋车跑一阵子，一边跑一边喊："先生，看张报纸吧？"

"不看，不看！"

这库寿宁每次开完了那些裹脚布般丑长的讨论会后，都会愣愣地发上好一阵子呆。窗外正繁花盛开，蜜蜂嗡嗡嗡地在花丛中飞来飞去，各色的蝴蝶在其间翩翩起舞，可这一切并不能令他心情好些。自从英国浸礼会与美国长老会达成共同办学的协议，把古城的广德书院与潍县文会馆合二为一成立广文大学，古城的这位传教士时时有一种上当受骗的感觉，他甚至毫不掩饰地在同僚面前表现出他对英国浸礼会与美国长老会的愤怒之情。在愤怒之余，传教士甚至把自己以前的读经时间改称了小说阅读时间，他翘起二郎腿，津津有味地阅读起柯南·道尔的侦探小说来，并且很快对福尔摩斯的演绎法和道尔爵士的唯

---

[73] 不再操鲁中话

灵论产生了极大的兴趣。

"还在为古城广德书院和登州文会馆合并的事儿烦心吗？"女人看得出了丈夫心中的郁闷。

库寿宁若有所思地告诉玛丽，他只是不忍心看到自己辛辛苦苦创立的这一切付之东流："中国人有句古话，螳螂扑蝉，黄雀在后。真没想到我们辛辛苦苦造就了广德书院，转眼之间就替别人做了嫁衣！"

胖玛丽像是看透了丈夫的心思，叹了口气说："亲爱的，中国人还有句古话，胳膊拧不过大腿。"

"没想到美国长老会的会如此出尔反尔！"

"那是因为上帝也不信任黑暗中的英国人，你的那些同胞们首先出卖了你。"

15

阿拉莫斯的儿子瑙铁长得像是跟父亲从一个模子里脱出来的，长得虎背熊腰的瑙铁也托着一个大脑袋，脑袋时不时地会撞在家里的门框上了。瑙铁整日跟着父亲阿拉莫斯和马匹厮混在一起，这可愁坏了瑙铁他娘。

石尊宝却对他姐说："瑙铁他吉人自有天象哩。"

"他能有什么天象？"

石尊宝的大女儿嫁到闵家庄子的那年夏天，男人们一个个正在吆三喝四地猜拳吃酒，女人们则忙着在厨下七嘴八舌地嚼着老婆舌头，口渴的瑙铁想起了石疙瘩家里中了一畦甜瓜和面瓜，于是起身晃晃荡荡地朝着姥爷家走去

河边是一望无际的瓜地，弥河的河水正缓缓地流淌着，甜瓜和面瓜还纠缠在地里的瓜蔓子上，面瓜蔓子如同蜘蛛网一般，一下子就抓住了瑙铁的双脚，他扑哧一声摔倒在瓜地里。沙地松软极了，像是母亲的怀抱。瑙铁觉得天旋地转，身下软绵绵的，睁眼观瞧的时候，倒是自己砸烂了几个金黄的面瓜。瑙铁挣扎着起身的时候，身边却传来了刺猬一样"吃吃"的笑声。

瑙铁在耀眼的阳光下认出了是表妹石二猫，结结巴巴地说："你……别笑了，想不到二猫……猫……一眨眼长……这么大了！"

瑙铁像一只病猫一样嗷嗷地吐完了黄汤，脑子倒清醒了不少。

"瑙铁，以后不要这么灌酒了，喝了吐，吐了喝，得有多难受啊。"石二猫拧起了眉头抱怨着。

那天闵家庄附近天空蔚蓝，有几朵白云也像弥河的河水一样，缓缓地向北飘去，白花花的阳光照在绿油油的瓜地里，也照在瑙铁身上，他脑海中忽然出现了草原的天空，石二猫的长发让他想起了骏马的马鬃，她身上的味道让他想起了小时候在母亲怀里的味道。

"二猫，什么时候跟着俺一起去看看大草原吧？"

"那得俺爹答应才行哩……"小猫的声音变得比蚊子嗡嗡声还小了。

"那还不好说，俺哪天问问你爹不就成了？"

"瑙铁你低头瞅瞅，你把地里的瓜都压成烂泥了……"

从此以后，瑙铁有事没事儿，都会策马去青石板街他舅家去找二猫。每次出远门儿回来，也会给石二猫捎去一些从外地带回来的小物件儿，这次是个丝绸的兜兜，下次是个鹿皮的坎肩儿……

第二年春末孟夏时节，阿拉莫斯果真带着瑙铁和二猫回了一次大草原。他们骑着马穿过草原和戈壁滩，一路上住过蒙古包，喝过马奶子，拜访过萨满教的两个神汉和一个神婆子，最后在那片遥远的草原附近找到了瑙铁的三叔。瑙铁的三叔送给了二猫一个大的镀金银镯子，三叔的女人送给了二猫一副金耳环。瑙铁结婚的那天，村子里的图瓦人把石二猫打扮成了一个蒙古女人，他们围着新人不停地唱歌跳舞，连马奶子和酒桶都踢翻了。石家的二姑娘从来没有见过那么辽阔的大草原，也没有见过夜空中那么多亮闪闪的星星，更没有见过天空中拖着长长尾巴的漂亮彗星。

入秋时节，塞外的天气已经变得萧杀寒冷了起来，从草原回来的阿拉莫斯一家入宿张家口。夜深人静之时，觉少的阿拉莫斯忽听街市之上传来童谣之声："不用掐，不用算，宣统不过两年半……"

阿拉莫斯心中惊诧，不解童谣之意，于是好奇地询问店主人。店主人犹豫半晌后才低声告知，此童谣在附近流传已有数月。

"此乃天意……"

"哦？是何天意？"

"……当地人谣传，南方闹起了革命党。童言无忌，大清气数尽矣！"

宣统三年十二月廿五日，从北城的各个角落里传来一阵阵撕心裂肺的哭声，原来宣统帝溥仪刚刚颁布了退位诏书，大清帝国在这一天寿终正寝了，在中国实行了两千多年的帝制也在这一天宣告结束。北城中的大清黄龙旗也已经被副都统吴延年悄悄地撤下，吴延年的手下人正挨家挨户地通知北城的八旗限期剃头。

富贵安和嘉勋那天逃到了沂山马场，除了坐在一起唉声叹气之外，一整天也没说几句话。阿拉莫斯父子和石尊宝忙完瑙铁的婚事后开春才回到马场，却发现马场里一多半儿马匹已经不翼而飞。三人飞马找到富贵安和嘉勋，富贵安显得十分无奈，叹了口气才说："这是上面的主意，我也无能为力。"

嘉勋点了点头："他们说现在人都顾不过来，谁还能顾的上这些马？以后不能再靠马了，咱们得自己想办法了。"

富贵安转过头来对石尊宝说："老石啊，你想想咱们以后做什么买卖好呢？还有，手里积攒的那几所宅子，你要给我看好！到了万不得已的时候，我们就全靠手上这几所宅子了！"

"奴才明白"

过了阴历年之后，几乎每天都有人群在都统衙门或者几大协领衙门前聚着不走。正红旗的一个外号叫"傻大曾"的步甲韩大曾带着几十号人围着将军府，有的人喊口号，有的人贴标语。有一群寡妇聚在一起高喊，欺负孤儿寡母可耻，协领塔拉拉家断子绝孙！有些旗人是来追缴欠款和欠粮的，有的手里还拿着欠款的票据。

"还我活命钱！"

"忍无可忍，无须再忍！"

也有的人高声怒骂："俺操都统他大爷！"

这时候副都统吴延年正好坐着轿子回家，听到喧哗和叫骂声，就叫停了轿子走了出来。他一面走着，一面问道："这是谁要操我大爷啊？"

大家一看本主走了过来，都吓得战战兢兢的，规规矩矩地给大人请安。吴延年也不搭理他们，继续说："你们要操也该操前任都统他大爷，也可以操奕诓大人他大爷或者李中堂的大爷，轮不到操我吴某的大爷。再说了，我吴某也没有大爷，我爹排行就是老大！"

四周发出一阵哄堂大笑，吴延年斜眼逡巡一番后，刚要悻悻地拂袖而去，却一眼看见了傻大曾脑袋上的大辫子，立马就火儿了，责问大曾怎么不剪辫子。

"混蛋！"

傻大曾也回骂副都统："你当着大清的官儿，吃着大清的俸禄，剪了辫子，辱没了祖宗！"

吴延年大怒，命令手下人把气的把韩大曾抓起来。

"混账东西！立刻去给我把富贵安叫来，看看他是如何管教他手下的人？"

韩大曾外号"傻大曾"，是古城旗城正红旗步甲，属于富贵安的部下。最近他除了带人追缴欠款，也参与了富贵安的"星星会"，每天晚上星星出来了，就召集旗人开会，抵制剪辫子。富贵安觉得此人除了脑子有些发轴外，人还算讲义气。等富贵安匆匆忙忙赶到将军府的时候，吴延年正气哼哼地端坐在大堂之上，看到富贵安头顶着一条大辫子，吴延年禁不住狠狠地申饬了他一番，才把五花大绑的韩大曾交给了富贵安。富贵安悻悻而回，一路上告诉傻大曾勿要再去招惹吴延年。被鞭打后的傻大曾非常不服，嘴里嘟囔着哪天非要杀了吴延年不可，富贵安以为他只是在说气话，也没太在意。

富贵安回到家中，晚上和嘉勋下了半天围棋，二人心里都有事儿，连下棋也下得心不在焉。富贵安因为心中有事儿，辗转反侧了许久，一直过了半夜才昏昏沉沉地睡了。在梦中，吴延年又把富贵安臭骂了一通，还威胁着要把他赶出旗城，不知什么时候，韩大曾却忽然闯进了将军府，手里还拿着一把青龙偃月刀，大曾二话没说，大刀劈头盖脸就朝着副都统劈来，嘴里还喊着："吃我老韩一刀！"

一声巨响打破了旗城安逸的夜晚，富贵安也在这巨响中被惊醒。不一会儿，小通宝气喘吁吁地跑进来，上气不接下气地说："不好了，傻大曾带人造反了！"富贵安知道韩大曾做事儿一根筋儿，可是万万没有想他竟然带人造起反来，惊得富贵安叫苦不迭，听了听墙外渐渐逼近的枪声，富贵安命令小通宝立刻打开后门儿。

"通……通宝，立刻备马！"

"去嘉勋爷那里？"

"不！咱们出城去……去五里桥！"

夜色让本来熟悉的道路显得陌生而有些阴森，弥漫的淡淡薄雾给五里桥披上了一层神秘的轻纱。马蹄声惊动了附近人家的狗，一只狗先叫了起来，其他的狗也不甘示弱地跟着叫了起来。

"咚咚咚……"瑙铁和二猫在睡梦中被一阵紧促的敲门声惊醒。

"是谁？"阿拉莫斯警觉地问。

"是我！富贵安。阿拉莫斯，快点儿开门。"富贵安的声音有些打颤。阿拉莫斯听出来是富贵安的声音，连忙起身开门。只见富贵安衣衫不整，脚下的鞋也跑丢了一只，正上气不接下气地立在门外。

"我的富贵爷，你这是怎么了？"阿拉莫斯赶紧把富贵安扶进屋里，着急地问道。

富贵安进屋后，看见衣衫不整的瑙铁和睡眼惺忪挺着大肚子的女人，急忙一面整理着小马褂，一面一五一十地把韩大脑袋带人造反的事儿讲了一遍，把阿拉莫斯一家惊得目瞪口呆。

过了几天，瑙铁出去打探一番，回来告诉富贵安，北城如今已经风平浪静了。除了死了几个佐领和一些兵甲外，倒是没有什么大的损失。韩大脑袋带着一些起义的旗人在附近躲起来，没逃掉的都被抓起来了。

"事情不会就这么完了，吴延年这八蛋是不会放过我的！"富贵安心有余悸地说。

韩大曾和他几个儿子先后被吴延年的手下抓获，据说韩大曾被按到在地的时候，他正在郭家店子附近的菜地里抓蝈蝈哩，不久被捕获后的韩氏父子被斩杀于北城宁齐门外。凡是与这次起义有关联的人都被吴延年免职的免职的，降职的降职的。韩大曾的二儿子本来在北京袁世凯新军中任军官，其父起义失败后也被袁世凯逮捕，自北京解回古城后，关入了县城监狱，得悉父、兄、弟被杀的噩耗后，韩二瘐死狱中，令古城人唏嘘不已。后人为纪念韩氏父子，还专门编成《韩家五虎》一戏，民国期间曾经在各地广为传唱。

每天傍晚之后，富贵安和嘉勋都会到东西大街的一家叫"吉祥安"的酒馆坐坐，顺便打探消息。此时的吉祥安酒馆，俨然是各种最新消息和流言的聚集地。酒馆里烟雾缭绕，旗人们吵吵嚷嚷，谁也没有个准信儿。今天的消息第二天就被证实是流言，大家争来争去，到头来谁也说服不了谁。不久，朝廷一道"另筹生机，各自食力"的谕旨彻底粉碎了北城绿营心里对朝廷仅存的那点儿幻想。吉祥安酒馆里的话题就变成了大家如何另谋生计的问题。正白旗一个协领决定开一家蚕丝厂，镶白旗一个佐领要在阳河岸边开一个古玩店，也有的人表示大不了就在附近摆个小摊儿卖青菜……

富贵安和嘉勋他们这伙人每人都有一大家人家要养，如今一下子失去了生机，大家都有些手足无措。坐在酒馆里琢磨了半天，嘉勋觉得他们这伙人熟悉沂山马场附近那一片，如果在那里开垦出一块儿荒地来，等到明年开春，在地里种种庄稼或者烟草什么的，养家糊口也够了。大家觉得嘉勋这个主意不错，可是很快就发现，酒馆里想在沂山马场开荒地的旗人还真不少，各个旗的都有，加起来至少有几十口人哩。

这些打算去沂山马场开荒地的人一拍即合，大伙儿成群结队到南山哩开荒种地，可刚一下手还没干几天，就发现这庄稼人的活儿可不是一般人就能伺候得了的。要开荒种地，就需要耕牛农具，旗人只知道骑射，却对耕牛一无所知，对各种农具更是一窍不通。没过几天，原先几十号开荒的人就只剩下了富贵安和嘉勋带的六、七个人。

富贵安和嘉勋的这块儿荒地在清泉湾附近，离沂山马场北麓倒也不远。开春后大伙儿平时也不回家，白天在地里挥汗如雨，晚上就住在窝棚里。旗人们哪受过这种苦？一个月下来，每人手掌上都是流着脓血的大水泡，水泡旁边接着又长出新的血泡，皮肤晒得像是山西煤矿里的挖煤工，嘴唇也干裂，嘉勋还被耕牛抵伤了腰，富贵安差点儿让铁犁划断自己的脚踝。这几个人难得的消遣就是在开荒之余，脱得赤条条地，浸在附近的几处泉水里泡一泡，然后发几句牢骚，顺便说说对时局和前途的看法。夏末之后，北城新任副都统把附近几块风水好的良田卖给了附近几个村子的大户人家做坟地，招魂幡在几座新坟上飘来飘去，纸灰也被风吹地漫天飞舞，大家伙儿感觉无比晦气。

眼看着就要入秋了，在清泉湾开荒的一伙人都被太阳晒成了黑蛋儿一般。一天下来后，累得快要散架了，身上也全是臭汗和埋汰。大伙儿忙不迭地跳进了泉水里。富贵安的亲兵小通宝一面给富贵安搓着背，一面告诉他，自己以后不想每天都来开荒了，他寻思着想和大舅子一起合伙儿买辆东洋车，俩人倒替着拉客赚点儿钱。富贵安的另一个亲兵马上认为那样的话太给他们旗人丢脸了。

富贵安听完这话，一把推开身边的小通宝，气哼哼地抱怨了起来："拉东洋车，拉西洋车，拉你们的头！我们把这块地伺候起来，开春以后种上点儿小麦、包谷、五谷杂粮或者白菜、韭菜、烟草，如果好得话，秋天就能有收获。我夜里睡不着的时候，想的都是怎么种庄稼！种什么？怎么种？我最近还叫瑙铁和石尊宝给我搞些罂粟种子来，种在那片儿该死的坟地附近！可你们呢，今天要散伙，明天要去拉东洋车，既然你也要散伙，他也要散伙，不妨今天就散伙算了！"

富贵安扬了扬手，越说越激动，赤身裸体地就从水里出来找自己的烟袋锅和烟袋荷包。他头发披散着从后面看着倒像是一个女人，其实他们这几个人都已经是人过中年，尤其是最近，富贵安两鬓的白发又增添了不少。

看见富贵安忽然发起飙来，嘉勋走了过来，把自己的纸烟取出来，散了一圈后，慢条斯理地说："老富，你也不用为此大为光火，他们也只是随便说说，大家知道你的一番苦心，你不要说风就是雨的，跟个孩子一样哩！"

那个要去拉东洋车的小通宝，这时候也说他大舅子家里早就穷得揭不开锅了，连屋顶上的瓦都要卖了，哪有什么本钱买东洋车？自己也一样没有本钱，也就是随便说说，找个嘴上的痛快而已。众人正七嘴八舌说话之间，忽然乌云蔽日，周围狂风大作，连泉水也在顷刻之间变得冰冷了起来。大家忙着收拾地里的耕牛和各种农具，大雨已经夹杂着冰雹呼啸而至，等大伙儿跑进地北头的窝棚里时，浑身早已经湿透。嘉勋看着地里的庄稼，心里不禁暗暗叫苦。

"看来以后得多请教请教杨弹腿，这种地可不是件容易事儿！"

富贵安见大家一个个像落汤鸡一般可怜，想要安慰大家几句，还没开口，却见嘉勋浑身像筛糠一般打起了摆子。

看到开荒的丈夫累得在被窝里打摆子，嘉勋的女人也觉得十分心疼，等嘉勋渐渐地发出汗来，女人这才放下心来，和嘉勋聊起了这些天旗城都出了些什么事儿。

"正白旗协领家的蚕丝厂已经开张了，我和路东祁家的儿媳妇开张那天还跑去看了看。对了，听说关家儿子跟人合伙做生意被人家放了鸽子[74]，祁家的儿媳妇还告诉我有些旗人正在外面跑野路子哩！"

嘉勋笑了笑："你怎么跟祁家儿媳妇这么熟了？他们都在跑什么野路子？"

"祁家的孙子和咱家玉麟在海岱书院一个班里上学，而且祁家儿媳妇和我看的是一个中医，所以我跟她很熟。所谓野路子，就是现在城里的一些防御和骑校，一个个都跑去给大户人家看家护院，还有在外面给人家跑镖的……"

"不行，他们这么搞不行！我们现在还是朝廷绿营编制，不是他姥姥的绿林编制。"嘉勋觉得有些气愤，转念一想后，叹了口气对女人说，"算了，也难为他们了。要是哪天绿营到了走投无路的那一天，我也许会和他们一样也去给人家看家护院哩。"

"也许那一天很快就到了……"

嘉勋见女人有些神伤，就岔开了话题："对了，你给我准备一份儿贺礼，瑙铁家的孩子快出生了。"

那一年秋后，瑙铁的女儿鹿儿出生之前，马金牙的一对双胞胎儿女也出生了，女儿金叶儿只比老二丰收大了不到一袋烟的时辰，而丰收只比鹿儿大了两个时辰。孩子们过百岁的时候，阿拉莫斯还办了一次堂会，唱的是《龙凤呈祥》，堂会上来的人很多，连嘉勋的儿子张玉麟[75]都来了。马金牙不但客串

---

[74] 骗了

[75] 民国后，赫舍里改姓为张

了乔国老，还带了了一箱新包装的"蚂蚁"牌纸烟。

马二聋汉父子早已经把原先的豆腐坊变成了"蚂蚁"烟草作坊，作坊里一开始烟丝切得不均匀，烟卷也做得歪歪扭扭的，可是架不住古城本地的烟丝好。金黄金黄的烟丝儿，抽起来清香扑鼻，倒是有不少回头客。马金牙模仿着外国香烟的外壳儿重新设计了"蚂蚁"香烟的外壳儿，香烟外壳上一只回首望天的红色蚂蚁，脚下绿草丛丛，空中祥云缭绕，另有"每包香烟十枝"等内容，马家也依样画葫芦地会在香烟里放几张小的山水画儿用来吸引顾客。

时间似乎像五里桥下的流水一样时快时慢，孩子们出生之后，时间一下子变得快了起来。石二猫和马金牙的女人在场院里聊天的时候，鹿儿和马家姐弟正在在场院的棉花堆子里爬来爬去；瑙铁和石二猫在"蚂蚁"香烟作坊里看社戏的时候，这些孩子们已经开始扶着大碌碡蹒跚学步了。对了，鹿儿和金叶儿自打一见面儿就成了形影不离的好朋友，如果哪一天她俩不见面，心里都会有种怅然若失的感觉哩……

16

盛夏过后，田立人买了去潍县的二等车车票。当时，胶济铁路客车车票分三等，一等车只准欧美人乘坐，本地曾多次发生过中国人乘坐被撺下车的事；二等车既有欧美人也有中国人，而三等车仅为中国人乘坐，没有座椅，鸡鸭猫狗、水果、蔬菜和沉疴一起，混杂在车厢之中。上车之后，田立人就近坐在了一个德国军官的对面，德国军官目不斜视地盯着窗外，看到另外几个德国军人对上车的中国妇女十分不礼貌，田立人心中不仅有些怅然，倒在心里暗暗地骂了几句。

古城和潍县之间虽然只有短短的一百里路，田立人却发现潍县的方言竟然与古城的方言相去甚远，潍县和坊子的方言如同本地出产的杠子头一般生硬而拗口。走出车站后，载着田立人的东洋车很快就按照库寿宁给的地址在潍县东关找到了广文大学。

一走进虞河河畔的这所大学，田立人顿时觉得这广文大学的校园简直就是古城广德书院的翻版：也是清一色的青砖校舍，也有一座宽敞的运动场，就连大楼中央的钟楼也和古城博物堂旁边的那座钟楼几乎一模一样。在路人的指点下，田立人终于在中央的钟楼下找到了新生接待处，一张长长的桌子前面已经聚集了几个学生了，桌子后面坐着学校几个洋先生和中国先生，几个学生正在七嘴八舌向这几位先生问这问那。

"这位新同学叫什么名字？"

"田立人。"

"理科数学……你住在一零六房间。"

"几人一个房间？"

"两位同学一个房间，学校条件相当不错。哦，对了，你安排好住处之后，可以去和教务长或者校长谈一谈，他们两位都在主教学楼的一楼！"

"多谢了！"

因为田立人来学校报到的时间比较早，此刻的宿舍显得空荡荡的，窗外的法国梧桐在宿舍地面上留下斑驳的树影儿。把行李包裹放好之后，田立人又洗漱了一番，看看太阳光，时间还不到中午，于是他信步走出了宿舍，沿着甬道朝着主教学楼走去。

田立人沿着蜿蜒的林荫道走进了广文大学主教学楼，在一楼的校长室前停了下来，他伸头朝里面望了望，校长室迎面是一张书桌，书桌上横七竖八堆满了各种书籍，书桌的三面都摆满了书架，书架上是满满当当的各类书籍，正后方的书架上放着一个网球拍和几个当地出产的五彩布老虎，网球拍和布老虎上方白色的墙壁上挂的是一位慈祥的外国老人的黑白相片儿，相片中的老人身着黑色西服和领带，看起来须发斑白，目光紧紧地凝视着远方。

"那就是狄考文博士！"

从书桌上堆积的书籍里突然冒出来了一个光秃秃的大脑袋来，倒把正在出神的田立人吓了一跳，这个秃着脑袋的中年人看起来眼睛深邃，原来这就是广文大学的校长柏尔根博士[76]。柏尔根校长用英文把自己介绍了一番，田立人能听得出他的美利坚口音和古城教堂里几位英国传教士的口音截然不同，听起来虽然柔和了不少，却少了那种抑扬顿挫的起伏。柏尔根接着又滔滔不绝地介绍了狄考文博士对广文大学的贡献，当听说田立人主修数学的时候，他又大谈了一番狄氏如何精通数学，编有《笔算数学》，《代数备旨》等等。

"我们曾经用过狄考文博士的这两本书，他讲述得非常清晰，我真希望我以后也能写出那样的教材来！"

"那你以后一定是想成为一名数学教授了？"

---

[76] 柏尔根（Pall D. Bergen，1860 – 1915）美国基督教北长老会传教士，曾担任广文大学校长，1915 年病逝于潍县。

"不错，我……的确是有这个打算……"

"很好！广文大学是你们中国历史上的第一所大学，我们的学生也要有鸿鹄之志。当然，我们会为自己的学生提供最好的学习环境和前途选择，新英格兰地区的许多著名大学都和我们广文大学有十分密切的关系，你如果以后想去美利坚留学，我们一定会大力推荐的。"

"去外国留学？这个……我倒是还没有想过哩。"

"我们美利坚将在各个方面赶超大不列颠，那仅仅是个时间问题而已。"

田立人此刻的心里忽然涌起了一个古怪的念头来，这些长相都一样的美利坚人和英国人到底有什么不一样？美利坚合众国和大英帝国又有什么不同呢？几年之后，正如柏尔根博士预言的那样，田立人真的留学去了美利坚，而且他却是成为了一名能逻辑清晰地写出高等数学教材的教授。可是柏尔根博士却没有预见到，很多年之后，田立人的女儿却死在了这座已经更名为乐道院的广文大学校园里，那一年夏秋季节，连阴雨引起虞河和弥河外溢，还冲垮了好几座桥梁……

富贵安和嘉勋一伙人种的毛豆、包谷、地瓜、高粱都长得不错，这得归功于他们这伙人每天起早贪黑、马场里运来的马粪和今年的风调雨顺。正所谓功夫不负有心人，就连靠近坟地那片儿的鸦片也生得繁茂，眼瞅着出苗开花，抽穗挂果。小通宝们害怕有人来偷，还专门从绿营里弄来了几只纯种藏獒，一到晚上就放狗出来。藏獒呼哧呼哧地在破庙和草屋附近的农田里跑来跑去，看护着一年的收成。

秋后庄稼收获之后，阿拉莫斯和石尊宝教大家怎么把收获的生鸦片炼成熟鸦片，最后变成一块块豆饼或者绿豆糕一样的小长条。为了看看成色，大伙儿每人一杆烟枪，一起叽里咕噜地抽了一通，阿拉莫斯翻了翻白眼儿，笑着伸出大拇指："这玩意儿成色很好，一定能在市场上卖个好价钱！"

话音未落，阿拉莫斯已经翻身上马，一溜烟儿地消失得无影无踪了。大伙儿也都见怪不怪了，知道这个蒙古人一旦抽烟酗酒之后，就时不时地会发一阵儿人来疯。果不其然，一个时辰的功夫阿拉莫斯就策马而回。原来他刚才去了一趟闵家庄，从附近的妓院带回了八、九个妓女，其中两个看起来倒有几分像是西洋女人。大家伙儿觉得惊诧，附近怎么会有西洋女人？阿拉莫斯告诉众人，听说她们是洋人在附近找矿的时候留下的野种，远处看着像西洋人，不过要是凑近了仔细看看轮廓，还是能看出中国妈妈的样子来。

"每人一个，每人领一个。"阿拉莫斯像发纸烟一样给每人都发了一个小妞儿。有的人还不好意思，阿拉莫斯倒有些不高兴了，开口揶揄道："别他娘的扭扭捏捏的，你老婆又看不见，别敬酒不吃，倒吃起罚酒来。"

富贵安不无担心地说道："这种事儿恐怕不好吧？"

阿拉莫斯还没有开口，有个大洋马一样的女人忽然冒出了一句："不干那事儿，你娘怎么生下你们这些狗杂种来的？"

富贵安听见女人骂得粗俗，竟然开口笑了起来："你这个骂人的过来，坐在爷的身边儿！"

大洋马撅着嘴，慢吞吞地一屁股坐在了富贵安身边，富贵安上下打量着身边坐的这个高个儿混血，点了点头说："阿拉莫斯说得不错，确实如此。你看她眉眼儿里，是有股子中国女子才有的清秀味儿。"

听富贵安这么说，大洋马也开口笑了起来，一张嘴倒是一股子浓重的大葱味："这有什么奇怪的？因为俺娘本来就是安丘人。"

妓女们每人都涂抹了一脸的白粉儿，像是市场里卖的瓷娃娃。听口音，这几个妓女都是鲁中一带的口音，一开口土得能掉一地煎饼噶咋儿[77]。妓女们坐下后，也不客气，有的点上纸烟，有的自己点上大烟，吧嗒吧嗒地抽了起来。

看到嘉勋一脸愁容，一副索然无味的样子，他身边的那个黑乎乎的乡下妞像一只懒猫一般地往他身边蹭了蹭："大爷怎么看起来不高兴？"

嘉勋叹了口气："其实也没什么，就是心里烦得慌。说出来，你恐怕也不知道。"

"那就说出来嘛！"乡下黑妞黑豆一样的眼睛盯着嘉勋，"大老爷们有什么话别憋在心里，会憋坏自己的。"

"爷心情不好也不是一天两天了。"嘉勋用布满老茧手摸着妓女的小手儿，"你勋爷我一家忠烈，想不到到了我这一辈子可真要完蛋了，连沂山的马场也彻底关门了，你哪里明白这些道理啊……"

乡下黑妞却把脖子一拧："俺怎么不明白？大爷不必担心，咱这江山这么大，哪能说垮就垮掉了。洋人占了咱的地，九十九年以后就会还给咱，洋人收了咱们的棉花和烟草，地里明

年还会再长出新的来。反正是自己庄稼地里的东西，不管是人吃了，还是喂狗吃了，不都一样？。"

听完乡下黑妞这一番话，嘉勋心里倒觉得有些宽慰，就把女人往怀里搂紧了，口中说道："想不到你的心倒是挺宽的？"

"大爷过惯了锦衣玉食的好日子，不知道庄户人家的苦楚，个个都是劈叉开两腿就被老娘生出来了，死的时候两腿一伸，就跟一只死猫死狗一般哩。"

女人说这话时，不像是十几岁的闺女，倒像是个饱经风霜的老妪一般。

"你叫什么名字，你能不能常过来陪爷们拉拉呱？"嘉勋侧眼看着乡下黑妞。

乡下黑妞这时倒有些羞涩了："俺叫皮青云，老家离劈山不远的夹皮沟，大爷要是愿意，随时都可以来找俺。"

大大伙正在七嘴八舌地说话，却发现阿拉莫斯不知何时已经不见了。

"这个人来疯又跑到哪儿去了？"

"又去闵家庄了吧？"

石尊宝又坐了一会儿后说，"不行，我得去找找我姐夫去！"于是他像被蝎子咬了屁股一般猛地站起来，慢悠悠地走了出去。

那天晚上，大伙儿都玩得十分畅快。嘉勋后来到了天津后都还记得那个叫皮青云的女人，她黝黑的皮肤光滑而细腻，像是夏天水塘里的泥狗钻[78]。那个叫皮青云的妓女搂着嘉勋的时

---

[78] 泥鳅

候，禁不住想起了自己死去的父亲和不争气的大哥"劈山蝎子"，那一夜她甚至有了给眼前这个老男人生一个私生子的冲动。可是在以后的日子里，大伙儿都害怕记起那个看似平常的夜晚，因为那天夜里阿拉莫斯离开窝棚后，独自一人打马跑到了沂山马场，在崎岖的山路间放马狂奔的时候坠入了山崖，等山上砍柴的人发现他的时候，阿拉莫斯早已经没有了气息。后来，在沂山附近赶路的人偶尔还见到过阿拉莫斯，他还是骑着自己的那匹白马，在山水间怡然自得，为此瑙铁和马金牙还去过几次沂山马场以及附近的老龙湾，结果也是一无所获。

17

入冬之后的第一场雪不期而至，纷纷扬扬的雪花很快就覆盖了远处的群山和树林，也覆盖住了中山街（原估衣市街）近处的房顶和道路，德昌洋行的年会也在这场冬雪中拉开了序幕。在热气腾腾的火盆和喜气洋洋的气氛中，库寿宁显得有些忧虑和烦躁，他那像刷子一样的小胡子已经变得有些花白，人也显得苍老了不少。库寿宁和玛丽深有感触地回忆了一番他们来到本地的历史，细数了他们夫妻和徒弟们经历的一道道沟沟坎坎，说到动情之处，传教士的声音竟然有些哽咽。

宋徽五慢条斯理地讲了一番今年德昌洋行的情况，大到洋行出口的国家，小到发网的网眼儿大小，他都讲得面面俱到。白玉龙接着给大家做财务简报，他列举了这几年的各种数字和自己用手画的各种充满幻想的图表和小方块儿，白玉龙讲得口若悬河，大家却有些昏昏欲睡。接下来是表彰今年的刺绣能手，胡约翰一个一个念出她们的名字，库寿宁夫妻亲自把奖状和奖金以及两张免费参观博物堂的门票发给获奖者，此刻会场的气氛像屋里的火盆一般火热了起来。刺绣能手陈河妮代表德昌洋行所有的生产能手们发言，陈河妮她爹虽然是弥河甜瓜地边儿的一个卖柴火的农村人，她倒是能大方地对着满屋子人侃侃而谈。陈河妮落落大方地讲完后看着大家，她的眼神儿正碰到传教士的四徒弟蒋景涛那火辣辣的眼神，脸禁不住一下子红了。最后是管进出货的袁小楼谈了一番自己对工作和信仰的看法，袁小楼像是一个在河边钓鱼的渔夫，把鱼线抛得很远，在钓住一只大鱼后，又很快地收回来。当大家觉得他讲得云山雾罩般不着边际的时候，他却一下子巧妙地把道理都讲清楚了，袁小楼还提出了关于经营其他业务的想法。宋徽五和白玉龙都觉得德昌洋行的这个年轻人不简单，好好培养后假以时日，也许是个好苗子哩。德昌洋行的年会开完后，工人们纷纷起身离开，库寿宁夫妻开始和几个徒弟讨论德昌洋行明年的前景来。

"除了德昌洋行扩大发展的问题，再就是未来德昌洋行的新行址应该选在哪儿？"库寿宁意味深长地说，"我感觉我在古城的日子已经不多了。

"师傅你怎么会这样想？"

"也许是我多心了，我想亲眼看到新落成的德昌大楼！"

大伙儿经过一番讨论后一致同意，除了花边和发网，洋行下一步还要开始经营自行车、洋布、山核桃、花生等等。未来的德昌洋行新址不管选在哪儿，都应该是离城南不远的地方。开春之后，库寿宁和绘图师一起为未来的新德昌洋行设计了图纸。建筑师们开始像小偷一样在四处转悠，后面跟着附近青石板街和估衣市街的一群孩子和几个踏拉着鞋的懒汉们。最后建筑师在青石板街的东头和南营子的南头之间选了一块空地。工人们清理了附近的灌木、棉槐以及树丛里的蛇、刺猬以及黄鼠狼，接着叮叮当当地竖起几块儿木牌子，上面用中英文写着：

"工地，请勿踏践！"

"私人财产！"

"德昌洋行新址！"

青石板街东面的德昌洋行的施工进展很快，等那年入夏的时候，未来德昌洋行的各个库房、厂房、澡堂等都已经有模有样了。也是在那个夏天，奥匈帝国皇储弗朗茨·斐迪南及其妻子苏菲夫人在萨拉热窝遭到了塞尔维亚人的刺杀。青石板街的人在此之前从未听说过什么萨拉热窝，他们倒觉得那应该是冬天睡觉前暖和好的一个热被窝哩。可是正是因为这个热被窝事件搅乱了传教士库寿宁亲手为德昌洋行的新大厦剪彩的美梦，因为第一次世界大战已经爆发了。

一个城北市场正在火车站附近逐渐形成，许多失去生计的北城旗人也来到市场里转悠，一开始还有些羞羞答答，不过很快就习惯了。有的旗人守着一小摊子韭菜、黄瓜和茄子也不叫卖，只顾闷头抽着烟袋发呆；有的则三三两两的在下棋，鸟笼子和蛐蛐儿罐子就放在身边。顾客们问："红头韭菜咋卖的？"

旗人还在下棋，连头也懒得抬："您就看着给吧！"

也有些旗人把家里的古玩字画、花瓶玉器拿到了集市上。他们也不着急，讲究的是个耐性。秦歪嘴儿每次都会在市场附近停下来看看，他时不时地在古玩字画的地方停下来，俯下身子摸摸这个，打量打量那张画，或者敲打敲打那些个瓷器或者鼻烟壶。

"这个是原先被撤职的崔县长收集的鼻烟壶，是翡翠的，里面有踏莎行的内刻。"主人热情似火地招呼着。

"一块龙洋怎么样？" 驴车夫秦歪嘴儿一面瞅着鼻烟壶，一面试探地问。

主人知道来人是个外行，好似一盆冷水浇到了头顶上，脸上的热情和笑容也凝固了："一块大洋我买你的得了，你有多少，我要多少。"

秦歪嘴儿赚了个没趣儿，放下了鼻烟壶站了起来，又盯上了旁边的一对玉镯子。

"这玉镯子不是急着用钱，我还真舍不得卖。这本来是我家老爷子西征迪化的时候在当地搞到的，是真正上好的蓝田玉。"旗人指着玉镯子上的花纹细心地数给秦歪嘴儿看，他越说秦歪嘴儿就越发动心了起来，经过一番讨价还价，秦歪嘴儿狠狠心给扣扣买下了这一对玉镯子。

秦歪嘴儿赶着大车朝城外走去，他觉得今天可是贪了个大便宜，心中不觉有些畅快，于是开口就唱了起来："我正在城楼观山景，耳听得城外乱纷纷。旌旗招展空翻影，却原来是司马发来的兵。我也曾差人去打听，打听得司马领兵往西行……"秦歪嘴儿走后不久，城北市场附近就传来了一阵骚乱，小贩们纷纷收摊儿离去，大家议论纷纷，莫衷一是。

"车站也戒严了，听说德国人来了！"

"听说这洋人分成了两拨，跟斗狗一样对咬起来了。"

"那咱得赶紧躲得远远的，省得溅一身血哩！"

听说德国人要来捉拿他们，城里的英法传教士们一个个紧张了起来，开始准备出逃。烟台浸礼会总教区通知古城传教士们料理妥当后，立刻撤离古城，否则后果自负！听到这个消息，玛丽立刻放声大哭了起来，从不流泪的库寿宁此时也热泪盈眶："想不到功败垂成，以后就是繁花似锦，我老库恐怕也看不到了。"

徒弟们也都很伤心："师傅不要这说，您正值壮年，等这场风波已过，马上就能回古城了。"

库寿宁苦笑着摇了摇头："树欲静而风不止，此次一别，恐怕是再无相见之日了！"

"师傅何出此言，怎么会再无相见之日了呢？"不解的徒弟们劝慰着伤心的传教士。

库寿宁叹了口气，压低了自己的声音："你们只知其一，不知其二，即使这次和德国人有惊无险，总教区也不会再让我回来了。"

"这是为什么呢？"徒弟们开始怀疑库寿宁是不是因为伤心而失心疯说起了胡话。

"不，我可没有失心疯，也没有说胡话，我心里清楚得很哩。其实早在同治年间，美利坚长老会与大英帝国浸礼会就早已经达成协议，古城地域由大英浸礼会布道，美利坚长老会退出此地。可是美国人却出尔反尔，对我们一直怀有觊觎之心。我老库一直坚持浸礼会不能和长老会在人员和资金方面保持长期合作，也坚决反对教会学校的合并动议[79]，早就得罪尽了英

---

[79] 齐鲁大学由来自美国、英国以及加拿大三国的多个教会联合开办，由古城共合神道学堂、潍县广文学堂以及济南共合医道学堂（原青州共合神道学堂）合并而成

美教会的某些人。所以，即使这次德国人不来，他们也会想方设法把我弄走，那样他们就称心如意了。"

看到徒弟们目瞪口呆的样子，传教士并不理会，干脆把心中的苦闷一股脑倾泻了出来："美国人是吃腐肉的秃鹫，许多传教士也早已经是堕入了地狱的魔鬼，我走了以后，你们会见到一些这样的人陆续来到古城，你们务必要警醒啊。"

垂头丧气的徒弟们都仔细聆听师傅的教诲，他们哪里能想的到教会中间存在的种种倾轧。想到以后前途未卜，个个都如丧考妣。

胖玛丽揩了揩眼角说："好了，大家都开心点儿。下面大家来吃最后的晚餐吧！"

库寿宁念了几句祈祷词后，让大家享受师徒之间最后的晚餐。可是面对一桌子丰盛的菜肴，大伙儿谁能吃得下去呢？每个人的喉咙里都好像塞了一团炭火，看起来有些失神落魄的白玉龙前言不搭后语地问："师父，你们这一走，我们该怎么办？"

库寿宁擦了擦胡子上的马蹄子烧饼渣："我走以后，你们一定要好好传教，发展好德昌洋行，这就是我最大的心愿。"

他长叹了一口气，接着又说："今夜与我一起蘸手吃马蹄子烧饼的人中，有的会是有根基的树种，生根发芽儿；有的会成为没有根基的树种，随风而逝；也许有的人会选择堕落，令我蒙羞。"

大徒弟宋徽五正要开口，二徒弟胡约翰呼的一下子站了起来："师父，您放心吧，俺准备今年就去西北传教。等师傅以后回来的时候，俺要在西北建一座大大的教堂。"

徒弟们接着你一言我一语地开始发言，直到库寿宁开始不停地看瑞士怀表的时候，才意识到分手的时候到了。于是每个人又都变得愁眉苦脸了起来。库寿宁沿着以前的路线开始了第二次逃亡。他们在夜色中匆匆离去，从此库寿宁和胖玛丽再也没有回到过古城，人们很快就把他们遗忘了，如同他们从来没有来过古城一般。

小时候的我倒是经常出入传教士朝思暮想的这座大厦，不过那时候它已经不叫德昌了，而成为了鲁中最大的卷烟厂。古城的县卷烟厂不仅生产远近文明的"云门"牌香烟，而且拥有县城当时唯一的一台九英寸的黑白电视。我第一次看到了电视这个新奇玩意儿就是在县卷烟厂，那年秋天，成千上万的人拥挤到了卷烟厂的西门口儿，灰黄的电视里传出悲伤的哀乐声，有些人为了看电视里的追悼会，竟然站在了我们家的南墙上，结果造成了那堵南墙的坍塌，当时还砸伤了站在墙下的好几个路人。

18

在那场德国人抓捕外国传教士的闹剧中，中山街（估衣市街）的洋人传教士们个个毫发无损，倒是基督教堂对面老常宝的外甥秦歪嘴儿如同一阵风一般，在那个夜晚消失得无影无踪。秦家和常家为了寻找秦寒食，可以说是想尽了办法：老龙湾的神婆子说人还活着，应该沿着胶济铁路找人；萨满教的神汉说人已经不在了，应该到有水的地方去找；王坟的一个算命先生在秦歪嘴儿住过的地方撒满了黄豆和绿豆，企图剿灭附在他身上的邪灵；有几位神父甚至还跟扣扣一起组织了一场耶稣显灵，结果也是不了了之。

新任罗知县除了钱和听京戏外，对其他事情一概不感兴趣，对于京戏的爱好使他获得了很多北城里遗老遗少和古城众多票友的好感。此刻的罗知县正忙活着张罗一个小戏班子，对于政事知县采取了严肃对待却高高挂起的态度，他还是前朝无为而治的坚定信奉者，经常把"吾无为，而民自化；吾好静，而民自正；吾无事，而民自富；吾无欲，而民自朴"挂在嘴边儿。对于估衣市街车夫秦寒食失踪案，罗知县的耳朵都已经快要听出老茧来了：估衣市街上有人说是德国人的密探带走了秦歪嘴儿，原因是秦歪嘴儿夫妻与附近的天主教堂关系密切，想当初法国神父和嬷嬷们一走了之，结果秦家跟着倒了霉。天主教堂的神父老武认为是附近的土匪抢劫了财物并杀害了秦歪嘴儿，因为秦歪嘴儿走的那条路上时有土匪出没，在秦歪嘴儿消失的那一天早上，不但有当地的农夫注意到附近路上有形迹可疑的人，而且还有过路人看到带鸟铳火枪的人在青纱帐里出没。而据秦家人供述，秦歪嘴儿在失踪之前曾经与他大爷家因为两家的滴水檐问题产生过纠纷，双方都动了手并且还见了红，大爷家的儿子秦老孬当时就嚷嚷着要杀了秦歪嘴儿……估衣市街的扣扣也经常手里拉着从高到矮的仨孩子，来县衙里找罗县令讨个说法。罗知县不停地搓着手，慢慢悠悠地用江浙话对扣扣说："我没有忘记你们家的事儿，我早晚会给你个说法！"

"什么时候？俺很快就要带着孩子回秦家店子了。"

"我老罗说话算话，很快就给你答复！"

传教士库寿宁和他老婆走后，教会里的各种事儿少了许多。刚开始徒弟们还时常凑到一起，后来逐渐地就松散了下来，到最后甚至连见一面都难得了。大伙儿的本来面目随着时间的推移也开始显现。以前相安无事的假象如今彻底暴露无疑。宋徽五依旧带着德昌的几个工匠在实验作坊里忙碌着，希望调制出满意的颜料配方，然而实验室却频频出现意外：盛满试剂的瓶子忽然一夜之间撒得到处都是，工作台上的火锅有一天莫名其妙地蹦了起来，烫伤了心不在焉的蒋景涛的双手。

德昌洋行的蒋景涛正在陷入疯狂的情欲之中。他像是一个被疟疾高烧折磨的病人，晚上的他像烙饼一样在床上翻来覆去，心中只想着德昌洋行的陈河妮。天还没亮，蒋景涛就骑着自行车，第一个来到了德昌洋行青石板街的大门前。只要在作坊里一见到刺绣能手陈河妮，处于梦游状态的蒋景涛立刻灵魂返壳，变得一只刚刚吃完奶后心满意足的小羊羔。

"河妮儿，你都是老德昌了，用不着那么费力劳神的。"

陈河妮停下了手里的活计，看了一眼蒋景涛。

"河妮儿，走！陪你蒋大哥出去走走。"

从此以后，蒋景涛和陈河妮时常沿着城墙，蹓跶进荷花湾附近的棉槐林子里。几个月后，蒋景涛就拿了自己的那一份钱，带着挺着大肚子的陈河妮离开了青石板街，回到了他在城北蒋家村老家。

胡约翰是下二个提出离开德昌洋行的徒弟，他忽然在一天夜里受到了"圣灵"的差遣，而且圣灵第二天一大早就指示收拾好了自己的行囊，并且炒好了一面袋子黑乎乎的炒面："俺要出去传道去了，明天就走！"

"这事儿还是要从长计议，再等一等吧？"宋徽五试图劝阻剃头匠这个倔强的儿子。

"俺可是曾经答应过师傅向西去传教的，俺一刻也不想再等了。"

宋徽五记起了那次最后的晚餐，隐约记得胡约翰确实说过类似的话。看到胡约翰离开了，白玉龙也迫不及待地琢磨着离开了。最近德昌的生意越来越差，照这样下去，德昌关门应该是顺理成章的事。不过，这倒不是他白玉龙所有的心事儿，他觉得宋徽五虽然跟自己一样都是强人，可自己毕竟是个城里人，而宋徽五原来却只是个乡巴佬儿。以前库寿宁夫妻在的时候，宋徽五就处处压自己一头，白玉龙心里虽然十分不乐意，也就咬咬牙忍下了。如今英国人杳如黄鹤，一山不容二虎，一水不容两条龙，与其跟宋徽五搅合在一起，倒不如他白玉龙另立山头自己干。看到大家一个接一个地离开，宋徽五心里很不是滋味儿，他知道，自己要是再不搞出点儿新技术和新染色来，师傅托付给自己的这个作坊说不准哪天就得完蛋。

宋徽五的实验室里整天弥漫着各种令人恶心难闻的化学品味道：刺鼻的酒精味儿，令人眩晕的乙醚的味道，以及那些挥之不去怪里怪气、似香却臭的味道。不过，就是在那间被各种味道饱和了的实验室里，宋徽五的化学实验却一步步地取得了成功。当已经解决了所有染色难题的那个下午，兴奋异常的宋徽五冲出了那间青砖实验室，一股新鲜而潮湿的空气冲进了他的鼻腔里，他还不能适应新鲜空气，新鲜空气造成了这位未来商业大亨短暂的眩晕，于是他双腿一软跪在了地上。从德昌作坊里出来休息的女工们看到跪在地上的宋徽五，都以为他是跪在地上念祈祷词。看到女工们惊愕地看着自己，宋徽五一下子跳了起来，朝着不知所措的女工们大声喊道："德昌有救了！"

也许在冥冥之中真的有库寿宁的上帝庇护，传教士临走之前念念不忘的德昌洋行，在青石板街新厂址取得了巨大的成功。德昌洋行开始招收更多的女工和男工，工人里有外地人、有本地人、有乡下姑娘，也有城里姑娘、有北城的旗人子弟、也有南城的汉族和东门附近的的回族人。雄心勃勃的宋徽五告诉工人们："我们德昌洋行的目标是省城、天津、上海和整个世界。"一时间，德昌洋行成为古城人人向往的地方。古城的男人们都愿意娶个德昌的女工做老婆，古城的女人们都愿意嫁个德昌的男人当靠山……

田立人出国的那一年夏天，田济世为了凑钱，把原先仇家庄子的十几亩地全都卖给了张七斗家。宋徽五听到这个消息后，还专程给田家送来了一张钱庄支票，田济世老汉一直到死之前，还对这位后来的商业大亨念念不忘哩。送儿子出国留学回来的路上，田济世依然高兴地合不上嘴儿。下车的时候，田济世给了朱小尾好几倍的车钱。朱小尾觉得给的太多了，坚决不要。田济世倒是有些急了："你这个人怎么这么轴[80]，咱们是街坊。你整天风里来雨里去，多不容易啊。"

朱小尾收下大洋后眼睛竟然有些湿润了，支支吾吾地说："老田，你……你真是太客气了!

田里像蜘蛛网一样的地瓜秧子刚刚长出心形的嫩叶，鸦片苗儿也随着日头节节拔高，嘉勋心里十分高兴，觉得这下富贵安也可以松一口气了，然而在清泉湾地里的富贵安却决定撂挑子不干了。富贵安像中了邪一样，开始频繁来往于省城和青岛之间，和一些满清的遗老遗少在乌烟瘴气的屋子里开会密谋，听各种三教九流的人慷慨激昂地讲述治国平天下的宏伟蓝图，

[80] 倔强

五月单五[81]过后，从青岛回来的富贵安甚至产生了一种飘飘然的感觉。在他家西厢房里，穿上了大清官服的富贵安告诉正在吞云吐雾的嘉勋，他们正在密谋去干一件大事儿。

"什么大事儿？"

"复辟！"

"复辟？！"正在像金鱼一样吐着烟圈的嘉勋吃了一惊，立刻被呛得咳嗽了起来，"这么大的事儿他们这伙人能行吗？搞不好是要掉脑袋的。"

富贵安放下烟袋锅子："怎么不行？老爷子们都说了，只要有他们在，大清就不会亡。为了祖宗的江山社稷，掉脑袋也不过是碗大一块疤而已！"

"这事儿……"

"嘉勋，你也一起干吧，别再犹豫了。"富贵安撺掇着嘉勋，"现在不搞，我们这一辈子就再也没有机会了。"

嘉勋看着富贵安最近因为熬夜而布满红丝的双眼，叹了一口气："老富啊，你就饶了我吧。你又不是不知道，老人家从天津回来后腿脚就不灵便了，家里那口子又是个病人……"

"这我都知道，你不必为难，我也绝不会强迫你。"

"你就努力去干吧，这种事情可不是一朝一夕就能成的。再说了，咱两家大大小小的事儿，包括咱清泉湾的那片儿地，还不得有个人照顾着？"

"那也好，不过你别告诉兄弟们我正在干什么。他们要

---

[81] 端阳节

是问起来，你就说我正在和我家老大跑东北人参生意哩。"富贵安不放心地叮嘱嘉勋。

"你放心吧，你要是成不了事儿就回来；狡兔还有三窟呢，不过实话告诉你吧，现在很多人都眼红咱们这块地呢！"

为了凑够打点的钱，富贵安不仅卖掉了家里值钱的物件儿，也卖掉了包括冯家花园在内的几个院子和几块儿好地，不过他倒是给嘉勋留下了清泉湾的那块儿好地。嘉勋告诉在清泉湾种地的大伙儿，富贵安正忙着和老大家忠从东北弄一批人参来，所以最近就不会来清泉湾了。石尊宝和瑙铁对此倒是很感兴趣，打破砂锅问到底地打听人参的产地和个头儿。嘉勋只好糊弄他们："具体的我也不清楚，到时候我再去给你们问问。"

"不用着急，鹿儿她娘又要生了，俺最近可不敢出远门！"

"好啊，到时候少不了去五里桥喝你的喜酒！"嘉勋笑着对瑙铁说，大伙儿也都随声附和了起来。

青石板街的石尊宝本来已经和女人睡下了，却被外面劈劈啪啪的雨声和电闪雷鸣惊醒了，石尊宝伸头出去看的时候，脑壳却被一个鹌鹑蛋大小的冰雹砸了个正着。第二天一大早，石尊宝正骂骂咧咧地跟皮货张说着额头上的大包的时候，却从五里桥传来了他闺女没了的消息。

"咱家的二猫死了！"

"什么？！"

"二猫难产死了！"

　　雨季到来，雨中的五里桥像是一位温婉的女子在默默地啜泣，雨中的群山像是披上了一层淡淡的黑纱。石家二姑娘在生老二的时候难产，只会伺候牲口的瑙铁急得来回踱步，接生婆眼睁睁地看着她身下的那一滩鲜血却无能为力：满头是汗的女人，脸色变得越来越煞白，呼吸也变成了游丝。石二猫咽气之后，瑙铁把鹿儿送到了马金牙家。他不想让鹿儿看到死去的母亲和未出生兄弟的惨状。第二天，瑙铁取下女人的耳环和镯子，把女人和老二洗得干干净净，然后和石尊宝赶着马车，把死去的娘儿俩埋在了清泉湾阿拉莫斯的坟旁，这是一处风水不错的地方，处在丘陵地段，面山背水。

　　黄昏时刻，失魂落魄的瑙铁又来到了坟边儿，一阵山风吹过，瑙铁有一种要恶心的感觉，他张开嘴想要呕吐，却什么也吐不出来，于是放声大哭起来，哭得树上的老鸹都惊飞走了，哭得胃和肠子都快要断了。

　　"瑙铁，没见过像你这么个哭法……"

　　瑙铁抬起头来，发现马金牙不知道什么时候已经站在了自己身后。

　　"老马，是你？"

　　"心里就是有天大的委屈，咱们回家说去！"

　　二猫死后，瑙铁把鹿儿放在了青石板街石家，一个人关起门来喝闷酒。除了石家人来看看瑙铁之外，马金牙也时不时地把他叫到烟草作坊里吃饭聊天儿。马家的女人见瑙铁每天愁眉苦脸的样子，就苦口婆心地劝他："老马啊，伤心够了，就该往前看，好好过日了。你看看鹿儿那模样、那身材，多俊啊，多让人心疼啊！"

　　瑙铁把鹿儿从青石板街接回了家。他瞅瞅鹿儿那黑黑的眼晴和纤细的身材，禁不住又想起了石二猫，于是长长地叹了口气。鹿儿抬起头，盯着父亲问："爹！俺姥爷和姥娘说俺娘去了大草原，那是真的吗？"

于是瑙铁弯下他那高大的身躯，抱起了女儿，把鹿儿紧紧地搂在了自己的怀里，他使劲儿点了点头，指着远处的星空，声音倒有些哽咽："他们说得对，你娘正在那星空下面的大草原帮我放马哩！"

"那俺顺着那些星星就能找到俺娘？"

"是咧……明天后晌（晚上）爹要带你去你马大爷家看戏，你金叶姐每天都念叨着你哩。"

19

马金牙的女人能种活各种的花草树木，经过她的调理，一到春天，整个马家的院子和卷烟作坊里都是绿叶和五颜六色的花卉，飞来飞去的蝴蝶、忙碌不停的蜜蜂和狡猾的干钩活儿[82]。女人告诉马金叶和马丰收，与草木对话是她能种活各种花草树木的诀窍："万物都有灵性，花草鱼虫悦人眼目！"蚂蚁牌香烟作坊的掌柜马金牙不仅乐善好施，而且是个半吊子戏迷，嘴里经常哩跟儿郎当儿地唱着几段戏词儿。

"掌柜的今天心情不错！你们听听，他今天唱的是打首饰，置簪环，我与你少年的夫妻就过几年哩……"烟草作坊的伙

---

[82] 一种善于装死的甲虫

计们能从马金牙的京戏唱腔中听出他的心情来。

"要是有塞哇布[83]的人来，你要把家里最白的馒头拿给他，要是没有白馒头，就给他钱，别给他一毛，给他两毛，他们是真主派来赏赐你们的使者。"马金牙叮嘱着家里人，每当塞哇布的人来的时候，整个五里桥的狗们都此起彼伏地叫了起来。破衣烂衫的人一边用棍子支开几只势力眼儿的狗，一面推开马家门楣上贴着杜哇儿[84]的大门。"塞哇布哩！？"

正在捡烂烟叶儿的马金牙从怀里掏出两角钱递给丰收，丰收跑过去把钱递给要饭的人。那要饭的一边用棍子拦着狗，一边忙不迭地道着谢："愿俺那为主的保佑这一家子人平平安安。"

"他今天到你家门口要饭，你给他两角钱；等哪天你穷了要饭，等要到他家门口时，他也许会给你四角钱哩。"

"赞叹真主，他超绝万物，他全知你心中所想的和那隐晦的一切！"正站在花坛前的女人笑了起来，"你大大[85]他说得句句在理咧。"

马金牙舍得花大价钱请戏班子到他家来唱社戏，于是蚂蚁卷烟作坊里时不时地会弥漫着淡淡的烟草味道、混合的花香以及隐隐约约袅袅飘来的京戏唱腔里。社戏戏台就设在卷烟作坊里，日子订下以后，马金牙就派人去东门通知两座清真寺里的阿訇，阿訇们就会通知其他人：蚂蚁卷烟作坊四月初五社戏，朱买臣休妻和薛仁贵征东。到了唱社戏的那一天，附近爱听戏

---

[83] 阿拉伯语原意是赏赐，这里指要饭的人

[84] 阿拉伯语"祈祷"的译音

[85] 父亲，爹

的人都会聚集到弥漫着烟草味和花香的马家大院里，有青龙街卖布的赵大舌头和他妹妹、南营子的蜜蜂牌香烟丁家、青石板街的皮货张和石尊宝，还有中山街上的票友温家兄弟和温三的儿子温六指儿等等。

在蚂蚁卷烟作坊临时搭起的戏台下，两位阿訇也会在马家烟草香和花香中暂时成为谈笑风生的好朋友。戏台之上，当了太守的朱买臣已经衣锦还乡，掌柜马金牙客串朱买臣的侍从。朱买臣见老婆喋喋不休，就吩咐侍从提水一桶，泼在卷烟作坊里临时搭起的戏台上。马金牙把一大木桶水"哗啦"一声泼到了戏台上，也溅到了坐在前排的两位阿訇和几位贵客的脸上，大伙儿都在此刻竖起了耳朵来。

朱买臣指着戏台上的水渍，一句一顿地对他那悍妇老婆说："若能再使此水仍归桶中，涓滴不漏者，我可以听从汝言。"朱买臣跋扈彪悍的妻子此时像是一只泄了气的皮球，她知道覆水难收，再撒泼也没用了，于是双手掩面，羞愧无比地呜咽着嗟叹而退。社戏也在此刻达到了高潮，男人们对着台上的朱买臣伸出了大拇指，女人们则对着走下戏台的买臣妻，啐着口水骂道：

"不孝顺的娘们儿！"

"活该！"

"臭娘们儿死去吧！"

第二天一早，蚂蚁卷烟作坊的工人们要拆戏台，清理垃圾，整理作坊以及清点丢失的烟丝和纸烟。听完作坊工人们的抱怨，马金牙也不生气，倒是会安慰他们几句："水至清则无鱼，人至查则无友，偷了就偷了吧，反正庄稼地里的烟叶儿每年都长！"

　　胡约翰离开了古城后一路向西传教，先坐火车，又坐牛车，最后到了山西境内。胡约翰觉得这儿不错，当地的穷人也多，于是他决定留着晋南。胡约翰给古城基督教堂写了一封信，详细阐述了自己的宏伟志向，连以后教堂的名字都已经起好了。不久，宋徽五托石尊宝和瑙铁给在太原南边儿传教的胡约翰带一笔钱。石尊宝根据信上的地址找到胡约翰的时候，胡约翰正在晋南的一座小房子里，救济一帮逃荒的灾民。

　　"你们贫穷的人有福了，因为天国是你们的；你们饥饿的人有福了，因为你们将要饱足。"胡约翰一面给灾民舀着米汤子，一面嘴里念念有词地布着道。

　　"胡老二，那是你吗？"石尊宝朝着胡子拉碴的胡约翰喊道。

　　胡约翰回头打量了半天，终于认出了眼前这位中年男人是谁："这不是青石板街的石尊宝大哥么？"

　　石尊宝见胡约翰认出了自己，就把宋徽五给胡约翰带的汇票交给他，顺便把外甥瑙铁介绍给了胡约翰。到了晚上，瑙铁和石尊宝就住在了胡约翰栖身的那所四面透风的小破窑洞里。胡约翰在向西传教的路上还收留了一个山西女人，后来倒成了胡约翰的老婆。

　　"家乡怎么样了？"胡约翰一面吩咐着老婆下刀削面，一面开口问客人。

　　"也没什么变化，不过旗城那边儿倒是快完蛋了。"瑙铁一面端详着这间凿洞而居的土窑洞，一面摇晃着大脑袋说。

"你大师兄现在发达了，现在正准备把厂子开到省城去呢。"石尊宝细数起了教堂里的变化，"听说那个白玉龙去了青岛，现在干起了纱厂生意哩。"

胡约翰一面剥着蒜瓣儿，一面接着问："那蒋景涛呢？"

"自从他带着个女工回了他们蒋家村儿后，就没有音信了。"石尊宝扬起脖子想了想，然后回答。"还有秦歪嘴儿，到现在也没找到，生不见人死不见尸，他女人就带着儿子回了秦家店子了；你应该知道田秀才的儿子到美利坚国去留学了吧，听说读的是了个什么薄……什么……屎（石尊宝误把博士当成了薄屎）。当然了，最出息的要数温大夫家的那个儿子，听说人家在海军里已经当大官儿了。"

"你们说的是温子培吧？"正在煮刀削面的胡约翰努力地回忆着古城的那些人和事儿："俺还和他一块儿查过经呢，想不到一转眼都成了咱中华民国的大官了！"

又过了几年后，胡约翰带着老婆、两个女儿和儿子离开了晋南，继续向西传教。他们过了西安后，又过了宝鸡，一路风尘仆仆地走到了甘肃天水的地面上，胡约翰一家人才停了下来。

"不再往前走了？"女人问胡约翰。

胡约翰对着车上的女人和孩子们喊道："不走了！孝连，把东西放下来吧，咱们就住在这儿了。"

那个叫孝连的孩子怯生生地问胡约翰："爹，咱这是在哪儿啊？"

"这儿是三国时候的天水关，说起来是三国里诸葛亮收姜维的地方。"胡约翰一面收拾着行李一面淡淡地答道。

山西女人也慢吞吞地下了车，她伸伸胳膊，蹬蹬腿儿，看看四周的环境：天空蔚蓝，天上飘着白羊肚儿一样的云彩，蓝宝石一样的群山就刻在蔚蓝的天际，一条清澈的河流蜿蜒向前，一阵放羊人的歌声随着哗啦啦的河水飘了过来。胡约翰开始在天水筹划自己未来的教堂，闲暇的时候，他会给儿子胡孝连讲起古城、他剃头的父亲胡大牙和自己在德昌洋行的那些日子来。

德昌的生意在短短几年内越做越大，他们不但经营山货、头饰、花边儿，还经营起了家具、水晶玻璃器皿、象牙筷子和银质餐具、欧洲桌布，还有许多各式各样的肥皂、蜡烛、洋窗帷子和洋地毯等等连古城人都叫不上名字来的蹊跷古董[86]。当德昌洋行老板宋徽五将他的目光移向更加广阔的地平线时，成为炮舰管带的温子培正怡然自得地游走于各种达官贵人之间，温大夫的儿子不但聪敏好学，能说一口流利的福建话，而且长袖善舞，又审时度势，他在一次又一次政治事件和武装起义中，都敏捷地驾驶着他的舰队趋利而避害。

不久后的春夏时节，田家大院未来的主人，田秀才的儿子田立人一手拿着他的行李，一手拿着他的博士帽从国外留学归来。眼瞅着古城的店铺越来越多，古城也已经几易其名了。田家大院已经在田家闺女田巧儿出嫁的那一年扩建成了一所五进的深宅大院。第一进专供钱庄生意，第二进是厨房和佣人们住的地方，第三进是住宅，第四进正房和厢房都是放杂物的地方，第五进的几间房子作为出租客栈。当年的秋天，田家大院的

---

[86] 奇怪玩意儿

主人给回到家乡的田博士娶了一个寿光古柳镇种菜的老王家的女儿，这老王家说来和田济世女人还有些姻亲，很多年以后，寿光的王家竟然成为了附近远近闻名的种菜大户。转过年来，数学博士田立人就带着田王氏去了省城济南，在新成立的高等学堂里当了教授来。

与此同时，在古城另一侧的秦家店子里，一位鲁中未来的枭雄也开始展示出他与众不同和桀骜不驯的性格来。翻开古城的历史，这片青色的土地上似乎总是与绿林匪患结下机缘，从远古到民国，土匪就从来没有在这里彻底绝迹过。土匪事业最繁荣的时期应该是宋明两代，他们占山为王，独霸一方。清末民国期间，古城附近的土匪也依旧猖獗。秦三儿[87]最终成为鲁中的土匪，这恐怕是他信仰天主教的娘一辈子做梦也没能想到的。

秦歪嘴儿失踪后，扣扣带着秦家兄弟三人回到了秦家店子老秦家，老秦夫妻不久撒手西区，母子三人以种地为生，农闲时也做点小买卖，一家人得以勉强糊口，等到秦三儿七岁的时候，扣扣还节衣缩食地供他上了几年学。到了秦老二在弥河里被淹死的那年夏天，扣扣因为伤心欲绝，精神就开始变得恍惚了，好的时候与常人无异，犯病的时候却如同行尸走肉一般。秦三儿也在扣扣犯病之后，开始辍学务农。秦三儿不喜欢和大哥秦老大一起下地侍弄庄稼，倒是逐渐养成了偷鸡摸狗，不劳而获的坏习气。秦三儿开始小打小闹，接着胆子越来越大，终于有一天因为出手太重，以至将人打成了伤残。尽管伤残的人是同宗，人家还是怒不可遏地找到了秦家祠堂的族长，对事主

---

[87] 秦三儿：古城人，民国鲁中著名的土匪

一家不依不饶。最后秦家族长出面周旋，扣扣出粮出钱后，才平息了人家的怒气，不过条件是秦三儿永远滚出秦家店子。

火急火燎的扣扣带着秦三儿来到青石板街，娘儿俩找到天主教堂的新任神父老武的时候，他正在跟基督教堂的传教士云山雾罩地闲扯着。基督教堂的传教士老怀觉得广德书院里出来了像温子培、宋徽五以及田立人等一大批人才，颇有些飘飘然，忍不住在天主教堂的神父老武面前夸耀起基督教堂来。老武认为天主教堂收留了更多的孤儿，培养了大批护士，只有他们在踏踏实实地帮助穷人。老怀和老武从基督教和天主教的争论开始，谈到了法国大革命和君主立宪，从新格林纳达谈到了墨西哥大革命，米凯尔.伊达尔戈神父[88]以及瓜达露佩圣母[89]……

"圣母啊，请你可怜可怜我的孩子吧！"

"啊，上帝保佑，我的姊妹！"

听完扣扣的来意，老武倒是一口答应收留秦三儿。刚一见面儿，老武对这个秦三儿的印象不错：一个面容白净的少年，个子虽然不高，不过嘴巴够甜，心眼儿也来得飞快。秦三儿是个天生的自来熟儿，一口一个大爷把老武叫得心里很舒坦。院子里的天主教嬷嬷们也都很喜欢秦三儿，几个嬷嬷们还时不时地跟他开个玩笑，秦三儿也会说出几句逗乐的话来，能逗得大家哈哈大笑。

老武听人说起过他娘扣扣和他爹秦歪嘴儿的诸多好处来，就对他格外地留心照顾。老武一开始想让他上学，还给他起了个大名叫秦冠军，可是不久就发现秦冠军是个坐不住的皮孩子

---

[88] 墨西哥国父，天主教神父

[89] 墨西哥一圣母画像显灵中的圣母

，对读书根本就提不起兴趣来。老武只好让他在厨房打杂儿。秦三儿对蒸饽饽、熬稀饭、炒菜一开始倒是产生了浓厚的兴趣，而且也学得很快，不久就能够自己蒸出白白的大饽饽和金黄的窝窝头儿来，不过没过多久，秦三儿就对厨房里的差事儿感到腻歪了。

秋天的时候，老武半夜生病，闹起肚子。他跑了几次茅房后，提着气死风灯，捂着肚子，去厨房找秦三儿要块儿生姜，却四下也找不到他，只好自己去厨房四处找生姜和红糖。忙活完了，秦三儿才跟黄鼠狼一样，翻墙回到了天主教堂。

"三儿啊，你昨晚上到哪里疯去了？"老武第二天无精打采地问秦三儿。

秦三儿不慌不忙地跟他解释："武大爷，俺娘在西面街上有个认识的老姨，俺昨天晚上去看了看，后来瞧着晚了，就干脆在老姨家的小草棚子里猫了一晚上哩。"

"你的'主祷经'念熟了吗？"

"俺念了几页，可是俺记性不太好，而且有几个字俺不认识哩。"

"等我上课回来，你有什么不懂的尽管问我好了。"

老武倒是也没怀疑什么，只是提醒秦三儿不要把外面的虱子和跳蚤带回教堂里，然后就拿着书本到东华门街对面儿的护士班儿上课去了。不过自从秦三儿来到中山街（原估衣市街）天主教堂，城南的人家会经常这家少一只鸡，那家丢一只鸭……

　　数学教授田立人寒假从省城回到青石板街，打开书房的柜子找东西的时候，却发现柜子里一片狼藉，倒像是个招了黄鼠狼的鸡窝一般。田立人仔细检查一番后，倒也没丢什么值钱的东西，只是他在美利坚国留学毕业时曾经穿戴的博士帽和博士服不翼而飞了。

　　"谁会来偷这些东西呢？"田立人和父亲都觉得不可思议。

　　"会不会是孩子们觉得好玩儿？"田济世疑惑地问女人们。

　　田家的女人们都摇了摇头。

　　"也许是内贼？"田老太太皱起了眉头自言自语道，可是谁都知道，这些年来田家佣人们个个安分守己，家里就是连根儿葱和一块儿生姜也没丢过，见大伙儿一个个开始疑神疑鬼起来，田立人反倒开始安慰起大家来："算了！那些东西本来也没什么大用处，就是个纪念而已。"

　　青石板街田家大院发生博士帽和博士服失踪事件不一个月，中山街在县里警备队当差的刘振彪就带着两个当兵的一步三摇地来到了田家大院。长得像狗熊一样的刘振彪进门后一屁股坐在了太师椅上，顺手把一个布口袋扔在了八仙桌上，田济世打开口袋一看，不禁大吃一惊，口袋里装的正是书房里丢失的博士帽和博士服。

　　"刘队副，你在哪儿找到这些东西的？"田济世诧异地问古城警备副队长。

　　"这个是俺的手下在城北的一家当铺里找来的，天主教堂的这个厨子年纪不大，胃口可不小啊！这附近大大小小的人家都被他偷了遍，教堂那个老武说这个秦三儿已经提前撒丫子跑了。"

"天主教堂?"

刘振彪斜眼看着田济世，不住地摇头："没想到啊，俺实在是没想到老武的教堂里竟然养了一个贼。"

当天下午，刘振彪和几个当兵的在田家吃完午饭后又坐着田秋秸赶的大车去了秦家店子，秦三儿他娘一听是县警备队的来了，一开始还以为是秦歪嘴儿的案子已经破了，结果空欢喜了一场。听到竟然是秦三儿出事儿后，秦家的女人立刻变得忧郁了起来，接着就陷入胡言乱语之中。刘振彪在四周转悠了一会儿，接着又问了附近的几个村民，确定了秦三儿确实没回秦家店子或者附近的村镇后，才带着手下回到了古城。

没出多久，整个阜财门附近的人都知道了天主教堂的帮厨秦三儿是个贼。青石板街的地主刘振文无论如何也不相信天主教堂的老武不知情的鬼话，他瓮声瓮气地问在警备大队当差的叔伯大哥刘振彪："振彪哥，老武跟秦三儿待了那么长的日子了，难道就他妈的没看出来他是个三只手，打死俺俺也不信！"

刘振彪笑了笑说："振文，这种事情谁能说清楚，俺倒觉得这老武不大像是个那样的人。

刘振文却摇摇头："俺看路口那个天主教堂本来就是个贼窝，贼窝里出贼也就不奇怪了。"

"贼窝不贼窝俺倒不清楚，不过听县警备队眨巴眼儿队长说，这个秦三儿人小鬼大，说不定哪天会闯下通天的大祸来哩！"

刘振文叹了口气："这个天主教堂真是他妈屄的造孽哩！"

20

富贵安等人离开后，除了嘉勋的手下还到清泉湾来种地之外，其他人来得次数越来越少了，嘉勋只好把儿子张玉麟（民国之后，满姓赫舍里改成汉姓张）也叫来，帮着自己在地里忙农活。农忙的时候，几里外杨家庄的杨弹腿也时不时地会派徒弟和儿子来帮帮嘉勋他们。

"杨师傅，你太客气了。"嘉勋每次都很感激杨弹腿，嘉勋家里自打从满姓赫舍里改成汉姓张之后，杨弹腿总是称呼嘉勋为"他张大爷"。

"他张大爷，您太客气了，那年要不是您救了屎蛋儿，他早就死无葬身之地了。"

杨弹腿一直对嘉勋当年放走老幺杨屎蛋儿的事儿心存感激，如今杨屎蛋儿已经娶妻成家。杨弹腿觉得杨家只有他这个小儿子在武艺上还算马马虎虎，其他几个儿子除了种地务农外，连腿都伸不直，更不用说发扬光大他的弹腿十三式了。自从旗城散伙后，杨弹腿见仅凭家里的几亩地养活不了一大家子，就跟杨屎蛋儿在村子里开了一个"杨记"武馆儿，招了几个徒弟，杨记武馆平时也替人押货，或者帮着附近的大户人家看家护院。从马场回来的路上或者忙完了地里的活儿，嘉勋他们几个偶尔也会来到杨家庄。杨屎蛋儿教张玉麟弹腿十三式的时候，嘉勋就坐在院子里和杨弹腿闲聊一番。

"俺已经老了，再也不是从前的杨弹腿了。"他一面说着，一面让嘉勋看他像根雕一样有些变型的双脚，"现在连早上穿鞋双脚都钻心地疼哩。"

"没那么严重，你这是血淤双脚，那个蒙古人瑙铁前一阵子进了一批鸿毛药酒，我赶明儿给你多带点儿，你只要晚上上床之前泡泡脚就好了。"

"那敢情好，那俺先谢谢嘉勋大爷了。"

"老杨不必客气，再说了，你这本来就是替朝廷受的伤，旗城照理儿就该替你求医问药咧。"

杨弹腿笑了笑："话可不能这么说，听说最近你们的日子也不好过呀，说是连很多原先的协领和佐领家里都揭不开锅了。"

嘉勋听完后叹了一口气，慢慢腾腾地把嘴里的茶叶细细地咀嚼着，过了好一会儿才开口说道，"谁说不是啊！说句大实话，现在旗城已经到了山穷水尽的地步了，很多人卖房卖田坐吃山空，可谓是举步维艰啊……"

"金大爷（满姓索尔济改汉姓金）最近如何？"

"富贵安？不瞒你说，他把自己的房子都抵押了，我们这块儿地早晚也得卖了。不过，即使这样，旗城里那些个王八蛋们还是看着我们这几亩地眼红哩。"

杨弹腿显然吃了一惊："金大爷他年纪也不小了，为什么还要这样折腾？"

嘉勋呆呆地望着窗外，沉吟半晌才冷冷地说："现在旗城里有人拥护共和，有人拥护君主立宪，富贵安他们那一伙人拥护的是宣统皇帝。为了这事儿，他把老本儿都搭上了，还让老大家忠回铁岭做内应去了。"

俩人正说着话，只见富贵安的亲兵小通宝飞驰而来。小通宝看到嘉勋后，高声喊了起来："嘉勋爷，富大爷他已经失踪好几天了，您看看这事儿该怎么办好？"

"你们这群废物！"听到富贵安失踪了，嘉勋不禁有些上火儿，立刻带着手下几个人赶回北城。

嘉勋和几个弟兄找遍了附近的酒馆，才在旗城西南角的一个不起眼儿的小酒馆里找到了烂醉如泥的富贵安，他那一刻正像一只老猫一样趴在桌子上打着呼噜哩。旗城原佐领富贵安的大清复辟梦，在经历一次又一次的挫折和碰壁后，已经变得遥不可及。当他手里那些钱全被折腾殆尽的时候，心中最后一点希望的火星也熄灭了，如今那虚幻的复辟梦仅仅存在于酒后的昏睡中了。嘉勋拎起富贵安一直没剪掉的辫子，扒开他的眼睛，急声道："老富，老富，醒醒！今晚旗城开城会，听说镶蓝旗的王八蛋要把咱们清泉湾的地要回去，而且追缴你卖那几个园子的钱哩！"

富贵安迷迷糊糊地醒了过来，随即朝地上啐了一口："呸，要钱没有，要命倒是有一条。"

嘉勋朝着掌柜的喊了一句："掌柜的，来一碗醒酒汤来。"

掌柜的端上来一碗醒酒汤，却笑嘻嘻地在原地站着不走。嘉勋有些恼怒地看着他，问道："怎么了，你还有其他事儿吗？"

掌柜的陪着笑道："嘉勋大爷，您能不能送佛送到西天，把金大爷他这个月余的酒菜钱也给一起结了？"

嘉勋气哼哼地结完了账后，让手下几个弟兄把富贵安背回了金家，一路上富贵安嘴里还在不停地唠叨着那些废话："嘉勋，你信不信？有我富贵安在，大清就不会亡，我……手提钢鞭……将他打……"

嘉勋叹了口气："大清早已经亡了！"

回到金家，嘉勋没好气地对富贵安的家孝和家勇说："你们两个王八羔子为什么不把你爹的事情告诉我？"

二人吓得不敢回话，倒是家勇的媳妇嗫嚅地回答："姑父，您是不知道，咱家这老头子可要面子哩。他不让我们告诉您，您想想他腿都要跑断了，钱也花得精光，结果竹篮打水一场空，那心里能不堵得慌么？"

嘉勋半晌无语，最后丢下来一句话："以后有什么事儿你们就来找我嘉勋，记住我一句话！只要有我们张家一口吃的，就有你们金家一口吃的。"

旗城的城会最近由万寿宫改在海岱书院里举行了，现任副都统借口有病，会议由正蓝旗的胖协领以及祁塔拉住持。胖协领半死不活地讲了几句话，主要是阐明当前的形式多么不容乐观，诸位应该自谋生路，切莫对当今的政府有什么奢望等等。"不过呢，"胖协领停顿了一下，继续说："我可以负责任地告诉大家，副都统和我们这些旗城智多星们，还是有许多锦囊妙计的。一会儿，老祁还会有重要的消息给大伙儿宣布哩。"看着底下交头接耳的人们，胖佐领不禁满意地笑了起来。

祁塔拉接着开始分析他们如何开源节流，如何四处想办法解决旗城的军饷，如何整顿骑兵如今低落的士气以及作风等等。城会开得差不多的时候，镶蓝旗的佐领关大牙（满姓瓜尔佳改汉姓关）适时地提出了清泉湾那块儿地的归属。关大牙滔滔不绝地讲了富贵安和嘉勋开的那块儿地如何如何本来是属于他们镶蓝旗的，现在到了应该物归原主的时候了，他越说越生气，干脆把他听到的南山马场的传闻一股脑儿全揭了出来："富贵安和嘉勋简直是狗胆包天，他们用贪污马场的钱私下里购置了好几个园子，后来又被他手下的那几个王八蛋们高价售出，我们现在想要追回那一笔线来，家里上上下下就指望着这笔钱过这个荒年了。"

正蓝旗的胖协领显然袒护着关大牙，他瞅准时机地提到了富贵安和嘉勋种植鸦片以及召妓的事儿："我也听人说，你们不但在那块儿地上种了鸦片，还伙同那个蒙古人贩运鸦片，而且还时常在清泉湾的窝棚里召妓，简直是大和尚打伞——无法无天，有辱我们旗城的脸面！"

正当富贵安和嘉勋如坐针毡，不知道应该如何应对的时候，从他俩的身后传来了一个洪亮的声音：

"诸位，鄙人有几句话要说，不知可否？"

会场上的人定睛一看，却原来是祁塔拉的小儿子，马上要去河南做县长的祁奉先（满姓祁塔拉改汉姓祁）。胖协领和关大牙见是祁塔拉的儿子，就扬扬手道："奉先，你有什么话，但说无妨。"

祁奉先不慌不忙地拿着一摞子纸张、合同走上了前台。他扶了扶镜框后开口道："我花了两天的时间，看了看关于清泉旁边的那块地的所有经手的合同。从德宗年间镶蓝旗的老协领死后，马场就暂时由金家和张家管理，那时候没人愿意去马场，因为那是个烂摊子。后来富贵安和嘉勋接手了这个马场，不过他们骑射操练一样也没耽搁，当时的副都统答应他们南山马场自负盈亏，赚了归他们，赔了也由他们的俸禄补上。为什么那个时候没有人提出异议？要是当时赔了本儿的话，什么冯家花园、马家花园，啥都不可能买下来……"富贵安和嘉勋听到此言后，频频点头。场下的人也开始交头接耳，议论纷纷。金家勇和张玉麟感激地看着这个海岱学院的师兄，以前只是听说过这个祁奉先学问好，为人正直，却没想到今天他在关键时刻住持公道，不落井下石。

"后来朝廷也有御旨，副都统也有命令，各家各户只要符合条件的都可以去南山开荒。"祁奉先继续往下讲，"那时候我记得有很多人去南山开荒了，可是绝大多数人都半途而废。能够坚持下来的也没有几家。如今金大爷和张大爷已经把地开好了，庄稼也开始收成了，怎么你们反而开始节外生枝了呢？"

胖佐领看了看关大牙，关大牙这时候却低下脑袋，不再言语了，胖协领倒是不好再追究富贵安和嘉勋了。

"诸位，我这里确实有个好消息！"祁塔拉此时清了清喉咙，神神秘秘地开口道："大伙儿都听好了，青岛的几家东洋人工厂初冬时节要到咱们旗城来招工，这件事情还多亏了我们青岛一些旗人的大力协助，而且这次招工，不论是小伙子还是大姑娘，甚至是半大孩子，也可以来应聘。"

此刻会场的气氛又立刻活跃了起来，大伙儿都觉得这的确是个好消息，到青岛的东洋人厂里当工人可比种菜或者当货郎强多了。于是大伙儿一窝风地涌到讲台前围着胖协领、祁塔拉和关大牙等，七嘴八舌地问着有关这次招聘的消息来。

富贵安和嘉勋则走到祁奉先面前，嘉勋一把握住祁奉先的手，富贵安连眼睛都有些红了："奉先啊，你是我看着长大的，现在你们这些孩子都长大了，你是你们这伙儿人里最棒的，你可要带好玉麟、家勇、家孝他们这些人。"

祁奉先笑着回答："二位大爷，奉先今天实在也没做什么，无非是想想一碗水拖平而已。大家本是同根生，相煎何太急？我马上就要去做官了，心里寻思的也是一个公平。"

家勇和玉麟这时候也凑了过来，笑着问："奉先哥，你什么时候走，走之前我们聚一聚，唠唠心里话。"

"好啊，到时候你俩把咱海岱书院里认识的同学也都叫上。"

嘉勋和富贵安一面往外走，一面看着旗城里这帮叽叽喳喳的年轻人，嘉勋忍不住朝着富贵安感慨地说："咱这旗城新一茬儿人已经起来了，我们这帮人也都老喽。"

富贵安点点头："是啊！长江后浪推前浪，浮事新人换旧人！"

第五卷 沧海横流

21

祁奉先的送别会就选在阳河边的"聚仙楼"二楼举办，由玉麟和家勇做东，二人一再解释不需要赴宴的人出钱，来的人越多越热闹。"聚仙楼"其实就是原先的杏花楼，杏花楼的主人已经不在古城了，如今这家酒店的主人变成城北西河滩的刘四愣，刘四愣和别人合伙儿，不但陆陆续续地建起了几座酒店和戏院，还打算最近在附近开一家洋火厂。"聚仙楼"地处在南北城之间，依着阳河岸边的柳树搭建，多年前富贵安和白玉龙还曾经在这个酒楼里发生过口角。"聚仙楼"旁边的那所新建的戏院里住着个外地的戏班子，其中一个花旦是罗县长捧的花旦，罗县长经常和警备队长刘振彪一起来听戏，戏班子唱得也都是时下流行的剧目。

太阳落山时候，已经来了大约十几个后生，还有四五个旗城的姑娘。祁奉先最后一个来到"聚仙楼"，身后还带了两位穿着华丽的后生。他四下打量了一下后，笑着说："不是同学就是街坊！没有不认识的。"祁奉先把两位后生一一介绍给大伙儿。一位是家住西书院附近的丁训斋，丁家世代是城西的大户人家，如今以经营白面为业；另一位是住在法庆寺附近的书生顾宝山，说起来他跟白玉龙还有些弯弯绕的亲戚，顾宝山此人博然群书，研究过好几种不同版本儿的《易经》以及三十六计，常常在酒醉后自诩为江北无双的"古城小诸葛"。

大伙儿在二楼分两桌落座，祁奉先、丁训斋、顾宝山、金家勇和张玉麟等围坐在着一张桌子前，祈红瑛和谭玉枝等这帮姑娘们和几个年轻后生则围坐另外一张桌前。此刻窗外皎月当空，一轮明月也倒映在树影婆娑的阳河河面上，如泣如诉的花旦唱腔也飘进了聚仙楼的二楼里。酒菜上齐后，张玉麟站起来，举着手中的酒杯对大家伙儿开口道："大家都知道，最近咱们的日子不大好过，有许多同窗也没有来，因为他们去了外地，所以今天来的人很不全。"

他清了清嗓子后继续说："今天让大家来，是因为咱们的奉先师兄马上就要去河南做县长了。咱们今天一起聚一聚，一来为奉先送送行，二来借他的喜庆，冲冲咱们旗城最近的晦气。"

大家听完这话都笑了起来，祁奉先接过了话茬："谢谢大家赏脸，这是看得起我祁某。不过，我估计这次去当这个县长也不会一帆风顺，河南不是个好地方，听说我要去的地方十年九涝，怕是不一定能干好。"

祁奉先的本家表妹祈红瑛打断了表哥："我不信，要是三哥你干不好，这世上恐怕就没人能干好了。"

祁奉先继续说："我寻思着这次在河南任上多历练历练自己，回来和大家一起做出一番轰轰烈烈的事业来，也不枉为人一世！"

奉先话音未落，金家勇兀自站了起来，有些动情地举起酒杯："诸位街坊、邻居、同学，祝祁大哥鹏程万里，等以后回到古城，带领大伙儿做出一番不朽的大事业来！我金家勇先干了手中这一杯酒，大家也都敬祁大哥一杯！"

大家纷纷附和，一饮而尽。觥筹交错之间，先是划拳猜手指头儿，接着又玩起了击鼓传花游戏，传来传去，大红花老是传到几位北城姑娘的手里。祈红瑛和谭玉枝拍着八角鼓给大家唱了一段儿《黛玉葬花》，关国香还唱了好几段儿青衣和花旦的唱腔儿，不一会儿，几位姑娘能想到的游戏就都做完了，大红花还是不停地传到了姑娘们的手里，后生们也禁不住哈哈大笑了起来。

"这可不公平！"关大牙的女儿关国香很快发现了男人们的鬼把戏，"关音宝每次敲鼓都偷偷看，什么时候传到我们这块儿，他就停下来。本姑娘不玩了，不玩了！"

张玉麟见大家都当真了起来，也知道关音宝和其他几个年轻后生在恶作剧，就打圆场道："好了，击鼓传花到此结束，大伙儿自便，毛遂自荐表演一下自己拿手的绝活儿！"

大家一听毛遂自荐，顿时变得鸦雀无声了，谁也不想在众人面前出丑。玉麟只好起身，自己唱了几句三庆班儿的《群英会》："人生聚散实难料，今日相逢遇旧交。群英会上当醉饱，畅饮高歌在今宵……"

玉麟唱罢，古城小诸葛顾宝山也起身唱起了一段《打渔杀家》中的老生唱腔。顾宝山刚刚唱完，只见关音宝摇摇晃晃地站了起来："我来吟诵一段旧时的诗词如何？"

大伙儿觉得有趣儿，全都洗耳恭听，关音宝红着脸憋了半天后，才结结巴巴地开口道："月亮……光光，照在河上，我……骑着白马，挎着宝刀……"

"我呸！"祈红瑛用食指挠着红扑扑的脸蛋儿，讥笑起他来，"关音宝，你这算是啥旧时诗词？这是你姑奶奶五岁时跳绳哼哼的，你啥时候偷听来的？"

　　大伙儿噗嗤一声全笑了起来，诚心恶作剧的关音宝也笑得弯下了腰："那就是我七岁的时候，爬到白果树上看你跳绳的时候学会的。"

　　"看我不告诉你额娘去？"祈红瑛假装生气地喊道。

　　"我投降，求大格格饶命！"

　　"投降不行，要钻桌子底才行。"

　　众人拉拉扯扯闹成了一团，闹腾了好一会儿后才各自坐回了自己的位置。祁奉先一直笑咪咪地看着这些弟弟妹妹打嘴官司，等大伙儿都安静了之后，他一面招呼大家喝点儿茶水，一面轻声说："前几天我有个朋友从江南给我寄来的一首歌，我现在给大家唱一下，咱们大伙儿可以一块儿唱，记住我们今天的这份情谊。"

　　大家听后都鼓起掌来，祁奉先清了清嗓子，开始打着拍子，柔声唱了起来："长亭外，古道边，芳草碧连天；晚风拂柳笛声残，夕阳山外山；天之涯，地之角，知交半零落；一觚浊酒尽余欢，今宵别梦寒；草碧色，水绿波，南浦伤如何；人生难得是欢聚，唯有别离多；情千缕，酒一杯，声声离笛催；问君此去几时来，来时莫徘徊；韶光逝，留无计，今日却分袂；骊歌一曲送别离，相顾却依依。"

　　趁着大家唱得尽兴，张玉麟起身下楼去结账，楼下的店老板却朝他摆了摆手，笑嘻嘻地说："不必了，已经有人结过了。"

　　"已经有人结了，是谁结的？

　　"是丁训斋丁少爷！"

从青岛来的日本招工团一行人衣冠楚楚地来到了古城，这次来招人包括青岛的几大纱厂、英美烟草公司、四方机厂以及皮革会社等，其中一个招工点儿就设在旗城海岱书院的教室里。一大清早，海岱书院招工的教室就挤满了附近来应招以及来看热闹的人群。富贵安也起了个大早，挤在看热闹的人群里，不过他特意戴了一顶瓜皮帽子，还围了一块儿她老婆用过的破围巾，遮住他拖在脑后的那一条长辫子。海岱书院教室里一共坐着三个考官，一个是西装革履的矮个子东洋人，看起来有四十多岁左右，留着一小撮仁丹胡子，像是一大块儿鼻屎挂在上嘴唇；另外一个是个穿淡雅和服的日本女人，因为脸上涂的白粉太厚，所以很难分辨年龄，不过应该年纪不小了；另外一个人从鞠躬方式上看，倒很像个中国人，当那人转过脸的时候，窗外的富贵安禁不住大吃一惊，想不到此人竟然是白玉龙！

见屋里的人越来越多，白玉龙起身告诉大伙儿，他们纱厂招收的工人要身体好，能吃苦耐劳，妇女必须是没有缠过足的，如果喜爱日本文化的，非常欢迎，如果会一些日语的，则更是大大地欢迎，另外，这次纱厂还要招收多名养成工[90]，但是报名的孩子必须由父母之一陪同，否则不予报名办理。

"这个王八羔子什么时候摇身一变，开始给日本人办事儿了？"富贵安朝身边的嘉勋小声嘀咕道。

嘉勋看了看窗户里面，低声答道："这不奇怪，听说他老婆是个一身嘎啦（蛤蜊）味儿的青岛黑娘们儿。白玉龙两口子先跟了英国人，和德昌分手之后，又仰仗他老丈人投靠了日本人。韩非子云长袖善舞，说的就是白玉龙这种人！"

---

[90] 童工

179

"真是活见鬼了，教堂里这些人怎么都成了三只眼睛的马王爷了。听说那个姓宋的现在省城干得风生水起，现在又出来个白玉龙。"

见富贵安恨恨地叹气，嘉勋不禁微微摇头："不过话又说回来了，人这一辈子可长着呢，出水才见两腿泥哩。"

正说话间，嘉勋想起了一件事儿："石尊宝让我问你，你家老大在东北能不能搞点儿的人参？还有……那玩意儿？"

"……你说的到底是什么东西？"

"鸦片，听说东北那边儿鸦片很便宜。"

"人参的事儿，我可以问问家忠，要是问鸦片的行情，他们最好自己去问郭射鹿！"

因为青岛的纱厂正在扩大规模，正需要很多工人。那次参加祁奉先送别会的青年男女除了张玉麟和金家孝没报名，关国香要去天津的一个坤班儿学唱戏之外，报了名的人几乎都被日本各大工厂录取了，而其中被录取的工人，大部分去的都是白玉龙所在的那家纱厂。大伙儿简单地收拾了行李，金家勇、关音宝、祁红瑛以及谭玉枝等人告别了家人，匆匆登上了东去青岛的列车，火车刚刚开出古城车站，有的姑娘已经泪流满面了。满载纱厂工人的火车沿着胶济铁路逶迤而行，一过城阳，一股刺鼻的海蛎子腥味立刻扑面而来，很多北城里的旗人都是第一次见到大海，觉得十分新鲜。很多年之后，已经是广德医院护士的谭玉枝还记得，她和祈红瑛第一次到青岛见到大海的情景：黑漆漆的湿地上飞着成群的海鸟，大片大片的芦苇随着刺骨的寒风飘荡，远方的大海显得深邃和可怕，仿佛有什么不祥在等待着她们，谭玉枝禁不住把身子靠紧了身边的祈红瑛。

"傻姑娘，冷了吧？这青岛靠海，春天可比古城来得晚多了。"

祈红瑛从包裹里找出一个狗皮坎肩儿，给谭玉枝披上。

大伙儿下了火车后，又跟在白玉龙屁股后面转悠了好一阵子，才总算找到了纱厂横七竖八的几间旧宿舍。工人宿舍是几排简陋的青砖房子，外面布满了黑乎乎的青苔，屋里因为潮气重，显得十分阴冷。白玉龙和一个中国监工给大家分配宿舍，拖家带口的人家住在一间宿舍里，单身或者没带家属的几个人合住一间。工人们分到宿舍，把自己安顿好之后，就可以去食堂吃饭了，吃的东西异常简单，喝的苞米粥连点儿热呼气也没有。刚刚吃完这顿饭，白玉龙就把大家召集起来，对工人们详细讲了工厂的作息和制度，然后很严肃地说："诸位要记住，你们是来工作的，不是来吃闲饭的。"大伙儿听到白玉龙第一天就这样说话，心中不禁有种上当受骗的感觉，不知道哪位后生有意无意地放了个屁，金家勇也跟着身边的几个人一起笑了起来，笑完之后，感觉心里像是被什么东西堵住了一般。

走投无路的秦三儿，从古城天主教堂逃走后，很快就投靠了附近一个叫毕螳螂的小土匪。潍县人毕螳螂家原先也算是大户，在他祖父那一辈儿因为赌钱借了高利贷，才慢慢开始衰败的，到毕螳螂他爹的时候，就沦落到去潍北背粗盐了，后来他爹早早地撒腿西去，毕螳螂他娘一把屎一把尿地把他和他姐拉扯大。毕螳螂年轻的时候既干过跑堂也扛过苦力，后腰受伤之后才歇了两年。也就是在这两年期间，毕螳螂认识了几个和他一样走投无路的狐朋狗友，腰伤养好以后，毕螳螂干脆趁着乱世拉起了杆子，大大方方地做起了逍遥自在的土匪来。

秦三儿投奔毕螳螂的时候，毕螳螂这伙人一共只有六七个人，四五把火枪和鸟铳。毕螳螂很快就发现，这个古城的秦三儿虽然看起来细皮嫩肉，但机灵心细，有一手翻墙入室的绝活儿，而且打枪一学就会，到后来不用抬头，只要抬手放一鸟铳，就会把头顶上正在飞过的野山鸡给打下来。

还没到阴历八月初十，毕螳螂的土匪们就开始只有高粱稀粥喝了，于是几个土匪撺掇着毕螳螂出去抢一次，目标就选了比较僻静的五里桥。化妆去五里桥拾粪的小土匪不久就回来报告说，八月初十马家烟草作坊要给马二聋汉做寿，到时候作坊工人都回了家，只要把院子一围，关门打狗就可以把马家一窝端了。

八月初十下午，沙老二的儿子沙巴头给马二聋汉送来了寿礼。沙巴头陪着马二聋汉和他姑聊了一会儿天，也没有急着回南营子，而是留在了五里桥看社戏。

"今门后晌唱啥戏？"沙巴头问马二聋汉。

"啊……开席？天一擦黑就开席哩。"马二聋汉答非所问地回答。

马家女人听马二聋汉胡诌，禁不住笑了起来，转过头告诉沙巴头："今天唱的是《定军山》。"

沙巴头一听是黄忠在汉中诛杀夏侯渊的戏，心里十分高兴。

毕螳螂见那天看社戏的人不多，心里不禁大喜，就命令几个小土匪封住马金牙家的前后大门，他带着其他土匪踏过菊花盛开的花畦，三步两步就闯进了蚂蚁香烟作坊。秦三儿"砰"地朝烟草作坊顶棚放了一枪，这一枪把唱戏的和看戏的都惊呆了，一时间烟草作坊里鸦雀无声，上了戏装的黄忠被吓得胡子掉了一半儿，手里的大刀也落在了戏台上。老寿星马二聋汉因为耳朵聋，一时还没有搞清楚是怎么回事儿，于是就大声问马金牙："刚才是打雷了吗？"

"大大，不是打雷哩。"马金牙禁不住倒吸了一口凉气，"是家里来客人了！"

"对不住您马大爷，兄弟们开始闹饥荒了，咱们想来跟你借点儿东西过节呢。"

毕螳螂和两个举着鸟铳的小土匪直接走向坐在前排的马金牙。听完了土匪的来意，马金牙连声喏喏："好商量，好商量！大爷想要多少，您给出个数目，俺这就去给您凑！"

毕螳螂刚想开口说个数目，却感到身子腾空而起，"噗嗤"一声竟然飞到了戏台上，两个小土匪的鸟铳也都被踢飞，两人一边一个倒在了地上，捂着身下的球胆[91]叫唤着，就在众人眼花缭乱只见，沙巴头一个箭步跃上戏台，抓住毕螳螂劈头盖脸就开始打。

"住手！"戴着个假胡子的秦三儿不知道什么时候已经走到了戏台前，用鸟铳指着沙巴头，"看得出你小子会两下子，你信不信俺一枪打你个大花脸！"

沙巴头也盯着秦三儿："看你那个熊样儿，你信不信俺一拳打死这个狗娘养的？"

马金牙忙劝开双方："听俺老马一句话，大过节的你们都别闹了。这位大爷把枪放下，巴头也不要伤了那位大爷。钱财是身外之物，这都好说，千万不要伤了和气。"

---

[91] 鲁中方言 男性睾丸处

马金牙叫女人给土匪取了些银元，给了土匪几包酥皮儿月饼儿，还专门给了毕螳螂一盒西洋产的雪茄。

"那俺就不客气了。"毕螳螂掂了掂手里的袁大头，倒有些不好意思，他看了看像秋后菜园里黄瓜钮儿一样的西洋雪茄，不解地问："这……这啥玩意儿？"

"这叫雪茄，劲儿很大，抽一根顶一整盒呢！"马金牙跟他解释道。

毕螳螂朝着大家抱了抱拳："劳驾！劳驾！打扰各位了，俺们这就告辞，大家继续乐呵吧？"

马金牙顺口招呼几个土匪："弟兄们也一起坐着看戏吧？"

小土匪们嗫嚅道："不了，俺们还得回去做饭吃呢，喝稀粥都喝了三天多了。"

听说土匪们饿着肚子，老寿星马二聋汉又叫人从厨房里拿了十几个寿面饽饽给土匪们带上，土匪们这才高高兴兴地离开了五里桥。

沙巴头愤愤不平地责怪马金牙："姑父你怎么对土匪这么客气，这不是惯着这帮畜生吗？"

马金牙却笑了起来："咱们何苦去得罪这帮人？俗话说得好，不怕贼抢，就怕贼惦记着。他们在暗处，咱们在明处，权当是破财免灾了。"

沙巴头虽然觉得马金牙说得不无道理，嘴上却恨恨地说："便宜了这帮龟孙子！"

"不过，你闲着的时候常过来，教教丰收你这一身本事。

”

　　“那没得说，只要丰收不怕吃苦就行。” 沙巴头爽朗地笑了起来。

　　说话之间，戏台上老将黄忠已经威风凛凛地又出场了：“铁胎宝弓手中拿，满满搭上珠红扣，帐下儿郎个个夸。二次里忙用这两膀的力，人有精神力又佳……”

　　“数学，最早来自于希腊语‘马赛马’，是研究数量、结构、变化、空间等概念的一门学科。从某种角度看，它属于形式科学的一种。在人类历史发展和社会生活中，数学总是发挥着不可替代的作用，也是学习和研究现代科学技术必不可少的基础，古希腊的学者也因此视其为哲学之起点，称之为学问的基石。”在省城教书的田立人，此刻正沉浸在数学的海洋里，他从数学的重要性讲到了数学的历史，然后又讲到数学的粗分类，接着举了几个例子。当他用加勒比海盗的藏宝做例子，引出虚数的概念时，同学们都开始啧啧称奇了起来。

　　“当当当”下课的钟声响起，有些同学还不想离开，围着田立人继续问五花八门儿的问题。又等了大约一刻多钟，同学们才陆陆续续走出教室。这时候田立人才注意到一个中年白胖子正笑吟吟地盯着自己：“田教授，能看得出来，你的数学课很受学生们的欢迎啊！”

　　田立人抬起头，认出了来人是宋徽五。

　　“宋先生！怎么是您？他们都说您现在是个大忙人了。今天是哪阵风儿把您给吹到这儿来了？”

"当然是这济南的黄土风了！"宋徽五笑着拍拍田立人的肩膀，"我今天在附近有点儿事儿，顺道过来看看你。我一直住在经六纬七商埠路那边儿，在省城至少交通要比古城方便些。我现在每天都忙得焦头烂额，就怕别人在我背后说我宋某重利轻友呢。"

"哪里哪里，怎么会？大家都知道宋先生您是个实在人！"

"走！咱们边走边聊。"

说话之间两人走出了教室，教室外的白玉兰正在枝头开放，学子们三三两两地朝着食堂走去。穿过一片茂密的白杨树林，阳光越过绿荫遮蔽，投下斑斑驳驳的光影。参差的枝条和繁茂的叶子之间，有麻雀欢快地穿梭，山雀翘着尾巴在枝条间跳跃，还有一些不知名的小鸟儿，叽叽喳喳正在枝头唱得欢快。宋徽五在一棵白杨树下停了下来，小声对田立人说："立人啊，我这次来还想和你商量一下，想通过你召集一下老乡们，让大家聚一聚，你看怎么样啊？"

"我觉得这是个好主意，大家在一起联络一下感情，以后能够互相照应一下，何乐而不为？"田立人抬头看着宋徽五。

"齐鲁大学按说是你的母校，那边也有不少古城老乡。我看就辛苦你一下吧，都交给你去通知好了！"

田立人点头称好："这样也好，到时候我会给您个清单。"

"听说，你们这儿有个很好的药膳房酒楼？"

"那家药膳房就在路东边儿！"

两人在药膳房吃完了饭，宋徽五从车厢里拿出一块编织精美的地毯递给田立人。

"这种地毯是从波斯进口的吧？"田立人一面抚摸着质地，一面抬头问宋徽五。

"哪里是波斯进口的，这是咱德昌自己的厂房里生产的。"

"我记得你曾经说过对毛线加工感兴趣，怎么现在变成了地毯？"

"说起来也是个笑话，我们很早就从禅臣洋行订购了生产毛线的机器设备，可是这些德国机器设备运到济南后，经过大半年的安装、调试，终于能纺出毛线来了，可是毛线的弹力等各项指标却一直达不到质量标准。后来我们才知道，原来是这些德国商人用粗纺机冒充了细纺机欺骗了我们，为了减少损失，我才不得不把原先生产毛线的念头打消，改成用粗纺机来生产地毯了。"

"想不到这些洋人如此可恶！"

"放心吧，立人。吃一堑长一智，我们总有一天会有自己的毛线生产线的……"

古城商会及学者联盟很快就在省城济南成立了，宋徽五理所当然地成为了会长，他递给每人一张他的名片，接着又讲了一番大道理，希望大家以后相互提携，同舟共济。

"大家有什么困难也可以来找我宋某人。"

"宋先生！"一位戴高度近视眼睛的中年人站了起来，"我原先是旗城祁家的，现在住在历城。我想向你反映一下关于旗城绿营的问题，中华民国给这些人的许诺兑现不了，就算偶尔有些薪资发下来，也只是杯水车薪，他们现在的处境很凄惨，您能不能通过您省里的一些渠道帮着给处置一下？"

宋徽五认真地听完后，开口说道："怎么不可以？祁教授可以让他们给我写个东西，我可以帮你们想想办法。当然，如果鄙人能够顺利当选了山东省议员，旗城的这些问题就更容易解决了。"

一位历史系的先生也举起了手来："宋先生！有些传言说您将致力于发展我们自己的民族品牌，您对这些传言如何看呢？"

"不！我要提醒诸位，发展民族品牌的传言并不是谣言，鄙人的志向就是要致力于国货。对于这一点，宋某是从不否认的，不管是对我手下的员工，还是对我的儿子裴卿，我也是这么告诫他们的。"宋徽五指着坐在身边的儿子宋裴卿[92]对大家说，"裴卿过一阵子要去国外取取经，目的也只有一个，就是要搞出我们中国人自己的民族品牌来！"

台下的众人听后不禁频频点头，都为宋徽五的回答发出了啧啧的赞叹声。接下来的晚宴在觥筹交错中进行，晚宴之后是一场社交舞会。宋徽五的儿子宋裴卿看起来风度翩翩，拉着一位女士翩翩起舞，田立人注意到舞池中的这些年轻人在交谈的时候，很多人操的竟然是一口流利的英文。

祁教授低声对田立人说："你的这位先生如今可真是志在高山啊！"

田立人点了点头后，轻声告诉祁教授："宋先生就是咱们

---

[92] 宋裴卿：古城人，宋传典之子。齐鲁大学肄业，后转入燕京大学，近代商业大亨，天津"东亚纺织有限公司"创始人。

古城的一条龙王，现在已经在省城和沿海各大商埠飞起来了。咱们古城还有一条海上的龙王哩。"

"谁？"

"有传言说温子培已经被国民政府任命为海军司令了？"

"什么？！海军司令……"

22

东洋车夫朱小尾一大早就把两个南方口音的民国官员拉进了古城县衙，一个长得像金丝猴的官员一本正经地把一封公文递给了牛县长，牛县长仔细阅读完公文后，有些无奈地把手一摊，对金丝猴说："要建公馆本来是件好事儿，可是本县财政困难，怕是难以承担啊。"

看牛县长愁眉苦脸的样子，另外一个长得像虫子蛀过的高粱秫秸似的瘦高个儿如同变戏法似地掏出另一封公函，拉着他的公鸭嗓子说："此公馆由中华民国斥资修缮，贵县只须提供相关协助即可，县长大可不必担心财政问题。"

胆小如鼠的牛县长一听喜出望外，连忙问道："这海军司令到底是谁啊？"

"本公馆为民国海军司令温子培所建。"金丝猴一口官腔地答道，牛县长也没搞清楚这个温子培到底是谁，又怕在两位专员面前出丑，只好支支吾吾搪塞了两句。牛县长在请金丝猴和高粱秫秸下馆子的过程中，才逐渐明白了原来这个温子培就是中山街温家的儿子。两个南蛮子[93]接着告诉县长，他们只有等到温公馆的地址选定之后，才能回到南方去交差。

第二天一大早，牛县长立刻派出手下人，陪着两个外地人在古城四处溜达，为海军公馆选址。县长的手下人陪着这两个瘦子在太阳底下晒蜕了一层皮，最后终于选定了一处大家都觉得满意的馆址，就在东华门街广德医院的东头，离县衙和城隍庙倒是不远。牛县长觉得这两个专员该走了，可是两个南蛮子却赖在客栈里，迟迟不走，支支吾吾地说是喜欢本地的鸡血砚台。于是牛县长不得不从旧货市场上买了两块儿假鸡血砚台送给了两个南方人。送完了砚台后，两个南方人又念叨着从来没去过崂山，恐怕这一去，今生再也不会到古城了，所以想去领略一下道家的胜地。"妈个巴子，这两只南方猴子真难伺候！"牛县长骂归骂，最后只好亲自出马，陪着这两位爷爷去了一趟青岛崂山，县长终于把两位专员送走之后，被戚苴[94]地大病了一场。

温公馆选址完毕后，不但各大报纸做了连篇累牍的报道，连省里和县里的很多达官贵人也都给温桂芳发来贺电或者贺联儿。有的人送了"碧波万顷"，有的人送的是"武运久长"。宋徽五和大伙儿从省城送了一幅"高山流水"的匾额表示与海军司令惺惺相惜。就连传教士老怀也用歪歪扭扭的六分体写了一幅"海之魂"，不过因为他三点水儿和云子写得太小，所以看起来像是"每之鬼"。温桂芳看到老怀的这副"每之鬼"，禁不住连连摇头，吩咐佣人把它挂在家里最不起眼儿的地方。

牛县长病刚刚好，国民政府又派来了两位专员，是负责公馆招标的。这两个人倒是比较爽快，心里只想着回扣，对土特

[93] 古城人对南方人的蔑称

[94] 烦躁

产和旅游以及听戏一律不感兴趣。

两周之后，在一阵红红绿绿的炮仗[95]声中，城西的刘振远的建筑队开始了挖掘基坑的工作，附近看热闹的人们注意到海军公馆的建筑面积十分庞大，怕是要和估衣市街的冯家花园一分高下哩。振远建筑队的泥瓦工们叮叮当当，铺开了大干一场的架势。不久之后，公馆的石头地基已经建好，青砖的外墙也起了一人多高的时候，牛县长却从省里收到了一纸公函，公函严令此项工程应立刻停止，至于什么原因倒也没说清楚。停工之后，民国政府一直欠这建筑队的一多半儿工钱也没有着落。建筑队的人经常到刘振远家闹腾，每到过年过节刘振远都会跑到牛县长的住处闹腾，据说为此还闹出过人命来。可怜的牛县长多次向刘振远解释此事与自己毫不相干，可刘振远死活就是不信，直到小心谨慎的牛县长离开古城，新任林县长上任之后，刘振远才不怎么到县衙来催要欠款了。

新来的林县长留过几个月的洋，据说在欧洲还跟身上一股奶酪味道的法国女人上过床，因此林县长不但穿着时尚，嘴里会冒出几句"绑住（你好）"和"撒驴"来，而且对于外国的一些新鲜玩意儿也非常着迷。林县长不知道从哪儿搞来了一台老式的留声机，留声机一端是一个象粪兜子一样的大喇叭。他把从意大利籍牧师老贾那里借来的一个黑乎乎的东西放进留声机后，又用一个把手摇了几下，于是一个异常悲伤的女人就像是春天母猫发情了一样，咿咿呀呀唱了起来，不一会儿，县长卧房的窗户下面就聚集了一大群走来走去的公猫。

---

[95] 爆竹

县长告诉自己的秘书丁训棠："训棠，你来听听！这是真正的艺术，我在欧洲学习的时候，最喜欢一面听着音乐，一面喝着咖啡。"

丁训棠回答："以前有个罗县长也喜欢艺术，他以前在城边还包了个戏园子哩！"

"哦，那个戏园子呢？"

"那个罗县长临走的时候还欠了人家好几年的工钱，坤班儿早就散伙了。那个花旦倒是没离开古城，现在跟了青石板街一个开赌场的老家伙，俺也是听刘队长说的。现在那座戏园子都空了好几年了，据说里面在闹狐狸精哩。"

"胡说八道，这世上哪有什么狐狸精？"

一听说南阳桥附近有座空戏园子，新任林县长立刻来了兴致。他指挥着手下，把前任罗县长的戏园子改成了一个浪漫的音乐厅，把那台破留声机搬到了戏园子的二楼，把原先灰不溜秋的窗帘一律换成了外层是棕色丝绸，内层是大红透明细纱。每当古城人听到从鬼影婆娑的窗户里传出飘忽不定的咏叹调，就知道那是新任林县长在忙公务哩。林县长一面听着咏叹调，一面憧憬着曾经去过的那个国家，因为那里的男男女女都很漂亮，屁股和胸脯前凸后突，说起话来也象唱歌一样。林县长虽然是南方人，又是个大舌头，连中文都说不清楚，却喜欢附庸风雅地学习外语。所以，他偶尔去教堂跟传教士或者神父聊上一会儿，附近的人们也就不足为奇了。基督教堂的牧师老怀会把一些破旧的电影海报和英文外语说明书送给县长，天主教堂的神父老武不但跟县长聊了塞纳河和卢浮宫，还送给了林县长一本法文版的《人体解剖》。县长时不时地把这些说明书以及外语书籍乱翻一气，电影海报上的几张女人挑逗的照片和《人体解剖》上的女性人体结构示意图不久就被他给翻黑了。

　　传教士老怀关于在本地放映电影的建议使得林县长非常高兴，因为这不但能证明自己对科学和艺术的孜孜追求，而且也将成为自己的政绩之一，也许很多年以后，他的名字也会出现在关于电影历史的书籍和文献中。第一部电影在古城上映之前，林县长和几位传教士请画师们花了两个多星期的时间，制作了一张颇有视觉爆炸效果的巨型海报。虽然秘书丁训棠私下里却抱怨西洋的这些狗屁玩意儿，都是些使人玩物丧志的奇技淫巧，不足为奇，但是，毋须讳言，电影首映在本地是一个巨大的成功。虽然在电影放映过程中，也有几个观众因为受到惊吓而夺路而逃的，还有一个心寺街的中年妇女被吓得羊角风发作，躺在地上口吐白沫，但是在经过估衣市街温大夫的简单治疗后，中年妇女很快就康复了。

　　沙巴头和马勤俭用大车拉着一大车半大的孩子们来到了青石板街，他们把大车停在了"福禄寿"皮货张家的门口，然后进去跟张蚁羊和他老婆打招呼。张蚁羊已经提前给大家买好了电影票，他一边发着票一面对大家说，都先去茅房里蹲蹲，省得懒驴上磨屎尿多[96]，进了电影院才想起要蹲茅房来，大家伙儿听到这话都哄堂大笑了起来。张蚁羊的老二延禄和老三延寿，带着大家蹦蹦跳跳地朝教堂门口的放映室走去，沙巴头和马勤俭慢悠悠地走在队伍的最后面。走近电影放映室门口，沙巴头忽然发现了几张熟悉的面孔，那是上次在马金牙家看社戏的时候遇到的土匪，于是拉了拉马勤俭的衣襟，马勤俭顿时吓得大惊失色，脚下的步子也停了下来。只见毕螳螂，秦三儿以及几个小土匪正若无其事地在电影放映室门口吃着糖葫芦和糖山药豆儿，噼噼啪啪嗑着南瓜子儿。此刻毕螳螂也认出了揍过自己的沙巴头，就朝着他点了点头，见对方没有恶意，沙巴头和

---

[96] 懒惰的人一到干正事,便寻找借口逃避

马勤俭也朝着毕螳螂回点了一下头，算是双方认识，毕螳螂把手里的几只糖葫芦和山药豆儿递给马勤俭和马勤俭："吃个糖葫芦山药豆儿吧。"

"不不不，石榴[97]那玩意儿太酸了，那糖葫芦酸得俺冒汗！"马勤俭推脱着。

秦三儿打着圆场："你不吃，可以给孩子们吃啊！"

于是马勤俭接过了几根儿糖葫芦和山药豆儿，递给了前边儿的金叶儿、丰收和鹿儿等人。

教堂小黑屋子里上映的电影很短，才一会儿的功夫就演完了，但是孩子们兴高采烈地像过年一样，都有些意犹未尽。

"沙大哥，俺们能不能逛逛街？"鹿儿和马金叶儿问。

"有什么可逛的，你们不是整天都在这里上学吗？"

"俺们是在东门上学，再说了，上学的时候哪有时间逛街啊？求求你了。"孩子们都皱起了小眉头。

"要不让他们逛逛吧，我也想看看附近的店铺哩。"

"那好吧，你沙大爷给你们一袋烟的功夫。我就在前边儿那个当铺门前等你们。不过回来晚了，我可不等你们，你们得自己下步量[98]回五里桥去！"

"没问题！"大伙儿一哄而散，朝着附近的店铺跑去。

沙巴头和马勤俭坐在了长丰当铺门口的台阶上，门口外粉

---

[97] 当地把山楂和石榴都称为石榴，具体是哪种依上下文决定

[98] 走回

墙上是一个巨大的"当"字，门侧挂着"长丰号"木牌，旗杆上挂有木制大钱两串，上悬红布飘带，木钱和红布飘带在风中飘来飘去。马勤俭看见刚才那几个土匪晃晃荡荡地朝着附近一家酒馆走去，他正看得发呆，一个鬼头鬼脑的年轻人蹑手蹑脚地蹭到了他和沙巴头的身边："这两位大爷，要不要到前面门头里去快活快活？"

"有什么可以快活的？"

"有上好的货色。"

沙巴头知道他说的是鸦片，就笑了一下说："不瞒您说，俺是练武的，不碰那玩意儿。"

"啊呀，你真是个外行，俺们这儿不但有练武的，连北城的土爷也常来常往哩。"

寒食节之后，在青岛日本纱厂做工的旗城男女老少们都学会了自己的工种。祁红瑛和谭玉枝这些人都成了纺织能手，连祁红瑛的小侄女，虽然时不时地还在宿舍里尿床，也能够站在车间的板凳上，熟练地操作纱厂的机器了。纱厂的工人们实施两班倒，每班儿十二个小时，大家上班的时候连说话的时间也没有，下班后都已经累得精疲力尽，吃完饭后就只想躺在床上了。甚至睡着之后，祁红瑛和谭玉枝的耳朵里还残留着纺织机器叽叽喳喳的声音。北城的姑娘祁红瑛也在此刻收获了爱情，当关音宝在青砖房子的夹角处慌乱而充满热情地亲吻她的时候，两个年轻人同时忘记了疲倦和耳朵里杂音。

"红瑛，你真漂亮！"

"好了好了，你快走吧，别让春田看见！"

车间的日本总监春田是个四十多岁的矮个子东洋人，总是留着那一小撮鼻屎一般的仁丹胡子，说话铁锅像炒豆粒儿一般。这个春田已经在中国呆了很久了，所以能听懂简单的中国话，但是说中国话的时候会颠三倒四，不但动词是乱用一气，形容词还老是叠起来用，"小的"不是"小的"，而是"小小的"……有一次，春田告诉女工们，他每周都会给远在日本的父母寄手纸，女工们都觉得春田这个像土豆一样的矮个子中年日本男人真是奇怪，听说过给父母寄吃的、寄喝的、寄礼物的、寄中药的，可是千里迢迢给父母寄手纸，大家还是第一次听说哩。

"估计是父母年纪大了，而且日本毕竟是个小地方，资源也有限，连手纸买不到吧。"祁红瑛自言自语地告诉谭玉枝。

谭玉枝却觉得不可能，因为她父亲曾经到日本留过学："我听阿玛说，日本人用的手纸是用棉花做的，所以用的时候特别柔软，既然他们的手纸质量那么好，为啥还要从青岛给他父母寄手纸？"

纺织女工祁红瑛想了半天，也没想出了个所以然来，只好茫然地摇了摇头。第二年春天纱厂要举办歌咏比赛，纱厂于是给工人们办了一个日语培训班，白玉龙父子都是其中的教员。金家勇听父亲说起过这个白玉龙，知道他是古城西书院的，还曾经和父亲富贵安吵过一架。白玉龙写好了五十音图后，手拿着教鞭教大家一起念："啊衣雾霭藕……"

大家也无精打采地跟着他念："啊衣雾霭藕……"

学完了发音后，为了活跃课堂气氛，白玉龙眉飞色舞地告诉大说他每天早晨都要吃一只"他妈狗"，请问大家"他妈狗

"是什么？

大家纷纷议论，有人猜是油条，有人说是炸糖糕，还有人猜是萨其马或者日本寿司。白玉龙一言不发地在黑板上写了一个"卵"子，有些认识这个字儿的女人脸就红了。

白玉龙用教鞭指着小黑板上的"卵"子念道："他妈狗！"

大家也跟着念"他妈狗！"

白玉龙这时候开始告诉大家他的谜底儿："卵这个字在日语里是鸡蛋的意思，念做他妈狗。我每天早晨不吃炸糖糕，更也不吃寿司，而是要吃一只煮鸡蛋，喝一杯豆浆。"

原来鸡蛋就是"他妈狗"，金家勇却暗暗地在底下骂了一句："你妈狗。"

白玉龙又接着讲汉语和日语的诸多区别，他刻意提到春田桑每周都会给远在四国的父母写手纸，而手纸在日语里是信的意思。这时候整个纺织车间的工人们才恍然大悟，"手纸"原来是信件的意思，于是哄堂大笑了起来。谭玉枝和祈红瑛这两位姑娘都笑弯了腰。金家勇和其他男工人干的主要是体力活，他们要把进出的货物打包装箱，卸货上货，每次都要严格做记录，如果出了差错，日本主管就会很生气地扇他们的耳光，巴嘎，你的脑子的坏了！白玉龙则在课堂上告诉大家："中日文化不同，太君扇你们几下并不是太君针对你们某个人，而是针对这件事儿。大家想想你儿子闯了祸，你扇他们几下，难道不是为了他们好？"大伙儿低头想了一下，觉得这话说得也在理儿，可是又一想，自己也不是日本主管的儿子啊？

有时候，日本主管会选几个人跟着货车去码头，大家都抢着举手要求去，主管就挑几个听话而且勤快的。大家装卸完了货，主管在看验货单的时候，工人们四处溜达着去附近的海鲜摊儿，或者走一段路去买些高粱酒回来，金家勇有一次卸完货在海边溜达的时候，竟然有种不想回到纱厂的冲动，一直等到车都开的时候，他才慢吞吞地朝大伙儿走去。

歌咏会那天，纱厂工人们都擦了粉染了红脸蛋儿，穿着统一的服装，一起唱起了日本歌谣："樱花啊，樱花啊，暮春三月天空里，万里无云多明净，如同彩霞如白云芬芳，扑鼻多美丽，快来呀快来呀，同去看樱花。"工人们唱歌的时候想起了旗城老家，有的人就开始流泪，本来就悲哀的歌曲越发唱得悲哀；厂里的日本工头们听着歌曲，看到工人们都在流泪，他们也就想起了他们远在日本的故乡，于是日本人也开始流泪；春田主管想到在四国乡下年迈的父母，也许他们此刻正在落樱缤纷的路边翘首等待儿子给他们寄回的手纸，春田主管想到此景此景，一开始还只是任眼泪静静地留下，后来渐渐不能自禁，竟然抽抽嗒嗒地哭出声来。

这种极度悲伤的情绪在日本工头们一起演唱日本国歌的时候戏剧性地出现了翻转。

"吾皇盛世兮，千秋万代；砂砾成岩兮，遍生青苔。"

听到这哀伤的日本国歌，金家勇忍住笑对祈红瑛和谭玉枝说，这是谁他姥姥谱的这个曲子，真是晦气到家了！

"是不吉利，不知情的人也许认为咱们纱厂正在追思某位逝者呢。"祈红瑛小声地答道，大伙儿都觉得祈红瑛说得不错，这段曲子确实像是旗城出殡的时候听过的，于是在庄严的日本国乐声中，坐在台下的工人们又都捂着嘴，吃吃地笑了起来。看到工人们在底下不住地嘻嘻哈哈，白玉龙和春田的脸变得越来越阴沉了。

23

　　古城基督教堂新来几个传教士，大伙儿不久就发现，在这批传教士中，最穷的是老布，把狗吱的[99]也是老布，布坎南牧师甚至连去看场电影都舍不得。那是因为大伙儿不了解老布的内心深处，所以也就不能够理解由一个大庄园的继承者，变成一个流浪汉这个过程对他的摧残。布坎南在进入神学院之后，开始洗心革面，认真研读神学经典，也就是在这个时候，他陆陆续续地研读了李摹太的许多著作，其中既包括像《在华四十五年》、《七国新学备要》、《天下五大洲各大国》、《百年一觉》、《欧洲八大帝王传》等这样严肃的著作，也包括了李摹太翻译的《西游记》以及他自己对佛教的认识。布坎南牧师从此不但成为了李摹太的忠实读者，他也对这位特立独行的传教士产生了越来越多的崇拜感，由此他也夜以继日地开始了去东方的中华帝国传教的想法。当布坎南牧师到达古城的那一天，他已经花光了他身上的最后一个便士，所以在很长的一段日子里，老布不得不以红薯干和黑咖啡为伴。布坎南在古城安顿下来之后，他还专门跑到了上海和太原，造访了李摹太曾经居住过的广学会[100]和国立山西大学。其实古城的传教士老布虽然小气，却并不是一个坏人，他仔细研读经卷，尤其喜欢四福音中的《路加福音》，甚至像路加医生一样有些仇视富人。如果

---

[99] 小气

[100] 广学会（**1887 年-1956 年**），是英美基督教传教士在中國创办的出版机构

兜里有钱，老布也会乐善好施，尽管如此，即使他早已不必为下一顿饭担心之后，年轻时贫穷带给他的惊吓和耻辱感仍然常常在半夜三更惊醒这位可怜的传教士。

"耶稣我主！"

老布在睡梦中醒来，才发现自己呼吸紧促，牙关紧闭，身上早已经汗流浃背，门牙都几乎被自己咬碎了。于是他长舒了一口气后，抬起身子来，倚在枕头上发了一会儿呆。他觉得已经清醒过来了才起床，打开灯开始写信。老布早就在心里打好了底稿，因为很多信件的内容在肚子里都有模版，重要的是找到合适的收信人。他翻阅了很多档案记录以及通讯记录，筛选出他认为能够提供捐款的人选，接下来事情就简单了。他会给省城的大商人宋徽五或者一些教授们写信，也会给在青岛的温子培和白玉龙写信。老布亲切地称呼着他们的各种头衔，然后问候他们的家人，讲述自己将要开办一个"戒毒救济所"或者设立一个"扫盲识字班"等等。老布会花很大的篇幅来论述这些工作和事业的非凡意义，每当此时，他喜欢像个吊书袋子一样引经据典，而且热衷于使用大段大段的排比句儿，因为他觉得使用这些排比句就如同在威尔士峻峭的海岸上，雪白的浪花击打青色的巨石一样，任你铁石心肠的人也会像巨石一样被拍达成白色的细沙。

不知道多少次，多愁善感的老布常常会被自己的文笔所感动，于是他的眼圈开始泛红，接着在眼眶里徘徊的泪水会缓缓涌出，顺着脸颊流下，然后吧嗒吧嗒地落到正在写的信上。不过这丝毫不能减轻这封信函的影响力，反而会加大这封信的分量，因为老布会在信的最后附加一个PS，对收信人说自己在写此信时，心中正被圣灵所充满，以至于泪水不能自抑而打湿了信件，请对方多多原谅。他最后加上最重要的段落，希望收信人能提供一定数额的捐款。接着老布会引用新约书信的一些句子，这些引用能够使收信人产生责任感甚至是愧疚感。信的最后又变得轻松起来，他要求收信人向其他一些人问好，并且希望能够很快见到他们，如果可以的话，他会当面和他讨论对方存在的任何疑问。

老布写完了信，外面的天已经亮了，他也变得更加精神了。洗漱完之后，他就像猫儿一样伸个懒腰，走出了自己在教堂的住处。此刻，不远处守善中学的钟楼上正"叮当叮当"地发出悦耳响亮声音。

田簸箕装上了货后，跟田掌柜招呼了一声就走了，他老婆追出来，"你个死秫秸，不喝两口咸汤再走？"田簸箕一扬手里的鞭子，"趴"地一声赶着马车扬长而去，头也不回地对扭着两个胖屁股蛋子的女人秋菊喊道："俺在路上随便吃，不差你那两口狗屁咸汤喝。"田簸箕出了青石板街，往北转上了估衣市街，太阳正缓缓地从东方升起来，暖洋洋地照着他身上。

老布信步走到估衣市街上，在卢家铺子买上两个火烧拎着，老布把信交给赶车过来的田簸箕："簸箕，这几封信非常重要，你可千万别给我弄丢了。"田簸箕接过信后，丢在大车上的鹿皮口袋里："放心吧！老布，俺一定给您投到邮局信箱里，您不用每次都叮嘱俺。"

太阳照得田簸箕每个毛孔都舒服了起来，他一高兴唱了两句戏词，一个在冯家花园门口扫地的跛脚老头子听他唱得难听，就停下了手里的扫帚，"簸箕，你这他娘的唱的是啥玩意儿，比你那驴叫还难听哩！"田簸箕也没好气地回了一句，"又没跟你收钱，你白听俺唱还要咋的？"田簸箕继续往前走，刚要换个唱腔，忽然一个当差的人从沙家香油铺子旁的大槐树下晃悠出来，一边追着大车一边喝道，"站住！说你呢，那个赶车的，你他娘的给我站住！"

"吁吁！"田簸箕赶紧拉住了闷头前行的大青马，"怎么了？"

"怎么了？你倒是说说怎么了。"这个穿黑色制服的人听起来一口胶东口音，脸上看起来长满了横肉。他指着不远处估衣市街上的一长串儿马粪蛋子，恶狠狠地开口道："我亲眼看到这马粪是你的马拉的，你怎么没装粪兜子呢？"

田簸箕这才发现自己智者千虑必有一失，昨天秋菊帮他洗的粪兜子他走的时候忘记给马戴上了，田簸箕拍了拍脑门儿，心里咒骂着女人。

"哎呦俺娘，俺忘记了。"

"忘记了？"胶东人一脸狐疑地望着田簸箕，"你怎么没忘记吃饭呢？"

田簸箕陪着笑脸："不瞒您说，俺还真没吃早饭哩。您看能不能给通融一下，下不为例怎么样？"

"那可不行，要是都跟你们一样，那这街上不得成了晒粪场院了？"胶东人认为田簸箕是个二皮脸子，在跟自己说笑，脸色涨得像猪肝一般，他二话不说，顺手就撕下来一张罚款单儿来。田簸箕只好取出鹿皮袋子交出了他给的数目，经过这么一折腾，田簸箕再也没有心情唱曲了，肚子也开始咕噜咕噜地叫，他把马车停在邮局旁边，田簸箕把信交给了邮局里的一个看起来很冷艳的年轻女人，顺便加了一句："别给弄丢了啊。"邮局里的年轻女人白了她一眼，只在鼻子里像苍蝇一样哼了一声，田簸箕出了邮局门儿的时候，感觉眼前都有些眼冒金星儿。

"簸箕，嗯[101]快过来喝碗胡辣汤吧。"田簸箕顺着喊声望过去，看到街对面朱毛蛋正坐他的东洋车旁边，在淅沥呼啦地吃早饭，就朝他走了过去。田簸箕要了碗烂混沌和两个荠菜包子，然后一屁股坐在了朱毛蛋身边的交叉子[102]上。

"真倒霉，今天一出门儿就被罚款了。"田簸箕对朱毛蛋说。

"哎，都一个鸟样，最近车站附近穿制服的人也多得很哩，专门在暗处瞅着找人罚款。"朱毛蛋没完没了地抱怨了起来，"这拉车的生意快完蛋了，你去车站看看得有多少黄包车，大家互相拆台压价。买卖不好干了也就算了，你们说说哪儿来的那么多狗屁苛捐杂税。

田簸箕打了个嗝后，接着问朱毛蛋："最近怎么没看到你大大（爹）？"

"别提了，俺大大最近气得不干了！上次一个从赌场里出来的妖艳女人，扭着大屁股，阴阳怪气地对他说，大爷，俺可不敢坐你的车，俺爹问她为什么，她笑着说，害怕俺爹拉不动她。你们听听她说的是人话吗？"

田簸箕想起朱小尾气炸了肺的模样，禁不住放声大笑了起来，旁边的食客们也跟着一起笑了起来。

自从秦三在天主教堂出事儿之后，扣扣一夜之间倒老成了

一个老太婆了，这个可怜得女人两腮塌陷后的颧骨显得更加突出，曾经的一头秀发也早已经花白，再也看不出一丝那个带着孤儿们做游戏和采野花时的鲜活样儿来了。秦家店子很多人觉得是因为秦家招了不干净的东西，也有人说扣扣年轻得时候在教堂里被神父和嬷嬷下了蛊，本族的族长秦老孬对扣扣更是刻薄，经常在背后指桑骂槐地埋汰她，为此秦老大还和秦老孬还吵过几次。

秦三儿刚当上土匪那会儿，也不敢明目张胆地回秦家店子，害怕被附近村民给认出来，最后再闹到秦家祠堂秦老孬那里。每次回到秦家店子，秦三儿都贴上个假胡子，用帽沿儿盖住脸后，半夜偷偷地翻墙而入，给他娘捎回些白面火烧，给他大哥捎回些烟卷儿、洋火之类的。那次从马金牙家打劫回来，秦三儿就顺路回了一趟秦家店子，给她娘捎了几个大饽饽，然后取出了两只小黄瓜一样的东西。他大哥以为是什么炮仗，倒是先吓了一跳："三儿，不过年不过节的，你拿炮仗干什么？"

秦三儿笑了："得了吧，你个乡巴佬，这是新式烟卷儿。"说着，他抽出一支扔给了大哥他："咱抽抽这雪茄，看看味道咋样？"

秦老大接过来，放在嘴里试了试："这熊玩意儿好粗啊，跟菜地里种的刺儿黄瓜差不多哩。"

哥俩儿凑到油灯底下点着了雪茄，却都被点燃的雪茄呛得咳嗽了起来。秦老大觉得这雪茄劲头儿够大，就点了点头："你说得不错，这狗屁玩意儿够劲，俺还是留着夏天熏蚊子吧！"

说着他就要把雪茄往鞋底儿上蹭，秦三儿对他摆摆手："你抽完，这还有一根儿，你留着当蚊香不就成了。"

不一会儿，屋子里就充满了浓烈的雪茄烟味儿。扣扣被呛得咳嗽了起来："你哥俩别再抽了，一会儿还怎么睡觉。"

因为昨天见到了秦三儿，扣扣第二天变得心情出奇地好。女人一大早就收拾了收拾自己，然后搭上过路的顺风车进了南城。她在中山街（原估衣市街）下车后，四处转悠着看看，逛着逛着不知不觉就来到了那所天主教堂的门前。天主教堂的神父老武和她熟头麻花[103]的，就带她去看住在九曲巷北头儿的孤儿们，新来的嬷嬷们并不认识扣扣，她就把袋子里的地瓜干儿或者炒花生各拿出一小袋儿："这个是咱家地里的东西，给孩子们吃吧。"走出教堂后，扣扣在青石板街的大槐树下见到了已经瞎了眼睛的海从云，石家的女人正坐在路北的大槐树下。海从云一口气儿给石尊宝生了六个女儿，生到第七个的时候，还是个女儿。

海从云生完了石老七后，月子里就害了眼病，眼睛先是模模糊糊老是有眼屎，后来连眼前的树木也看不清楚了。为此石尊宝倒是请了不少的大夫来看，结果却是越请大夫越糟糕。终于，有一天早晨，可怜的女人醒来后干脆什么也看不见了。失明后的海从云眼睛虽然看不见了，听力却变得异常清晰了。太阳出来后，女儿们把海从云的竹椅子放在大槐树下，海从云就坐在大槐树下晒太阳。她听着朱家父子拉车出去的声音，听到刘振文骂骂咧咧地说着今年的收成，听着田济世和帐房先生噼里啪啦打算盘儿的声音，听着张蚁羊刺啦刺啦割皮子的声音，听着附近德昌大厦女工下班儿时的嬉笑声以及教堂里孤儿的尖叫声'她还听到了风吹树叶的声音，也听到大槐树里鸟儿欢快

---

[103] 认识但是不熟

的鸣叫声，甚至听到了张七斗他女人说的镇尼[104]在她家山墙角下发出的声音……

那天下午，走出天主教堂的扣扣不知不觉地在城南转悠，这城南的一草一木总能让这个女人感到既亲切又伤感。见到坐在青石板街槐树下的瞎眼女人，踏步上前去："老石家的，我是扣扣，你眼睛什么时候瞎了？"

"扣扣是你回来了，自打奶完了老七，俺就什么也看不见了。"

扣扣走到竹椅子前握住石家女人的手说："俺回来看看这儿，人老了就容易怀旧了，有时候不知道怎么就会不知不觉地流泪。"

海从云听出了扣扣声音里隐藏着的伤心，于是她就笑了："扣扣妹妹，俺每天只要一听树叶声和这鸟叫声儿，心情自然就好了起来。烦恼不来的时候，你莫要自己去寻思它。"

"你哪里知道俺的烦心事儿，俺那个熊孩子，哪天总得把南天给俺捅破了不可。"扣扣幽幽地说："要是俺那可怜的男人还在就好了。"

石家女人侧耳听着扣扣说完，低声回答道："家家都有本难念的经，你看看我那个该死的男人，早年就坏事儿干尽，自从跟着人家关老爷开起了赌场，如今连家都不回了，还……还包养了一个年龄可以当他女儿的……姨太太。"

听女人的声音有些颤抖，扣扣倒有些将信将疑。

---

[104] 是伊斯兰教对于超自然存在的统称，由阿拉用无烟之火造成。镇尼有善有恶，可以助人，也可以害人

"什么？老石他……不像是那样的人……"

"哼，他姓石的原本就是那样的人！"

24

　　古城人蒋景涛长得白白净净，个子和长相都像是个南方人，以至于陈河妮和花边厂的其他女工一开始都以为他是个江浙商人。其实人家蒋景涛是地地道道的鲁中人，蒋家祖祖辈辈以酿醋为业，蒋景涛自打从娘胎里出来就压根儿没有出过山东。不过，蒋景涛的确有些江南文人的优雅，一是他喜欢吟诗作画，二是他的体贴入微，不象一般的鲁中男人，张口就骂自己的婆娘，下雨天闲得手痒痒了，还会踹上自己的女人几脚。这也是为什么当初陈河妮看上了蒋景涛，甘心情愿做了他的姨太太。蒋景涛的大老婆时不时地跟婆婆抱怨这个新来的狐狸精是个不祥之兆，带坏了蒋景涛，婆婆却闭着眼回答："俺老了，什么也看不见，什么也听不见了！"

　　刚结婚那一阵子，蒋景涛和陈河妮倒确实过了一阵子卿卿我我的安静日子，夫妻二人会在上午看上半天的《芥子园画谱》，下午一起到蒋家的后墙边儿画竹子，蒋景涛画好了竹干，然后和陈河妮一人一笔画上竹叶，蒋景涛画的竹叶又长又细，陈河妮画的竹叶又短又粗，不过这种粗细长短的搭配反而使画出来的竹子显得栩栩如生。日头好的时候，小夫妻也会去画阳河岸边的芦苇，二人画芦苇的手法也与画竹子如出一辙，阳河上的微风吹过，芦苇都朝一个方向弯下了腰，风停了下来，芦苇又摇摇晃晃地直起腰来。

小夫妻过了几年这种坐吃山空的日子，蒋景涛不知从哪儿搞来了一个高粱酒制造工艺，找了蒋家村儿附近的几个狐朋狗友，决定酿造本地品牌的高粱酒。蒋景涛为此倒是真下了一番功夫，不但把他老爹以前做陈醋的作坊改建成了个酿酒作坊，蒋景涛还出高价请人书写了酒名——"阳河高粱酒"。陈河妮在里屋看着孩子的时候，蒋景涛买来了各种设备和材料，他以前和宋徽五在实验室里一起忙活过，而且还代替宋徽五教过几次化学课程。在查阅了一些资料后，蒋景涛凭借着自己的记忆和悟性夜以继日地忙活起了烧酒作坊来。可谓功夫不负有心人，从作坊出的第一锅高粱酒就受到了大伙儿异口同声的好评，人人都觉得这酒味道醇，入口不辣，却酒劲儿缠绵。蒋景涛听到大家的评价后喜出望外，还专门坐车去给宋徽五和白玉龙每人送过两瓶阳河酒。

蒋景涛和陈河妮夫妻开始盘算着阳河酒厂的将来，甚至想到了以后扩大作坊规模，说不定也能像宋徽五那样成为鲁中甚至山东省的酒业大亨哩。蒋景涛喝上一口醇香的高粱酒，一想到将来的阳河酒厂即将成为第二个德昌公司，心中顿时觉得有种心醉神迷的感觉，看着儿子蒋子龙在炕上呼呼地发出鼾声来，他才忽然想起夫妻二人已经很久没有温存亲热了。蒋景涛像一只夏蝉一般抱紧了陈河妮，俩人的嘴唇贴在了一起，身子也粘在一起，陈河妮脸色酱红，慢慢地往后退到了床边。陈河妮一口气吹灭了灯，月光如流水一样照在两人赤裸的身体上，陈河妮觉得蒋景涛正划着一艘小船，载着她穿过阳河边儿的芦苇丛，朝着河心驶去。微风吹来，河水涟漪，陈河妮觉得心旷神怡，甚至想从嗓子眼儿里发出欢快的叫声，小船随着橹槁轻轻摇动，发出轻轻的吱吱扭扭声，男人越发使劲划着浆，左一下，右一下，右一下，左一下……

那天晚上陈河妮睡得很香甜，做梦的时候还在芦苇荡里划着船，阳河河水却变得浑浊了起来，打着漩涡朝着小船扑了过来，在香甜的睡梦中的她猛然被一声炸雷般的声音惊醒，孩子也被吓得哇哇大哭了起来。陈河妮一开始还以为是下雨打雷了，朝门外一看，这才发现阳河高粱酒作坊里火光冲天，于是她打湿了棉被冲进了火场。酒作坊里一片狼藉，只见躺在地上的蒋景涛已经被炸得衣衫破碎，面目全非，身上还散发着一股刺鼻的酒糟味儿。蒋景涛望着浑身赤裸的女人，不停地倒着嘴里的气儿："以后别……别再做酒了，你要带好子龙……"看到蒋景涛只有出的气儿没有进的气儿了，陈河妮急得不知所措，趴在男人的身上放声大哭起来，不久蒋景涛就没有了气息。蒋景涛出殡后没几天，蒋景涛的原配老婆开始露出了她泼妇的本来面目，泼妇每日里指桑骂槐，蒋家每天不是鸡飞就是狗跳，一片乌烟瘴气，婆婆嘴里还是那句话："俺老了，什么也看不见，什么也听不见了！"

蒋家村是没法儿再呆下去了，陈河妮收拾了收拾，回到了建在青石板街的新德昌洋行。总管房大姐是她原先的同事，如今已经胖得像只水桶了。胖水桶领着她到了德昌洋行车间里，介绍陈河妮的时候，房大姐告诉围着的女工们："这可是咱洋行以前的生产能手，咱车间的老祖宗。她当编织能手的时候，你们这些人还在穿开裆裤哩！"

女工们红着脸咯咯咯地笑了起来，陈河妮不好意思地反驳道："房大姐，快别这么说我了，好汉不提当年勇，俺回来了，就是一名普通员工。"

宋徽五特别嘱咐袁小楼让陈河妮负责德昌的质检工作，陈河妮发现自己的所谓质检工作，其实就是坐在作坊里，指导手下几个技术工人抽检验货。技术员把产品放在灯光下，用放大镜下进行检查，要是一批货的残品太多，陈河妮就会去车间找各部门总监，总监就会找到具体的某个员工。如果厂家的要求非常高，厂里给出的报价也就水涨船高，这种情况下质检作坊就要加班加点儿，抽检的比例就会提高，严格的时候就会全检。目的只有一个，那就是保证每件产品的质量，维护德昌的声誉。陈河妮总是最后一个离开质检作坊，因为自从蒋景涛出事后，她总是觉得也许哪儿会有火灾。在彻底检查完质检室后，她才不放心地离开质检作坊去食堂吃饭。等到陈河妮到达食堂的时候，女工们已经吃完饭，带着蒋子龙回宿舍了。深夜时分，其他女工都已经呼呼大睡了，蒋子龙也在自己的身边早已睡熟了，可是躺在女工宿舍里的陈河妮，却辗转反侧难以入眠，她躺在床上都在琢磨一件事儿：那就是什么时候才能有一所自己的小宅子，哪怕是个阴暗的草房子，那也是自己的家，那样蒋子龙就可以呆在家里，不必过这种浮萍一般的生活了。

阴历年底将至，德昌洋行的活儿也变得轻松了起来，可是一听说省城的老东家宋徽五很快就要莅临德昌视察，大家已经松下来的弦又紧绷了起来。袁小楼找了几个美术好的人开始画板报、书写标语，房大姐组织起了高跷队、旱船队和龙狮队。老东家宋徽五还点名要几个人在欢迎大会上致辞，陈河妮也是其中一个，袁小楼给她定的题目是《德昌精神》。

到了宋徽五视察的那天，德昌洋行的工人们早早就等在大礼堂里，当风度翩翩的宋徽五出现在台上的时候，坐在前台的陈河妮都快认不出他来了，这个传教士库寿宁的大徒弟，真可谓士别三日，当刮目相看哩。春风得意的宋徽五高谈阔论，从济南的运输谈到上海的银行，从天津的羊毛又讲到了办学和教育。当谈到总公司和分公司的前景时，宋徽五神采飞扬地告诉大家，我们公司的前途只会更好，明年春天公司会派专车接送大家出去踏青春游！

宋徽五没有开完大会就提前离开了会场，临走之前他回头告诉陈河妮："我已经知道你的情况了，明天我们大家一起吃个饭，你把孩子也带过来，让我也看看。"

陈河妮感动地说："您现在忙得不可开交，不用这么客气。"

"你可一定要来啊，就在你家对面的田教授家！"

第二天下午，凛冽的西北风吹来了一场白毛儿雪，像一层沙粒儿一样覆盖住了青石板街。雪粒儿在一块块青石板上融化开，于是青石板街变得湿滑泥泞了起来。陈河妮带着蒋子龙来到田家大院的时候，客厅里早已经人声鼎沸，厨房里也热气腾腾，田簸箕他爹田秋秸正指挥着佣人忙碌着。田家今天请来了不少客人，除了陈河妮认识的宋徽五和袁小楼外，她还惊异地发现，客人中还有从青岛远道而来的白玉龙。田立人把其他客人一一介绍给陈河妮，祁教授、传教士老布、古城林县长等等……田济世招呼大家入席后，让大家随意，今天相当于一个家宴，没有外人，大家可以畅所欲言啊。宋徽五也笑着说："今天确实没有外人，不是亲朋就是旧故，大家说话不用带着面具了，那样太累了。"

大伙儿都笑着一一落座后，穿着一身西装革履的白玉龙举起酒杯说："今天难得田老先生做东，宋老板和林县长在百忙之中抽出时间，我提议咱们大家先敬他们一杯！"

"玉龙远道而来，这酒应该先敬你。"

觥筹交错之间，宋徽五问了白玉龙青岛纱厂的情况，白玉龙问了宋徽五儿子去了美国哪所学校去留学，接着讨论了半天去西洋，去东洋留学的优劣。

"玉龙啊，我对办学很感兴趣，开启民智，从教育开始。

"

"青岛依山傍水，环境优雅，徽五兄如果要开办学校，青岛是山东的首选啊。"

"我前几天跟立人还说起过此事，你知道青岛哪里有合适的地盘儿么？"

白玉龙稍加沉吟，开口道："俾斯麦兵营！那个地方原先是德国人在鱼山的兵营，背靠信号山，面朝大海，没有比那儿更合适的地方了！"

"好，我过了年就过去看看这个俾斯麦兵营。如果能拿下来，名字我已经起好了，就叫青岛大学怎么样？"

"青岛大学这个名字很好！"

林县长和袁小楼也交谈甚幸，袁小楼告诉县长她治理工厂的经验，县长则告诉袁小楼自己有意购买一台新式留声机的打算。传教士和田立人聊起了关于上帝创造万物的六天、质数以及神秘数字的启示，传教士还希望田立人在省城帮他找找一个特殊的咖啡品牌。

宋徽五转头告诉祁教授："我已经把你们旗城写的那封请愿信给你递上去了。"

祁教授微微欠了欠身："我代表旗城的老老小小谢谢宋老板了。"

宋徽五却朝他摆摆手："你先别急着谢我，这事儿我还不敢打保票。"

戴着厚厚眼镜的祁教授也笑了："这我当然明白。"

接着宋徽五又告诉大家自己正在竞选省议长，于是大家都支起了耳朵来细听。听他讲完，田立人笑着打趣儿道，根据他的数学公式预测，徽五这次当选的可能性非常大哟。宋徽五听完也呵呵地笑着说，根据我会计的预测，我这次出血也是出得非常惨烈哟，于是一屋子人又都哄堂大笑了起来。

白玉龙笑完了之后，严肃地点了点头："道理就是舍不得孩子套不了狼，我这些年算是知道了这个道理；要想获得，就要先投入，西洋和东洋也有同样的谚语。"

大家纷纷点头称是，现身说法地讲起了个人的经历。看到吃完饭的孩子们在四周跑来跑去，宋徽五想起了陈河妮来，就转过头来问陈河妮："河妮，哪个是你家孩子？"

陈河妮把正在玩耍的蒋子龙领到宋徽五身边，宋徽五仔细地上上下下打量着蒋子龙，然后又看了看陈河妮说："你还别说，孩子鼻嘴看着像你，眼睛看着倒是像景涛哩。"

白玉龙也点了点头："的确是，孩子看起来集中了他两口子的优点，没继承缺点啊。"

看见陈河妮有些神伤，宋徽五对她扬了扬眉毛："告诉你一个好消息！明年一开春儿，德昌会在田家大院斜对面儿那一块儿荒地上建一个四合院儿……"

"为什么要建个四合院儿？"

"小楼跟我说了你的情况，这个四合院儿是专门给你建的！"

"俺……总经理……俺怎么能？"陈河妮一时不知所措，没有说出话来，眼泪倒先流了下来。

这场田家大院的家宴一直持续到深夜，朱毛蛋把传教士拉回教堂的时候，老布因为刚刚收到了几笔善款，所以就像过年拿到了压岁钱的孩子一样高兴得不亦乐乎，虽然只是短短的几步路，他也给了朱毛蛋很多车钱和贴士，朱毛蛋手忙脚乱地推辞着，老李，用不了这么多，就是贴士也太多了。传教士却坚持把钱塞到朱毛蛋怀里："今天天儿太冷了，你就拿着吧！"

25

关大牙家的包衣奴才达翰尔人郭家到郭射鹿这一辈儿的时候，靠萨满教跳大神已经是个副业了，从东北倒腾大烟反倒成了郭射鹿的主要营生。关大牙和儿子关国启首先在火车站附近开起了"广和顺"大烟馆，郭射鹿的两个高丽舅子负责把大烟运到古城。富贵安这伙人失势后，石尊宝很快就投靠到了关大牙手下，替关大牙父子照料起那家叫做"眠云楼"的赌馆来，关大牙的儿媳妇李洪顺则开着一家"关记"澡堂。广和顺大烟馆、眠云楼赌馆以及关记澡堂，如同古城众多雨后春笋般的商家一样点缀着古城火车站的繁华路段。

广和顺大烟馆的门栏上贴的是"闻香下马，知味停车"的条幅，一溜儿的烟榻是都雕花的红木梨花大床，烟灯有山西太谷的太谷灯、山东的胶州灯、还有华丽明亮的广州玻璃灯。云铜黄竹的烟枪考究地嵌有各色宝石，有的还是有象牙制成的，并配以烧工著称的本地老手调制的烟泡。在辉煌耀目的陈设中，吸食鸦片的人横陈榻上，挥袖成云，喷口为雾。流娼与烟妓串流调笑，瘾君子沉湎其中，流连忘返而不能自拔。所谓"烟馆旁边开赌馆，赌馆门边开旅馆"，来到眠云楼赌馆的赌客，点心、香烟、洋酒免费供应，连西餐和鸦片也可以免费享用。

眠云楼赌馆设有轮盘、牌九、押宝等，大赌小赌色色俱全。对于大的赌客，石尊宝还会安排专车接送。在赌场边，石尊宝还专门设了一个押当行，现款赌光了，金戒指、手镯、大衣、皮袍都可以随时拿去点当。

罗县长离开后，他包养的那个花旦没离开古城，而是和石尊宝厮混在了一起，到了后来花旦生下了石八喜之后，石尊宝干脆把花旦纳为了姨太太，为此不但瞎海从云和几个女儿背后不齿石尊宝，连瑙铁也和石尊宝疏远了许多。石尊宝不好意思把大烟和赌馆介绍给熟人，他倒是带着清泉湾那帮人去过几次那所关记澡堂。已经是精益火柴厂工人的张玉麟去过两次后，感觉还真不错，尤其是在古城天寒地冻时节，外面飘着鹅毛大雪，澡堂子里却热气腾腾，大家裹着毛巾出汗，一会儿再跳进温暖的大池子里；从大池子里跳出来再蒸，接着再洗，如此循环。蒸完洗完之后，感觉人好像一下子年轻了好几岁。如果是饿了，穿过月亮门，就是一个小小的韩国烤肉摊儿。

关国启和媳妇李洪顺招了几个本地乡下女孩儿冒充高丽人或者日本人，客人们一来，不管认识不认识的，先鞠了一躬，问候几句，分开了，又鞠一躬。然后站在原地，看着人走远了，才迈着小碎步儿像鸭子一样离开。这几个冒牌货就会说几句刚刚学会的高丽话或者日文，时间长了小姐们也就懈怠了，也就忘了该说什么，有时候客人来了她们说萨哟娜啦；客人走的时候她们到会喊，一卡西鸭一马塞或者缓迎哈木尼哒。罗圈着腿儿的李洪顺一早一晚都要给那些员工们训话，对顾客都要彬彬有礼，笑容要像刀刻在了脸上一样。

"一卡西鸭一马塞[105]！"

---

[105] 欢迎

小姐懒洋洋地欠了欠身朝金家勇鞠了个躬，金家勇觉得小姐不大像是日本人，就用从青岛纱厂里学到的日语问小姐是不是日本人。小姐呆呆地看着他，又说了一遍前面的那句"一卡西鸭一马塞"的欢迎词，然后急忙把几块儿大花毛巾和三双呱嗒板儿[106]塞到了祈奉先、张玉麟和金家勇的手里，金家勇摇了摇头后，跟在二人身后人走了进去。三人围着毛巾刚走进澡堂子，满屋子蒸汽立刻覆盖住了祈奉先的眼镜片，两眼一麻黑的祈奉先差点儿摔倒。张玉麟笑着说，老祈，快把眼镜摘下来吧。玉麟和家勇扶着祈奉先坐在了松木板儿做的长凳子上，一个跑堂小二走走进来，在热水里扔了几块火上烤过的大青鹅软石，蒸汽刺拉几声窜了上来，三个人眼前一片模糊，只一会儿的功夫身上就已经大汗淋漓了。

张玉麟和金家勇问起了河南的情况，祈奉先说起了河南的民风和饮食。原来祈奉先当县长的县城离少林寺不远，当地的老百姓很穷，可是地方官吏却十分贪婪，祈奉先作为一个外地人，想做点事儿却被时时掣肘，几年下来除了抓抓学堂外，几乎一无所获，不过好在他很快就要卸任了。张玉麟对河南的民风和饮食不感兴趣，倒是对奉先提到的少林寺有了兴趣，因为他多次听杨弹腿父子说起过少林寺和武当山，所以就一直追着奉先问少室山、五乳峰、少林寺和少林功夫。

"你明年秋后之前什么时候想来河南就来，到时候我们可以一块去看看少室山，然后我们一块儿回古城。" 祈奉先说，"其实这些年我也没去过那个少林寺，虽说就在附近。"

"我也没去过崂山，虽说我也在青岛，一个道理。想去的时候又要加班儿，有空的时候又觉得实在太累。" 金家勇接着话茬儿说道。

---

[106] 日式木制拖鞋

祈奉先转过头来问家勇："你们现在可都算是半个青岛人了，日本人到底对你们这些工人怎么样？"

金家勇呸了一口，骂道："日本人可是不好伺候，嘴上说得很好，其实骨子里很小气。吃饭的时候用的碗比咱这儿茶碗还小，悖悖只有鸡蛋那么大，就这鸡巴伙食，还时不时地加班儿，每天十几个小时谁能受得了？就这样还经常扇人大耳刮子哩。"

"他奶奶的，这些狗日的这么嚣张。"玉麟愤愤地说，"你们大伙儿也能忍得住？"

"早晚有一天会出事儿的！金家勇恨恨地回答，不信咱们就骑驴看唱本儿—等着瞧。"

仨人大汗淋漓地走出去，跳进了旁边的大池子里，大家都觉得很舒服，好像一下子洗掉了整整一年的晦气。

祈奉先、张玉麟和金家勇三人聊得热火朝天的时候，旗城的几位姑娘也凑到了一起。从天津回家的关国香给几位姊妹每人带回了一块颜色各异的丝巾，说起在坤班儿一开始的艰辛，祈红瑛和谭玉枝不禁有些乍舌。三个女人一台戏，旗城聊了很久很久，她们从天津卫的狗不理聊到青岛的海米，从渤海上吹来刀子般的海风聊到黄海边儿夏日的潮汛……谭玉枝记得那是个清冷的夜晚，夜色黑得像透明的蓝宝石，月亮高高地挂在结了一层霜雪的白果树枝头，天上开始飘起细细的雪花。

鹅毛大雪纷纷扬扬下了一夜，古城远近一片银装素裹，广和顺大烟馆和眠云楼赌馆里人声鼎沸，热闹非凡。离关记澡堂不远处刘记烟馆和赌馆的门前却显得有些冷冷清清的。刘振文禁不住朝着刘振彪抱怨起关家的人烟馆和赌场来，害得他连个阴历年都过不好。

"咱哥俩的生意搞不过这帮北城客（当地人称北城里的人为北城客），看到关家父子和那个石尊宝那幅嘴脸，俺就气得牙都痒痒得慌……"

"你怎么跟个娘们一样，君子报仇，十年不晚。"

"十年？十年之后，你还是警备队长？"

"老弟，别着急么，咱们找个机会，弄了他不就行了吗？"

"什么机会？"

"当然是浑水摸鱼的机会了！"

"要不……干脆找几个土匪干掉他们算了？"

"俺说振文老弟，你怎么老打这些十三不靠[107]的主意呢？土匪都是些成事不足败事有余的货色，再说了，关大牙可是和吴延年一伙的，你动了他的手下，他就能放过你？"

"你怕吴延年那个王八蛋？"

"吴延年北城的那伙人盘根错节，百足之虫，死而不僵，不容小觑！"

开春之后，挺过了一年的老人们像冬眠的蛇一样，拄着拐棍儿从家里走了出来。他们走到河边，看看正在冒出细细嫩芽儿的垂柳，和去年春天的嫩芽有什么不同？他们讨论着哪个老

---

[107] 麻将的一种和法，指的是 13 张牌哪跟哪都不挨着，又称"天下大乱"

哥哥或者老姐姐没有挺过这个冬天，家里怎么给出的殡？孝子贤孙们的表现如何？以及收了多少礼金等等……

第一阵熏风吹来的时候，后生和姑娘们把像蚕茧一样厚厚的棉衣换成了单薄舒服的春衫。大地在春雷声中苏醒了过来，春雨后的树木花草又透出了万种生机来。可是就在这撩拨人心弦的时节，林县长的破烂留声机却不再工作了。开始是一上弦就发出嚓嚓的声音，接着放出的声音就像是一个声带被割断的绵羊叫，后来又像是有人把铁锨拖在青石板地面上所发出的剧烈摩擦声。

"锵锵锵锵锵……"林县长听着这声音，禁不住浑身上下生起了一层鸡皮疙瘩来。丁训棠也皱起了眉头说，"县长，太难听了，这比杀猪还难听哩。"

"这肯定是哪儿坏了"林县长说着，开始一片片儿地拆开留声机，仔细地检查了起来。他把生锈的地方小心地用王村醋洗清后，接着又涂了些沙家小磨香油，不一会儿，于上脸上也粘满了醋和香油。等他用醋和香油清理完留声机，这才意识到自己已经忘记了该如何把留声机重新装回去了。他手忙脚乱地忙活得满头大汗，打翻了醋瓶子，弄撒了小半瓶香油，结果还是找不到要领。正当他闷闷不乐的时候，秘书在门口轻声轻气地告诉他："县长，从省城里来了两位客人哩。"

烦躁不堪的县长放下手中的留声机零件，不耐烦地问丁训棠："没看见我正忙着么，这两位客人是来干嘛的？"

秘书回答："他们说是来接手那座公馆的。"

县长没好气地问："你说的到底是哪座鸟公馆？"

丁训棠答：“就是东华门街温家那座建了半截儿的海军公馆。”

海军公馆要重新开工的消息，很快就由拉黄包车的赵牛角传到了他叔伯么兄弟赵牛尾的耳朵里。为了修建清真寺的平房和影壁以及翻修真教寺的顶棚，赵牛尾带着附近和远处的一帮后生，也搞了一个叫“光明”的建筑队。赵牛尾思考了一夜，第二天一早天还没亮，就跑去找赵牛角：“牛角大哥，城里这个活儿，你说咱们能不能去拿下来呢？”

赵牛角慢慢腾腾地抬起头，歪着脑袋问：“怎么不能？俺看你今天就去找那个放电影的县长，你打算怎么跟他说？”

“俺就跟他说，俺们光明建筑队改建过两个清真寺，在这东关里里外外干过岗[108]多泥瓦活儿。”赵牛尾回答道。

“那你怎么去？手里抵溜[109]着十个红萝卜[110]就去找县长了？”

赵牛尾挠了挠头，笑着回答：“确实不能只带着十个手指头就去找县长，那你说到底带些什么好呢？”

赵牛角想了想说：“就带上几样儿隆祥斋的点心，再带上一公一母两只小羊羔儿。”

于是赵牛尾带着一堆隆祥点心和两只小羊羔去找林县长。林县长本来就不想和原先那个“振远”建筑队的刘振远再扯来扯去，于是立刻爽快地答应了赵牛尾继续海军公馆工程的要求

---

[108] 很

[109] 拎着

[110] 原意是手指头，这里指空着手去求人

。林县长笑着对赵牛尾说："点心我收下尝个鲜，这两只小羊羔你就带回去吧。"

赵牛尾却死活一定要县长收下："县长，你看看你的后院儿这么大，还怕养不了两只羊羔儿？"

于是林县长也就不再推辞，收下了那俩雪白的羊羔儿。

赵牛尾的建筑队选了一个主码[111]的好日子，还专门请了真教寺的铁阿訇念了经后，就高高兴兴地开了工。赵牛尾他娘认为星期二不吉利，所以每到一个叔来萨（星期二），赵牛尾就格外地小心，嘱咐小工们小心别从脚手架子上掉下来，或者把青砖扔到别人脑袋上。接着赵牛尾又跑到两间临时搭起的窝棚里，窝棚里他雇的几个东关里的大胖回民妇女帮着做一顿中午饭，嘴里嘀嘀咕咕的妇女们有的在和面，有的在摘菜，附近有几只鸡鸭正在来回转着圈儿找食儿吃。

"大嫂们，注意炒菜的时候别烫着！"听赵牛尾这么说，几位妇女们倒皱起了眉毛来，嘴里嘀咕了几句古兰经。

到了晚上，赵牛尾害怕工地上丢东西，就招呼了几个人晚上住在工地的窝棚里。这天该赵牛尾和西营子的郑葫芦值夜班儿了，工地上静悄悄的，这郑葫芦说起来也是个可怜人，想当初洋人们狗咬狗的时候，他爹和大哥双双被招了华工[112]，坐船去了欧罗巴洲，可谁知这一去就如同黄鹤一般杳无音信了，郑葫芦只好辍学回家，年纪轻轻就干起了泥瓦匠来。和一般的泥瓦匠不同，郑葫芦一有空闲就喜欢读书，他点上了气死风灯开

---

[111] 周五

[112] 指中国劳工旅，⋯战欧洲西线战场为协约国效命的中国劳工

始看起书来，赵牛尾摸索出他娘给的一本儿线装的《黄牛篇》，也凑在灯前看了起来，谁知才读了半页儿，赵牛尾就觉得头晕眼花，看不下去了，于是他抬起头问郑葫芦："葫芦，你这是在看啥好书呢？"

郑葫芦抬起头回答："俺看的是关于马列的书！"

赵牛尾一听姓马叫列，就仰起头想了半天："马列，这个名字听起来很熟，可是一时又想不起是谁来。俺倒是知道东门桥西头儿卖茶叶的马二布袋家有个孩子叫马……什么……烈？"

听完这话，郑葫芦笑了起来，朝他摆了摆手："牛尾哥，这个马列和东门桥或者五里桥的马家一文钱关系都没有。这个姓马的是个大胡子西洋人，人家讲的主义是要建立一个天堂般的社会，到了那个时候，人人劳动，人人平等哩……"

赵牛尾这才焕然大悟："哦，原来你看的书也是讲天堂的。"

郑葫芦继续说："对头哩。这本书还是松林书院的外乡教书先生王翔送给俺的哩。"

当海军公馆的房子已经上了大梁，花园里的亭子也要上琉璃瓦的时候，县长秘书丁训棠气喘吁吁地跑到工地来找赵牛尾："赵师傅，停工了，停工了！上边儿叫停工程了。"

赵牛尾听到了停工两个字儿，屁股像被火烫了一样从板凳上跳了起来："什么？你们疯了么？这个时候怎么能停工？如果现在停工，雨季马上就到了，下面的活儿就不好干了！"

丁训棠无奈地回答："不行啊老赵，俺说了鸟都不算，这是上边儿的意思，再一说了，你就是想干，现在也没钱了。"

"有什么事情你去找县长吧，反正我已经把话儿给你老赵传到了。"

秘书说完这话后，转身扬长而去。看着丁训棠离去的身影，赵牛尾一脚踢开一只正在附近觅食的老母鸡，朝着正在忙碌的工人们大声喊道："都他娘的别干了，收工了，收工了！"

简易厨房里的几个回族妇女听到鸡飞狗跳，忙伸出头来问老赵："老赵，今天怎么这么早就收工了？午饭还没准备好呢。"

赵牛尾转过头对妇女们也喊道，"不用做今天的午饭了！你们也收拾收拾回家吧，明天也不用再来了。什么时候再开工，俺会通知你们的。"

26

金家勇自从开春从古城回来后，就莫名奇妙地感冒了，可是由于纱厂的事情多，所以他就一直硬扛着，结果彻夜咳嗽，第二天一大早起来后，感觉足有千斤重的脑袋也晕呼呼的。日本留着大背儿头的工头看金家勇这几天无精打采的，本来就不是很高兴，一大早又刚刚和一个叫高桥为一件小事儿吵了一架，心情更加郁闷。所以当大背儿头看到金家勇差点儿把一个包裹砸到自己腿上的时候，他的愤怒顷刻之间就被点燃了："金，巴嘎丫鹿！"

大背儿头三步并作两步，窜到了金家勇面前，抬起右手朝他脸上抽去，此刻正头疼欲裂的金家勇一抬手，紧紧地攥住了主管抽过来的手："去你妈的，老子可不吃你这一套。"

其他工人赶紧把俩人拉开，工头不停地跳脚大骂："金，巴嘎！巴嘎！"金家勇也愤愤地骂着："操他姥姥的，哪有这么欺负人的，老子他娘的不干了。"

白玉龙刚刚回到办公室，几个高丽保安就把金家勇架进了他的办公室。高丽二鬼子把金家勇顶撞日本工头的事儿对白玉龙讲了一遍，白玉龙点了点头说，"行了，这事儿交给我处理吧，你们可以出去了。"

白玉龙招呼金家勇坐下，又给他到了一杯水："家勇啊，这到底是怎么回事儿啊？"

家勇一五一十地叙述了事情的经过，然后告诉白玉龙，自己早就不想干了。白玉龙听完笑了，然后问起了家勇老婆孩子的情况，问他老婆在纱厂哪个车间上班，家勇也就对他说了自己家里的情况。白玉龙也不插话，只是静静地听着，等家勇都说完了，他又过了好一会儿才说："家勇，说来我和你父亲老富也认识，你现在也是一家之主了，做事不能这么意气用事。这么着吧，我跟纱厂医务室说说，你先休息两天。事后，你去给那个'大背儿头'道个歉，以后有什么事情来找我，我白某人一定不偏袒日本人，你看怎么样？"家勇见白玉龙一番好意，犹豫了一会儿，也就点了点头答应了下来。

在金家勇在日本纱厂的宿舍里闷闷不乐的时候，赵牛尾、郑葫芦、赵金杯以及一伙儿古城后生已经被大英烟草公司招收为合同工人，被分在不同的车间，住在离纱厂不远处大港车站附近的简易宿舍里。进入大英烟草公司之前，教门的赵牛尾受他老娘的熏陶烟酒不沾，赵牛尾他娘最讨厌的就是别人在她面前吃烟（抽烟），老太太实在不明白这些喜欢吃烟的人，为什么会那么陶醉于吞云吐雾吹烟圈，既然你们这么喜欢烟卷儿，那为什么不把鼻子凑到你们家屋檐儿上的烟囱口或者灶台的风箱上，想吸多少油烟就吸多少，而且还不用花钱呢？老太太甚至觉得烟酒都是对真主的亵渎，只有异教徒才会在烟雾缭绕中迷失自己，最后跌进由石头和硫磺组成的火狱之中。

赵牛尾进入大英烟草公司后，渐渐习惯了车间里烤烟叶儿和成品"老刀"牌香烟的味道，觉得这烟草的味道也还不赖，并没有他原先想像的那样令人作呕，也没有他娘认为的那样大逆不道。进车间后没过多久，赵牛尾和其他几位后生就被每天十几个小时的工作折腾得够呛，正累得浑身散架的时候，赵牛尾鬼使神差抵接过了一支同事"风筝头"递上来得老刀牌香烟。

"饭后一支烟，赛过活神仙哩！"

赵牛尾笨拙地吸了两口后，禁不住先咳嗽了两声，却逐渐感觉身上没有那么累了，脑袋也一下子轻松了不少，变得才思敏捷起来，不仅能侃侃而谈，而且妙语连珠，把善于耍嘴皮子的风筝头搞得张口结舌难以应对。于是赵牛尾第二天狠狠心买了他人生中的第一包儿香烟，真是应了"吃一口嫌多，吃一千口嫌少"[113]的那句古话，赵牛尾的烟瘾就这样一天天成长了起来，他一开始是好几周才舍买一包儿烟，后来是一周一包儿，没过多久，就已经是一周两包儿了。

"彪子[114]才自己买烟卷儿哩！"青岛本地黑乎乎的风筝头

---

[113] 指从一个极端走向另一个极端

[114] 青岛方言，傻瓜

听到赵牛尾每次都是自己掏钱买烟抽的时候，禁不住咧开大嘴讥笑了起来，露出了一口参差不齐的大黄牙来。

"这话怎么讲？"正在车间里运烟的赵牛尾一头雾水地询问洋洋自得的风筝头。

"车间这地上不是满地都是烟卷儿么？随便往口袋里藏几根儿，不就够你抽上一阵子了？"风筝头一面说，一面顺手把几支刚裁好的纸烟揣进了怀里。

"那不是偷窃吗？"赵牛尾小声嘀咕道。

"我们这种不算偷，怎么说呢……咱这就相当于自己给自己发的……福利。"风筝头洋洋自得地答道，"烟卷这玩意儿不值钱，其实连他娘的一根儿鸟毛都不值，凭啥卖那么高的价钱？"

赵牛尾听完了，觉得风筝头说得也有道理，这狗屁烟卷确实不值钱，一根烟卷里连二厘烟丝都没有，再说了，车间里每天浪费的烟丝和纸烟不计其数，最后还不是全都进了垃圾箱里。

"烟厂平时把我们当牛做马，还把我们当贼防着，难道少了几支狗屁纸烟，大英烟草公司就他妈的会破产不成？"说起大英烟草公司来，风筝头倒越发变得愤怒了起来。

"你说得也是！"赵牛尾禁不住点了点头。

不过赵牛尾此人天生胆小，第一次偷了五支香烟之后，竟然被吓得一夜未眠。尝到了甜头后，没过几天他又偷偷拿了几支香烟，刚要揣进怀里的时候，被就在他身后的监工当场抓获。监工觉得赵牛尾平时挺老实的一个人，想不到他也偷起烟卷来。不过，厂里偷烟的人实在太多，监工也只好睁一只眼，闭一只眼，总不至于把工人的胳肘窝和裤裆都翻开来检查一边不成？更不至于把所有的工人都开除了吧？可是大英烟草公司也有自己的规章制度，偷烟之后的赵牛尾不仅被罚了不少工资，还被分到厨房里去干俩月的杂役，无非是帮着干些择菜、和面、刷锅、洗盘子、洗碗筷、扫地之类的杂活儿。

在赵牛尾染上烟瘾的那段日子里，郑葫芦正忙着参加各种学习、讲座以及讨论。现在的郑葫芦不仅偷偷地加入了工人组织，而且他们的组织还受到中共山东特派员王尽美的直接领导。看到从厨房忙活了一天后无精打采的赵牛尾，郑葫芦禁不住邀请他一起去参加学习，他告诉赵牛尾他对马列又有了更深的认识，还告诉赵牛尾他们这个组织很好，是为了保障工人各项权益才成立的，希望赵牛尾莫失良机，尽快加入这个组织。

"过一阵子，那个王尽美要亲自来青岛指导俺们哩！"

赵牛尾却累得一屁股躺在床上，对着郑葫芦翻了翻白眼后说："算了，葫芦。俺现在每天都快累杀哩，还是不加入什么狗屁组织了，再说了，一个娘们儿能领导出啥好结局来[115]？"

赵金杯是古城东门东洋车夫赵牛角的大儿子，赵牛尾虽然是的赵金杯么叔，但是却只比赵金杯大一岁出头，所以叔侄二人其实从小是在护城河边儿一起光屁股长大的。赵牛角早早就给赵金杯娶了粮食街上烟酒糖茶米老板的女儿米凤兰。米凤兰结婚第二年，就给赵金杯生下了儿子赵厚基。听说么叔要去青岛的大英烟草公司，赵金杯也叮嗨（一再要求）着赵牛角，一定要跟着小叔一起出来见见世面。

赵金杯跟赵牛尾不一样，他来到大英烟草公司后除了每天

---

[115] 赵牛尾认为王尽美是个女人（娘们儿）

切烟丝之外，一不抽烟，二不喝茶，一家人的日子也过得十分勤俭，那是因为赵金杯有个梦想，他要攒钱买一块儿西洋怀表。这样等下次回古城的时候，自己衣服上就多出来一条闪闪发光的链子，只要他走在东门附近或者昭德街上的时候，街坊邻居就会忍不住问："赵金杯，现在几点了？"于是赵金杯停下来，从怀里掏出怀表，仔细看了看指针后，才大声喊道："现在才早上九点过八分哩。"一想到这个报时间的情景，赵金杯在梦里都会笑出声来，他时不时地翻出床底下的木头箱子，数数木头箱子底儿攒下的钱。等到赵牛尾的劳役期结束，快要从厨房回到成品车间的时候，郑葫芦已经为组织发展了两个积极分子，赵金杯买怀表的钱也已经攒得差不多了，一家三口人打算周末就去一趟车站附近的山东路[116]的亨得利钟表店哩。

靠近前海这条叫山东路的繁华商业街最早的时候被占领青岛的德国人分割成两段：南段叫斐迭里路，北段则被称为山东路，因为规划这座城市的德国人认为，只有高贵的欧洲区才配拥有德文街名，就如同他们只愿意将亨利亲王街[117]打造成青岛最佳商业街一样。斐迭里街上的青岛俱乐部、亨宝商业大厦等欧洲风格的店铺可谓是金碧辉煌，这很让营造欧版商业街的德国人得意洋洋了很长一段儿时间，可是随着后来山东街华商生意日渐火爆，北段的地价开始节节攀升，甚至超越了威廉皇帝海岸[118]的无敌海景房，就连骄傲的德国人也不得不承认，山东路商贸扩张神速，超过欧人区仅仅是个时间的问题。

第一次世界大战之后，中华民国政府得以重新收回青岛，民国政府把南段的斐迭里路和北段山东路干脆合并，重新命名

---

[116] 今青岛中山路

[117] 今青岛广西路

[118] 今青岛太平路

为山东路。此时的山东路南向大海，靠近胶济铁路始发站，越来越多的商家把眼光投向这里。这块儿黄金地段附近聚集着从高档金银首饰到理发剃头等各种店铺，三教九流的行业几乎无所不包，无所不容，一些老字号商店比如春和楼、谦祥益、亨得利、盛锡福、青岛咖啡等更是成为成为山东路上的招牌，吸引着南来北往的过客。

盛夏的那个周末，当赵金杯一家三口迈步踏上山东路的时候，颇有些《红楼梦》里的刘姥姥第一次进了大观园的感觉。米凤兰眼睛忙着看绸布、洋服和百货；儿子赵厚基的脑袋像个拨浪鼓一样四处撒摩着糖稀儿做的孙悟空和猪八戒，用手抚摸着各种形状和颜色的风筝以及五颜六色的泥塑玩具；赵金杯则像是一只走失了路的丹顶鹤，翘着脖子在拥挤的人群中四处寻找着路边的亨得利钟表店。

米凤兰在一家店铺前停了下来，买了一包煮花生，接着又在另外一个摊位上给赵厚基挑选一个泥玩具，挑了半天，她给儿子买了一只泥塑小老虎。只见这只泥老虎浑身上下是斑驳的明黄色虎纹，硕大的老虎脑袋上刻着一个金黄色的"王"字儿，老虎双目圆睁，一张血盆大口都快要裂到腮帮子上了。不过，这只威风八面的泥塑小老虎其身子和屁股是用一小块儿粗布粘在一起的，只要一挤压连接处的粗布，泥老虎就会发出像受惊的母鸡一样"咯咯咯"的叫声来。

赵金杯终于在山东路尽头的路西边儿看到那家亨得利钟表店，一走进亨得利表店，他立刻被各种大小、样式不一的钟表所吸引：柜台内外摆满了不同的座钟，有中式的、也有西洋的、有敲钟的、也有模仿布谷鸟叫声的……店铺门面不大，赵金杯转了一圈后，停在了卖怀表的柜台前，盯着一块块闪闪发光的怀表一眼不眨地看了起来。老板姓郑，是个富态的中年人，看到顾客来了，立刻上前笑眯眯地搭讪。郑老板给赵金杯推荐了几块儿上好的怀表，赵金杯显然非常喜欢，可是一听价格后，立刻连连摇头："好倒是好，可这价钱实在是太贵了！"

"一分价钱一分货。"老板微微一笑，耐心地劝赵金杯，"不着急，慢慢选！"

郑老板接着又给赵金杯推荐了几块儿价钱便宜的怀表，可他一块儿也没看上。郑老板在询问了他身上到底带了多少钱后，立刻胸有成竹地取出了四五块儿怀表，一一指给赵金杯看，侃侃而谈每一块儿表的优缺点。此时的赵金杯看得眼花缭乱，急出了满头大汗，他觉得这比他那年去相亲的时候还要六神无主。最后，已经挑花了眼的赵金杯终于挑中了一块儿比较满意的怀表，郑老板连忙表示小伙子眼光不错。

"先生是个识货的行家哩！"

郑老板给挑好的怀表调好了时间，接着细心地用一块儿精美的红绸子把怀表包好，最后小心翼翼地放在了一个精美的小盒子里。付完账后接过装着怀表的小盒子时，赵金杯的手都禁不住瑟瑟地颤抖了起来。

还站在店门的台阶上，赵金杯又拿出怀表看了看时间，米凤兰娘儿俩也凑上来看时间，每人都拿着怀表，翻来覆去来回看了好几遍后，赵金杯这才小心翼翼地把怀表放回到小盒子里，装进了衣服口袋里，最后还又用手摸索了两下。一家三口这才吃着煮花生，慢腾腾地朝着海边走去。海边儿的天气就像小月孩儿的脸说变就变，刚才一家人在钟表店厘折腾的时候，前海沿上空已经阴云密布。海边还没走到，雨点儿已经"劈劈啪啪"地落了下来，溅起一阵阵带着雨腥味的尘土来。

赵金杯一家没带油纸伞，连忙惊慌失措地朝着山东路往回跑，等跑进亨得利表店的时候，一家三口儿的衣服都快湿透了。郑老板认出了是刚才买表的客人，就让店员赶紧拿毛巾来给一家三口儿："都擦擦头发吧，省得一会儿着凉了。"米凤兰一面给自己和赵厚基擦着头发，一面连声向亨得利老板和店员道谢，赵金杯则向老板讨教着怀表的保养和维修。过了一会儿雨停了，太阳也出来了，一家人走出表店的时候，赵金杯下意识地又摸了一下衣服里的怀表，衣服里此时空空荡荡的，什么也没有。赵金杯的脸一下子都白了，像个被门框夹了尾巴的土狗一样大喊大叫了起来："俺的怀表！俺的新怀表！"大家一听赵金杯的怀表丢了，慌忙帮他四处寻找。赵金杯和亨得利店员们来来回回，从山东路到前海附近他走过的旮旯旯儿全都找了个遍，却连个怀表的影子都没有，地上除了一些碎嘎啦[119]皮儿、花生皮儿、烂鱼头外，就是些垃圾以及各种海鸟拉的粪便。

郑葫芦来找赵金杯加入自己组织的时候，弄丢了怀表的赵金杯正躺在被窝儿里发着高烧，米凤兰一脸愁容地告诉郑葫芦："俺家金杯淋了场雨水病了，丢了怀表心里也不舒坦，哪里还有心思去加入什么组织？"

27

初秋时节，天高云淡，北雁南飞，张玉麟也跟着"杨记"走西口的几辆大车出了古城，车上装着各种山货、烟叶儿、鸦片烟、皮货张家的羊皮袄和碎皮帽子、"蜜蜂牌"和"蚂蚁牌

---

[119] 蛤蜊

"香烟等等。杨屎蛋儿腰里别了把大刀，和外甥马大铃铛一左一右押着货，马大铃铛的三节棍别在大车上，开路的大车上插着一根儿杨树杆子，杨树杆子上一面小红旗随风飒飒飘扬，上面是一个墨色行书的"杨"字儿。一路上大家有说有笑，住店歇脚儿，不知不觉就已经出了山东地界儿，进入了黄秃秃的河南。

玉麟和大伙儿在开封分手后继续往西赶路，第二天就风尘仆仆地来到了祁奉先所在的县城。祁奉先的这个县衙看起来十分简陋，如果不是门口的牌子，没人会相信这两间黑乎乎的破房子就是本地的县政府，县政府门口有个旗杆，旗杆上飘着一面用红黄蓝白黑几块布条儿缝制而成的五族共和旗，五族共和旗子的几道布条儿接缝处已经开线了，在风中像蛇一样纠缠在一起。祁奉先的老婆一听玉麟来了，赶紧叫儿子祁怀远到公学去找祁奉先，不一会儿，祁奉先就夹着一摞书回来了，一面走，一面笑着说："今天早上喝茶，有根儿茶梗儿一直竖着，我就知道今天一准儿会有贵客来。"

玉麟也笑了起来："想不到你这个县长身兼数职，还给学生们授课？你看看你最近都瘦成什么样子了？"

祁奉先一面招呼玉麟吃午饭一面问："怎么只有你一个人来了？"

"他们都脱不开身，那些在青岛的纱厂的，平时连家都回不了哩。"

祁奉先又问："去省城要军饷的事儿怎么样了？"

"现在没人管这个事儿了，有时侯会发点儿，但是杯水车薪，管不了什么用。老人们都老了，年轻人也都跑了。上次你爹写的那封信递上去之后如同石沉大海，没有个下文了。不过，听说南城的宋徽五现如今已经是山东省议会议长了，我想终归得找找他才行啊。"

"等我回去了就去跑这件事儿，这次一定得给大家一个交待！"

第二天一大早，祁奉先就带着玉麟来到了大名鼎鼎的少室山下，玉麟见少室山附近树木稀稀拉拉，乍一看还不如古城南面那几座山。五乳峰下的少林寺也显得有些萧索，有个年轻的和尚在寺门口无精打采地扫着地上的黄叶儿，还有两个和尚坐在树荫下抠着脚趾头聊天儿。寺里的住持曾经见过祁奉先，就领着俩人四处转了转，然后在后院里坐下来喝茶。老住持须发皆白，恭恭敬敬地端起茶杯对奉先说："县长，听说你很快就要走了，大家都舍不得你哩。"

祁奉先笑了笑说："天下没有不散的宴席，省里已经派了新县长，人家很快就到了。我也要跟我这位兄弟一块儿回我的家乡了，我这个兄弟对少林寺慕名已久，想见识一下咱这少林功夫，不知可否？"

住持听说玉麟想见识见识真正的少林功夫，就笑了笑说，"练武不是为了恃强凌弱，而是为了止戈于武，不被别人戕害。再说了，现在再好的功夫也比不过火器和枪炮了，不过既然您是县长的贵客，我可以叫人给你们比划两下。"

喝完茶，住持把二人带到了寺里习武的一大片空地上，叫小和尚找来了一位个子不高，黑脸堂的中年汉子。中年汉子看起来虽然很瘦，却双目如炬，他朝仨人抱了抱拳后，缓缓地以马步开始，接着如惊雷闪电般腾挪劈砍，不一会儿就被地上扬起的尘土团团包围了起来，连身影也看不清了。汉子一连踢出几个漂亮的连环踢，最后又来了个双飞燕，轻轻地落在了空地上后，一个鹞子翻身立了起来，抱拳施礼的时候已经心平气定了。奉先和玉麟都起身鼓起掌来，玉麟一面叫好一面在心里想："要是这个中年汉子和杨屎蛋儿过过招儿，不知道谁能赢。"

祁奉先和新任县长交接完毕，就带着家人和张玉麟踏上归程。祁奉先从本地雇了一辆大车，车上除了载着祁奉先的老婆、孩子和家里的佣人，后面还装着行李细软。二人在前面骑着马缓缓而行，大车跟在后面走。张玉麟害怕有山贼马匪，掏出一把好使的撸子，别在腰下。歇脚的时候，祁奉先的小儿子祁怀远看见玉麟身上别的撸子，就走过来好奇地用手摸了摸。玉麟看他长得机灵，笑了起来，"你要是喜欢，等回去了我教你和克文在军校场里打枪，怎么样啊？"

祁怀远抿着嘴儿看了看祁奉先，祁奉先却摇了摇头，笑着对玉麟说，"等他再大些吧，现在他年纪太小了，恐怕连枪都攥不过来呢。"

"奉先，你家这个小家伙看起来很精神！"

"他就是皮精神[120]而已。"

奉先和玉麟这一路上车马走得很慢，他俩顺便走走停停，想看看这一路上的风土人情，看到的却是已经收割过的庄稼地和萧索的村落。一行人经过山东省省府济南的时候，正赶上一些大学生在到处张贴标语，在街头演讲。有的大学生在声嘶力竭地辩论"驱除鞑虏"是不是和"五族共和"有矛盾，有的在探究国民党是不是和"黑龙会"有着千丝万缕的联系，也有的人在激烈地讨论"三民主义"的真实含义，还有几个打着小旗儿的大学生拦住了祁奉先和张玉麟，询问他们对当今时局的看

---

[120] 有点儿人来疯的顽皮

法。祁奉先笑了笑，没有回答。玉麟则开口道，"我们没什么看法，只希望这一路能平平安安地回到家乡。"大学生们给他们讲了'天下兴亡，匹夫有责'的道理，并且告诫他俩，不要只想着自己的小家！奉先和玉麟喏喏连声，相视一笑，打马前行。

过了淄川地界后，马上就要进入古城了，二人的心情变得好了起来。前面是一片茂密的树木，昨晚下了一夜秋雨，太阳出来后，树林里远近一片秋色，红黄相间，煞是喜人。一阵微风吹过，黄叶如金箔般纷纷飘落，散落了一地，也漂浮在潺潺溪水之上。张玉麟见状，不禁诗兴大发，于是轻声吟到："村社外，古城旁，杖藜徐步转斜阳。殷勤昨夜三更雨，又得浮生一日凉。"

祁奉先听罢，禁不住哈哈大笑了起来，然后接着吟道："纷纷坠叶飘香砌，夜寂静，寒声碎。真珠帘卷玉楼空，天淡银河垂地，年年今夜，月华如练……"

二人骑正在马上，不禁诗兴大发，正搜肠刮肚地想着那些秋色佳句的时候，一阵撕心裂肺的哭声从前面的村口传来。二人禁不住都吃了一惊，连忙催马向村口奔去。只见村口前面聚集着一大群人，玉麟推开人群，原来是一群村民正围着一位中年妇女。中年妇女哭天抢地，怀里抱着一位年轻的后生，年轻后生脸色煞白，看样子刚刚断气儿不久。妇女身边的几位村妇一面哭泣，一面安慰着伤心欲绝的中年妇女。正在旁边暗自流泪的村民告诉奉先和玉麟，南山里的土匪滚地龙前几天绑了徐寡妇的儿子，捎信儿来以三天为限，开出了高价赎金。无奈三天过后，徐寡妇仅仅凑了不到两成赎金，滚地龙勃然大怒，今天撕了徐寡妇儿子的票，派人把尸首扔在了村口。

玉麟听完众人的叙述，禁不住怒发冲冠，"清平世界，朗朗乾坤，想不到古城竟然还有这样的事情，难道这里就没有王法了吗？"

"王法？"村民七嘴八舌地解释："二位不是本地人吧？咱这块儿地处三县交界之处，是个三不管的地方。土匪就像地里的蝗虫一样年年都来，尤其是这秋后时节，家家户户都刚卖了庄稼。杀她儿子那个的滚地龙，听说是金牛镇人，现在就驻扎在十里开外一个叫柿子岭的山上。"

"土匪一共有多少人？"祁奉先问众人。

"土匪数目不一定，少的时候几个人，多的时候几十号人，都带着带着火枪和鸟铳。"

祁奉先俯身看了看死者，看上去是个清秀文弱的后生，徐寡妇一把抓住祁奉先的手，呜呜咽咽地哭诉，"这位客官，俺的孩子都没有了，俺这老婆子活着还有啥意思啊？"

祁奉先此刻眼圈也有些泛红，安慰她道："这位大嫂子你不要伤心，我叫祁奉先，正在赶回古城的路上。我一定想办法帮你抓住那个杀你儿子的凶手，不管他是滚地龙还是滚地虫。"

"你看，我这位兄弟的手下就有一帮弟兄。"

祁奉先说完指了指玉麟，张玉麟朝中年妇女点了点头，"你放心吧，所谓大路不平有人铲，情理不合众人排，我们一定会还你个公道！"

祁奉先回到古城后的次日，就登门拜见了古城的副都统吴延年。祁奉先给吴都统送上几包鸡心大枣和河南的土特产。吴都统见到祁奉先很高兴，胖胖的圆脸儿上露出笑："我前几天还碰见你父亲，他说起你很快就要回来了。你回来得正是时候，我这里有好多事儿等着你来帮我哩。"

祁奉先笑了："吴副都统见笑了，我一介书生能帮上你什么。"

"哎，话可不能这么说。"吴都统打断祁奉先："你们这辈儿的人就数你最有出息，你比他们见多识广。你回来了不能闲着，不如帮着我出去跑跑军饷的事儿。不瞒你说，如今绿营人心涣散，走的走，跑的跑，出去当工人的当工人，给人看家护院的看家护院，究其原因只有一个，就是因为没有军饷啊！"

祁奉先朝吴都统点了点头："副都统，听说原先德昌洋行的那个宋徽五现在已经是省议会的议长了。我看我们这次要想办成军饷这件事儿，不妨去给他烧烧香。"

"好主意！"吴延年点了点头："你父亲去世之前和此人多有交往，听过现在宋徽五在济南与你叔父和青石板街一个姓田的多有来往。总而言之，军饷的这件事情就交给你了！"

祁奉先从都统衙门里出来后直接去了城西张玉麟家里。正在等候的玉麟把他让进屋子里，没等祁奉先坐下就急不可耐地问，"怎么样？你有没有跟吴延年提去柿子岭剿匪的事儿？"

祁奉先摇了摇头后，"哼！我还没开口提这事儿，他倒先朝着我哭穷了，我又何必去自找没趣儿。玉麟，俗话说得好，求人不如求己，我看柿子岭剿匪这事儿得靠我们自己了。"

祁奉先说完这话，两眼盯着玉麟问："你现在手下能找到多少人？"

"我手下的弟兄能有十几个，要不再把杨家庄的杨弹腿那帮人也叫上。哦对了，听说关音宝和家孝手下有几十号人，私底下在闵家庄和孙家楼子给人看家护院，是不是……。"

"够了，用不了那么多人。柿子岭本来就没有多少土匪，咱们就不要去惊动音宝和家孝了。我看这样吧，过两天我们先去柿子岭，看看情况之后再做定夺。"

"那再好不过了！"

深秋时节，祁奉先、玉麟、杨屎蛋儿和马大铃铛一大早就在阜财门口的小客店里喝起了早茶。玉麟早早地就把剿匪计划告诉了杨屎蛋儿。杨屎蛋儿笑着把马大铃铛介绍给祁奉先。这是我的外甥叫马继宗，大家都叫他马大铃铛，家住在南营街上，紧靠着德昌大厦的北面儿。祁奉先看了看马大铃铛凸起的太阳穴，知道他肯定有两下子，就问道："我在路上听玉麟说你年轻有为，功夫了得。"

马大铃铛笑了笑："能混口饭吃就不错了，以后还得请祁先生多多提携。"

喝完茶，几个人上马向西奔去。过了阳河的石桥后，玉麟掏出两把撸子递给杨屎蛋儿和马大铃铛。俩人看来看后，都笑着摇了摇头。马大铃铛掀起裤脚抽着一把明晃晃的双刃匕首说，"撸子太碍事儿了，用这个就够了。"

听马大铃铛嫌撸子碍事，其他人都笑了起来。四人出城后向西策马而行，此时山间的红叶染红了枝头，乡间的草房顶上已经挂上了一层薄薄的秋霜，曲弯弯的小路两边漫山遍野都是柿子树，熟透了的柿子正一个接一个地从枝头坠落，落在地上腐烂的柿子泥儿竟然有好几尺深。经过一段坑坑洼洼的土路，再过了一座长满青苔的石板小桥后，前面不远处就是柿子岭了。

柿子岭是座不大的小山包儿，但是周围怪石嶙峋，奇峰险峻。玉麟挥挥手示意大家下马，沿着潮湿的山路往山上走去，山路上是不知多厚的烂树叶和烂柿子，泥泞难行。过了一个小瀑布后，可以看见前面山坡上有一座破烂的小山神庙，从山神庙的方向传来一股浓浓的炖鸡香味儿，透过树叶的缝隙可以看到有两个穿得破棉袄的小土匪正坐在庙前的大石头前，一面抽烟聊着天儿，一面正在搅着锅里的东西。大石头上是一块儿木头菜板儿，旁边还晒着些柿子皮和柿子饼，周围的地上到处是鸡毛、鸡血和鸡内脏。

"看来这座破庙就是土匪的落脚处了！"玉麟低声地对杨屎蛋儿说。

杨屎蛋儿点了点头："我估摸着土匪没几个人么，俺看咱们今天就弄掉他们算了，省得以后放屁两倒手[121]。"

年轻气盛的马大铃铛也插言道："看样子土匪们还在睡觉，只要搞掉这两个废物，咱们不就把他们一窝端了吗？"

祁奉先却摇摇头说："这太冒险了，万一这不是我们要找的那伙儿土匪呢？"

杨屎蛋儿笑道："老祁，土匪就是土匪，哪有什么好人坏人之说？"

玉麟也朝祁奉先点了点头："我看倒是可以试试，搂草打

---

[121] 指做事重复，相当于脱裤子放屁

兔子，管他是滚地龙还是滚地虫！"

　　三人见祁奉先也点头同意，就猫着腰绕到了小土匪下边的一块巨石背面，说时迟那时快，一个小土匪还没缓过神来，脖子上就中了马大铃铛一刀，鲜血汩汩地从脖子上流出，马大铃铛伸手捂住他的嘴，小土匪拼命蹬了两下腿后，身子就慢慢变直了。杨屎蛋儿会拿哗啦（土话，卸骨、正骨），另外一个小土匪被他拍了一下肩膀，肩膀就已经给卸下来了，被捂住嘴后像小鸡儿一把给拽了下来，玉麟把撸子顶到这个小土匪的太阳穴上："你老老实实地告诉我，滚地龙他人在哪儿？"

　　小土匪吓得浑身筛着糠，朝破庙里努了努嘴说："他……他……在里面睡觉呢。"

　　"里面一共有几个人？"

　　"只有滚地龙一个人和……" 小土匪结结巴巴，张口结舌。

　　"少他妈吞吞吐吐的，到底还有谁？" 马大铃铛踢了他一脚。

　　"还有个女的，是北面金牛镇上的一个小寡妇。"

　　"那你们其他人呢？"

　　"其他人都回家或者进城了，这个臭娘们儿每个月都来找滚地龙，只要她一来，滚地龙就打发大伙儿回家。昨晚上滚地龙和这个寡妇喝了一晚上酒，一直折腾到早晨，现在还在里头搂着睡觉哩。"

　　玉麟朝小土匪指了指破庙说："少啰嗦，你在前面给我们带路！"

小土匪踏拉着破鞋哆哩哆嗦地往破庙里走，玉麟和马大铃铛一左一右跟在他身后。一进破庙，只见庙里倒也整齐，只有桌子上杯盘狼藉，桌子后面的一张大床上，一个络腮胡子男人正搂着一个女人，盖着鸳鸯被子正打着鼾儿。一会儿功夫，守在庙外的祁奉先和杨屎蛋儿先是听到破庙里传出一声撕心裂肺的尖叫声，紧接着看到一个女人赤身裸体，像野猪一样嚎叫着逃出了破庙，沿着湿滑的小路，跌跌撞撞地向山下奔去。

28

传教士库寿宁建立的那所广德书院，也就是后来迁移到潍县的那所广文大学堂，在与附近其他学院合并后再次迁往济南，后来被重新命名为齐鲁大学。广德书院从中山街（原估衣市街）迁走后不久，古城的传教士们就在原先的旧址上建立了一所新的学校——守善中学，基督教堂的传教士们不无夸耀地对外宣称，守善中学是民国时期古城条件最好的学校。

守善中学的东大门朝着中山街（原估衣市街），不远处就是冯家花园儿。走进中山街的学校大门就是守善中学的东院，几座青砖建筑簇拥着一座西洋风味儿的大礼堂，守善中学已经拥有自己的发电机，所以即使是晚上，大礼堂里也灯火通明。从东院进入西院儿后，迎面是一座哥特式的大钟楼，周围是几座一色儿青砖的建筑，那是被称为"徽五堂"的教室和理化实验室，这几座建筑主要是由古城的商业大亨宋徽五出资兴建的。西院徽五堂附近还有座叫做"八角楼"的图书馆，图书馆南边高大的白果树下是寄宿学生的宿舍；守善中学的南院的中间，是一个青砖铺地的篮球场，一条长长的青砖甬道连接着教员宿舍。

守善中学成立之后，基督教堂的传教士老布开始兼任守善中学的先生，教授英文和教会发展史。老布在课堂上常常会花很多时间，教学生们怎样书写信头，怎样称呼，如何写好第一段，如何在第二段展开论点，如何在最后一段得出一个无以反驳的结论，最后是称呼或者ＰＳ……老布讲授的教会发展史主要集中在对使徒保罗的研究上，他使用不同颜色的彩笔，曲曲弯弯地画着圣保罗四次传教路线，接着又在保罗写信或者收信的城市插上不同颜色的小旗子。这样，教会发展史的课程进行不到一半，就又变成了关于保罗如何写信的课程。

心血来潮的老布还组织了一个守善中学篮球队，他利用业余时间把自己也不太懂的篮球技术介绍给学生们，老布没有想到，还真来了不少学生对他的篮球技术颇感兴趣。一到下午，南院篮球场上挤满了拿着足球[122]拍来拍去的学生。后来，老布还给篮球队起了个名字叫"白果树"，守善中学白果树篮球队的队服也是白色的，跟熟透了的白果一个颜色，上边是黑色的"守善"两个大字。

金叶儿、丰收、鹿儿这些五里桥的孩子们在城里东门附近的新学上学，金叶儿已经长得比她娘还高了，丰收也和马金牙一样高了，个子比他哥哥勤俭还要高些。勤俭和金叶儿长得像母亲，是一张圆脸儿，丰收则像马金牙一样是一张瘦长脸儿，丰收也像他爹一样喜欢钻个牛尾尖儿，喜欢读书学习，马丰收在学校里也是好学生，经常受到先生们的夸奖，年年都能拿到学校的奖状。

---

[122] 当时篮球比赛标准用球为足球

鹿儿也像春天的柳树一样，出挑成了一个半大姑娘。她集中了父母的优点，继承了她娘那双像丹顶鹤一样的长腿，也继承了瑙铁宽宽的额头。鹿儿和金叶不但喜欢一起读生字本儿，还喜欢在一起收集糖纸儿和烟盒里的画片儿，她们平时没事儿的时候，会打开那一摞一摞的糖纸儿和烟盒画片，一张一张地耐心看上半天。

鹿儿慢慢有了自己的小秘密，她心底偷偷地喜欢和丰收在一起，喜欢听丰收读书，甚至是他唱小曲儿的声音。趁人不注意，她会悄悄地溜进丰收的书房里，那时候丰收也许正在摇头晃脑地朗读着先生教的课文："予观夫巴陵胜状，在洞庭一湖。衔远山，吞长江，浩浩汤汤，横无际涯……"忽然，丰收卡住了壳，横无际崖……横无际崖……什么呢？丰收禁不住像一只忘事儿的猴子一样挠起头来。

这时候从门帘后面忽然传来了鹿儿模仿先生威严的朗读声："朝晖夕阴，气象万千。此则岳阳楼之大观也，前人之述备矣……"

丰收还在发呆之时，鹿儿已经吃吃地笑着，像一只调皮的猫儿一样从门帘子后面溜了出来，一只手里拿着丰收的课本儿，另一只手也像先生一样捋着下巴上并不存在的山羊胡子。丰收知道是鹿儿又在捣乱了，可是又忍不住跟她一起狂笑了起来。

瑙铁时不时从外地给孩子们带回各种有趣的玩意儿，有一次瑙铁带回来几个叫"马秋斯卡"[123]的巴掌大小的木制俄罗斯大胖女人，从俄罗斯女人肥胖的腰部掰开后，里面藏着一个同

---

[123] 俄罗斯套娃

样的只是小了一号的俄罗斯胖女人，打开这个小了一号的俄罗斯胖女人的腰部，里面又是一个更小的俄罗斯胖女人，如此循环，最后大家一共找到了七个大小不一的俄罗斯胖女人。还有一次，瑙铁在金叶儿生日的时候送给她一个黄铜做成的万花筒，只要摇一摇万花筒，里面就会变化一个图案，每一个图案都像是一座五颜六色的花园，花园里生长着熟悉的和从未见过的植物，有的花园五颜六色，有的花园姹紫嫣红，有的花园层峦叠嶂，有的花园像是少女们晚上做的一个绚丽多彩的梦……那一天晚上金叶儿竟然搂着万花筒就睡着了，在梦中她正坐着大车去东关上学，路边一望无际的庄稼地里种的不是庄稼和烟叶儿，而是一个接着一个的大花园儿，跟万花筒里看到的一模一样。花园里硕大的蜜蜂和蝴蝶正在忙碌着，蜜蜂都提着装蜜的陶罐儿，蝴蝶们都穿着五色的长裙子，其中一只穿着黄裙子的蜜蜂竟然径直朝她飞了过来，接着这只蜜蜂居然开口说起话来："马金叶儿，让俺也玩玩你的万花筒吧！"金叶儿在梦中被这只会说话的大蜜蜂逗得咯咯咯地笑了起来。

马金牙和马勤俭父子在院子里忙活着熏烟叶子的时候，已经高小毕业的丰收像猴子一样敏捷地爬上高高的梧桐树，摘下一支支粉红色的梧桐花儿，他把梧桐花儿扔给地上的鹿儿，接着又像猴子一样刺溜刺溜地从树上倒退了下来，他俩一起像蜜蜂一样吮着梧桐花心儿。

"花心儿有点甜！"

"倒像是蜂蜜哩！"

丰收接着又爬上马家门口那棵张牙舞爪的大槐树，摘下几大朵儿还带着花香的鲜槐花来，马金牙的女人用槐花和着白面和鸡蛋，煎出了几张金黄泛着香味儿的煎槐花饼子来。

"都来吃煎槐花饼子喽！"丰收高兴地朝大伙儿喊道。

"你也该收收心了，都马上就要去省立十中上学了！"马金牙的女人在鏊子上摊着槐花饼子，忍不住数落着贪玩儿的小儿子。

鸣蝉的声音变得嘶哑了起来，夏天转眼就要过去了，田簸箕赶着大车去古柳镇，接带着雨来和谷雨兄弟俩去寿光的田王氏回青石板街，顺便还捎带一个古柳镇附近的后生，搭车的这位后生白净面皮儿，带着铺盖卷儿和两件儿行李。田王氏告诉田簸箕这是不远处老张家的孩子，打个顺风车要到古城西郊的省立十中去读书。

"田大叔好！"白净后生怯生生地向田簸箕打招呼。

"好好好！天色不早了，都赶紧上车咱们走吧！"田簸箕招呼大人小孩儿都上车，挥挥鞭子急匆匆地朝南上了路。雨来和谷雨哥俩儿好奇地盯着这位白净后生，白净后生伸手摘下一根儿长长的柳条儿，三下五除二就做出了两个柳笛儿来，一个递给雨来，一个递给谷雨，哥俩儿开始高兴地吹起了柳笛来。

田簸箕看这个后生挺有灵气，就回头问他："你叫什么名字啊？"

后生连忙回答："俺姓张，叫天佐[124]。"

晚饭的时候，见田雨来和田谷雨仍然在缠着张天佐，田王氏吆喝着孩子们不要再烦扰客人，雨来和谷雨这才散去。田济世问了问张天佐家里几口人，都是干什么的，寿光今年庄稼的

---

[124] 张天佐(1906—1948) 寿光人。省立十中和济南警官学校毕业，在抗战中发迹，颇具争议，1944 年 6 月，为号称山东保安第一师的师长

长势如何，那边儿雨水怎么样等等。

田立人见父亲打破砂锅问到底，就笑着打岔道："爹，人家小孩子哪里知道那些家长里短的事儿？"

张天佐倒笑嘻嘻地对田立人说："没事儿，田大爷。俺就是喜欢跟田爷爷聊这些家常事儿，俺觉得这些事儿才是更重要的，如果只是死读书，两耳不闻天下事，俺觉得还不如不读书呢。"

没过几天，寿光的张天佐和田家人已经不怎么认生了，倒是张口就能说出了一番自己的大道理来。田立人见这个后生年纪不大就有几分见地，不像是个十几岁的孩子，倒怕他以后眼高手低，到了书院不好好读书，于是语重心长地对他说："连圣人都说，学而不思则罔，思而不学则殆。孟子说过，尽信书则不如无书。不过，省立十中是个好学校，不是人人都有机会进去深造的，你要好好把握这个机会，那样才对得起你的父母啊。"

张天佐听完这番教诲，点了点头："伯父说得很对，省立十中确实是个好学校，俺一定好好把握这个机会。"

古城省立十中的前身为明代成化五年建成的松林书院，最早甚至可以上溯到宋代的矮松园书院，学校里筑有的"王沂公读书台"，如今已经显得破旧不堪了。自从明朝万历八年，明神宗下旨废天下书院，松林书院里很多苍松古树多被砍伐，松林书院也渐渐衰损。到了清康熙三十一年，朝廷复建松林书院，又从各处移植松柏，斥资重修松林书院的房舍，书院才又渐渐有了起色，光绪年间戊戌变法的时候，松林书院改为官立中学堂，中华民国成立之后，官立中学堂最终改称山东省省立第十中学。

经过一个假期的荒芜，省立十中的操场里不但满是积水，而且长满了半人多高芦苇一般的野草，野草里面到处是青蛙，水蛇和野兔。走进十中石砌的大门，松林书院的房舍显得灰蒙蒙的，有些陈旧的大礼堂一看就知道有不少年头了。张天佐一时被搞得晕头转向的，问了好几个路人之后，终于找到了一排青砖青瓦、吊檐飞起的大教室，教室前面是几棵苍松和古槐，教室的屋檐和窗户上结满了厚厚的蜘蛛网。走进青砖大教室，一股霉味扑鼻而来，里面已经坐了不少同学了，张天佐径直走到了后排，在一个瘦高个后生的座位旁站住，低声问道："同学，请问这儿有人吗？"

"没有，这儿没人，你就坐吧。"对方热情地伸出手："你也是这个班级的新同学吧？俺叫马丰收[125]，是五里桥的。"

"俺叫张天佐，老家是寿光的。"张天佐也伸出手，紧紧地握住了马丰收的手。

教室里的同学渐渐多了起来，大伙儿正叽叽喳喳聊得起劲之际，一位戴眼镜、长相文静的年轻人走了进来，他数了数教室的人数后，一个健步迈上了讲台："同学们，欢迎大家来到省立十中，我叫王翔，是你们的级任老师，同时我还也会教授大家政治课。当然了，如果有人感兴趣，我还可以在课余时间教大家怎样打篮球，不过，今天我们入学要做的第一件事儿，也是最重要的事情就是大扫除，尤其是我们的那个大操场！"

省立十中的先生王翔，在课堂上喜欢用启发式教学。他经常提出问题，并不急着告诉学生答案，而是让同学们在内心经过一番激烈的战斗和演算后，最后自己找到答案。看到学生们

---

[125]马丰收：原名马中华，共产党员，二十世纪二四十年代被国民党枪杀于南京。

经过一番苦思冥想后知道了答案，王先生就高兴起来，兜齿[126]着的嘴也一下子张开来，好像下巴马上就要掉到教室的青砖地面上。

"只有这样，你们才能够印象深刻，牢记一辈子哩！"王先生开心地告诉大伙儿。

张天佐和马丰收都喜欢王先生的哲学课，王翔有时候会在哲学课上讲一些马克思主义和苏联正在发生的革命，有一天下午，王先生还拿来了一些马克思和恩格斯的照片来。张天佐那天没有好好听课，他对马丰收说，丰收啊，这个德国人看起来脸上的胡子比头顶上的头发还要多咧？马丰收好好听课了，就笑着告诉张天佐："咦，你没听先生说，这个络腮胡须马克思其实是个德国的蓝帽子回回，据说那些人身上的毛可多咧，就跟冬天的绵羊一样哩。"张天佐下午上课的时候总是走神儿，那是因为他老是想着课后的篮球训练，课后省立十中篮球场才是他张天佐大显身手的地方。张天佐不禁能够熟练地拍球，还能让球像出生的猫咪一样，在他裤裆下面钻来钻去哩。先生王翔也给这个篮球队起了个名字，叫"松林"篮球队，张天佐理所当然地成为松林篮球队的主力队员。不过跟财大气粗的守善中学白果树篮球队不同，省立十中松林篮球队没有统一的队服，大家伙儿上场的时候有的穿着长裤子，有的穿着短裤衩，还有几个同学干脆光着大膀子在省立十中满是尘土的篮球场上跑来跑去。

清明时节，草长莺飞，省立十中的大礼堂里迎来了一位来自省城的演讲者。这个叫王尽美的人是王先生的朋友，他不但向大礼堂里的学生们眉飞色舞地讲述马克思主义，还拿出了一张秃丝头（秃子）的画像，原来这个秃丝头的名字叫列宁。王

---

[126] 地包天，下前牙咬在上前牙的外面

尽美介绍完了这个列宁，又接着谈起了苏联革命成功的经验。王尽美讲完课后，又指导省立十中的先生和学生们成立了青年团支部，很多同学包括张天佐和马丰收都成了支部成员。不久广州就实现了第一次国共合作，国民党古城党部也随之成立，根据国共两党的决议，古城青年团全体支部成员又登记成为国民党员。

秋高气爽的一个下午，一场篮球比赛在守善中学南院篮球场拉开了序幕，比赛双方是省立十中的松林篮球队和守善中学的白果树篮球队。守善中学的青砖操场周围挤满了看热闹的人们，马金叶儿和鹿儿也挤在围观的人群里，好奇的古城人一面吃着南瓜子儿和煮长果（花生），一面想看看篮球比赛是怎么回事儿。篮球场上，白果树篮球队队员们穿的是统一的白色短背心儿和白色短裤，松林篮球队队员们穿的是五花八门的上衣和短裤，张天佐穿的是他娘用一件旧蓝布大褂子改装而成的运动上衣，他娘还专门在上衣开口的宽阔处加了两根儿松紧带儿，那样别人就看不见张天佐腋下像野草一样黑乎乎的腋毛了。张天佐穿的短裤就更简单了，就是把一条破裤子剪掉了两条裤腿，裤腿处他娘也一样给他加了两根儿松紧带儿。

裁判一声哨响把足球[127]扔向天空，篮球比赛开始了。白果树队的大高个儿首先触摸到了足球，白果树队的一个瘦子抢到球后，立刻运球到了前场，瘦子停下来四处张望，张天佐趁着瘦子抬头东张西望，伸手一捅就把球从瘦子手里捅了出来。抢到球后的张天佐快速运球，还让球在裤裆里来回走了两下，马丰收赶紧在后面跟上张天佐。白果树的白色短背心儿们顿时阵脚大乱，立刻手忙脚乱地往回跑，被断了球的瘦子气急败坏，

---

[127] 当时篮球比赛朴准用球是足球

三步两步就赶到了张天佐身旁，只见张天佐不慌不忙，还朝着急歪歪的瘦子坏笑了一下，把球从青砖地面上反弹给了等在篮下的马丰收，马丰收轻松地投篮得分。丰收进球后，听到人群中有人在大叫"丰收，加油！"丰收抬起头，只见马金叶儿和鹿儿在人群中跳着，正向他招手，丰收也高兴地朝着她俩挥了挥手。

篮球场上，守善中学白果树篮球队和省立十中松林篮球队打得难解难分，篮球场下，传教士老布和省立十中的先生王翔也陷入一场更加激烈的辩论之中，他们争论的主题和基督教义和马克思主义有关。在这场比古城城北的斗鸡比赛还要激烈十倍的争论中，两位教练已经完全忘记了指导场上的篮球比赛，传教士辩论得面红耳赤，口干舌燥，省立十中的先王生则慷慨激昂，声嘶力竭。守善中学和省立十中的这场篮球比赛已经结束了，两人的辩论却仍然在继续，辩论双方无论是谁，都无法说服对方。最后天都要黑了，先生王翔声音嘶哑地告诉传教士，今年冬天在省城会有一场精彩的大辩论，到时候你们会被驳斥得哑口无言！传教士老布也不甘示弱，瞪着兔子般红通通的眼睛，针锋相对地回答："好！到时候我一定去省城洗耳恭听，看看到底谁掌握着打开真理大门的钥匙！"

寒假来临，回到古城的田立人找到了老布想要的咖啡，是在青岛山东路的一家经营茶饮的商店里偶然遇到的。老布一面小口喝着新咖啡，一面开始向田立人抱怨着咖啡给他带来的烦恼："咖啡这玩意儿也可以算的上是毒品了，我有一阵子断了货，好几天都觉得浑身害冷发抖，偏头痛痛得厉害，浑身上下都不得劲儿。"

田立人品了口咖啡后说："那还是不一样，你说的是普通的咖啡依赖症。就是几天不喝，大不了会头疼乏力，等时间一长，慢慢也就好了，要戒掉咖啡并不是什么难事儿。鸦片可就不一样了，我听人说毒瘾发作的时候浑身刺疼，身上像是有十万条水蛭往外钻，那才真是生不如死哩。"

老布接着眉飞色舞地告诉田立人，他开春后要建一个戒毒所，用福音和十字架武装那些瘾君子，他说得唾沫星子横飞，很希望跟田立人分享他的感受，田立人静静地听他讲完，然后鼓励了老布几句，不过他也禁不住讽刺了他几句："说起来也算是个笑话，这鸦片一开始泛滥倒是你们西洋人卖给我们的呢。"

老布听了这话，苍白的脸微微有些泛红，过了一会儿才结结巴巴地解释道："那都是黑了心的商人欺骗了女王干下的坏事儿，我老布是坚决反对用武力的，尤其是想用武力解决所有问题的政府。"

田立人笑着摆摆手说："我就是随便说说而已，你们不也带来了其他的东西吗？比如说如今的赛先生和德先生，要不是现在的商贸流通，咱俩又哪能喝到这美味咖啡呢？"

二人继续天南海北地闲扯，从神秘数字的涵义说到亚里士多德，然后又扯到青岛一所教堂窗户上使用的最新彩色工艺玻璃。说到青岛，田立人就告诉老布，他已经正式出任私立青岛大学的数学教授了，校董事宋徽五也许不久就要出任私立青岛大学校长了。

"我开春少不了要在济南和青岛两头跑了，要说省城和青岛比，我还是更喜欢海边儿的青岛一些。"

"你能去私立青岛大学，那可真是太好了！"田立人的话勾起了老布关于海边的一切美好回忆，海滩上那些飞来飞去觅食的海鸥以及威尔士峻峭的海岸……"我做梦都在想，要是这辈子能在海边有一所属于自己的小教堂，那该有多好，哪怕只是一间悬崖上的小石洞也好！那样，也许我也可以像圣约翰一样写出《约翰福音》那样的作品来，虽然我对《启示录》充满了深深的疑虑。"

老布说完了这些自认为亵渎的疯话后，又连忙低下头忏悔道："愿我主耶稣原谅我口里的业障，阿门！"

田立人听到老布这么说，禁不住笑了起来："老布你不必忏悔，我又不是天主教的神父老武。"

听田立人调侃自己，老布随即笑了起来，笑完了，他忽然想起了一件事情。

"我过几天要去省城一趟，去听一场世纪大辩论。"

"是不是济南的那个共产主义与基督教义的辩论会？？"

"没错，就是那个辩论会！"

田教授和老布正聊得起劲儿，抬头看见田簸箕探头探脑地来找他，说是北城有个戴眼镜的高个子正提着几盒儿点心在家里等他。田立人急急忙忙赶回家里，远远地看着这个高个子来人的确有些面熟，可是又一时想不起来。见田立人走进大厅，来人连忙起身介绍道："田教授，我是祁塔拉的儿子祁奉先。我以前在海岱学院见过您，那时候您刚刚从国外留学回来。"

田立人这才想了起来："这就对了，你是祁老先生那个在河南做县长的儿子，我在省城的时候多次听祁教授夸起过你哩。"

祁奉先笑着说："祁教授过奖了，我确实在河南当过几年县长，秋天才刚刚回来。"

二人天南海北地聊起了一些时事和在外面的见闻，过了一会儿，田立人就直截了当地说，"咱们也算是熟人了，有什么话你可以直说。"

祁奉先笑了笑就说："那我就直说了，我们旗城已经不死不活的很久了，有些人家生活非常潦倒。听说宋徽五他已经当选了省议员，我们绿营的几个人想通过他给说几句好话，解决目前军饷的问题，。"

"这个主意听起来不错，我看可以去找找他，现在宋徽五说话可是一言九鼎，我想他是一定会鼎力相助的。他这个人我还算了解，他经常挂在嘴边儿的一句话，就是老乡见老乡两眼泪汪汪嘛。"

祁奉先心领神会地点了点头："你也和他很熟，我想这一次您能不能和我们一起去一次济南。"

田立人听他这么说，就笑了起来："可以，这是我份内的事情！"

春节前夕，祁奉先等一行人在济南造访了宋徽五，请他为旗城的军饷出谋划策，二此时传教士老布、省立十中的先生王翔以及西营子的郑葫芦等许多古城人呀都赶到济南，他们倾听了一场以王尽美等为首的共产党员同以省城各大教堂主教为首的基督徒们进行的大辩论。辩论双方唇枪舌战，针尖儿对麦芒儿。几天几夜的大辩论不仅使辩论者们筋疲力竭，有几个还住进了医院，就连听众们也听得日夜颠倒，疲惫不堪。老布和郑葫芦在回古城的路上双双染上了风寒，一病不起，等他们彻底病愈的时候，已经到了仲春时节。

第六卷 风云变幻

29

　　白玉龙的车夫找了半天，才找到了海边这所二层的白色别墅，与城内四方、沧口的高级日式大相径庭，这座白色别墅是一座典型的欧式建筑，墙壁是由整块儿整块儿的大理石砌成的，红色的瓦顶和大理石柔和的白色相得益彰，站在别墅高大的门楼前，一眼可以俯瞰蔚蓝色的海面，海水不知疲倦地拍打着附近巨大的礁石，一阵阵海浪的回声不仅不使人烦躁，反而使人有种静谧的感觉。佣人把白玉龙让进了客厅，客厅里很大，显得十分明亮，沙发和巨大的吊灯都是德国进口货，他正好奇地四下打量着周围，从盘旋的大理石楼梯上走了下来一位高个人男人。只见他面如金纸，长面阔嘴，鹰勾鼻，大耳朵，一双不大的眼睛闪着狐狸般狡黠的光，此人不是别人，正是大名鼎鼎的渤海舰队司令温子培。

　　温子培笑嘻嘻地握住了白玉龙的双手，"白先生，别来无恙啊？"

　　白玉龙也紧紧握住温子培的手："啊呀！子培，多年未见，你现在可是最有出息的了！"

　　温子培亲切地拉着他坐下，这时候佣人端上了咖啡和几盘儿各色糕点，二人于是边吃边聊了起来。温子培给白玉龙讲了自己这些年来的经历，他如何和控制北洋海军的福建帮谨慎周旋，如何从一个个险境中从容脱身等等的一切，温子培讲得轻描淡写，白玉龙却听得惊心动魄。白玉龙接着也给温子培讲了古城基督教堂里诸多人的去向，自己在日本纱厂的近况以及宋徽五那所私立青岛大学的进展情况。

"宋议长和胶澳商埠督办的高恩洪建了一所私立青岛大学，我前几天还碰到过青石板街的立人呢！"

"兴办教育是件利国利民的好事情，青岛的确需要有所好大学啊！"

聊了半个小时后，温子培的副官急匆匆地进来找他，于是白玉龙也就起身告辞了，温子培一直把白玉龙送到了院子门口。

"我的司令部设在莱阳路上，白先生如果有什么事儿，也可以在那儿找到我。"

"一定一定！"

白玉龙出门上了车后，一路上感慨万千，想不到以前这个沉默不语的温子培，如今竟然如此有手段，现在他倒是通了天了，看来自己以后在青岛这一亩三分地儿上混，少不了要靠自己以前的这位学生了……

在接下来的第二次直奉战争中，因为冯玉祥的倒戈，吴佩孚落败后又转而投靠了张作霖，渤海舰队司令温子培眼见吴佩孚大势已去，便动了别样心思。温子培派出军舰护送吴佩孚乘"华甲"号运输舰逃往吴淞口，自己则率舰队在青岛发动了政变，关押了胶澳督办高恩洪，自封为胶澳督办。一九二四年春，在张作霖的支持下，奉系军阀张宗昌被任命为山东军务督办，温子培名义就上成了张宗昌手下。没过多久，张宗昌委任温子培为渤海舰队司令兼胶澳督办，温子培终于成为青岛名副其实的军政一把手。当白玉龙从报纸上读到这些消息的时候，禁不住对温子培产生了一种仰之弥高的敬仰之感。

胶东半岛的春天总是姗姗来迟，民国十四年四月初的青岛依然春寒料峭，可是日本几大纱厂的中国工人们却已经感觉到了丝丝暖意，他们都为胶济铁路和四方机厂的工人们刚刚取得的大罢工胜利而感到欢欣鼓舞。在车间里、在厕所里、在宿舍和各个犄角旮旯里，纱厂工人们都在讨论着厂里恶劣的饮食、低廉的工资、十几个小时的冗长工时、以及日本工头的种种劣迹……这种像升腾起来的蒸汽一样的愤怒，正在这个春季悄悄地蔓延着，传播着，扩大着，甚至连纱厂里的白玉龙也有所觉察，也许一场大的风暴很快要在几个纱厂里上演了。

金家勇、祈红瑛和谭玉枝等也象许多工友一样参加了纱厂工会。工会代表们在听取了王尽美、邓恩铭、李慰农等人提出的建议后，很快向纱厂厂主们提出了一系列条件，其中包括承认工会为工人的正式代表、增加工资、取消押薪制、工伤工资照发、延长吃饭时间、不得打骂工人、保护女工及童工等各项要求。在没有得到骄横的纱厂厂主任何答复后，浩浩荡荡的青岛纱厂大罢工开始了，打着标语和旗帜的罢工人潮像海浪一样涌上了街头。他们一路喊着口号，从李沧四方向山东路汇聚。

走在一眼望不到边的罢工人潮中，金家勇觉得自己就像是一滴汇入大海的水珠儿，他第一次感到了个人的渺小，也第一次感受到了人潮汹涌的力量，心里禁不住激动万分。

走在前面的祈红瑛高喊："保障工人基本权利！"

工人们也跟着高喊："保障工人基本权利！"

个子矮小的谭玉枝振臂高呼："反对押薪制！"

金家勇和工人们也跟着一起振臂高呼："反对押薪制！"

热心的青岛市民送来了茶水和点心，他们把茶水塞到工人的手里："大家喝口水吧，嗓子都喊哑了吧？"

"你们做得对，我们支持你们！"

成群的市民们高喊："纱厂工人万岁！"

纱厂工人也跟着回应："青岛市民万岁！"

"我是青岛《公民报》的记者，我们报社特别开辟了《工潮专号》，支持你们的罢工。请问一下，你们对这次罢工有没有信心？"一位戴金丝夹鼻眼镜的记者问祈红瑛。

"当然有信心！我们这次不达到目的，绝不复工。"祈红瑛斩钉截铁地回答。

"姑娘们，喝点儿汽水吧！"几个金发碧眼的德国人把几瓶汽水儿递给祈红瑛和谭玉枝。

谭玉枝接过了两瓶汽水儿，递给了金家勇一瓶儿："家勇，你也喝点儿汽水儿吧？"

一个高个儿德国男青年朝着金家勇伸出了大拇指："中国女人，一级棒，了不起！"

"她们了不起！"

金家勇也朝着德国人伸出了大拇指，金家勇觉得那天纱厂女工表现得比男工人更好，在那一刻他忽然觉得，从小一起长大的祈红瑛和谭玉枝显得特别高大，甚至使自己这个大老爷们儿产生了一种自惭形秽的感觉，而这种负疚感在以后的日子里常常追随着他，在一场场噩梦中将他惊醒。

此刻在海边的一所二层小楼里，如今的渤海舰队司令兼胶澳督办温子培和纱厂总监白玉龙正一眼不眨地注视着这支越聚越多罢工人潮，白玉龙低头喝了一口加冰的白兰地，镇静了一下自己像拉满的弓一样紧张的神经，焦急地问："子培，再这样下去，场面恐怕要失控了吧？你看下一步该怎么办？"

"老白，不要慌么！以前我在海上航行的时候，无论碰到多大的海浪，你自己的内心都不能因此而掀起波浪……"

温子培却平静地像是冬天的一根儿吊黄瓜："……不过，这种人潮掀起的波浪我倒是第一次见。"

白玉龙苦笑着摇了摇头："子培，这都到什么时候了，你还说什么航行、什么风浪。如果纱厂罢工一直持续下去，咱总得拿出个主意来吧？"

"哼……"温子培叹了一口气后，用力把自己陷进了宽大的沙发里："白先生啊，实话跟你说，如今我夹在张宗昌、日本人、还有纱厂工人中间，我能拿出什么主意来？"

"你……这……"

"这个老虎背我算是骑上了，这个枪头儿我也当定了。他们让我唱梅花三弄，我还不得乖乖地跟着他们闻鸡起舞。不过，我倒是觉得很奇怪，他日本人吃肉，为什么就不许工人们喝口汤？你最了解日本人，我老温实在是不明白，日本人做事就这么没有章法，管头不顾腚么？"

白玉龙无奈地摇了摇头："岛国就是这样，我们现在还是不要讨论这些问题了，还是想想该如何对付这些该死的工人吧！"

白玉龙双眼像箭一般紧紧盯着温子培："要是事情真正到了不可收拾的地步，你到底敢不敢动手？"

温子培面无表情地答道："你放心好了，该做枪头的[128]时候，我温某一定不会手软！"

"那我就放心了！"

古城海军司令公馆第三次施工之后，终于在大雨到来之前彻底完工了。温桂芳不仅雇了最好的粉刷匠，把公馆墙壁粉刷得像刚出生的羊羔儿一样雪白，他还专门从南方购置了一块巨大的太湖石，太湖石玲珑剔透，不比冯家花园里的那四块儿昂贵的太湖石有丝毫的逊色。太湖石就摆放在院子中间的一方泉水之上，泉水里有各色金鱼，水面上飘着绿油油的芙藻。温家人接着请了住在南门大街的老石匠和他的徒弟们，夜以继日，叮叮当当，精雕细琢地花了几个月的时间，终于完成了一幅环绕着太湖石的雕刻作品。只见在巨大的太湖石之上，只有拇指般大小的石雕牧童和老爷爷正赶着一群白色、黑色和黑白相间的山羊，沿着崎岖的太湖石山路向前跋涉。他们路上遇到了砍柴的农夫，寻找蘑菇的村妇以及几个修行的和尚道士。爷孙俩经过几道陡峭的山崖，穿过一方咆哮的瀑布后，终于来到了一望无际的大海边。一只黑山羊淘气地爬上了一棵歪脖子树，拉起了羊屎蛋儿，另一只白山羊正啃着山涧里的酸枣，牧童和爷爷却被海面上的巨大怪物所吸引，于是好奇地手搭凉棚向远处张望，如同普契尼歌剧里叙述的一般：那是一个晴朗的早晨，

---

[128] 当地俚语，做枪头指被人利用

阳关照射着粼粼的水面，不远处的海面上停泊着了一艘巨大的军舰。一名海军士兵像调皮的猴子一样旋挂在高高的旗杆之上，另一名士兵严肃地用三色信号旗打出一连串复杂指令。炮台上蹲着一名炮手，正低头检查舰炮装弹的情况，随时准备向敌舰发起攻击。军舰船的舷两侧站着两排表情严峻的海军士兵，严阵以待地守卫着一位海军将军，海军将军头戴高高的将军帽，身披名贵的风衣，帽上精美的缎带和长长的风衣，被阵阵海风吹得来回飞舞着，高傲的将军正从望远镜中瞭望着近处耸立的山峰和远处辽阔的海面。

海军司令公馆竣工的那一天，中央和省里的大员们以及附近看热闹的人群并没有被古式大门楼，正厅明廊立柱或者雪白的墙面所吸引，而是被这太湖石雕塑的栩栩如生和美仑美奂所震撼。只有来参观的传教士老布很不合时宜地指出，这艘军舰既没有烟囱，也没有风帆，根本就没有航行的动力，所以只能像水母一样随着海上的季风四处飘荡。可是大家并没有因为传教士的话而感到扫兴，妇女们依旧络绎不绝地领着孩子们来参观温公馆的石头军舰，孩子们偶尔还会顺手牵羊，偷偷带走几个石头军舰上的海军士兵或者几只山羊，温桂芳和他老婆也不太在意，他们会要求石匠再雕刻几个一模一样的海军士兵或者山羊补上。

又是一个春光明媚的早晨，万道霞光正撒在巨大的太湖石和雕塑军舰上，芙蕖正静静地漂浮在水面上，水里的狮子头金鱼摇晃着漂亮的尾巴，芙蕖叶下游来游去。温桂芳刚打开公馆大门，忽然间，一大群扶老携幼的北城女人涌了进来，有的女人不但拖儿带女，还身穿孝服。这些满族人坐在地上，放声大哭，那些满洲孩子则开始在院子里闹腾了起来，一个孩子用铁锤一锤就敲碎了军舰的桅帆，军舰上的信号兵摔断了双腿；另一个身穿孝衣的少年则一斧头敲掉了海军将军的脑袋和望远镜。温桂芳和他女人在妇女们的撕扯和骂声中才得知，他们的儿子温子培在青岛纱厂惹下了大祸。温桂芳和家里的佣人费了九牛二虎之力，才赶走了这些吵吵闹闹的妇女儿童，然后紧紧地关上了温公馆的大门。中午时分，温桂芳才从温老三从火车站带回的报纸上，看到了温子培在青岛纱厂开枪毙伤了纱厂工人的详细报导。读完了报纸后温桂芳被惊得目瞪口呆，一屁股瘫坐在太师椅上，半天也没说出一句话来。

接下来的日子里，海军公馆的大门口经常围着一群抗议的北城人，有些人还穿着孝服，举着标语。谭玉枝、祁红英的侄女儿、金家勇的老婆带着孩子金无忧也站在愤怒的人群里。他们一面围着海军公馆的院子转悠，一面大声喊着口号：

"打倒杀人犯！"

"将刽子手绳之以法！"

"汉奸温子培，断子绝孙！"

温桂芳两口子只好狼狈地逃回中山街（估衣市街），在温家大院躲了起来。温桂芳偶尔趁着早晚人少的时候，才敢偷偷摸摸地回到海军公馆，收拾一下地上的瓦片、碎石和纸飞机。秋后的一天夜里，温桂芳听到院子里有响声，于是走出了房门，在院子里太湖石旁边看见了一个满族女人，她脸色死白、异常悲伤，试图用一块纱布堵住喉部正在流血的伤口。温桂芳那时感到的不是恐惧，而是怜悯，于是他走过去想帮这个女人，女人却在他的梦中消失了。第二天天还没有亮，温老汉就急忙打开海军公馆的大门儿，准备回到中山街，却发现北城的达翰尔人郭射鹿正在公馆大门外咿咿呀呀地在做法。郭射鹿那双像井口一样的眼睛里，正射出深邃的凶光。看到温大夫，郭射鹿随即又发出一声饿狼般的尖叫声，温桂芳吓得赶紧"咣当"一声关上了公馆大门儿，一屁股瘫到公馆的门楼下面。温老汉此刻感到地上暖呼呼、湿漉漉的，他低头看时，才发觉自己已经尿湿了裤子。

30

在山东省议长宋徽五的鼎力协助下，山东军务督办张宗昌就将资金匮乏的古城驻防旗兵改编为旗兵团。张宗昌委任原旗兵副都统吴延年为新编旗兵团长，新编旗兵团官兵由吴延年自行选拔，粮饷服装一律按张宗昌部队的同等待遇，新编旗兵团还可以继续保留其八旗十六佐领的行政结构。北城的吴延年接到这个消息后心花怒放，立刻着手进行改编，按当时民国的陆军编制，把原先的旗兵绿营改编为一团三营、一营三连的旗兵团，团部配属机枪连和迫击炮连。一时间，北城上上下下又洋溢着久违的喜庆，许多被青岛纱厂开除回到古城的纱厂工人，也都重新回到了旗兵团里。

正值盛夏时节，一副短打扮的富贵安正在自己的小屋子里摇着蒲扇，新编旗兵团连长金家孝掀开帘子走了进来，神神秘秘地告诉父亲："爹，听说康有为最近要来古城了，吴都统嘱咐我跟您说一声，请你到时候也赏光去和他见个面。"

富贵安觉得有些意外，却禁不住从鼻子里面哼了一声："姓吴的也有脸跟人家康有为来往，他以前不是拥护共和来着么？"

金家孝笑了："爹，您看您都一把年纪了，还跟吴延年那个王八蛋一般见识，过去剪辫子那些事儿不早就过去了吗？您就不要老守着那些陈谷子烂芝麻了。"

"我才不会和姓吴的一般见识呢，他姓吴的就算长袖善舞，可是总会有山穷水尽的时候，我在看着他呢。"富贵安挥了挥蒲扇后对儿子说。

想当年吴延年为了表明自己拥戴共和，带头给北城全城官兵每人发了毛巾一条、肥皂一块，命令全城男人限期把辫子剪掉。这一决定得到了有些人的认同，但当时也有很多人不愿意剪发，再加上吴延年的其他倒行逆施，由此还引发了一场"大曾造反"事件，"大曾造反"以后，收到牵连的富贵安也被吴延年降了职，再后来，富贵安一心想着搞复辟，把自家家底儿的钱都赔进去之后，吴延年更是觉得富贵安此人和都督张勋一样迂腐不堪，富贵安则觉得吴延年此人和逆贼袁大头一路货色，于是二人更加形同路人了。

"那你那天到底去还是不去？"金家孝忍不住又问父亲。

富贵安点了点头："要是为了他吴延年，八台大轿我也不去；现在人家康南海第一次来古城，我老富一定会去的！"

"那就好！"

北城的军校场已经多年空闲，为了迎接康有为的到来，军校场被重新修葺一新。康有为到了的这一天，军校场内彩旗飘扬，鼓乐齐鸣："卿云烂兮，纠缦缦兮，明明天上，烂然星陈。日月光华，旦复旦兮，日月有常，星辰有行……"此时的南海先生康有为已经年近七旬，头上的须发都已经斑白了，早已经没有了当年叱咤风云的书生锐气。当他拄着拐杖，一瘸一拐地在五色旗下和卿云歌声中检阅北城这支新编旗兵团时，心中就像打翻了五味瓶一样百感交集。

检阅完新编旗兵团后，贵客被一台绿呢大轿迎进了将军府，新任旗兵团长吴延年把迎接的客人们一一介绍给康有为，当介绍到祁奉先的时候，特意强调多亏了他为驻防旗兵奔走，张宗昌才最终收编了他们这支没落旗兵的事儿。康有为与大家低声寒暄，当看到客人中只有富贵安一个人孑然独立，头上还留着一条显眼的花白辫子，便停了下来，觉得富贵安倒是有几分面熟，就问道："你是不是跟傅王爷很熟啊？"

富贵安恭恭敬敬地答道："回南海先生，傅王爷他还在青岛的时候，我曾经多次去拜访过他，有一次在他府上见过先生哩！"

康有为若有所思地问："你是不是那个把家产卖光了支持王爷的富贵安啊？"

富贵安点了点头后，低下了脑袋不再言语。

"哦……"康有为回头看了看吴延年，笑了起来，"富贵安他有恋主之心，吴团长要对他手下开恩，不必对他太过苛求了。"

吴延年听罢，也哈哈大笑了起来："南海先生多虑了，富贵安想留辫子就留辫子，想干啥就干啥，我吴某人绝不干涉，更不会给他穿小鞋儿。他就是想要回旗兵团，我也随时欢迎。不瞒您说，他儿子家孝和家勇现在就是我的手下哩。"

康有为点点头："那就好，所谓相逢一笑泯恩仇么，更何况你们俩本来也没什么恩仇。"

他接着又对富贵安说，"我明天要去云门山，你可一定要来作陪哟！"

富贵安躬身道："南海先生相邀，我金某一定奉陪。"

七月的古城一大早就已经艳阳高照，朱毛蛋拉这黄包车才走出青石板街，身上就已经冒出了一层小汗珠儿，知了和杜了正躲在高高的梧桐和茂密的槐树树叶里不知疲倦地鸣叫着。古城的众人听说康有为来了，一大早就拥到了中山街（原估衣市街），大伙儿一面焦急地在街边等候，一面窃窃私语着。

"今天可是个大的奇胡景[129]！"

"听说是那个变法维新的康有为？"

"就是他，谁不想看看这位当年叱咤风云的人物啊！"

街道两旁的人群慢慢地越聚越多，把中山街挤得如同赶大集一般，老老少少们都已经等得有些不耐烦了，浩浩荡荡的北城的队伍才晃晃悠悠地来到了中山街。朱毛蛋和田簸箕也挤在人群中，探头探脑地盯着走进的仪仗队。只见队伍中间是一顶绿呢小轿，绿呢大轿里坐着一位头戴凉帽、手执文明棍儿的老者，老者看上去须发斑白，显得有些老态龙钟。

"难道这就是大名鼎鼎的康有为？"人群中传来窸窸窣窣的声音。

"毛蛋，怎么是个白胡子老头儿？"田簸箕吃惊地问朱毛蛋。

"俺还以为是个三头六臂的彪形大汉，或者至少是跟诸葛孔明一样，手拿羽扇，头戴纶巾哩。"朱毛蛋有些失望地挤出人群，拖着东洋车在大太阳底下慢慢地朝车站方向走去。

中午的古城好象一个赤热的火炉，再加上康有为年纪也大了，旗城的这支队伍沿路走走停停，一会儿在观音桥前休息，

---

[129] 当地土话，噱头

一会儿又在果园附近的凉亭里坐坐。直到中午过后，这一行人才到达云门山半山腰的山神庙。康有为下了轿子，在山神庙处休息片刻后才慢慢地随着大伙儿，沿着山上的石阶往山上一步步走去。富贵安父子等在前面领路，吴延年和祁奉先陪着康有为走在队伍中间，嘉勋父子则远远地跟在队伍的后面。一行人拾级而上，只见眼前一片锦绣山色，无限风光。大伙儿沿着石阶小路，逶迤而行，越往前走，山上的题字、石刻和摩崖雕像。祁奉先一面走着，一面慢条斯理地给康有为介绍这些题字、石刻和佛像的来历和典故，不少雕像是隋代雕刻的精品，康有为饶有兴趣地频频点头。

走过一棵迎客松，又绕过了一块巨石之后，只见前面已是平坦的山顶，不远处即是云门在望。康有为在众人的簇拥下，步履蹒跚地登临云门山的峰顶，只见一个巨大的石刻"寿"字悬挂在千仞石壁之上。大朵大朵白云夹带着潮气，穿过巨大的云门洞后，陡然上升，在山顶移动着，变幻着，真可谓天上浮云如白衣，斯须改变如苍狗。康有为颤巍巍地站在高山之端，南望群峰逶迤，烟波浩渺；北俯齐国故地，千里沃野，老人禁不住高声赞叹道："善哉，江山娇艳如画；悲哉，人生如白云苍狗。"站在旁边的祁奉先已经很多年没有登上过云门山，此刻虽然接近七月流火的季节，可是山顶之上却清风徐徐，只觉得胸中无比畅快，一首言志诗不禁脱口而出："翠峦叠嶂万千重，气有浩然心自清；借问青山更慈悯，且留贤哲济苍生！"

康有为笑着盯着眼前这位瘦瘦的书生，颇有些共鸣地叹道："好诗，且留贤哲济苍生！人生如白驹过隙，吾辈老矣，以后就要看你们这些年轻人了！"

又过了半个时辰，落日西沉，红彤彤的夕阳斜照在远近几个山头上，山下不远的凤凰山如同一只涂满了金色的巨大凤凰，仿佛正欲展翅南飞，康有为禁不住感慨万千，朗声信口吟道

：“王侯帝释尽归空，俯仰山河落日红！”

“南海先生好诗！”

“好一个落日的绝佳意境！”

大家一起为康有为的即兴诗词叫起好来，康有为也觉得颇为得意，连忙让大家也都赋诗言志。大家纷纷附和，你一言我一语，七嘴八舌地开起了赛诗会来，有的吟诵道，山光水色过如流，触目烟霞忆旧游；有的吟诵道，衡王宅弟荆棘生，齐国山河指掌中……康有为笑吟吟地望着一言不发的富贵安，富贵安低头俯瞰不远处的凤凰山，也摇头晃脑地吟道：“云门山下凤凰游，凤去凰飞江自流，锦绣山河颜未改，白发早生少年头！”

同兴楼酒馆位于伙巷街东面的一个四合院里，青砖小瓦的楼台显得古色古香，雅静别致。屋内酒桌的紫黑漆面儿能倒影出人影儿来，店小二在酒桌上摆好了清一色的青花瓷碗碟、银勺和象牙筷儿。同兴楼的厨师们今天个个都使出了浑身解数，做的都是满族风味儿的菜肴：有野鸡酸菜汤、挂炉猪和挂炉鸭、白肉血肠以及各种时令菜蔬，一会儿上的点心也是满族风味的萨其玛、太阳糕、奶乌塔以及刚嘟儿等。

宾主寒暄落座后，席间立刻觥筹交错，谈笑风生了起来。康有为显得兴致很高，每个菜都仔细地品尝然，对同兴楼师傅们的手艺赞不绝口。酒过三巡，三个旗人装饰的姑娘鱼贯而入，躬身向客人们道了声吉祥。康有为抬头看时，只见每位姑娘手里都拿着一张八角鼓，像八卦图一般的八角鼓上缀下长长的大红穗子。姑娘们后面跟着个老旗人，手里拎着一把三弦儿。老旗人给众人行完礼后，坐了下来，清清嗓子对众人道：“今天先给远方的贵客唱一曲《高山流水》。”只听见老旗人弦声婉转，如泣如诉，姑娘们也开始和着琴声，敲着八角鼓，开口唱了起来。八角鼓叮咚之声时缓时急，歌女的声音如泣如诉："伯牙鼓琴，志在登高山；子期曰善哉，峨峨兮若那泰山。伯牙鼓琴，志在长流水，子期曰善哉，洋洋兮若那江河。"

满族姑娘们百媚千娇，声音千回万转，把伯牙子期之情娓娓道来。这丝丝弦乐、声声八角鼓声，顿时让康有为想起自己和光绪帝的君臣之遇，也想起了看望天津的宣统帝时的万般无奈，再想到如今自己壮志未酬身先老，禁不住鼻子有些发酸，眼睛也有些朦胧。金家勇听到八角鼓，不由自主地想起几个月前，在青岛纱厂的罢工和在罢工死去的祁红英和其他工友，心里也觉得无限伤感，于是开始一个劲儿开始闷头喝酒；坐在儿子身边儿的富贵安，想到自己这些年受的委屈以及竹篮打水一场空的结局，又听到这曾经熟悉的八角鼓声，不知不觉间，眼泪在眼眶里打着转儿。坐在吴延年身边的祁奉先见状，连忙吩咐老旗人和姑娘们下面来几个欢快的。不一会儿，姑娘们唱起《风雨归舟》和《云水悠悠》的时候，场上的气氛才又活跃了起来。酒酣之时，旗兵团长吴延年提醒大家今晚不要喝醉了，明天一大早还要陪南海先生去法庆寺和心寺街的四松园。

法庆寺原名大觉寺，位于古城西北隅的西营子，最早是由清初的达法和尚所建，经过上百年的经营，如今的法庆寺殿宇宏壮，法相庄严，是胶济铁路沿线一座最著名的古刹。法庆寺大部分时间是个幽静的去处，除了敲打木鱼和诵经的声音。几年前，古城学联在法庆寺召开有各界人士参加的万人大会，高喊"打倒日本帝国主义"、"取消二十一条"、"收回胶州湾和胶济路"等口号，会后众人还举行了盛大的游行示威，因此康有为对这座法庆寺平白之间就生出了几分好感来，点名要来看看这座鲁中名寺。法庆寺的住持对康有为早已慕名已久，早早地就领着寺里一行人，在寺门口迎接这位远方的贵客。拾级而入，沿着青砖甬道进入大殿，两边儿是东西配殿，大殿的西北角是五株棵巨大的古柏，枝柯夭矫，苍翠可爱，一座石塔矗立于五株古柏之中，题曰："法庆寺开法第二代天岸升禅师法塔"。法庆寺南面是一大片儿密的松柏林，丛峙于松柏之中的是数十幢石塔和石碣，那是法庆寺历代和尚埋骨的圣地。法庆寺的西南角，矗立着几座空荡荡库房，东面则是一排青砖禅房。法庆寺院子中间是大片大片的花圃，据说是某位高僧所辟，现在花圃里开的是姹紫嫣红的各色花卉，秋高气爽之际，这里满圃的名贵菊花，成为文人墨客的留恋忘返之地。游览完毕稍作休息，住持早已备好了香案和笔墨纸砚，恳请南海先生不吝赐墨。康有为当天兴致很高，挥毫泼墨，一连书写了好几首诗词。

张玉麟跟着众人走过石塔的时候，忽然觉得有些头疼，于是便离开众人，独自一人走到法庆寺东面的几间厢房附近，想去讨一杯热茶喝。几间厢房都空荡荡的，只有一位瞎眼的长须老和尚，端坐在最东端厢房的床榻之上，正摸着念珠低声诵经。老和尚给玉麟倒了一杯薄荷清茶，玉麟喝完后，顿时觉得清爽了很多。玉麟也不急着走，坐下来同老和尚随便聊了几句。玉麟也学过一些佛法，感觉此人言辞不俗，谈吐有致，佛法高深莫测。过了一会儿，玉麟道谢后告辞，老和尚欲言又止地说道："老衲今日与施主有缘，临别之时，有一言相告，施主要参透否极泰来、泰极而否的道理，万事切莫出头，便可保一生平安！"

"多谢大师不吝赐教……"

玉麟道谢后，便起身离开了厢房。走下台阶，白花花的太阳正透过枝枝丫丫的松树枝叶，斑驳地照在法庆寺长长的青砖甬道上。

　　时光荏苒，马丰收和张天佐省立十中的学校生活很快就要结束了，春节之后，同学们忙着聚会道别，有的还一起去照相馆合影留念。马丰收和张天佐双双报考了古城的省立第四师范，结果马丰收被顺利地录取了，而张天佐却名落孙山。不过张天佐倒也没觉得有多意外，因为自己在省立十中的成绩本来就很一般，如果考中了，那反倒是瞎猫碰了个死耗子。尽管如此，张天佐的心里还是有些淡淡的懊丧。

　　从省立十中毕业后，张天佐也不想急着提着铺盖卷儿回寿光老家，整个暑假里就呆在古城，白天找同学耍耍，晚上来到田家大院找田簸箕聊聊天儿，顺便在田家睡一宿。此时的张天佐已经成了一个魁梧的青年了，不但嗓音变粗，脸颊和下巴上都长出了茸毛。感到怀才不遇的张天佐，时不时对着田簸箕大发牢骚。田簸箕见张天佐虽然学习不好，可是言谈举止很有见地，心里的志向好像也不小，不忍心看到他整天晃晃荡荡，虚度光阴，就劝慰他说："过几天，你田大叔就要从省城回来了，你去请教请教他。他现在和省城的张督军和宋议员很熟，青岛现在的督办和帮办也是他的朋友，你去找他给你出个主意，俺琢磨着他也许能帮上你！"

　　没出多久，田立人夫妻果然带着雨来和谷雨从省城回到了家里，张天佐找了个机会告诉了田立人自己的情况。田立人想了想后问他："你实话告诉叔，你以后到底想干什么？"

　　张天佐挠了挠头后回答："俺就想能吃上公家饭，最好是以后能当上大官儿的那种。"

　　听他这样毫无遮拦，正喝着茶水的田立人忍不住喷笑了起来："你……你倒是挺爽快的！……嗯，我看这样吧，你先让我再好好想想。"

过了几天，田立人神神秘秘地告诉张天佐："机会倒真是有一个，现在张督军在济南洛口附近办了个警官学校，事不宜迟，你马上坐车去济南投考，考完之后咱们再想想办法。"

"那真是太好了，俺晚上做梦都梦着以后当个警官哩！"张天佐听田立人这么说，立刻兴奋了起来，当天就开始收拾行囊，准备去济南洛口投考。

31

祁奉先和张玉麟曾委婉地向吴延年提过出城剿匪，吴延年却以各种理由多方推诿，二人心中不禁有些郁闷。旗兵团的好日子还没过多久，国民党北伐的消息就又一次搅乱了北城。大家正在惊慌失措之际，北伐军就已经到达了鲁南地区，吴延年遵照张宗昌的指令，派北城旗兵团出兵抵抗鲁南的北伐军，结果旗兵团在鲁南一战即溃，兵败如山倒。

张宗昌大败后离开了山东，国民革命军在济南城同日军发生冲突，五月底日军占据济南，日本鬼子提出胶济铁路沿线三十里内不准驻扎中国军政人员，蒋介石将山东省政府迁到泰安，古城县长率县政府一行人员，迁往弥河附近的闵家庄。离火车站仅半里的北城处在日军的势力范围内，吴延年夹在日本和国民党之间，形式愈加艰难。

失去了张宗昌这个靠山后，国民政府很快以温子培"背叛党国，潜谋不轨"的罪名，下令通辑胶澳商埠督办温子培，正在青岛的温子培听到消息，立刻从海路逃亡日本。国民政府接着又以"附逆"之罪通缉了张宗昌的帮凶——山东省议长宋徽五，宋家在省城和古城的一切财产也均遭国民政府查封。事先得到消息的宋徽五立刻逃往天津，接着又辗转前往上海的租界。见到温子培和宋徽五双双倒台，田立人也吓得从私立青岛大学匆忙地返回了青石板街，每天躲在田家大院里战战兢兢地打听外面的风声。这一连串的变故不仅把田立人搞得心惊肉跳，就连古城的普通老百姓，也被眼前的一切惊得目瞪口呆：正所谓古城玉树莺声晓，阳河水榭花开早，眼见他起高楼，眼见他宴宾客，眼见他楼塌了……

古城县政府撤离之后，古城南北两城形成了三足鼎立的混乱局面：吴延年铩羽而归的旗兵团龟缩在北城，刘振彪的县警备队占据南城区北部，南城东门里则驻有以薛德周为首的县城民团。不久，吴延年的旗兵团和薛德周的民团一拍即合，开始联手对付南城刘振彪的警备队。与此同时，古城城外的大小杆子和各色人物也如同开堂会一般，你方唱罢，我即登场。

整个大夏天里，刘振彪都在为吴延年和薛德周联手对付自己的事儿心烦，情急之中竟然长出了一身痱子来，痱子很快又变成了一片片的"鬼风疙瘩"。刘振彪身上的"鬼风疙瘩"四处蔓延，每天奇痒无比，令人寝食难安。别看刘振彪的叔伯兄弟刘振文长得尖嘴猴腮，可他却晓得刘振彪的心病。趁着来看刘振彪的时候，刘振文在手心儿里写了三个字儿，伸给警备队长看，刘振彪懒洋洋地抬头看了一眼，见刘振文手心儿里写的是"衣来好"三个字，禁不住噗了一声："你又让俺跟土匪搅合在一起？亏你想得出这种馊主意来！"

尽管刘振彪不是职业军人出身，可是如同古城的许多开明人士一样，他是坚决反对军阀和土匪的，他认为军阀是不讲道义的二流子、阴谋家和投机分子；土匪则是混水摸鱼，骚扰百姓的狗屎和马粪。

"他们都是狗屎和马粪……"一想到吴延年和薛德周这两摊儿狗屎和马粪，刘振彪身上又痒了起来。他一面挠着裤裆，一面嘟囔着，"俺是怕他娘的到头来请神容易送神难啊？"

刘振文微微一笑："振彪哥，只要能独霸古城，就是让俺在茅坑沿儿吃两口鲜狗屎，俺也心甘情愿哩。俗话说得好，大丈夫能屈能伸，人家韩信不也钻过街上混混儿的裤裆么？"

听完刘振文这一番歪道理，刘振彪禁不住扑哧一声笑了出来，他低头沉吟了片刻，才把刘振文叫到了耳边，二人互相低语了半天后，刘振文这才告辞离去。刘振文走后，刘振彪心情渐渐好了起来，倒开始日日盼着衣来好那边儿的回音了。

深秋时节的一个夜晚，青石板街刘家大院的主人刘振文早早关门闭户。装饰一新的刘家客厅迎来了两位衣冠楚楚的客人，一位客人不是别人，正是县警备队队长刘振彪，豹头环眼的刘振彪此刻显得声色凝重，不苟言笑；另外一位客人是位身高五尺的大汉，一双贼溜溜的鹰眼，连鬓的若腮胡须扎哩扎煞，谁会想到这位曾经被沙老二一脚踢倒在高粱地里的衣来好，如今已经是盘踞在鲁中的大土匪了。刘振彪为了讨好衣来好，不仅送上了白花花的袁大头，还把自己喜欢的一个歌女也忍痛割爱献给了衣来好。衣来好为此大受感动，觉得刘振彪此人为人仗义，更重要的是如果以后能在古城扎下根儿来，那岂不是一件美事儿？说不定北城都统府里的一个瓷瓶儿就够自己发上一笔横财哩。想到这里，衣来好禁不住笑了起来。

"想当年苎萝村春风吹遍，每日里浣纱去何等清闲。偶遇那范在大夫溪边相见，他劝我家国事以报仇为先……"

在歌女们咿咿呀呀的吟唱声中，刘氏兄弟和鲁中匪首衣来好在觥筹之间商量着独霸古城的妙策。

"北城吴延年的绿营步兵团虽然号称一个团，可是士气低落，装备又差，前一阵子让北伐军打得丢盔卸甲。薛德周的县民团虽然人数众多，却是一群烂泥扶不上墙的乌合之众，所以不足为虑。"

"俺手下颇有几个能征善战的伙计，对付绿营不成问题，就是不知道北城和东城的城防如何？"

"俺们警备大队占有南城之北，城高水深，把吴延年和薛德周拦腰斩断于南北城之间。北城区区弹丸之地，难以防御，薛德周居于回民聚集的东门，虽店铺众多，却易击难守。"

"妙哉，妙哉！如果咱们能给他们来个内外夹击，必能将他们一举歼灭！"

"要找这种机会其实也不难，兄弟俺觉得找个过年过节的时候下手……。"

刘振彪打断了叔伯兄弟继续说下去，他压低了声音："振文，小心墙外有耳。"

衣来好低头沉吟半晌，抬起头对刘振彪说："俺觉得振文兄弟这个主意可行，最重要的就是要出其不意，给他们来个措手不及！"

"那咱们得好好筹划一番，争取在年底之前里应外合，把吴延年和薛德周这两个王八蛋包了过年饺子，吃掉！"

古城东郊的闵家庄，东濒碧水荡漾的弥河，南望连绵不断的山岭，是个花草茂美、山水明媚的地方。闵家庄最大的地主闵大善人的院子，就像是镶嵌在弥河岸边的一粒珍珠，闵家大院不但占有附近最肥沃的土地，而且人丁兴旺，家丁仆人众多，老老少少加起来竟上百口之多。不过一直以来，最令闵大善人头疼的事情，不是伺候庄稼或者瓜地，也不是纷繁的家务事儿，而是各路土匪杆子不期而至的骚扰。闵大善人为此伤透了脑筋，他不但在闵家大院四周筑起了高大的院墙和城堡，而且还让几个儿子在庄子里组成了民团，无奈庄里的民团都是些庄稼汉，哪里是大股土匪的对手？而且男人们也得都有自己的生计，总不能一天到晚什么都不干了，整天站在院墙上看家护院？

从几年前开始，闵大善人私下里把旗城的防御和骑校请到闵家庄，前来骚扰的小股土匪见到旗城的军队，也就知趣地悄悄地撤走了。到了去年夏天，闵大善人干脆大大方方地邀请再一次失去靠山的旗兵团来闵家庄给他看家护院。失去了军饷的吴延年也欣然应允，把这份差事交给了营长嘉勋负责。嘉勋随即吩咐手下的几个连、排按照日子，轮流换防到闵家庄子。自旗兵团开进了闵家庄之后，不但小股土匪从此销声匿迹，就连大股土匪也不再骚扰闵家庄了，闵家庄也逐渐恢复了少有的宁静。

这年腊月的除夕转眼就到了眼前，天上也飘起了细沙般的雪花，雪沙被西北风吹得漫天飞舞，古城新的一年就要到了。张玉麟和一担挑[130]关音宝带着一标旗兵，冒着纷纷扬扬的飞雪匆匆来到了闵家庄，来替换金家孝驻扎在闵家庄的那标旗兵。大家一见面，旗兵们互相打趣儿开着玩笑；要回家过年的人

---

[130] 连襟

个个喜笑颜开，刚刚赶来的人大多显得无尽打采，心里生出些抱怨来。交接完毕后，金家孝就带着他的队伍，冒着越来越大的风雪，向西疾驰而去。

入夜时分，裹着皮袍子的闵大善人缓步来到了窝棚外，后面跟着管家和几个佣人。闵大善人见张玉麟和关音宝走出来，就笑道："给大伙儿备了点儿酒席，加了几个肉菜，弟兄们都辛苦了。"

关音宝陪着笑道："闵老先生您太客气了，我们早就吃过了！"

闵大善人却摆摆手，吩咐手下把手里的东西摆好："一年就这么一次，弟兄们也该热闹热闹！"

说话间，佣人们已经把饭菜酒水都端了进来，热气腾腾地摆在了桌子上了。窝棚里的旗兵们一面咽着口水，一面大眼瞪小眼地盯着张玉麟和关音宝。玉麟不好拂了人家闵大善人的一番美意，也就笑着说："你们这些饿死鬼，那就赶紧吃吧，多谢闵庄主的一番美意！"

旗兵们一听张玉麟这么说，立刻坐下来，狼吞虎咽地吃喝了起来。闵大善人随即告辞，带着家人满意地走了。玉麟总觉着心里有些不安，于是就拿起枪，带着几个亲兵走出了窝棚，回头对关音宝说："你们先吃着，我到四处去转悠转悠。"

"大哥，你也先吃点儿吧，要不然菜都凉了。"关音宝招呼着姐夫，玉麟却没理会关音宝，带着几个亲兵径直走入雪中。

玉麟在闵家大院儿四周转悠了半个时辰，感觉没什么异常，就踏着积雪一路逶迤回到了旗兵窝棚。走到窝棚门口的时候，雪下得越发大了起来，看到有些旗兵已经喝得醉醺醺的了，有些甚至东倒西歪的，玉麟禁不住微微皱了皱眉，关音宝红着脸招呼玉麟道："姐夫，你也坐下来喝一杯暖和暖和吧，这鬼天气清冷清冷的。"

玉麟笑着放下手里的枪，接过关音宝递过来的一杯老白干儿，一口烧酒下肚后，玉麟感觉一股暖意正缓缓向身体各处弥漫着，他正要张口夸夸这酒，"啪、啪、啪啪"从远处猛然传来几声枪响，接着是刺耳的惊呼声。

"失火了，快来救火啊！"

"救人啊，救命啊！"

张玉麟慌忙扔掉手中的酒杯，箭步出了窝棚。只见闵家大院儿附近一片火光，四周传来劈劈啪啪的乱枪声，他大喊一声："弟兄们快操家伙，土匪杀进来了！"

已经在附近埋伏了很久的一支衣来好的土匪，跟在小头目小云门和劈山蝎子身后，嗷嗷叫着从四处冲进闵家大院儿。土匪们一面四处放火，一面朝着旗兵窝棚一窝蜂地包抄了过来。张玉麟和关音宝带着队伍边打边向西撤，一路上不时有人倒在雪地里，衣来好的队伍穷追不舍，一直把旗兵团追到清泉湾附近，才将队伍撤了回去。张玉麟把这支残留的队伍拉到清泉湾，先在父亲开荒时住过的窝棚和破庙里救治伤员。旗兵团里很多旗兵都受了伤，关音宝的拨拉盖[131]上中了一枪，疼痛难忍；张玉麟的额头也被子弹皮儿擦破了，脸上涂满了血迹。清点人数时，玉麟和关音宝这才发现，跟着队伍撤下来的旗兵连一半儿都不到。大伙儿横七竖八地坐在地上，包扎着伤口，乱作一团。玉麟也正在为该如何向父亲和吴延年交待而焦躁万分的时

---

[131] 膝盖

候，忽然听到从远处传来阵阵嘈杂的声音，其中还夹杂着女人和孩子们的尖叫声和哭喊声。惊魂未定的旗兵们赶紧又操起了家伙，等这队嘈杂的人群走进了，大家才看见骑马走在前面却是嘉勋和富贵安，后面跟着的是一大群家眷和金家孝的那个连，断后的是嘉勋的手下的几个亲兵。女人和孩子们一进窝棚，就东倒西歪地坐了下来，嘉勋告诉一脸狐疑的大伙儿："刘振彪的警备队和衣来好的土匪大部趁着除夕袭击了北城，北城现在已经全部被攻陷了。这帮王八蛋现在正在各个衙门里抢东西呢，听说连附近日本人都被惊动了，吴延年也已经带人逃走了。"

"家孝的那个连在回城的路上也中了埋伏，他的胳膊也被打伤了。"

富贵安摸着被剪掉半截儿辫子的头，骂道："操他奶奶的，看来这个年就只能在这儿过了。刘振彪这个王八蛋真是好手段，真是找了个好时机啊。"

不一会儿，金家勇也气喘吁吁地走了进来，一进窝棚，就嚷嚷着都统府遭到了哄抢，土匪们连城墙上的大青砖也不放过哩。

"关大牙和石尊宝也被警备队乱枪打死在城北的赌馆里了！"

大伙儿听罢此言，像炸开了的马蜂窝，正在你一言我一语地乱吵。嘉勋的女人忽然站了起来，开始在窝棚里四处乱跑，嘴里还嚷着："要过年了，别开枪；要过年了，别开枪，吃糖了。"

看到母亲又犯病了，张玉麟追上去，扶着她慢慢地坐下来，小声说："额娘[132]，您累了，先坐下来歇一会吧！"

窝棚里逐渐安静了下来，男人们也都沉默了，女人们在暗处小声地啜泣着，午夜过后，从远处的古城传来时断时续的鞭炮声，旧历新的一年已经开始了。

阴历正月初五是青石板街瞎女人海从云的寿辰，石家本来的庆贺却因为石尊宝的死而变成了守丧，石家母女聚在一起长吁短叹，石老大主张去告官，其他姐妹莫衷一是，瞎女人也心乱如麻。

"不要去告官！"

"为什么？难道就没有王法了吗？"

"现在本来就没有王法，就是去告官，对方是县警备队队长，最后的结局也多半是在伤口上撒盐或者不了了之……"

"难道就只有咽下这口恶气？"

石家一家人正在争论之际，从门外进来了一位黄包车夫，手里还领着一个半大小厮儿（男孩儿）。

"你找谁？"

"请问这是青石板街的石尊宝家么？"

"对，是俺们家……"

黄包车夫松了一口气，尴尬地笑了几声："是这样的，俺叫东关昭德街的赵金杯，俺今天在车站巧遇到了你们家的一个

---

[132] 满族人称呼母亲

亲戚，她说她要急着坐火车赶路，就给了俺多出一倍的车钱，让俺把你家这个孩子给送回来，俺觉得大正月里都不容易，就把孩子给送来了，孩子自己说他叫石八喜……"

"不，这不是俺们家的孩子！这是他和那个唱戏的狐狸精的杂种……"

"这个女人真能做得出来！真是最毒莫过妇人心……"

"都别吵了！"看几个女儿们吵成一团，石家的瞎女人突然开口说话了，"也不怕叫人家笑话。"

"他赵大叔，谢谢你了。这个孩子我老婆子做主把他收下了。小六，你带着八喜到里屋吃点儿燕尾酥去……"

32

古城守善中学的校长是林森牧师，他在守善中学的住所和教堂里老布简陋的房间大不一样，林森牧师在东华门街附近的校长别墅，极尽豪华奢侈，可谓是金碧辉煌。他虽然还没成家，但是家里不但雇了厨师做饭，还有好几个佣人洗衣扫地。林森牧师讲究穿着，夏天不管多热，他都喜欢西装革履；深秋刚刚一过，他就换上长袍围巾，引领着守善中学的服装潮流。林森自小就喜欢中国古文化，不但能说一口流利的汉语，还是个中国历史地理迷。自从来到中国后，林森就没闲暇过，他马不停蹄地去过很多地方，游历过内蒙古的蒙古包，跑过西域的丝绸之路，还观光过敦煌的石窟和千佛洞……

北伐军进入山东后，山东省教育厅加强整顿，厅长何思源组织对私立学校进行检查，对不符合办学条件者不予立案。古城守善中学呈报立案，未获批准。因此学生毕业证书无，守善中学旋即宣告解散停办。秋风吹起的时候，林森牧师被调往济南齐鲁大学。离开古城之前，林森牧师开始翻箱倒柜，寻找自己那几条大花格子围巾。围巾没有找到，他却惊异地发现了一双自己曾经用过的，几乎还是崭新的冰鞋。自从他开始和崇道书院的传教士高德美女士交往之后，林森更喜欢看看电影或者听听音乐或者歌剧，对滑冰这种运动彻底地失去了兴趣。他想顺手把冰鞋扔掉，可是转念一想，确实没有必要把这么新的冰鞋扔进垃圾桶里。于是第二天他就拎着冰鞋去了教工室，正迎头碰上守善中学曾经的英文先生老布。

"老布，你要不要这双冰鞋？我就只用过一次。你看，原先的商标都还在上边哩！"

老布接过冰鞋翻来覆去地看了看，林森确实没有撒谎，这双冰鞋确实近乎是新的。

"那我就先拿着了，那就多谢了。"

传教士老布心里盘算着等荷花湾上结冰之后，他就可以穿上冰鞋在冰面上试试身手了。入冬之后，荷花湾上结了厚厚的一层冰，老布在荷花湾冰面上滑冰的消息，很快通过在冰面上打"懒老婆（陀螺）"和滚铁环的孩子们在周围传开了。入冬后的第三个星期五，五里桥的马金牙载着勤俭、丰收、金叶儿和鹿儿坐着大车，来到了东门附近。马金牙刚停下车，车上的人就一窝风地登上了城东门，沿着城墙往南跑去，不过一里左右的路程，就到了奎星楼（古城东南城角楼）上。奎星楼的东面是座规模宏伟的红楼建筑，在寒冬里看起来冷冷清清的，那就是山东省第四监狱。由奎星楼的二楼向下瞰看，相距咫尺就是黑虎泉，不过此刻的黑虎泉也已经结冰，偶尔从冰面下发出叽里咕噜的泉水声，令人心悸。奎星楼的北面就是荷花湾，春天的荷花湾是碧水一泓，绿柳倒映其中；夏日则芰荷盛开，远近来赏花品茗者肩踵相接，秋日荷花湾波平如镜，微风吹来，影纹依稀；如今寒冬时节，水面结冰，犹如一方银镜，在阳光下熠熠地闪着光。

大伙儿看到冰冻的荷花湾周围已经聚集了一大群人，于是快步走下奎星楼，顺着南城墙，朝着荷花湾冰冻的河面上奔去。丰收他们几个认出了附近的几个一起上新学的后生和姑娘，还看到了张蚁羊家的老二延禄、老三延寿和他家的姑娘延龄，于是就朝着皮货张家的孩子走了过去。走进了才发现周围好多青石板街的男女老少：石老六带着石头八喜、刘家大院的刘四儿和刘双喜以及朱旺财兄弟。由于附近德昌公司的资产被政府查封，无所事事的陈河妮也带着蒋子龙挤在一群大人孩子们中间……

延寿看见丰收来了，就走上前来打招呼："丰收哥，你们几个也来了！那个老布还没有来，不过据说今天他一准儿会来哩。"

丰收问延寿："你们都看过几次了？"

延寿笑着回答："俺也就才看过一次。"

皮货张家的老三延寿和丰收聊得正欢的时候，皮货张家的老二延禄却悄声踱到了金叶儿面前，和她聊了几句后，忽然变戏法一般从口袋里掏出了一本还带着墨香的书来，递给了眼前的金叶儿。

"你有一次说喜欢看《聊斋》，俺上次跟俺爹去省城的书店，正好看到有这本俺就买了。你看看，印刷还真是挺不错的。"

金叶儿接过书，用手翻了几页后说："你还挺细心的，俺一会儿跟俺爹要钱来还你，还要外加上你的跑腿费哩。"

"要什么钱，要钱就见外了。"

鹿儿这时走了过来："延禄哥，你偏心眼儿！你怎么不给俺鹿儿也买一本儿《聊斋》呢？"

延禄脸一下子红了起来："鹿儿妹妹要是喜欢，等俺赶明儿再去省城，一定给你也捎一本儿回来。"

鹿儿笑着回答，不用了，俺和金叶姐看一本就行了。三人正聊得热火朝天，听到人群中有人喊了一句。

"老布来了！"

大伙儿抬头朝不远处的柳树下望去，只见传教士一身黑衣黑裤的紧身打扮，还束起了裤脚儿，看起来像极了一个忧郁的夜行侠。大伙儿好奇地围着坐在河边的夜行侠，老布慢悠悠地换上了冰鞋，然后站起来摇摇晃晃地走向冰面。活动了一会儿筋骨后，老布开始沿着荷花湾宽广的冰面来来回回尽情地划了起来。勤俭、丰收、金叶儿和鹿儿平生第一次看到穿着冰鞋滑冰的场面，都觉得十分惊奇，只见传教士在荷花湾冰面上时而像凌空飞燕，时而又像矫捷的秃鹰，大伙儿都禁不住拍手叫起好来。此时的老布身上微微透出了些热汗，听到看热闹的人又是鼓掌，又是叫好，心里也甚是得意，于是更加想卖弄些花样儿出来。只见他像离弦之箭，顺势划出一条直线，接着脚下划了一个大圈儿，顺着弯道顺势起跳，轻盈地转了一圈后，稳稳地落在了冰面上，围观的人群不禁发出一声声"啊呀啊呀"的惊叹来，落地后的老布还朝着大家举了举右手的大拇指。

老布转圈儿的冰面西侧有一个冰冻住的"懒老婆",那是附近的孩子们昨天玩完之后急着回家,忘记了拿走的物件儿。经过一夜的冷风,这个黑不溜秋的"懒老婆"如今被结结实实地冻在了坚硬的冰面上。老布吸了一口气滑到了西侧,他转一个圈儿后,又一次起跳的时候,冰鞋却正好碰到了这个硬邦邦的"懒老婆"上,老布只觉得身体腾空而起,接着是天旋地转,最后身体像一袋子白面一样重重地砸在了冰面上。

围观的人群见老布摔倒了,都纷纷跑上了冰面。挤在人群中的马金叶儿看到躺在冰面上的老布满嘴是血,冰鞋也摔掉了一只,忙拿出一块儿绣花手帕,递给已经摔得稀里糊涂的老布擦嘴。几个后生随后七手八脚地抬起他,把哎哟哎哟乱唤的老布抬到了不远处清真寺的青砖平房里。法蝈蝈阿訇连忙给老布用盐水漱了漱口,又给他倒了些姜糖水,接着又赶紧叫人把查阿訇和他儿子找来。这时候的老布除了有些牙疼和腿脚麻木外,感觉倒是比刚才好多了。老态龙钟的查阿訇让他张开嘴,仔细检查了老布的门牙后,叹了口气说,你这次不仅磕掉了两颗门牙,另外一颗也已经活动了。

腊月里最冷的一个傍晚,陈河妮早早地就搂着汤婆儿[133]钻进了被窝里,不久就进入了梦想。"咚咚~咚咚~"半夜时分,寡妇陈河妮家的大门被敲响了,睡得正香的陈河妮在睡梦中惊醒,她"扑棱"一声支起了身子,迷迷糊糊地听着像是袁小楼的声音,

"河妮儿,快开门!"

"河妮儿,你快醒醒,赶紧起来!"

---

133 一种保温器具,内盛热水以放在被中、或置于椅背、脚下取暖

陈河妮手忙脚乱地穿上衣服后，打开大门门栓。

"小楼？是不是咱们德昌要复工了？"，

一看见陈河妮，袁小楼竟然像个娘们儿一样，双手捂着脸呼哧呼哧地抽泣了起来。

"你到底怎么了，两口子夜里吵架了？"

袁小楼抽泣着，断断续续地说出个惊天的消息来。

"河妮儿，咱德昌出大事儿了，咱们的……宋徽五……他……他死了，昨天……死在上海了！"

"什么？你说什么？宋先生死了！"

望着一脸诧异的陈河妮，袁小楼颠三倒四地道出了原由：国民政府昨天宣布解除对原山东省议长宋徽五的通缉和对宋家财产的封禁，这对宋家和整个德昌本来是一件天大的喜事儿。谁料想古城的一代商业大亨和曾经的省议长宋徽五，在得知被大赦的消息后欣喜若狂，竟然乐极生悲，突发脑溢血而殒命于上海滩的寓所之中，享年五十五岁。听完了袁小楼的讲述，陈河妮身子一软，一屁股跌坐在了门前的雪地上。

"那以后德昌该何去何从呢？我们怎么办？"

袁小楼失魂落魄地答道，"事发仓促，我们这两天先安排他的葬礼。等葬礼之后，看看裴卿他到底是怎么打算的，咱们再做定夺吧。"

由于这位曾经的商业大亨和山东省议长与古城基督教堂不同寻常的因缘和关系，宋徽五的追思布道就定在古城基督教堂里举行。大大小小的花圈塞满了教堂的每一个角落，朵朵白花在翠绿的松柏中微微晃动。中山街的基督教堂第一次出现了如此众多的各地名流和达官贵人，个个神情严肃，目不斜视。

"从今以后，在主里面而死的人有福了！"刚刚装上假牙的老布停顿了一下，威严地审视着台下黑压压的人群，"慈悲的天父，今日我们在这里为宋弟兄献上祷告，他已经走完了世上的路程，被主悦纳。此人的一生是蒙主喜悦的一生，他传扬主的恩典，兴办实业，致力于教育且与人为善，勤勉不休，鞠躬尽瘁。我们深信，照主真道而行的人，他的灵魂必蒙主的救赎而得享永恒之安息。你本是尘土，仍要归于尘土。吾求安慰人心的主，安慰我们，更安慰他的家属，使他们内心的力量刚强起来，更好的奔向前面的路程。以上祈祷靠着我主耶稣基督的名而求，阿门。"

"阿门！"底下黑压压的人群也一起低声附和着。

在葬礼上，老布见到了宋老大一家，也第一次见宋徽五的儿子宋裴卿，一个白皙的年轻人，长得和宋徽五颇有几分相似。宋老大和宋裴卿爷孙二人显得神色憔悴，传教士安慰了二人几句："所谓否极泰来，裴卿你可一定要节哀顺变啊。"

宋裴卿对传教士鞠了一躬后说："牧师今天讲得很好，辛苦你了！"

德昌公司的工人们几乎人人都对未来充满了疑惑，宋裴卿给大家道了谢后说："公司和各位的前途，等我把父亲在莲花盆乡安葬后再说。"

人群中的袁小楼悄声告诉陈河妮："听说裴卿要带大家去天津租界开一家新公司，你要有个思想准备！"

第二天，宋裴卿把父亲的灵柩运回了莲花盆乡，就葬在了宋家的祖坟里。宋徽五的坟墓十分讲究，清一色大理石铺砌，周围是刚刚栽种的松柏。想到父亲抵制洋货和生产国产毛线的愿望功败垂成，宋裴卿禁不住悲愤不已，兀自在宋徽五的墓前抽泣了起来。

33

中原大战期间，张学良除去北洋政府五色旗，改立青天白日满地红旗，归顺国民政府，他率兵跨过山海关，进驻平津之后，阎锡山、冯玉祥和李宗仁等人联合发动的反蒋战争也就旋即告终了，北伐宣布成功。中原大战一结束，第一军团司令韩复榘就因为在同阎锡山的晋军作战中军功赫赫，被任命为山东省政府主席，统领山东省的军政大权，春风得意的韩复榘很快就着手任命山东各地的县长。

韩复榘的河北老乡羊九五被他任命为古城县长，于是，这位叫羊九五的人手提藤杖，带着一个叫季肇强的心腹和几名亲兵风尘仆仆地来到了古城。一进古城城门，只要看见打架斗殴的，羊九五和季肇强拿起藤杖就抽。

"妈那个巴子的，回家和你老婆打起！一个巴掌拍不响，以后在我辖区内不准打架！"

凡是来打官司的人，羊九五也不管青红皂白，每人先打上几藤杖，然后才可以告状审案。新任县长的这些歪招儿倒也管用，不久，古城街道上打架斗殴和来县衙打官司的人就越来越少了。新官上任三把火，羊县长的屁股还没在古城县衙坐热，他就命令手下的幕僚顾宝山在城门口张贴告示。第一是严禁大烟，按照韩主席的教诲，如果有人胆敢在古城抽大烟，吸大烟一次，盖火印警告；吸食两次，再次警告；如吸食三次以上，不管什么理由，一律拉到阳河河滩执行枪决。一时间，南北城的大烟馆都吓得关门闭户，来不及停业的大烟馆都被季肇强带人砸了个稀巴烂。古城那些害大烟瘾的人，只好偷偷摸摸地躲在家里抽了。第二是推行所谓的新生活运动，为此羊县长吩咐手下的幕僚们印刷了不少小册子，不过古城人对这个狗屁新生活运动并不怎么感兴趣，倒是各个学校的女学生从此不敢穿着短袖的衣服四处乱跑了。

入秋之后，羊九五又带着季肇强临时拼凑起一个警备中队，去围歼南乡里盘踞的土匪响马，结果剿匪的第一仗就中了刘振彪和衣来好的埋伏，不但警备中队几乎损失殆尽，县长羊九五和季肇强也差一点毙命。第一次剿匪就铩羽而归，差点儿从马上摔下来跌死的羊县长觉得颜面扫尽，从此恨透了刘振彪和衣来好这股土匪。他回来后立刻处决了城里一名给衣来好看过伤的大夫，接着又借口法庆寺给刘振彪他娘念过金刚经，赶走了法庆寺里的所有和尚。羊九五一不做二不休，干脆把警备中队队部也搬进了法庆寺，把这座百年古寺变成了自己在古城的兵营。气急败坏的羊县长接着又把气撒到手下人身上，他要求幕僚们献计进策，否则赶紧打铺盖卷儿，拔腚[134]回老家抱孩子去。

"我老羊请你们来，不是看你们每天喝茶、抽烟、闲扯蛋的！"受伤的羊县长看着手下的几位幕僚，"你们都说说，咱们现在该怎么办？"

"当务之急是要建立一支能征善战的警备大队。""自诩为"古城小诸葛"的顾宝山第一个开口，急着在新县长面前表

---

[134] 鲁西附近的土话，意思是滚蛋

现一把，他还特别强调了"能征善战"这四个字儿，"这刘振彪原先是古城警备队的，后来为了对付绿营跟土匪搅合到了一起，最后搅糖稀儿一般自己倒成了个土匪头子了。那个衣来好更是个狡猾的老狐狸，多年来一直盘踞在西南的崇山峻岭里。以鄙人愚见，最好最快的办法，是把原先旗城的几个人请来，让他们帮着县长训练一支警备大队。那些家伙们曾经和土匪多次交手，对各路土匪的底细都了如指掌。"

听完顾宝山这番叙述，满心狐疑的羊县长，倒有些怀疑这个老鼠胡子是不是和吴延年的旗兵团还有些藕断丝连。于是就指着门口的一副对联，皮笑肉不笑地对顾宝山说："老弟可曾知道这首诗词是出自谁的手么？"

"绿瓦红墙松柏官，闻移衡府殿材工。树根一几庄严在，磁画双皿色相同。"顾宝山抖动着老鼠胡子，摇头晃脑地念完了寺门口的对联，又走近几步后，终于看清楚了门楣上的落款：民国十四年，康有为。

羊县长略带讥讽地对顾宝山说："那样不太好吧，吴延年前几年还把康有为请来，替他的旗兵团拉大旗做虎皮，我怎么能相信吴大帅这种一心想着复辟的婊子呢？"

"呵呵……呵呵……"听县长这么说，顾宝山有些尴尬地笑了笑，然后摇着头对羊九五说，"县长，您误会了！吴延年早就逃到青岛去了。平心而论，吴延年此人还是拥护共和的，他手下那些人大部分都去青岛当了工人了，北城如今的吴延年早就荡然无存了。"

"噢……那你……让我去旗城找谁呢？"羊县长一脸疑惑地望着顾宝山。

"县长有没有听说旗城有个叫祁奉先的人？据我所知，此人曾经在河南做过几年县长，也算是古城的一位开明人士。回到古城后，他广结人脉，高朋满座。上次就是他替吴延年出面去省城找了人，才保住了他们旗城的绿营，只可惜没多久，绿营就被刘振彪和他找的土匪给各个击破了。听说他手下的那批人，也一直想着剿匪这件事儿，我觉得这个祁奉先倒是可以为县长所用，不知您意下如何？"

羊县长还是有些不放心："这个叫祁奉先的，我倒是听说过几次，不过不清楚此人到底有几斤几两？"

"我也听说这个姓祁的能独当一面，而且此人为人正直，很讲义气，手下倒是颇有些拥戴者。"季肇强一面挖着鼻孔，一面插嘴道。

"那也好，我羊某人正好需要这样的人。"见季肇强也这么说，羊九五这才点了点头后对顾宝山说，"你出的这个主意不错，算是没白拿我的银元。"

经过与幕僚的一番商谈后，古城县长羊九五决定邀请祁奉先等，在法庆寺帮他训练一支善战的警备大队。羊九五盘算着这支警备队除了剿灭盘踞在周围的响马外，更可以加强自己在鲁中的势力，可谓是一箭双雕。祁奉先十分赞同羊九五练兵剿匪的计划，立刻带着张玉麟、金家勇和马大铃铛等人来到了法庆寺，配合季肇强和顾宝山着手组建古城警备大队。经过一段时间后，羊九五和季肇强都觉得祁奉先此人确实有过人之处，于是放心地让祁奉先等人自行决断。祁奉先这伙人不敢懈怠，每天在法庆寺里忙得焦头烂额，祁奉先和顾宝山原先就是老相识，如今二人又拧成了一条绳，一定要解决古城的匪患。

警备大队大队长季肇强却在此时，过起了悠哉悠哉的日子来。时间一久，祁奉先、张玉麟、金家勇和马大铃铛都发现季肇强此人眼高手低，还经常三天打鱼两天晒网。不过，羊县长却把这个眼高手低的懒汉视为心腹，对季肇强言听计从。金家勇快人快语，少不了抱怨起县长和季肇强来："我看这个姓羊的人不像是个善良之辈，你再看他那个叫季肇强的亲戚，不像是个警备队长，倒像是个街头的二溜子。我们现在忙得恨不得有四只手，他倒时不时躲在酒楼里，自己喝起了小酒儿来！"

玉麟连忙制止了家勇继续抱怨下去："家勇，撇开个人喜好，既然县长现在有剿匪的诚意，奉先说现在我们至少可以靠县长之手剿灭匪患，至于以后怎么样，咱们只能走一步看一步了。"

马大铃铛点头道："我看张大哥说得对，先把土匪剿灭了再说。"

"家勇啊，你现在只知道直是直的，却不知道曲也可以是直的啊。"祁奉先倒是显得信心十足，"羊县长和顾宝山绝非平庸之辈，你也别小看了那个季肇强，他也是正经八百保定军校毕业的呢，别忘了'水至清则无鱼，人至查则无友啊！'这句老话啊！"

"人生有时候就要难得糊涂啊！"玉麟也随声附和着。

金家勇哼了一声，心有不甘心地嘟囔道："我看那个姓羊的和顾宝山像是个眼高手低的货色，就怕咱弟兄们到头来吃不着羊肉，到头来反而惹来一身骚啊。"

"宝山此人饱读诗书，古道心肠，是我多年的旧交，家勇不必担心！"

就在金家勇抱怨季肇强的时候，古城警备大队长正在城西的几所学校附近溜达，他奉羊县长的命令，在古城各个学校暗访学生们有没有严格遵守新生活运动的各项规定。结果那天，他果真发现了一个穿着短袖衫的家住东华门附近的女学生，季肇强为此大发雷霆，对着学校里一个教务长大发雷霆，还惊动了这位学生的家长。解决了女学生穿着的问题后，季肇强的脑海里却开始被这个穿着短袖衫的女学生所困扰，她那健康而略带黝黑的胳膊，丰满的胸脯以及身上散发出的那种女性特有的味道，忽然之间触发了古城警备大队长心头满满的怀旧和淡淡的伤感。"那就是女人的骚味儿！"季肇强在心里自言自语道，如同离开家乡前第一次看见裸体女人那样，他开始感到膝头发软、身体打颤，终于彻底掉进了对酒精的渴望之中。他朦胧地想着，如果当时他没有就去军校，而是跟家乡的那个女人结婚，人生会如何呢？也许自己会成为一个无名的手艺人，或者是一个买卖人？不过他可以确信，自己会是一个幸运的人了，而不是整天守着家里的那个狮子吼老婆——老羊那个喜怒无常疯子一般的妹妹。

季肇强在恍惚之间，不知不觉就转到了法庆寺南面五里外的"青云馆"附近。看看天色阴沉，他便一头钻进了这家小店里。店里只有三四个壮汉在猜拳吃酒，壮汉们见外人进来，立刻停止了喧哗。季肇强以前来过几次青云馆，老板娘见他进来，立刻笑着迎来上去。

"来个中药炖鸡，一盘儿花生，四个咸鸭蛋，外加半斤老少。"

"马上就好！"

季肇强心里清楚这不仅仅是一家酒馆，而且是一家半地下的妓院，看见两个女人从后院溜进了路边的苹果园之后，转眼之间就消失得无影无踪，季肇强心里倒有些怅然若失的感觉。正在这时，窗外的雨点儿噼里啪啦的落了下来，溅起一阵土尘，那几个壮汉也不知道什么时候也已经离开了，酒店里顿时安静了下来。酒菜上来后，中药炖鸡和咸鸭蛋的口味倒是不错，季肇强吃得津津有味，时不时地和柜台后面的老板娘聊上几句，老板娘前几年死了丈夫，身边只有一个儿子，这个不争气的熊孩子现在整天无所事事，跟着附近的几个土匪四处鬼混。

"我的警备大队现在需要人，你叫他来找我吧！"

"有这种好事儿？那可是太好了！"老板娘笑了起来，一笑以后，这个徐娘半老的娘们儿倒显得有几分风情了。此时喝得微微有些醉意的警备大队长，忽然觉得这个黝黑的女人倒有几分像今天那个女学生哩，于是他对她招招手："你过来，坐在我腿上吧！"

"俺……俺都是老娘们儿了"女人吃了一惊后，接着放浪地大笑了起来。

"我就喜欢老娘们儿，你没听说过三十如狼四十如虎？"季肇强一面笑着，一面把手放在了女人木瓜一般的胸脯上。

女人的嘴唇像过电一样哆嗦了两下，飞快地挪开了季肇强的咸猪手："你等着，俺把店门关了，好好伺候伺候你，只要队长不觉得吃亏就行！"

青石板街福禄寿张蚁羊的二儿子延禄和五里桥蚂蚁香烟作坊马金牙的女儿马金叶儿的婚礼，早早地就定在这年中秋节举行。张蚁羊提前半年就把家里靠南的三间西厢房腾出来做新房，他不但雇人把墙壁粉刷地雪白一新，连家具也都换成了新的，厢房几个门框上都贴着阿訇新写的堵娃儿，张蚁羊的老婆在窗户上挂满了染成了红色的长果（花生）和山核桃。

婚礼先在真教寺里举行，沙阿訇给了新人们最真诚的祝福，法阿訇也给新人们交代了责任和义务。张家大院里早早地就支起了大棚，一时间流水宴席上人声鼎沸，热闹非凡。亲朋好友和四邻八舍挤满了皮货张家不大的院子，十几桌酒席最后一直摆到了青石板街上。张蚁羊和马金牙坐的是一席，从青岛回来过节的田立人也给皮货张带来了一份儿贺礼，张蚁羊把田立人也让到了他们这桌席上。张蚁羊的老大延福，马家的勤俭和丰收这几个后生陪着几位近亲，坐在另外一席上，老三延寿和雨来谷雨哥俩儿以前就很熟，吃完了拔丝山药后，就领着他俩去看做皮货的作坊玩儿，还送给兄弟俩一人一个鹿皮缝制的小荷包儿。

西边地新房里，收拾得光彩照人的鹿儿形影不离地陪在新娘子金叶儿身边，好像几天的新娘子也有她一份似的。不一会儿，手里闲不住的鹿儿用大红纸剪出了一张又一张的剪纸来，她把窗棂子上、墙头上、甚至是镜子上都贴满了这些剪纸儿。正怀着孕的田王氏带着姗姗学步的女儿田美丽来看新媳妇儿，她一见金叶儿和鹿儿都是一双大脚，就羡慕地问道："看来你们都是读新学的？"

鹿儿笑着说，"对，俺和金叶儿都是东门新学里出来的。"

"还是你们年轻人好，不像俺们那个年代，人人都得缠小脚儿！"

田王氏坐在婚床床沿儿上跟马金叶聊天儿的时候，鹿儿顺手抱着手里抓满红红绿绿糖果的田美丽，四处跑着看她的那些剪纸。贴在新房窗户上的是"母子情深"：一只肥胖的老母鸡正在张家大院儿的地上四处找寻着食物，她东张张，西望望，走走停停。她身后跟着几只像圆球一样毛茸茸的小鸡儿，黄乎乎的小鸡们有的在低头找食儿，有的抬起头看着母鸡，有一只小鸡儿只顾傻乎乎地往前走，脑袋都撞到了老母鸡的屁股上，一个屁股蹲摔了个两脚儿朝天。。

"慢点走，你都撞到娘的腚垂子上了！"老母鸡一面轻声地训斥着小鸡，一面把嘴里的一个过灶婆[135]吐给它。

镜子上贴的是一张"鼠猫同乐"：一只淘气的小母老鼠肚子里缺少油水儿了，于是她就爬上了高高的灯台去偷油。等她心满意足地喝饱了一肚子油水儿，回头一看，小老鼠禁不住头晕目眩了起来，原来灯台这么高？小老鼠吓得轻声哭了起来，忽然她听到了轻微的鼾声，低头一看原来是皮货张家的一只长得像小老虎的公猫，于是她就开始喊了起来："猫大哥，你醒醒！猫大哥！"

猫大哥在睡梦中被叫声惊醒，他伸了个懒腰后，四处张望着。他抬头望了望高高的灯台，瞅见了惊魂失措的小老鼠，于是就大笑起来，直笑得胡子乱颤："你真是偷油不要命的主儿，那么高的灯台你不头晕吗？"

小老鼠桃花带雨地低声嘀咕："现在人家头晕目眩，俺都不知道自己是怎么爬上来的。"

猫大哥笑着说："俺以前在后院的麦仓里见过你，没想到你已经出落得这么水灵了。"

---

[135] 本地黑色爬虫

小老鼠破涕而笑："猫大哥，都什么时候了，你还有时间开玩笑啊，你还是快点儿想法把俺弄下去吧！"

猫大哥转了转眼珠子，伸出双手对着小老鼠说："那你赶紧跳到俺的怀里，俺好接住你！"

小老鼠一不做二不休，把心一横，双眼一闭，纵身从灯台跃下，朝着猫大哥的怀里跳去。猫大哥伸开毛茸茸的双臂，一下就接住了跳下来的小老鼠，就在两人抱在一起得那一刻，小老鼠的脸红了，猫大哥的脸也红了。

听完鹿儿讲的这些剪纸故事，田美丽咯咯咯地笑了起来，笑得肥嘟嘟的脸儿像是盛开的花儿；新娘子金叶儿也哈哈大笑了起来，笑得瘫倒在了婚床上；田王氏也被逗得笑成了一团，直喊都要笑岔气儿了。鹿儿讲够了故事，觉得有些饿了，于是就蹑手蹑脚地溜到厨房里去找点儿吃的东西。走进厨房，炸油香的赵牛角的老婆因为沸腾的香油老是溅出来，烫了她的手心和手背几次，就自言自语嘀咕了起来，是不是有卡菲尔[136]在厨房里？怎么今儿个这香油老是溅出来烫着俺？鹿儿听到这女人嘴里唠唠叨叨，吓得油香也没拿，连忙从厨房里溜了出来。

月亮在莲花瓣般的云朵里穿行，照在皮货张家南屋红彤彤的窗户纸上，也照在城东黑咕隆咚的田野上，快到五里桥的时候，坐在大车上的鹿儿忽然开始小声地抽泣了起来，坐在她身旁的中学教员马丰收小声问她，"你怎么了？鹿儿。"

"俺有点儿想金叶儿姐了！"鹿儿抹了把眼泪说。

"你俩不是才刚还在一起吗？"

"俺也不知道为啥，就是觉得心里堵得慌哩……"

---

[136] 字面解释为"遮盖者"，这里指不信教者或者异教徒

听鹿儿这么说，丰收的眼睛也湿润了，他低声对鹿儿说，"没事儿，金叶儿走了，你不是还有我吗？"

说话之间，中学教员把鹿儿搂紧了一些。马车吱吱扭扭地走过五里桥，中秋之后的夜晚，渐渐冷了起来，露水也重了许多。四处乱串得风儿已经吹散了天空中淡淡的云彩，一轮皎洁的月亮高高地挂在天际，一轮轮若隐若现的月亮也倒映在五里桥下的河面上，随着微微起伏的五里河水闪动着点点粼光。

清真寺和真教寺两个阿訇的分歧，在参加完延禄和马金叶的婚礼后又加重了。清真寺的法阿訇认为真教寺的沙阿訇是个共产主义分子，真教寺沙阿訇认为清真寺的法阿訇是个投机分子。

护城河西边城里清真寺的阿訇法蝈蝈，是个高瘦子，他是前任查阿訇的徒弟。法阿訇宰鸡的时候，也同他师傅一样，随手扔出一条漂亮的弧线。他也一样坚持午后默读《古兰经》，遇到慷慨激昂的章节时，法阿訇禁不住提高了嗓门儿。每当法阿訇背诵到黯黜(太克威尔)这一章的时候，他都会因为有力的排比句而激动得浑身颤抖，眼睛像受惊的山鸡一样不停地咋来咋去，后背的汗毛也根根儿倒竖了起来。

"当星宿零落的时候，当山峦崩溃的时候，当孕驼被抛弃的时候，当野兽被集合的时候，当海洋澎湃的时候，那个女孩儿在哪里？"

法阿訇深吸了几口气，半天才停止了颤抖和眨巴眼睛，可是声音还在发抖。他问端坐在清真寺里的众人："我的孩子们，当真主的报应日降临的时候，你们将会在哪里呢？你们是愿意选择那石头与硫磺的火狱？还是愿意选择那美妙的、下临诸河的乐园？你们得以和纯洁的爱人一起，永居其中呢。"

"下临诸河的乐园里。"教众们有气无力地拉着长声儿回答。

不同于查阿訇的不问世事，法阿訇不但喜欢看一些政治时事，还时常研究目前的时局。他时不时地给广西的白崇禧部长写信，和他讨论一些政治以及宗教的问题。白崇禧也总是耐心地给他回信，在回信中称他为"亲爱的法阿訇，色兰！"。

真教寺的沙阿訇是辘辘把街人，是南营子的武师沙巴头的一个叔伯兄弟，说来说去他和五里桥的马金牙也沾点儿亲戚关系。他是原先真教寺里铁阿訇的徒弟，七岁时跟随铁阿訇学习《古兰经》，还跟着查阿訇学习过阿拉伯文。他也和老铁一样喜欢思考，喜欢阅读《古兰经》后写下一些笔记和神秘的文字，也试图从经卷的字面意思背后寻找出隐藏的启示和涵义。他曾经严肃地跟马大铃铛他爹讨论过这些问题，也跟附近的马丰收讨论过马克思主义和穆罕默德的天堂。沙阿訇曾经若有所思地告诉儿子沙秋平："哼，俺看马丰收说的共产主义，真的跟下临诸河的乐园有几分像哩，等以后实现了共产主义，每个人都可以拥有一个下临诸河的园子，你一伸手就可以摘下结在树上的金黄的苹果、紫色葡萄和熟透的红蜜桃儿来吃，一俯身就能有白面大饽饽和油汪汪的蜜三刀。"

一想到入口香甜的蜜桃儿和油汪汪的蜜三刀，沙秋平高兴地笑了起来，"爹，要是那样的话，俺就顿顿都吃蜜桃儿和蜜三刀哩。"

沙阿訇听儿子这么说，"也哈哈大笑了起来，秋啊，要真是真那样的吃法，俺保证你不出两天就会被腻歪死的。记住！真主喜欢有节制的人，总是不忘记赐福给那些人。"

沙阿訇晚上睡着了，在梦中还在思考着下临诸河的乐园。他梦见诸河里有各种各样、五颜六色的鱼虾，它们不知疲倦地四处游来游去，有几只懒洋洋的乌龟也在水面下潜泳。可是转眼之间，鲜红的血液滴滴答答地流进了河里，鱼虾和乌龟们都开始四处逃命，一滴凉凉的东西也滴在沙阿訇的脸上。沙阿訇用手一抹，竟然是红色的血迹。他吓得大叫一声，从梦中醒来，原来那只是一场噩梦！沙阿訇起身关上被风吹开的窗户，发觉暗夜之中，天空中不知从何时起已经下起了淅淅沥沥的秋雨。

34

田家大院里，田济世和帐房先生正在噼里啪啦地打着算盘对账，田簸箕和他女人领着一个白白净净的年轻人，提着几包儿礼物走进了帐房。

田簸箕指着年轻人问田济世，"老爷，你看看是谁来看您来了？"

田济世戴上老花镜打量了半天才说，看着面熟，是很面熟，就在嘴边儿呢，可就是想不起来了。

年轻人见田济世认不出自己，就笑着自我介绍道："爷爷，您不记得我了，我是寿光得张天佐啊。我以前经常在你这儿蹭饭吃，我还带着雨来和谷雨一起去守善中学打过篮球哩！"

田济世拍拍脑袋，这才想了起来："对对对，是天佐！你们这些后辈们都长大了，可见我们都老糊涂喽。"

田济世把张天佐让进了客厅里坐下，佣人们沏上茶来。田济世让老伴儿也出来和张天佐见了见面，田家上上下下的人都觉得如今的张天佐可比以前那个白面书生老成多了。

"爷爷，最近在省城没见到我叔？"张天佐落座后，询问田老汉。

田济世告诉他："国民政府如今已经把宋徽五原先在青岛的那所私立大学改建成了国立青岛大学，你叔现在正在青岛跟在那个叫赵太侔的屁股后面忙着哩，今年怕是要到暑假才能回家一趟哩！"

张天佐听罢点点头："那我这次是见不上他了。"

田济世看到桌子上张天佐带来的东西，就低声数落道："天佐啊，以后到咱家里来坐坐就可以，东西可千万不要再买了。"

张天佐笑着回答："爷爷您客气了，这几样点心是专门孝敬您二老的，本来就不值几个钱儿，再说了，我现在已经在利津县警备大队就职了。"

"警备大队好！那你好好干，兴许以后能当个省警备警长哩。"

张天佐听田济世这样胡诌，禁不住笑出声来。又坐了一会儿后，张天佐借口要去附近找原先的同学，也就起身告辞了。

田簸箕望着张天佐远去的背影对田济世说："东家，俺感觉这小子以后前途不可限量。"

田济世转过头看着田簸箕："簸箕，你什么时候变成了算卦先生了？"

田簸箕挠挠头，一本正经地改口问道："对了，东家。听东门的赵大舌头说，他儿子赵太侔差点儿当了大哥那所学校的校长，有这回事儿么还是那赵大舌头吹牛？"

田济世一副严肃地点点头："听说那个赵太侔不但学问了得，而且交际很广，颇见过些大世面。听你大哥说，他这次从全国各地弄了不少风流才子去那所大学哩！"

田簸箕自言自语道："想不到赵大舌头一个卖布的咬舌子掌柜，他儿子如今倒能呼风唤雨了。"

"簸箕，人不可貌相，海水不可斗量啊……"

古城青龙街布店老板赵大舌头的儿子赵太侔先是考入北京大学，后来又去了美国的哥伦比亚大学研究院专攻戏剧。作为刚刚成立的国立青岛大学的教务长，他要把大量宝贵的时间花费在和同僚们研究国立青岛大学（两年后更名为国立山东大学）的招生，各个院系的运作和招聘上。经过一番努力之后，国立山东大学不但聘请到了闻一多任文学院院长兼中文系主任、梁实秋任外文系主任兼图书馆馆长，而且像沈从文、舒舍予、赵少侯等也将陆陆续续来到了这座新成立的大学。

如今的赵太侔偶尔回到古城，每次都是行色匆匆，青龙街的邻居街坊们都觉得他狗眼看人低了，其实这实在是冤枉了他了，其实赵太侔对古城一直抱有好感，对古城在青岛的老乡时有照顾，和数学系的田立人教授也常来常往。随着夏日的到来，闷热的天气占据了青岛的前海，学校的节奏也慢了下来。这位戏剧学教授甚至没有时间坐下来，认认真真地欣赏一部自己喜欢的戏剧。赵太侔终于可以躲在自己的书房里，他手上有一个长长的阅读书单儿需要阅读，书桌上也堆着许多剧本等着他去鉴赏。他伸手翻开了第一部剧本儿，是田汉改编的《卡门》，封面上是主演俞珊[137]一副妖艳的照片。赵太侔禁不住立刻被封面上的这个女人吸引住了，这个被文人们称作戏剧界性感秋蝴蝶的俞珊，不仅相貌出众，而且才华出众，凭着一部王尔德的名剧《莎乐美》而声名鹊起，红遍民国大江南北。

"木秀于林，风必摧之；堆出于岸，流必湍之。"这位木秀于林的俞珊不但招致民国众多无聊文人的吹捧，而且也找来了一片妒忌和怨恨之声。连徐志摩和梁实秋等也成为俞珊的狂热追从着，为此徐志摩的妒妻陆小曼大骂俞珊为肉感的"茶杯"。她曾经对新月派诗人扬言："俞珊是只茶杯，茶杯是没法儿拒绝人家不斟茶的，而你是牙刷，牙刷就只许一个人用，你听见过有和人共用牙刷的吗？"一想到这些流言蜚语，赵太侔禁不住摇了摇头，无奈地轻声笑了起来。今年年初，俞珊以养病为借口来到了刚刚成立的国立青岛大学，在梁实秋手下当了一名图书馆职员。赵太侔见过俞珊几次，还搭过几次话。俞珊虽然称不上是倾城倾国，却几乎倾倒了山东大学的师生，在俞珊端坐的地方，经常有一些无聊的好色之徒在徜徉，借以和她搭讪聊天儿，为此梁实秋经常大发雷霆。上一次，赵太侔从图书馆回到家中，面对自己的黄脸婆的时候，这位戏剧教授心中倒颇有些惆怅哩。

赵太侔把一张唱片放进了唱机上，悠扬地歌声开始从唱机里缓缓飞出。他又看了一眼俞珊的照片后，才翻开了剧本：在西班牙塞维亚，卡门诱使军人班长唐·荷塞堕入情网，并舍弃了他在农村时的情人——温柔而善良的米凯拉，接着唐·荷塞因为放走了与女工们打架的卡门而被捕入狱，出狱后他又加入了卡门所在的走私贩的行列，而卡门却又爱上了斗牛士埃斯

---

[137] 民国时期表演艺术家，与当时多位名人雅士有交往

302

卡米廖……不知不觉之中，赵太侔感觉自己已经是唐·荷塞了，他对女人见异思迁水性杨花的本性，产生了一种极度爱恋和无比憎恨的复杂情感，于是他充满激情地朗诵起话剧里的对白来："她的习性，也跟所有女人和猫一样：召唤不来，不招自来。她停到我面前，跟我拉话……"

"当当当！"一阵短促的敲门声打断了唐·荷塞的慷慨激昂，赵太侔问门外的佣人："是田教授到了么？"

"对，他已经在门外等您了！"

赵太侔上了停在门口的黄包车，其实连赵太侔这个学戏剧的也猜不透田立人今天的安排，这位古城老乡只是神神秘秘地告诉自己要去见一位远方的客人，可是却迟迟不告诉自己对方到底是谁，直到坐上了黄包车，田立人才提到今天做东的人是商会的白玉龙。

"白玉龙现在可是青岛商界炙手可热的人物！"赵太侔不禁感慨道。

"是啊，他现在也算是岛城一言九鼎的人物。"

既然是白玉龙做东，他又能请到什么人物呢？赵太侔心里愈发好奇了起来。他和田立人正聊着最近校园里发生的这些杂七杂八的琐事，黄包车已经到了汇泉湾跑马场附近的一座幽静的去处。二人跟随在侍从，在一个装饰优雅的包厢里见到了笑容可掬的白玉龙，白玉龙的身边还立着一位器宇不凡的中年男子，赵太侔觉得此人有些面熟，却又记不清是在哪里见过这名男子。

"这位是刚刚成立的国立青岛大学的教务长，古城东关的赵太侔教授。"

"这位是曾经的海军泰斗，胶澳商埠督办温子培先生！"

赵太侔此时才猛然醒悟，原来眼前的此人就是大名鼎鼎的温子培。自己只是在报纸的照片中见过此人，那时候赵太侔还在耶鲁大学读书，等到自己回国的那一年，温子培已经被民国政府通缉而流亡日本。多亏了包括教育部长何思源等人的说情，国民政府前一阵子才终于解除了对温子培的通缉，这位前胶澳商埠督办几天前才刚刚回到青岛。

"原来是温先生，久仰久仰！"

"赵教授戏剧大家，前途无量！"

宾主落座之后，觥筹交错之间相谈甚欢。赵太侔见温子培和白玉龙都精通英文和日文，尤其是温子培对日本了解甚多，禁不住说起了如今的大学生对日本多有诟病。

"有许多学生甚至有对日开战之言论……"

众人沉没半晌，白玉龙才开口道："据我所知，日本人对中国并无领土野心，倒是诚心诚意地想帮助一些落后的地方，也没觉得他们图谋什么回报……"

"白先生此言差矣，吾未见好德如好色者也。不管是东洋人还是西洋人，要我赵某相信他们不图谋任何回报，实在是难以令人致信……"

众人七嘴八舌争论不已，温子培却沉默不语，最后见其他三人眼光都盯着自己发言，这才慢慢悠悠地开口说道："但愿温某仅仅是大惊小怪，我在日本见到的情况可谓触目惊心，日本时下正在大举扩张陆军和海军。鄙人是海军出身，如今中日海军的差距犹如天壤之别，不管学校的学生抗议也好，不抗议也罢，中日之间恐怕是……必有一战啊……"

"子培兄言过其实了，"白玉龙笑了起来"中日文化相同，一衣带水，双方觉不会闹得撕破脸皮的。"

直到傍晚时分酒席才散去，众人也告辞而去。坐车回来的路上，赵太侔不禁意味深长地评论了一番白玉龙："此人要么是真糊涂，要么是在我们面前假装糊涂而已。"

田立人轻声回了一句："我看他是在装糊涂！"

赵太侔刚踏进赵家屋门儿，家里的佣人就结结巴巴地告诉他，家里刚才来了一位女客，对方看起来风尘仆仆，自称是远道而来的故交。

"我让她在客房里等您，她说她是您的一位老朋友，她说她叫李……"

"叫什么？"

"她说她叫李云鹤……"

"李云鹤？你快去把她请到我书房里来！"

女佣人很快把一位衣着朴素的女子让进了书房，只见她身材窈窕，容貌俊美，灵动的眸子里却含着一丝淡淡的忧郁。赵太侔一眼就认出了眼前的这个女人，她就是自己在济南省立实验剧院学戏剧曾经的学生李云鹤[138]。

---

[138] 即江青（1914年3月5日-1991年5月14日），中国现代政治人物、演员、文艺理论家、摄影家、忠诚的共产主义者。江青本名李进孩、李云鹤，生于山东诸城，是毛泽东的最后一任妻子。1931年7月-1933年4月，李云鹤在国立青岛大学（后改为山东大学，今中国海洋大学）图书馆工作

"云鹤？你怎么来了？"

"校长，我无家可归了。"

"你不是已经在济南结婚了吗？"

"校长，我……我们已经离……离婚了……"

"你，你……你们这些年轻人怎么把婚姻当成儿戏？人生不是演戏？"

"我……我和他没有什么共同语言，我不想像金丝鸟一样生活在鸟笼子里。"

"金丝裘总比寒号鸟好吧？"

赵太侔招呼李云鹤坐下来，又吩咐厨房给她做点儿吃的。他不停地唉声叹气，李云鹤却只是低头坐着。

"那你打算以后怎么办？"

"我想留在青岛，听说你们学校刚刚成立，也许我能在学校里做点儿什么？"

赵太侔思索了一会儿："你喜欢在图书馆工作么？梁实秋现在是图书馆馆长，你要是愿意去那儿，我倒是可以跟他打个招呼。"

"我挺喜欢图书馆的，平时没事儿还可以读读书。"

"那你就先去图书馆吧，兴许你还能见到俞珊呢！"

"俞珊？她现在可是大名鼎鼎的话剧大明星啊！"

"哼……"赵太侔继续说道："不但俞珊，她兄弟俞启威[139]也是山大物理系的学生，而且还是个令人头疼的活跃分子哩！"

35

在法庆寺昏暗的厢房里，羊县长同顾宝山和祁奉先商讨着剿匪、缉毒、税收以及如何向省主席要枪要军饷等事宜。法庆寺的灰土操场上，张玉麟他们正为训练一支警备大队忙得焦头烂额，声嘶力竭。这支新成立的警备大队人员混乱，有些是季肇强原先那支警备中队里的，有些是原旗城绿营的弟兄，而大部分是新招募的各地农村人。张玉麟、金家勇和马大铃铛三人把这群组织起来的乌合之众分成了三个小队，每人负责训练一个小队。士兵们每天一大早就在寺里集合，从最基本的军事训练开始练起。这样训练了几个月之后，韩复榘也从省里拨下来了一批长枪短枪，祁奉先也从绿营找来了一些长枪猎枪和鸟铳。可即使这样凑来凑去，也只有几十杆枪。羊县长打量了半天这些长短不一、形状各异的枪后说："你们去找几个木工来，照着样子做一批三尺来长的木头枪，然后再涂上黑漆，那样看起来不就整齐划一了吗？"

转过年来到了春天，县警备大队的训练已经初见成效。队员们不仅站有站相，坐有坐相，而且训练了队形演练，甚至在附近的地瓜地里进行过几次实弹演习。盛夏时节的时候，羊县

[139] 即黄敬（1912 年－1958 年 2 月 10 日），原名俞启威，中国共产党高层领导人之一。1931 年至 1933 年，就读于国立山东大学物理系，共产党地下宣传部长。1932 年，18 岁的李云鹤与俞同居。

长和祁奉先陪同省里来的代表一起在法庆寺临时搭起的观礼台上检阅了县警备大队。羊县长致完欢迎辞后，检阅开始。只见古城警备大队的队员们一人手里一杆黑色木枪，"咔咔咔"像一群骄傲的大公鸡，从法庆寺操场的一头儿齐步走到了另一头儿，又从另一头儿走到了这一头儿；接着队员们还表演了硬气功、武术对练和实弹表演。羊县长得意洋洋地看着省里来的代表，踌躇满志地表示，自己在古城剿匪大业已经准备就绪，马上就可以行动了。省里来的代表也对古城警备大队的优异表现大加赞赏，可是接着话风一转，告诉县长他们这次来负有特殊使命，而且此特殊使命是由最高长官亲自布置的。

当天晚上，羊县长紧急集合县警备大队。张玉麟和金家勇甚至包括季肇强在内的所有人都以为这次是真的要去剿匪了。已经等不及的季肇强扯了扯紧巴巴的衣服，嘴里骂骂咧咧地说："他奶奶的，这次老子一定要多捉几个土匪，报他娘上次的一弹之仇。"

"不，我们这次搞的可不是一般的土匪。"羊县长站在观礼台摇摇头，纠正着军装里露出一簇黑乎乎胸毛的季肇强，"一般的土匪只是脚气，"队员们听到羊县长说"脚气"二字的时候，都一起哄堂大笑了起来，因为警备大队里一多半儿的队员都患有轻微或者严重的脚气病，每天训练之后，大伙儿的脚掌都奇痒无比。

"诸位都不要笑，"见到众人发笑，羊县长一下子变得严肃了起来。士兵们见状，立刻又挺直了腰板儿，"土匪只是脚气病，可是诸位知道吗？共产党可是心脏病，疼起来是会要人命的。"

"都他娘的听好了！"羊县长一面来回踱着步，一面继续说下去："这些要人命的共产党，从去年开始就在附近的村镇里频繁活动。我们已经得到可靠的情报，这些土包子马上就要在弥河附近举行暴动，接下来就要攻打古城县政府，建立他们的苏维埃政权。有道是，养兵千日，用兵一时，这次行动就看你们的了！希望诸位今晚能够个个奋勉建功，剿灭赤匪！"

那天晚上县警备大队的秘密行动大获全胜，羊县长和季肇强把抓到的几个共产党亲自押送到了黑虎泉旁的省立第四监狱里。当张玉麟、金家勇和马大铃铛精疲力竭地回到古城的时候，已经接近半夜时分了，马大铃铛有些迟疑地开口说道："张大哥，金大哥……俺打算明天就不到警备队了……"

"怎么了？继宗。"

"俺本来是想跟着县长剿匪，可是现在却成了打共产党，俺不大想干了。"

"共产党也是土匪，他们杀人越货，共产共妻哩！"

"俺马大铃铛才不会相信那些鬼话呢，俺有个朋友叫郑葫芦，他就是共产党，你要是说他杀人越货，俺无论如何也不相信。东门的中学老师马丰收，人家马上就要结婚了，他要是共产共妻，太阳都该从西面出来了。"

"继宗，你不能着急！羊县长已经答应过了，下次就要去剿匪，第一个就是盘踞在东乡里的毕螳螂！"

张玉麟和金家勇好说歹劝，马大铃铛这才打消了离开警备大队的念头。

夜色和雾气给青石板街的张家大院罩上了一层薄薄的黑纱

，潮湿的空气里弥漫着皮革、羊膻、鸡粪以及鸦片烟的味道。正挺着大肚子的张家二媳妇马金叶儿，已经习惯了皮货张家的生活，她渐渐忘记了五里桥娘家的烟丝和花香的味道，学会了怎么样把一块块儿碎皮儿，一针一线地缝制成一件千层袄，也开始习惯别人称呼自己为"张二嫂"或者"二婶子"，而不是"马金叶儿"或者"金叶儿"了。又到了皮货张家一年里最忙碌的时节，累得像狗一样的男人们早早地就躺下睡了。马金叶儿洗漱完毕回到房间的时候，丈夫延禄正在炕上发出"嘟噜嘟噜"均匀的鼾声，当她正准备向她万能的真主祈祷平安的时候，窗外窗棂上忽然传来了轻轻的敲击声，紧接着是一个低沉而熟悉的声音。

"姐，是我！"

金叶儿听出了是兄弟丰收的声音，于是赶紧跑到了门口，原来是丰收和鹿儿一起来了，鹿儿看起来神色慌张。金叶儿一面把他俩让进了屋子里，一面着急地问："这么晚了，你俩这是要干啥呢？"

鹿儿说话的时候带着哭腔："丰收想离开古城到外地上学去，他现在一刻也等不及，俺俩急着来跟你告别呢！"

金叶儿紧紧地盯着逡巡不安的孪生兄弟："丰收，到底发生了什么事儿？"

丰收强装镇定地笑了笑："其实也没什么，我曾经参与过一些宣扬马列主义的讲座。最近他们那伙人要举行暴动，因为消息提前走漏了，被县里的警备大队给围剿了。我怕以后这事儿牵连到我，所以觉得还是先出去躲躲为好！"

金叶儿无奈地摇了摇头，嘴里没有再说一句话，只是转身去开床头的箱子，要给他俩拿钱。丰收猜透了她的用意，连连朝她摆手："姐，我们身上带着钱哩。"

金叶儿没有理他，迅速地整理了一个小包裹，顺手递给了身旁的鹿儿，鹿儿想要推开，金叶儿却生气了。

"这点儿你一定得带上，出门在外，什么都需要钱。"

她又转过头来问丰收："你俩准备到哪儿去？"

"我俩想先去南方，等安顿下来之后，我想再去上学。"

"你们安顿下来之后，别忘了给家里来个信儿，省得家里人担惊受怕。"

丰收点了点头："这我知道……"

金叶儿又转过头望着鹿儿："鹿儿，你帮俺看好他，别让他去给别人当了枪头儿，你明白么？"

鹿儿没有说话，只是点了点头，眼泪却像是断了线儿的珍珠，哗哗地落了下来，晶莹的泪珠落在了布鞋上，又从布鞋上跳起后，落在了屋里的土地上。

"我们该走了！"丰收变成了一只受惊的猫，忐忑不安地对两个只顾默默流泪的女人说。

金叶儿目送丰收和鹿儿远去的身影，带着哭腔喊了一声："这一路上要多保重！"

第二天一大早，瑙铁并没有责备提着点心和香烟上门请罪的马金牙，二人相对无语地坐了好久，瑙铁接过马金牙递给自己的烟卷，顺手把自己装好的烟袋锅儿递给了马金牙。自从马场关闭后，瑙铁不想跟他姑父石尊宝搞赌场的那些乌烟瘴气，而是给五里桥附近的牛马瞧瞧病，或者替牲口钉钉铁掌，日子虽然过得十分清寒，心里却怡然自得。

两人闷头抽了半天烟，倒是瑙铁先开口说话了："鹿儿她和丰收好我不反对，我倒乐得见到青梅竹马的人在一起！老马呀，这是件好事哩！"

马金牙觉得心头热乎乎的："瑙铁，俺……"

瑙铁见他嘴唇乱抖，就叉开了话题："金牙啊，最近你的纸烟生意怎么样？"

马金牙听瑙铁问蚂蚁烟草作坊，立刻变成了一只泄了气的皮球，沉默了半天，才开口嘟囔道："现在到处都是西洋烟和东洋烟，东门附近的几家烟草作坊已经倒闭了好几家了，连丁家的蜜蜂作坊也已经关门大吉了。说句心里话，俺也不知道手里这个烟草作坊还能维持几天呢！"

"现在世道变了，什么都不好干了……"

"乱世要来了，不知道以后会发生什么哩！除了万能得真主，谁又能知道呢？"

警备大队长季肇强把捉到的人先抓到了城南的第四监狱里，一个一个过筛子审问，从中挑出了几个主犯。过了几天，羊县长带着季肇强，亲自把在弥河青纱帐里抓到的共产分子押送到了省城。省城的韩主席大喜过望，不但嘉奖羊县长为"模范县长"，还亲手给了一批五十支崭新的汉造"七九"步枪。回到古城，季肇强打开那些步枪封条的时候，乐得鼻子都要歪了。

"要把这批枪放好，好钢要用到刀刃上！"羊九五意味深长地告诉季肇强。

"放心吧，老羊。我不会把这批新枪发给那些乡巴佬的，我会像娘们儿偷藏私房钱一样，藏好这批汉造'七九'，到时候派上大用场哩！"

"那就对喽！剿匪是很重要，不过能在鲁中这块儿地盘上站住脚，枪杆子才是最重要的。"

"咱们把这些枪放在哪儿呢？"

"要放在一个最不明显的地方……"

羊九五和季肇强躲在县政府里琢磨了半天，决定把这批崭新的汉造，先藏在法庆寺西南角的一座闲置库房里。

越长越高的高粱和玉米地，是土匪在鲁中平原最好的屏障，进去之后就如同鱼儿进了大海，鸟儿入了森林一般。当高粱杆子长到半人多高的时候，羊县长开始了真正的剿匪行动。毕螳螂的这支小杆子首当其冲，头一个就被县警备大队端了老窝儿，只有老大毕螳螂和秦三儿光着屁股逃了出来，躲进了成片的高粱地里。漏网的毕螳螂和秦三儿吓得不清，像丢了魂儿的黄鼠狼一样，白天提心吊胆地躲在庄稼地里，只有到了夜里才敢出来找点吃的喝的。自此以后，秦三儿养成了晚上从不睡炕头儿的习惯。为了捉住田里的野蚂蚱、野兔和田鼠充饥，他学会了在鲁中的庄稼地里奔跑如飞，就像一只矫捷的山猫一般。

"你真是一只草上飞。"毕螳螂调侃地对秦三儿说，"你他娘的都可以去省城参加韩复榘的运动大会了！"

"得了吧螳螂，别再开玩笑了。"看着渐渐冷起来的天气，秦三儿开始担心了起来，"以后怎么办？冬天快到了，咱俩总不能变成田鼠，一辈子藏在他娘的庄稼地里吧？"

"咱可不能在这古城呆着了，俗话说得好，人挪活，树挪死，咱俩得离开这儿。"毕螳螂想了半天，告诉秦三儿自己的打算，"俺倒是有个好去处，就看你愿不愿意去？"

"去哪儿？"秦三儿着急地问。

"离俺老家不远，潍北的盐场！"毕老大回答。

"盐场？螳螂，你没犯糊涂吧？盐场那活儿能累死个活人，俺有个远房亲戚在那儿驮过盐巴，早早地就撒手去了，俺可干不了那玩意儿。"细皮嫩肉的秦三儿一听毕螳螂要去潍北，顿时有些泄气。

"傻小子，俺知道盐场那活儿累！咱们这次可不是去晒盐，咱俩去搞私盐！俗话说得好，马无夜草不肥，人无横财不富。等以后你发达了，可别忘了俺毕螳螂！"毕螳螂说完了嘿嘿一笑，用手拍了拍秦三儿的后脑壳。秦三儿这才恍然大悟，也跟着嘿嘿地笑起来，一口咬下半个烤蚂蚱。

不久，逃到了鲁中北部渤海边儿的毕螳螂和秦三儿雇着一辆破烂牛车，开始在晚上偷偷地贩起了私盐来，私盐的横财来得飞快，发了财的毕螳螂和秦三儿干脆配上了匣子枪，不仅开始以武力贩卖私盐，同时也倒腾起其他来钱快的货物来。随着腰包越来越鼓，胆子越来越大，他们的杆子又一天天壮大起来。

古城最大的杆子——刘振彪的部队，这一次被羊九五的警备大队打得丢盔卸甲，落荒而逃，曾经的古城警备队长刘振彪带着残部向西南流窜，入冬之后就落脚在了山高林密的玲珑山附近。古城西南十五里外的玲珑山，离土匪滚地龙的老巢柿子岭倒是不远。玲珑山山如其名，经过老天爷无数年神工鬼斧的造化，山体遍布各式各样的洞穴。有的洞穴洞洞相连，有的上下相通，有的内外套接，有的独成厅堂。山上玲珑奇石耸立，有的洁净如玉，有的光滑如盘，也有的如同石匠雕刻过一般，最奇的一块巨石当属山顶的"天将石"，傲然独立于玲珑山山顶。春天到来的时候，附近漫山遍野都是杏花、桃花以及各种不知名的野花；秋季则是一片丰收的景象，沉甸甸的果树上结满了杏、桃、石榴、软枣、核桃以及柿子这些山货。等到了腊月时节，这玲珑山看起来萧索无比，除了冷峻的岩石就是光秃秃的树木，一阵阵呼呼的山风在山岭和石洞间吹过，发出阵阵野兽般的叫声。

快要过阴历年的时候，土匪们思乡心切，开小差儿的人渐渐多了起来，心急如焚的大杆子刘振彪打定主意，要在除夕那天杀鸡宰羊搞一次堂会，犒劳犒劳兄弟们，也拉拢拉拢土匪们想撒杆子、散伙儿的心。不久，到山下打探消息的小头目"小云门"和"劈山蝎子"就告诉刘振彪，附近的金牛镇上来了个唱京戏的"仇家班儿"。那个老板原先是唱坤班儿的，虽然是个女流之辈儿，可听附近的人说，这仇家班儿倒真有几出拿手好戏，唱得最好的要数《霸王别姬》。

"《霸王别姬》？"刘振彪还在古城当警备队长的时候，就听过好几个戏班儿唱过这出戏，他还曾经穿上行头跑过龙套。想不到一晃之间，自己不但已经变成了个糟老头子，而且从堂堂的县警备队长，变成了如今无家可归的土匪，颇有些四面楚歌的伤感。

"除夕唱这出戏，是不是有些不大吉利？"刘振彪年纪愈大，愈发变得迷信了起来。

"听说当年宣统皇帝的大婚典礼上也唱过这出《霸王别姬》哩！"小云门反驳道，"能有什么不吉利的？"

"说得也是！"刘振彪虽然姓刘，可他私下里和西楚霸王项羽颇有些惺惺相惜，他觉得自己现在的处境倒是和霸王有几分相似，于是他瓮声瓮气地对小云门说："你俩下山去问问这个'仇家班儿'，愿不愿意除夕来给咱弟兄们唱唱堂会，告诉这些王八蛋们，钱一分一厘也少不了他们的！"小云门和劈山蝎子第二天果然跑到了金牛镇，径直找到了仇老板的戏班子。进门之前，俩人还担心人家不敢给土匪唱戏，结果这个仇老板虽然是个女流之辈，却佩服刘振彪也算是个名冠鲁中的英雄，居然一口就应承了下来。

除夕的夜色像昌乐出产的蓝宝石一样乌黑乌黑的，西北风儿像狼嗥一般在山岭树林间呜呜地呼啸着，刘振彪手下大小土匪们在喝完羊肉汤，啃完乐土鸡腿，喝完了高粱酒之后，都一窝蜂地挤在玲珑山关帝庙附近的大窝棚里，等着看大杆子请来的堂会。

仇家班儿虽然是个小戏班子，却是麻雀虽小五脏俱全，刘振彪一见这个仇老板，却原来是个风姿绰约的少妇，少一丝儿肉嫌瘦，多一丝儿肉嫌胖，举止得体，谈吐高雅，正所谓粉面含春威不露，丹唇未启笑先闻。上了装的仇老板在大窝棚里的戏台子上一亮相儿，大小土匪们全都看傻了，有的土匪不但眼睛直了，裤裆里的家伙也跟着一下子直了起来，都觉得那虞姬就该长得这个样子，于是一起高声鼓掌叫起好来。这虞姬一开口，犹如天籁之音。这虞姬舞动双袖，如天女下凡，刘振彪立刻就知道这是个行家，他一面摇头晃脑地听戏，一面好为人师地给身边的土匪，细细地讲着每一段儿唱腔的奥妙之处。

项羽："唉！想俺项羽乎！力拔山兮气盖世，时不利兮骓不逝。骓不逝兮可奈何，虞兮虞兮奈若何！"

虞姬："大王慷慨悲歌，令人泪下，待贱妾曼舞一回，聊以解忧如何？"

项羽："唉！如此有劳你了！"

只见这虞姬手握青龙剑，舞动万种风情，剑起剑落，身姿妙曼，不知多少个转身，虞姬悄悄用留恋的眼神看向霸王。这些年来颠沛流离的刘振彪渐渐入了戏，只看得眼神迷离，禁不住一面落泪，一面拍手，大声叫起好来。只见舞完剑的虞姬手拿酒杯，缓缓地从戏台走向刘振彪："大王请满饮此杯！"已经满眼泪水的刘振彪，觉得此刻自己就是西楚霸王。是人生如戏，还是戏如人生？刘振彪从虞姬的纤纤玉手里接过酒的时候，禁不住轻轻捏了仇老板的小手一下，虞姬似乎并未觉察。刘振彪举起酒杯，一饮而尽，把酒杯翻过来给众土匪看的时候，大小土匪们都一起喝起彩来。

"妙啊！大杆子！"

"两位喝个交杯酒啊！"

刘振彪觉得手下太过放肆，刚要张嘴呵斥他们，仇老板却大大方方地接过土匪们递上的高粱酒，果真和刘振彪喝起了合卺酒，刘振彪高兴得晕晕乎乎，禁不住想起了几十年前成亲的那个傍晚来，那时的刘府大红灯笼高挂，新娘子顶着红彤彤的盖头，在红烛旁等候着自己……众人一直闹腾到深夜，这场堂会才算结束，刘振彪觉得一夜之间过足了十几年戏瘾。戏已经唱完的时候，已经喝得晃晃悠悠的刘振彪还把仇老板叫到自己房间里，继续陪他清唱两段儿。

"……好一个贞节王宝钏，百般调戏也枉然。腰中取出银一锭，将银放在了地平川。这锭银，三两三，拿回去把家安，买绫罗和绸缎，打首饰，买簪环，我与你少年的夫妻就过几年哪！"

"这锭银子，奴不要，与你娘做一个安葬的钱。买白布，做白衫，买白纸，糊白幡，打首饰，做装殓，……"

喝得伶仃大醉的土匪们，横七竖八地躺在窝棚里，在仇老板和刘振彪时断时续的唱腔中，很快就呼噜呼噜地睡着了，耳边的山风发出狼一般的嚎叫，呜呜呜……呜呜呜……

第二天一早，天空飘起了雪花，土匪们互相拜完年后，老土匪刘振彪的窝棚还是大门紧闭，土匪和戏班子的人都很纳闷儿，刘振彪和仇老板是不是昨天晚上喝多了……于是土匪们开始挤眉弄眼儿地开起刘振彪的玩笑来。小云门见他们伺着鼻子上脸，越说越下流，禁不住训斥了他们几句。又过了半个时辰，还不见刘振彪的踪影，小云门和劈山蝎子等不及了，走到窝棚前敲了几次门，最后见没人答应，就壮着胆子用力推开了吱吱呀呀的窝棚门儿。往里一瞧不要紧，只见刘振彪浑身是血，像一只抹了脖子的鸡一般躺在土炕上，早已经气绝身亡。从窝棚房梁上垂下一尺白练，白练上吊的不是别人，正是昨晚唱虞姬的少妇仇老板。小云门和劈山蝎子吓得大叫一声，连滚带爬地逃出了窝棚。过了一会儿，众土匪战战兢兢地走进窝棚，只见床上的刘振彪面色狰狞，浑身上下，身中数刀，刀刀致命！

上吊的虞姬此时看起来阴森而可怕，只见她面如死灰，杏眼爆凸，嘴里吐着一根儿长长的舌头，仇老板的尸体，随着垂下的白练来回地晃动着，头上的长发随风飞舞，有几个胆小的土匪见状，竟然吓得尿湿了裤子。土炕旁边的八仙桌上摆着一张白纸，纸上是一行血书：冤各有头债各有主，吾乃旗城关营长之女关国香，为报父仇，诛杀刘匪振彪。此事乃吾一人所为，勿株连无辜！"

关家出殡的那一天，古城远近的许多人都来旗城吊唁，纸钱不断地焚烧，关家院子里烟气滚滚，镶蓝旗附近的街道倒像着了大火。富贵安和嘉勋来吊唁关家女儿的时候，看见镶蓝旗最老的老太爷也顿着拐棍来到关家院子里："先死为大，闺女，俺也给你磕个头吧！"说着，趴到地上磕了一个头。起灵的时候，附近的人们点燃了一挂炮仗，炮仗劈劈啪啪响了很久，搞得看热闹的众人不觉得那是在出殡，倒像是附近谁家在娶亲哩。

第七卷 山雨欲来

36

　　春风吹起的时候，鲁中大地上扬起一阵阵黄土，尘土吹眯了后生的双眼，好心的邻家姑娘替后生吹眼的时候，后生却趁机捏了姑娘的手心儿一把；春风吹起的时候，吹皱了阳河的水面，也吹乱了姑娘们那一颗平静的心，姑娘做针线的时候禁不住盯着外面的春水发起呆来，她想起了那个抓挠她手心儿的后生来；春风吹起的时候，古城的大人孩子们都换下了厚厚的寒衣，来到了城外或者河滩上，放起来了风筝，希望放走过去一年的晦气，迎来喜庆和收获。每年春风肆虐的那几天，南北城的大人孩子在阳河河滩上放风筝的人可真不少。天空里飘扬着五彩缤纷、形状各异的风筝，其中以拖着一条长尾巴的哈蟆枯袋儿[140]最多，接下来是八卦和蜈蚣……靠近桑树林子的地方，有一个穿着青布衫的老人正在放一只人形风筝[141]，大家看到那只飘来荡去的人形风筝，都躲得远远儿的。

　　延寿在张家大院里花了几天的时间，竹篾子好几次划破了他的嘴唇和手指头，棉线也浪费了好几轴辘之后，终于做成了一个三丈来长的哈蟆枯袋儿风筝。次日一大早，他和妹妹延龄就顺路搭上朱毛蛋的黄包车，从青石板街一路来到了万年桥边儿。

---

[140] 蝌蚪

[141] 当地人认为风筝断线、风筝落在家里以及人形风筝均不吉利

谁料想刚踏上阳河河滩，就看见东门附近的赵厚基、丁秀娟和弟弟丁猴子以及夏钦园的赵厚福等人已经到了，有些人的风筝早已经飞在天上了。延龄扶住哈蟆枯袋儿硕大的脑袋，延寿开始加速奔跑，一面跑，一面不断地放着手中的引线，三丈来长的哈蟆枯袋儿忽忽悠悠地腾空而起，长长的尾巴在空中来回飞舞着。哈蟆枯袋儿掠过了城楼子，越飞越高，越变越小，一会儿的功夫像一只白色的蝌蚪，静静地漂浮在淡蓝色的天空里。

延寿这时候才注意到，和自己定了娃娃亲的丁秀娟也在不远处的河滩上。丁秀娟跟她兄弟丁猴子也在放一只哈蟆枯袋儿，不过他们的风筝只有三尺多长的，显然丁家的哈蟆枯袋儿做得不好，风筝脑袋也没有平衡，所以哈蟆枯袋儿飞不了多高，就如同抽风般不断地在风中来回摇摆着，接着突然一个俯冲，重重地砸在地面上。就在此时，沮丧的丁秀娟也朝着延寿的方向快速地看了一眼，接着脸就像鸡冠子一样红了起来。丁家的哈蟆枯袋儿又一次倒栽在沙滩上，这一次哈蟆枯袋儿的脑袋被摔烂了，竹蔑子和引线纷纷扬扬地散落在了河滩上，气急败坏的丁猴子干脆一把扯掉了哈蟆枯袋儿的尾巴后，一屁股坐在沙滩上，扯开嗓子放声大哭了起来。延寿看到未来的小舅子这幅无赖模样，心中倒有些不忍，想让丁猴子玩玩自己的哈蟆枯袋儿，于是就牵着引线朝丁秀娟和她兄弟走去，恰巧这时候，夏钦园的赵厚福，手里托着一只五彩斑斓的大八卦，也朝着姐弟俩走了过来。

"别闹了，猴子！起来玩玩俺这个哈蟆枯袋儿吧！"延寿把手中的引线递给丁猴子。

"俺这个大八卦你要是喜欢就拿走吧！"赵厚福也憨憨地问丁猴子。

此刻红着脸的丁秀娟踢了一脚正在地上撒泼儿的丁猴子，厉声问道："你这个癞皮狗，到底想玩你哪个哥哥的风筝？"

丁猴子抬头看看延寿空中漂浮的哈蟆枯袋儿，又回头看了看赵厚福手里的大八卦，抬手指着赵厚福的八卦风筝："俺想玩厚福哥的这个五色大八卦！"

金家的大人们小声儿在正房里商讨事情的时候，家勇的儿子金无忧却趁机从马圈里牵着大白马，偷偷地溜出了金家的大门。金无忧沿着青砖巷子往东走，晃晃悠悠地出了正红旗巷子，再穿过正白旗协领衙门，轻手轻脚地来到正黄旗西侧张家的院门口儿。金无忧把大白马的缰绳缚在门前的白果树下，然后像只偷腥的花猫，尽量躲开躺在竹椅子上晒太阳的张家老呢呢[142]，朝着后院走去。老呢呢是嘉勋的老婆，自从旗城一夜之间消亡后，老呢呢的记忆仿佛也正在走向死亡。金无忧经过老呢呢身边的时候，躺在竹椅子上的老老婆突然睁开了双眼，金无忧吃了一惊。老呢呢盯着眼前的金无忧，想了半天后，终于认出了这是西头儿正红旗索尔济家的孩子，于是她笑着起来，倒显得有几分慈祥："小金子，你是来找克文吗？"

"对，克文他在哪儿？"金无忧看着神情恍惚的老呢呢。

"他们一群孩子……正在后院里蹦……蹦达哩！"老呢呢看到金无忧，一下子想起了父亲老索尔济和一瘸一拐的老公爹赫舍里……看到老呢呢迷上眼睛又沉沉地睡了过去，金无忧顺着甬道，穿过白色的月亮门，来到了张家的后院里。

---

[142] 满族人称呼奶奶

后院里人倒是不少，有几个小孩儿在地上玩"藏树叶"的游戏，有几个孩子翻开乱石，在寻找着蛐蛐之类的东西，在墙桂花丛旁边儿，几个半大姑娘正在跟着额云[143]们学跳绳儿。金无忧笑嘻嘻地看着张玉麟的小女儿张可卿，她正在被甩出各种花样的绳间跳来跳去，跳到最后，她还是被其他姑娘越甩越快的绳子给套出了局。可卿的额头和鼻子上冒着细小的汗珠粒儿，碎花褂子上散发出一股淡淡的桂花香味儿。看到可卿朝自己走了过来，金无忧觉得一种莫名的快乐正从心底涌上心头。

"克文一会儿就回来。"可卿对他招呼道。

"不着急，不就是一起骑个马么。"金无忧接着好奇地问可卿，"他们怎么今天还上课？"

"他们不是去上课，而是去参加一个同学聚会。"可卿答道。

"什么聚会？"

"说是个告别聚会！你没听说，北面儿成立了个满洲国，咱旗城里有些人家正急着要回东北老家哩。"

金无忧正想多问几句满洲国的事儿，张玉麟的儿子张克文和祁奉先的儿子祁怀远大踏步地走了进来。看到金无忧已经早到了，克文也去马房里牵出了两匹马来，自己和祁怀远一人一匹。三人飞马穿过街道，向北出了城门，穿过一大片菜地后，才在小河边停了下来。有些干涸的河边种的是一排排形状各异的倒垂柳，走到了一棵高大的歪脖儿柳树下，克文指了指自己的胸口说："你想不想看样东西？"

---

[143] 姐姐

"什么东西？"金无忧在马上好奇地问。

克文从怀里取出一个包裹，打开来后是个枪套，枪套里是一只崭新的德国撸子。

"从哪儿弄来的？"金无忧问。

"这是我从我阿玛（父亲）那儿偷偷拿出来的，他过两天要教我和怀远在校场打枪，到时候你也一起来。"说话间，克文把撸子递给了金无忧。金无忧接过撸子来，爱不释手地摸来摸去。

"没有子弹吧？"

"没有子弹，万一走火了，枪声会招来县警备大队哩。"年纪大一点儿的祁怀远担心地朝四周望了望。

"那倒也是。"金无忧把撸子还给了克文，接着三人又策马朝羊角沟方向奔去。

金无忧他们几个正策马向北奔驶的时候，嘉勋行色匆匆地赶到了金家。正在院子里抽烟袋的富贵安一见到嘉勋，立刻走上前去，双手把老伙计迎进了自己的小书房里，二人落座后，半晌无人开口，最后还是富贵安先开了口。

"我也是想了很久，今天才下定了主意，跟着他们几个一起去那边儿的。事发仓促，现在才告诉你……"

嘉勋叹了口气，声音里似乎有些哽咽："你我是多年的至交，只不过……我实在是不放心老哥哥啊……"

"我又何尝舍得离开大伙儿，离开这个早已经是家乡的古城。可是，不去满洲国那边儿去试试，我心里又不甘心……"

"我有一言，不知道当讲不当讲？"

"哎，咱们俩的交情，你但说无妨。"

"老富啊，想当年我们的祖辈从龙入关，几辈人披荆斩棘，死而后已。如今虽然已经不是大清了，可是咱们中华民国的每一寸土地都是拿血汗换来的。如今日本人扶持了这个所谓的满洲国可谓是司马昭之心，路人皆知，老哥哥，嘉勋奉劝你一句话，分裂中国的事情，你莫要去掺合……"

"老勋啊，你说的这些我都知道，可是你转过头来看看中华民国是怎么样对待宣统皇帝的？孙殿英掘了东陵之后，他们又是个什么嘴脸？想当年都统府遭到哄抢，连北城的城砖都被拆了卖掉的时候，中华民国又在哪里呢？……"

嘉勋好言相劝，富贵安却铁了心地要去东北，嘉勋也只好作罢。临别之时，二人心中似有千言万语，却不知如何开口，富贵安一直把嘉勋送出了正红旗巷子，二人才洒泪而别。

等三个年轻后生回到北城的时候，一轮明月像剪纸一般高高地悬挂在树梢上，月光正照在残破不堪的都统衙门上。金无忧把马拴在门前的树下，走出了张家后院，不远处传来还在借着月光跳绳的女孩儿们的歌谣声："月亮爷爷，丈丈高高，骑着白马，挎把白刀……"

金无忧趁着天黑没人注意，把一个装满香料的小荷包儿送给了可卿："送给你的？"

"好香的桂花啊！"

"真正的古城桂花荷包，如假包换！"

金无忧乐颠颠儿回到金家的时候，全家老小都在忙着整理行装。父亲金家勇有些不高兴地问他："你怎么才回来？你在铁岭的大爷叫我们尽快到满洲国去，咱们最近就走！"

"怎么这么急？"金无忧问正在忙碌的父亲和母亲："玉麟叔家也一块走吗？"

金家勇看了他一眼说："祁家和张家都不走，你还是抓紧时间收拾一下自己的东西吧！"

金无忧觉得鼻子有些酸，他还想过一阵儿就告诉母亲他喜欢张可卿的事儿，看来以后再也没有机会了，顿时觉得自己朦胧的爱情就像是春天花园里盛开在石榴树上的谎花儿，虽然开得鲜红绚丽，可是却注定结不出果实来，只能随风吹雨打，飘落在地上，慢慢地枯萎了。他没有再搭理父母，转身回到了自己黑乎乎的厢房里，和衣团团着就躺在了炕上，仰面盯着屋顶发呆的时候，竟不由自主地留下了伤心的眼泪。

毕螳螂的老家在潍县县城的东边儿，为了运盐方便，他把杆子驻扎在了潍县西北的一个村子里，但是隔三差五就会跑到县城的东边儿，看自己的老娘和大姐。毕螳螂的父亲早年就在北边的碱滩上驮过盐，也就是挣个苦力钱，后来因为劳累过度，在毕螳螂还没记事儿的时候就过世了。毕螳螂他娘辛辛苦苦地把毕螳螂和他姐拉扯大，毕螳螂年纪越大，就越觉得他娘不容易，毕螳螂每次去看他老娘，都带上不少他娘喜欢吃的东西，什么肉火烧、羊肉灌汤包、刀切糕点……

靠毕螳螂他爹在碱滩上的阴魂蔽护，毕螳螂和秦三儿的私盐生意越做越大，队伍也像冬天里的雪球一样越滚越大。没过多久，一个叫考篦子的独眼潍县人，也带着一支土匪队伍入了毕螳螂的杆子。考篦子入伙后还跟毕螳螂八拜结交做起了干兄弟。随着土匪人数的增多，毕螳螂心里越来越高兴，而秦三儿心里却像搬倒了五味瓶，越来越不是滋味了。秦三儿难受的原因是因为土匪们分成了两派：潍县派和外来派。潍县派土匪算是坐地户儿，以毕螳螂、考篦子和狗皮坎肩为核心，可谓是人多势众，一呼百应。而外来派则多是潍县之外的土匪，以秦三儿、小云门和劈山蝎子为主，主要是十几个古城人外加几个昌乐和寿光的歪瓜裂枣儿，势单力薄。大杆子毕螳螂看到队伍越来越大，带起来越来越不方便，于是有一天专门找来秦三儿商量："俺说二杆子，俺看咱俩还是分开干吧，你拉一支队伍，俺拉一支。那样队伍管起来方便不说，到时候互为犄角，还能相互有个照应哩。"

秦三儿一听毕螳螂的这个主意，心里不禁吃了一惊，嘴上却说："大哥，你让俺再想想哈。"

秦三儿心里打起了小算盘儿：操！土匪队伍大部分是你们潍县附近这十里八乡的，你和考篦子他们又是坐地户，咱俩一分开，俺的队伍马上就会树倒猴狲散，搞不好会被你们潍县派给灭掉。俗话说得好，一山怎能容二虎呢？

秦三儿心里一肚子抑郁，当晚在跟小云门、劈山蝎子喝闷酒的时候，忍不住吐起了苦水儿来。酒过三巡，小云门转了转狼一样的眼珠子，慢慢悠悠地说道："三哥，俺心里有句话，不知道该不该讲？"

正在心烦的秦三儿朝地上啐了一口唾沫："有屁就放，有屎就拉。"

小云门尴尬地笑了笑，欲言又止地开了口："三哥有没有听说过水浒里晁盖和……宋江的故事？俺的意思是说……有晁盖在，宋江……永远也做不了老大。"

秦三儿抬起头，不解地望着小云门，半晌才问："难道你是想让俺做了螳螂？"

小云门使劲点了点头，没有再言语，秦三儿的头却摇得如同拨浪鼓一般："出卖兄弟的事儿俺秦三儿坚决不干。"

"俺这也不算是挑拨离间，其实是为了三哥好！正所谓量小非君子，无毒不丈夫，就算你现在讲义气，不干掉毕螳螂，说不定哪天其他潍县人也会干掉你哩！"小云门不温不火地说道。

劈山蝎子这时候也插嘴道："俺觉得云门他说得对着哩，干掉了他们，咱们就是天罡星，否则俺们永远都是旱地拔葱，如同那鞋底跟儿的虱子，一辈子也甭想爬到头顶上去。"

秦三儿半晌沉吟不语，却猛然站了起来，"啪啦"一声把手里的酒杯摔碎在地上，接着又来回踱了几步后，才一屁股又坐了下下来。秦三儿此刻已经变成了一只饿狼，他盯着地上白瓷儿碎渣儿，一字一顿地吩咐小云门和劈山蝎子："你俩都听好了，六月十四是毕螳螂他娘的六十大寿，到时候咱们来个擒贼先擒王。记住！只要干掉毕螳螂和考篦子就行，其他潍县人都是软蛋，都好对付。"

小云门和劈山蝎子兴奋地连连点头，都觉得趁着给毕老太太做寿之际，出其不意地干掉毕螳螂是个绝妙好招。秦三儿接着又嘱咐劈山蝎子："老皮，你六月十三那天过午之后，把队伍里所有的枪都收集起来，就说是要统一校校枪号。记住！别他妈的急着把收上来的枪发回去，懂吗？"

劈山蝎子连忙接茬道："三哥，俺皮青山又不是傻瓜，兄弟明白得很哩。哦，对了，三哥，俺还有件事儿哩……"

"什么事儿？你看你那个三脚儿踢不出个屁来的熊样儿！"

劈山蝎子尴尬地笑了笑："俺……是在想……等干掉了毕螳螂，俺……俺能不能把他那个三姨太弄到手耍……耍上两天？"

秦三儿噗嗤儿一声笑了，抬腿就踹了劈山蝎子的腚垂子[144]一脚："等你他娘的干完了正经事儿，俺再给你找俩潍县大胖女人，和毕螳螂那个狐狸精三姨太一起伺候得你三天下不了炕，中不中？"

劈山蝎子笑着朝秦三儿敬了个礼，大声回答："那俺劈山蝎子保证完成任务！"

大杆子毕螳螂被秦三儿杀害的第二天一大早，心有余悸的考篦子害怕秦三儿第二个要收拾的就是他，于是跟秦三说，俺不想干了，然后吓得一溜烟儿地跑掉了。从此以后，潍北的这只土匪队伍就由秦三儿的古城帮控制了。

37

古城一代商业大亨宋徽五去世之后，他的儿子宋裴卿把济南和古城的生意化零为整，把宋氏家族的企业开进了天津租界。宋裴卿放弃了"德昌洋行"这个旧名称，新建的公司被重新命名为"东亚毛呢纺织股份有限公司"（简称东亚毛纺公司，或者东亚公司）。其实，宋裴卿选择在天津经营毛纺行业的原因非常简单，因为当时的天津，不但是华北最大商埠和租界地

---

144 屁股蛋子

，水陆运输方便，煤电供应充足，而且因为天津卫濒临塞外，紧邻羊毛集聚中心，将来生产原料的供应不成问题。一想到父亲的国产毛线心愿就要实现了，宋裴卿禁不住有些百感交集。

很多年之后，在布宜诺斯艾利斯阴暗的小旅馆里，穷困潦倒的宋裴卿对旅馆老板回忆起东亚毛纺公司创业之初时，他衰老浑浊的眼睛里突然闪耀着年轻人眼睛里才有的那种光芒来。

"Me gusta mucho mi marca！（我非常喜欢我的商标！）"

"¿Que marca？（什么商标？）"

"Diyang！（抵羊！）"

"Cuéntame la historia, por favor！（请告诉我这个故事吧！）"

宋裴卿动情地告诉手下的员工们，未来的新公司将主要经营毛纺制品，而且是我们国产的毛纺制品。东亚毛纺公司很快就投产营业，不久，陈河妮的纺织车间里就生产出了第一轮儿毛线。工人们欢欣鼓舞，工厂上上下下都盼望总经理能赶紧给新产品起个大名，产品的名字既要像"狗不理"那样朗朗上口，也要跟"十八街"的麻花一样脆声响亮。见过大世面的宋裴卿虽然学贯中西，可是他涂涂抹抹好几天，一会儿从四书五经里找名字，一会儿想从希腊罗马神话里找个洋名儿，想得脑壳都疼了，也没想出个响亮的名字来。看见掌柜的为了起个名字累得够呛，秘书袁小楼给宋裴卿出了个主意："总经理，最近咱不是每周都有碰头会儿吗？让大伙儿一起给想个名字，俗话说得好，三个臭皮匠顶个诸葛亮。"

宋裴卿挠了挠头，笑着点点头："怪不得别人都说你老袁脑壳转得快，人多力量大，你这个主意不错！"

果不其然，周一下午刚刚开完了生产碰头会，宋裴卿就笑嘻嘻地拿出一叠五颜六色的纸片儿，给与会的人每人发了一张，边发边说："咱们'东亚毛纺'现在就像是辛辛苦苦地把孩子生下来了，可是孩子不能没有名字呀，咱们的产品也生产出来了，也得起个名字，名字不好那也不行，所以今天请大家帮帮忙，给咱的毛线起个好名儿。"

"总经理让太太给新产品起个名字，那不就得了！"房大姐笑嘻嘻地打趣道。

宋裴卿看了看这个管进货的胖女人，连连摇头："她给家里孩子起个名字还差不多，咱们'东亚毛纺公司'这个品牌可不能随随便便地交给她。我觉得咱们这个商标名称应该既朗朗上口，而且还能体现咱中国人的志气。所以，我们今天集思广益，你们每个人都要在纸上写下一个商标名字，现在不是都讲究民主么，咱们今天搞一次民主选举，投票选出一个名字来，做为咱'东亚毛纺公司'的毛线商标！"

看着桌子上五花八门儿的名字，大伙儿经过一番激烈的争论后，最后集中到了刘老坦儿起的"精益牌"或者陈河妮的"抵洋牌"上。

到底选哪一个呢？大伙儿经过争论一番后，却莫衷一是，于是逐渐安静了下来，一个个眼巴巴地看着宋裴卿。说实话，宋裴卿打心底儿里喜欢陈河妮的这个"抵洋牌"商标，而且他觉得如果父亲还健在的话，宋徽五一定会毫不犹豫地选这个"抵洋牌"做为商标的。

"我觉得这个抵洋非常不错……"

宋裴卿话音未落，天津卫的坐地户儿刘老坦儿立刻举手表示反对。刘老坦儿的担心倒也不无道理，他觉得介（这）天津卫是租界林立的地方，"抵洋牌"这个商标的词义太过直露，甚至有可能会招惹来意想不到的外交麻烦。

"总经理，老坦儿说得有些道理。"有几个人立刻开始附和刘老坦儿。

宋裴卿低头沉思了一会儿，抬起头来微微一笑，提笔把"洋"字的三点水儿划掉："那咱们就隐讳些，不是'抵洋'而是'抵羊'，一语双关，大家觉得怎么样？"

听到宋裴卿这个提议，大家先是愣了一下，接着不约而同地拍手叫起好来。

"好主意！"

"绝妙！"

大伙儿都对'抵羊'啧啧称赞，觉得总经理这个商标实在是妙不可言。宋裴卿自己也为刚才的那个神来之笔感到颇有些洋洋自得，名字就这样起好了，屋子里的气氛顿时活跃了起来。

"对了，小楼！"宋裴卿接着问袁小楼，"你最近不是要回古城吗？你这次回去，别忘了在东关附近找户养着公羊的人家，多照几张公羊的照片回来，到时候咱们选出一张最满意的出来作为'抵羊'商标。记住！你照照片的时候，最好等到两只公羊开始抵角的时候，再按快门儿，那样咱'东亚毛纺公司'的这个商标就更加传神了。"

袁小楼笑着回答："总经理，您就放心吧！我袁小楼这次就是让公羊抵伤了，也一定把这抵羊的照片照好，而且说不定，我还会顺便给大家捎回点儿古城涮羊肉来尝尝鲜哩。"

大伙儿听袁小楼言语这么逗趣儿，都禁不住哈哈笑了起来。宋裴卿笑完了，接着又对大家说道："咱们今天就到这儿散会了，过几天咱们要好好讨论一下东亚继续募股的问题。募股的问题也很重要，这也是资本主义最本质的东西，大家回去要好好琢磨。"

古城基督教堂的老布带着几个后生，费了九牛二虎的气力，终于把"臊胡羊沙家"的那两只公羊按照袁小楼的要求推在了一起，趁着两只公羊愤怒顶角的时候，袁小楼按动快门，拍下了几张精彩的照片，成为了后来东亚毛纺公司"抵羊"商标的设计蓝本儿。等折腾完了臊胡公羊，袁小楼觉得浑身上下都是一股羊骚味儿，他在换衣服的时候，忽然想起了"没吃上羊肉倒惹一身骚"这句老话，禁不住笑出声来了。

宋裴卿讲完了他的故事的时候，声音已经有些颤抖了，旅馆老板此刻还沉浸在这位中国老人的回忆之中，半晌才缓过神来："Me gusta tu historia , muchas gracias!（我喜欢你的故事，谢谢！）"

宋裴卿此刻显得有些疲惫，眼神也变得暗淡了下来。

"Cuando llegó el japonés, y todo cambió.（当日本人来的时候，一切都改变了。）"

"El japonés？（日本人？）"

"Esos japoneses y sacos militares，te contaré otra historia la próxima vez, estoy cansado mucho ahora.（日本人和军用麻袋，我下次会告诉你另外一个故事，现在我太累了。）"

　　孟春时节，青石板街的马金叶儿右眼像是中了邪，忽然莫名奇妙地接连跳了好几天。结果周二一大早，正在张家大院里忙碌的她就收到鹿儿从南方寄来的一封信，揣着手里的这封信，金叶儿忽然觉得有种不详的预感，心里莫名其妙地发起慌来。她哆哆嗦嗦地拆开信，却如同晴天里凭空响起了一个炸雷，原来丰收早在几个月前就已经被国民党枪毙了，金叶儿的眼泪像断线儿的珍珠一样"啪嗒啪嗒"落在了信纸上。延禄停下了手中的活儿，接过信来看了一眼后也呆住了，过了好一会儿才缓缓地对金叶儿说："先别急着告诉五里桥咱爹娘和勤俭，再等等吧。

　　鹿儿在信封里还附了一张全家福，照片里坐在椅子上的鹿儿正抱着一个出生不久的婴儿。丰收微微侧身，依偎着鹿儿母女，显得十分开心。鹿儿看起来比以前胖了一些，脸上挂满了幸福，照片上的丰收充满了活力，就像夏天五里桥村头的白杨树……延禄喃喃地骂道："他姥姥的，怪不得俺最近晚上老是听见有只夜猫子在树叉上咯咯咯地笑，原来是丰收出了事儿了。"

　　金叶儿显得无精打采，像是被抽了腰筋儿一般："最近家里事儿多，俺给丰收写的一封信还没来得及寄哩……"

　　听到金叶儿说家里事儿多，延禄立刻就想起老三延寿，禁不住抱怨了起来："老三呢，他怎么不在家里帮帮忙，难道他就不是张家的人？就知道整天在外面瞎混，家里油瓶子倒了，他也不知道扶一下？"

　　看到延禄愤愤不平，金叶儿低声对生气的男人说："算了，你别找他的茬了，他毕竟还是个学生哩。"

　　"听说他今天要去听什么狗屁冯将军的讲话，难道听了冯将军、马将军的屁话，就真能当饭吃了？！"

　　五月底的古城就已经骄阳似火，县长羊九五和古城的一些社会名流，一大早就衣冠楚楚地等候在古城火车站站台周围，他们一面窃窃私语，一面遥望着胶济铁路的尽头。那年春天，抗日之风渐吹渐起，大有愈吹愈烈之势。野隐居于泰安而不甘寂寞的冯玉祥将军，这时候也坐不住了，他就像是一只刚从冬眠中醒来的熊瞎子，被困在泰山脚下的一个松树洞里。熊瞎子白天不停地在书房里来回踱步，食不甘味；晚上一闭上眼睛，冯玉祥就梦见溥仪正带着日本人到处追赶他，他吓得仓皇而逃，跑着跑着，却一头撞进了蒋委员长的怀里。蒋委员长朝他发出狰狞的笑声，笑着笑着，蒋委员长连假牙也笑得掉了出来，"咔嚓"一声落在地板上。冯玉祥"啊呀"大叫一声，从噩梦中惊醒，却发现窗外松树上的一只山猫压断了一根儿枯树枝儿。

　　五月初，冯玉祥终于忍不住这种折磨了，火急火燎地来到济南，向他的老部下山东省政府主席韩复榘提出，他打算由泰安一路向东，到山东各地做做实地考察，顺便宣传一下自己的爱国抗日思想。

　　"我帮你老韩打个前站，咱们可要早做筹划哩！等日本鬼儿真来了，你老弟好有个准备哩！"冯玉祥摘下头上的旧苇笠，一屁股坐在了沙发上。

　　"那倒也好，一来您可以去考察考察，我们好心里有个数，二来您也可以散散心。"韩复榘毕恭毕敬地回答。

　　"那我最近就出发，你老韩就帮着张罗张罗吧……"

　　"好说，小菜一碟！"

　　听到老上司要去鲁东看看，韩复榘不敢怠慢，立即安排了一趟专列作为冯玉祥鲁东之行的专用。专列一路向东，冯玉祥在各地考察演讲，到五月底，这位西北将军已经基本完成了其鲁东之行，正途径古城，走在返回泰安的路上。已经考察完胶东各地的冯玉祥，此刻却眉头紧锁，紧紧盯着窗外愈来愈近的古城。铁路两边的各色野花开得正艳，路旁高大挺拔的白杨树倏忽而过，远处的群山在明晃晃的阳光下不停地变幻着色彩。然而这曼妙的春色，一点儿也不能使这位基督将军[145]感到丝毫内心的平静。他看到古城货场里堆积的洋货后，禁不住气愤地哼了一声，而看到货场里堆积着的粗劣土货，又痛心疾首地摇了摇大脑袋。经过古城货场的时候，进站的火车明显地慢了下来，最后这辆只有四节车厢的冯氏专列"哐当"一声，停在了古城车站的站台上。

迎接的众人们一拥而上，围住了这趟专列的车门，车门打开后，从里面走出来一位膀大腰圆的中年人。只见此人身高六尺开外，肥胖的脸盘上留着些许扎里扎煞的胡须，未加梳理的大背儿头显得油乎乎、脏兮兮的，宽大的额头上有一道儿长期戴军帽而留下的印记，看来这就是大名鼎鼎的西北军将领冯玉祥了。冯玉祥身穿浅兰色老粗布衣服，衣服上还歪歪扭扭地打着好几个补丁，脚上穿的是一双打着补丁的"踢倒山"布鞋[146]。迎接的众人看到客人这幅打扮，禁不住有些乍舌，笑容可掬的古城县长羊九五，把站台上贵客一一介绍给这位彪形大汉。冯玉祥倒显得有些不耐烦，一面跟大家握着手，一面瓮声瓮气地问羊九五："老羊啊，今天我这行程是怎么安排的？"

羊九五连忙躬身答道："要不冯将军今天先去省立第十中

---

[145] 冯玉祥，字焕章；1917 年冯氏皈依基督教并受洗，还利用宗教力量来控制军队，故有"基督将军"的称号

[146] 一种普通平底儿布鞋

学给同学们演讲吧？今天古城好几个学校的师生们都专门调了课，眼巴巴地等着听冯将军的训话呢。下午我们再去西门儿的范公祠和顺河楼，最后再去看看法庆寺。不瞒您说，我已经把里面的和尚都赶回了老家，法庆寺现在是我的兵营了！"

听完羊九五的安排后，冯玉祥朗声大笑了起来："哈哈哈，演讲不敢当，训话更谈不上，不过是和师生们见见面聊一聊罢了；俺今天要好好瞻仰一下范小老儿和那个欧阳修。法庆寺的事儿我也听说了，就该收拾收拾这帮秃驴懒虫，老羊你干得好啊[147]！"

五月底的那个早晨，古城西郊省立十中的大礼堂里坐满了十中、省立四师以及其他学校的师生们，甚至走廊里和礼堂四周也挤满了人群。省立十中的张延寿、省立四师的赵厚基、西营子的郑葫芦以及警备队的马大铃铛等人，也都端坐在拥挤的礼堂里，翘首以待冯玉祥的到来。在众人已经等得望眼欲穿的时候，礼堂外传来了小声骚动的声音。

"来了，来了，冯将军来了！"

说话之间，省立十中校的领导们陪同冯将军走进了大礼堂。身穿老粗布衣服的冯玉祥脸上汗涔涔的，手里还拿着一顶旧苇笠。底下的大伙儿看到冯玉祥这副乡下老农民般的打扮，都不由自主地起立鼓起掌来。冯玉祥阔步走上讲台，朝着大家挥了挥他那顶旧苇笠，洪钟一样的声音在松林书院的大礼堂里回荡着："同学们、老师们、朋友们，大家好！我冯焕章[148]是个从泰山上走下来的小老百姓，和你们一样，也曾经是个穷念书

---

[147] 参见冯玉祥中原毁佛事件

[148] 冯玉祥字焕章

的。我如今年纪大了，常常会扪心自问，念书到底是为什么？我今天可不想鼓吹什么'读书救国'论，那都是他娘的闲扯蛋！坐在那里死啃书本就能救国么？当然不能！大家得拿出行动来，要有真刀真枪的抗日行动。现在，咱们中国被小日本欺负得跟孙子一样，我老冯就不服这个气，拉起队伍来跟他干，可我那老弟(指蒋介石)就不敢碰日本鬼子一下，说什么'攘外必先安内'，跑到江西去剿共，自己人打自己人，却把自己的屁股让给日本人打，照这样下去早晚咱们四万万同胞都得成了亡国奴……"

冯将军在礼堂内慷慨激昂地演讲的时候，顾宝山、季肇强、祁奉先和张玉麟等人正在礼堂外你一言我一语，争论着中午饭该如何招待这位不嫖娼、不赌博、不抽大烟的"三不将军"。

"羊县长专门交代过，招待里面咱这位爷不能去酒馆，不能大摆宴席，席间不能有酒，不能有茶，也不能铺张浪费，你们得抓紧想出个章程来！"

顾宝山把县长的吩咐转述了一遍，大伙儿听完后，都皱起了眉头来。季肇强在地上吐了一口唾沫，愤愤不平地说："这个乡巴佬真是个另类！……要不，我看干脆给他煎饼卷大葱蘸甜酱算了，既然他愿意节俭，就让他节俭好了。"

顾宝山笑了笑："这个煎饼卷大葱虽然节俭，但是不符合待客礼仪。他一开口说话就是一股大葱味儿，那成何体统？"

祁奉先点点头说："老顾说得对！嗯……我倒是有个主意，东门吊桥那儿有个'赵三儿'水煎包子铺，现在正好有荠菜水煎包，我派人去弄上几笼子，再叫上一大桶绿豆稀饭和几盘儿时令菜蔬，叫他们直接送到西门儿范公祠里，一会儿羊县长不是还要陪冯将军去拜谒西门儿的范公祠吗？"

顾宝山兴奋地拍了下大腿："奉先的这个主意好！我看就照着这个办法，你和玉麟现在就去张罗好了。"

在去东门的路上，玉麟禁不住对奉先低声说道："要是家勇在，说不定会一枪毙了这个姓冯的，想当年就是他把宣统皇帝赶出紫禁城的。"

"别再提宣统皇帝了，他两个月前已经正式登基成为康德皇帝[149]了，大清皇帝的老脸都被他溥仪一个人给丢尽了！"

38

国立山东大学的数学系教授田立人沿着阴暗的走廊，走出这座德国样式的红顶儿教学楼。暖洋洋的阳光正照在教学楼附近的法国梧桐、水杉和冬青树上，也照在一个雕刻精美的影壁墙石座上，石座后是一丛丛茂密的翠竹，翠竹后面的墙壁上却赫然写着一张"打倒赵太侔[150]"的标语。

一场旷日持久的学潮，刚刚在国立山东大学的校园里尘埃落定。附近几座教学楼的墙壁和学校围墙上，还贴着学生们张贴的一层又一层的口号和标语，校工们正拿着水桶和小铲子，四处清洗这些花花绿绿的纸张。看着这些五颜六色的标语，田立人禁不住想起了昨晚和大儿子雨来的那番对话来。

"……我正在交关于樱花的一篇作业，樱花属于蔷薇科樱

---

[149] 溥仪在伪满洲国执政所使用的第二个年号

[150] 又名赵畸，山东古城人，中国戏剧教育家，两任山东大学校长

属植物，虽然在世界各地都有生长，但是主要在日本国生长。樱花虽然美丽，生命却很短暂，一朵樱花从开放到凋谢只有短短的七天，整棵樱树从开花到全谢不超过两周……"

田立人了解自己的两个儿子，雨来是个内向的大学生，文静内秀，喜欢读书，田立人希望他以后也像自己一样留在大学这个象牙塔里；谷雨则是个外向的高中生，喜欢运动，也喜欢享乐，也许有一天他会变成一个伊比鸠鲁主义者或者体育教练。真可谓"知子莫如其父"，三十多年之后，在山东大学数学系教授田立人生命最后的弥留之际，守候在他身边的正是已经是山东师范大学植物学教授的田雨来，田家上上下下没人知道田谷雨的下落。父亲在济南咽气的那个时刻，田谷雨正带着妻子女儿，一面品尝着马黛茶[151]和罗姆酒，一面观看着高桥人[152]精湛的骑术。

田立人知道雨来是拐弯抹角地想说些什么，于是他笑着对大儿子说："雨来，你又来了，想说什么你就直说吧，不用每次都绕个弯儿的。"

见父亲洞穿了自己的小伎俩，雨来有些尴尬地笑了。

"我想说的是，樱树被日本人奉为国花，而日本人也同样认为人生短暂，活着就要像樱花一样灿烂。他们的这种樱树性格也决定了他们会不停地蚕食中国……"说到这里，田雨来激动地从椅子上站立了起来，"我们为什么要步步退让？……"

"雨来，你还太年轻，只看到了问题的一个方面，却没有看到问题的其他方面。我虽然不是一个植物学家，可是我也知

---

[151] 一种传统的南美洲草本茶，富含咖啡因

[152] 高桥人（el gaucho）是生活于南美的一个游牧部落

道，在一场暴风雨之后，宁折不弯的白杨树会被狂风吹断，而随风弯曲的芦苇却可以存活……"

"那我田雨来宁肯做一棵折断的白杨，也不做随风弯曲的芦苇！……"

"中华民国有的是比你田雨来懂得多的人，难道他们就不知道日本的野心？我前几天和你子陪大爷聊天，他也是忧心忡忡，可他就坚决反对开战，因为他知道中日海军的巨大差距。雨来，你不要忘了，我们毕竟是个弱国，开战，则必亡。你们这些学生只凭血气方刚行事，那才会将整个国家置于万劫不复的危险之下。"

田立人禁不住提高了嗓音，不服气的田雨来却把头扭到了一边儿。父子俩争来争去一个晚上，可两人谁也无法说服谁，最终搞得不欢而散。

田立人走出这座曾经的俾斯麦兵营，沿着高低起伏的海边小路，朝不远处的家里走去。路旁的斜坡上是密密麻麻的矮冬青，斜坡的尽头是长满青苔的巨大岩石，远处的浪涌正轻轻地撞击着海边的这些岩石，白色的浪花在岩石周围汹涌起伏着，白花花的阳光洒在波光粼粼的海面上，使人有种眩晕的感觉，海面上不远处就是绿油油的小青岛，小青岛山顶上的白色灯塔巍然屹立，灯塔上飘扬着一面青天白日满地红的旗帜。田立人沿着起伏的山路，一口气走回家里。一进家门，田立人就看见田王氏正在厨房里忙活，桌子上摆放着一大堆土产和礼物，田立人好奇地问女人："怎么？今天家里来客人了？"

田王氏回头看了看男人，笑着回答："那是昌乐的张天佐派人送来的礼物，人家连坐都没坐就走了，说是公务繁重，不便久留。据他的副官说，张天佐如今在昌乐颇有政绩，明年夏天被选送到庐山暑训团接受政治训练，还要亲自聆听蒋委员长的教诲哩。谁能想到当年那个坐大车的毛头小子，现在已经是颗政治新星了？"

一提起张天佐，田立人笑了起来："呵呵呵……我记得你这个老乡，就是那个当年开口闭口想当官儿的白面书生，想不到如今真的飞黄腾达了，时间可是过得真快啊！"

"哦……对了，你别光忙着上课，也该管管谷雨了。"田王氏转过头对田立人说。

"谷雨他怎么了？"

"他除了天天打篮球外，一天到晚叮嗨[153]着要买辆名牌儿自行车，说是哪天要学关云长，去单骑走天涯哩！"

已经长得比门框还要高的田谷雨，这时也晃晃悠悠地走进了厨房，正好听到父母在议论自己，就急着插嘴道："爸，给我买辆自行车吧，我看中了一辆英国产的大飞轮儿自行车。"

田立人看到田谷雨猴急抓耳挠腮的样子，扑哧一声笑了出来："你要是今年能拿好成绩来，我倒是可以考虑考虑。"

美丽和美兰姐妹俩听到父亲要给二哥买自行车，也吵吵嚷嚷地跑了过来："爸，我们也想要辆自行车。"

田立人摇了摇头，笑着说："我可没那么多钱一口气买三辆。再说了，青岛这个地方也没法骑自行车啊？"

"我们可以在学校的操场里骑啊！"姑娘们抗议了起来。

"好了好了，家里没那么多地方放自行车。"田王氏一

---

153 一再要求

面解着围裙一面赶走了孩子们。

孩子们出去后，厨房里又恢复了平静。田王氏看到田立人一屁股坐在了椅子上，脸上露出些许倦意，就小声问道："你今天怎么了，看起来无精打采的？"

男人叹了一口气后说："今天开了半天的会，校长赵太侔已经决定提出辞职了。"

"为什么？"田王氏不解地问。

"山大的这次学潮闹得满城风雨，弄得天下皆知。现在墙倒众人推，不但学生要求驱逐赵太侔，教育部对他颇有成见，就连济南的韩复榘也不待见他了。"田立人说这话时，脸色变得愈发严肃了起来。

"咱这个老乡，前几年和俞珊[154]的那段儿不伦恋就出尽了风头，现在又搞了这场学潮闹剧，真不愧是学戏剧出身的。"田王氏不无嘲讽地回答。

田立人听田王氏如此评价校长赵太侔，禁不住噗嗤一声笑了出来，摇了摇头："你们女人啊，就是对那些无关紧要的桃色新闻最感兴趣！"

站在这座高大的钟鼓楼附近，富贵安对这座城市感到既熟悉又陌生。富贵安感到熟悉，是因为他曾经从索尔济和佥家老呢呢的嘴里，无数次地听到过关于这座城市的描述。在他们的口中，铁岭这座辽北古城简直就是一座人间天堂。可是等他真

---

[154] 此时的俞已经是赵太侔第二任妻子

正来到了这里，他才觉得这只是一座灰秃秃的城市。虽然辽北的夏天没有古城炎热，可是这里的冬天清冷清冷的，到院子里上趟茅坑的间隔就能把人冻个半死。最要命的是环顾周围，年纪一大把的富贵安两眼一麻儿黑，不要说朋友了，连一个认识的人都没有，于是从金家全家在铁岭落脚的第一天开始，寂寞和孤独就一股脑儿地涌上了富贵安心头，他不由自主地怀念起古城的一草一木，以及自己的那些老伙计来。

金家忠住的地方在铁岭算是个很不错的位置，清一色的青砖瓦房，很多住家都是在县政府做事儿的职员。金家左面住的是县公署的一个外号叫"大下巴"股长，右边是一个叫佐藤的商人。大下巴股长是个高个儿中国人，据说老辈人是"丁戊奇荒"的时候闯关东的胶东人，大下巴娶的老婆却是个矮个子的朝鲜女人，他虽然和金家忠是一个单位的，可是二人的关系却很冷淡。富贵安一开始还以为俩人接下过什么仇怨，时间一长，富贵安才发觉大下巴不仅对儿子家忠冷淡，对所有的中国人都很冷淡，听到大下巴每次"支那"这个"支那"那个的时候，富贵安真想朝着他那张大下巴扇几个响亮的耳瓜子。

相比之下，那位叫佐藤的四十岁左右的日本邻居倒是对富贵安比较客气。每次见到富贵安，他总是先鞠躬，寒暄一番才疾步离去，会说几句中国话的佐藤在附近开了一家人偶店，佐藤家做的玩具人偶名声在外，销路也不错。佐藤的老婆是个瘦得跟芦柴棒一样的中年女人，她整天把自己紧紧地裹在宽大的和服里，像是一只刚刚从蛋壳里孵出的小雏鸡。每当佐藤全神贯注做人偶的时候，他老婆也在此刻变成了一只夜行的老猫，女人轻手轻脚的，害怕搞出一点儿声响来，影响了正在聚精会神的男人。几件精美的人偶作品完成后，佐藤就开始停工休息，边喝着清酒边击节歌唱。佐藤请富贵安到他家喝过几次清酒和梅子酒，清酒喝起来像是南方的米酒，淡而无味；梅酒喝起来酸酸甜甜的，倒像是加了几滴儿老烧的古城酸梅汤。

有一次，富贵安一番好意带了瓶高度数的本地高粱酒，佐藤刚喝了一杯高粱酒，立刻手舞足蹈地唱了起来。日本人一面唱，一面脱下脚上的木屐，没头没脑地朝正在上菜的马竿儿女人扔了过去，手里端着木盘儿的马竿儿女人正挪着小碎步儿，一扭一扭地夹着屁股走过来，没成想被飞来的木屐"吧唧"一声打在了右眼上，右眼立刻变成了黑眼圈儿。马竿儿女人倒没生气，赶紧一面道歉，一面拣回木屐给佐藤穿上，男人却飞起一脚，像踢一个人偶一样，把女人"咣当"一声踢倒在榻榻米上。

过了几天，佐藤家的佣人莲花嫂来金家串门，她偷偷摸摸地告诉富贵安和老通宝："别看那个佐藤看起来斯斯文文，其实脾气很不好，只要一喝醉酒，保准就打他老婆，每次打得女人那个样儿，我都看不下去。他那个女人倒好，男人打她的时候，她还嘴里大声叫好，你说说这些日本人是不是畜生德性？"

"还有这种事儿？"老通宝吃了一惊。

"可不是么！我就遇到过一次，当时搞得我坐也不是，走也不是……"

佐藤家的女佣人摇着头，啧啧地叹气："要不是他家给的工钱高，我老太婆早就撩挑子不干了！"

佐藤家的女儿纯子，是金家勇的儿子金无忧一个班级的同学，佐藤纯子长得更像佐藤一些：个头儿不高，一张浮世绘一样的大脸盘儿上，忽闪着一双分得很开的大眼睛。可是不知道为什么，富贵安觉得这个日本女孩的眼睛深邃而可怕，就像两口深不可测的深井。金无忧过生日的时候，佐藤纯子送给了他一个父亲精心制做的人偶，这个精致的人偶有二尺来长，一头乌黑的秀发像瀑布一样垂下，一张浮世绘般的脸上长着两只乌黑的大眼睛。盛夏的一个凌晨，起夜的富贵安迷迷糊糊地回到屋子，一抬头却瞧见了孩子们白天玩过的那个人偶，端坐在八仙桌上人偶正朝着自己笑哩。富贵安揉了揉眼睛，又看了一眼，瞧见人偶的两只黑眼珠子动了两下，他吓得大叫一声，慌不择路地往里屋里跑，却"扑腾"一声被门槛绊倒了，结果摔断了右腿。

　　延禄和伙计们在张家大院里往大车上装货的时候，张家的老三延寿、昭德街的赵厚基以及南营子的丁恩柱等一群回族后生正聚集在清真寺东面的一间青砖小屋子里，围坐在穿着整齐胡子花白的法阿訇身后，阿訇正在小黑板上多里哆嗦地画一张中华民国地图。法蝈蝈听到门口的叽叽喳喳声转过身的时候，才发现屋门口立着几个大姑娘，正在探头探脑地往里看，就咳嗽了一声说，你们几个也进来吧，不用不好意思。姑娘们叽叽喳喳地笑着进来远远地坐在了回族后生们的后面，延寿朝她们看了一眼，认出里面有五里桥的马绣梅、妹妹张延龄还有卫里的刘绪英等。

　　法阿訇歪歪扭扭地画完了像蚕叶儿一样的中华民国，他指着蚕叶儿上的东北角儿对大家说："大家也都知道，自打民国二十年"九一八事变"之后，日寇仅以四个月就攻占咱们东北四省（辽宁、吉林、黑龙江和热河），居然还成立了什么伪满洲国。后来，以资源丰富、工厂林立而闻名的冀东二十二县，也被卖国求荣的汉奸殷汝耕出卖，在日本人翅膀的庇护下成立起什么'冀东防共自治政府'。你们看看，咱们的国家就像这片蚕叶一样，被日本鬼子这些附骨之蛆不断的蚕食着。"法阿訇越说越激动，身体开始发抖，声音也开始打起颤来。

　　法阿訇颤抖的声音立刻让赵厚基变成了一只荷花塘里的大

白鹅，他觉得身上正在慢慢生长出一层厚厚的鹅皮儿疙瘩儿来，于是激动地站起来："俺赵厚基宁死也不做亡国奴！"

张延寿赞许地朝着自己未来的妹夫看了一眼，随声附和道："厚基说得对！父母叫儿打东洋，妻子送郎上战场，俺也绝不做亡国奴！"

"说得对！俺们也坚决不做隔江犹唱后庭之花的亡国商女。"后面的姑娘们也不甘示弱地喊着。

法阿訇听到大家七嘴八舌发言，激动地不住点着头，结结巴巴地说："俺……俺的……孩子们，你们都说得很好，个个都说得很在理儿！"

已经快到晌午了，青石板街还被一层着不清的迷雾所笼罩，延禄和两个伙计在迷雾中赶着皮货大车上了路。

"大大，金叶儿，俺们走了！"

"你们这一路要小心啊！"

张蚁羊朝着儿子挥了挥手里的拐杖，延禄很快就消失在了雾噜[155]里，张蚁羊一面回家，一面嘟囔着他一辈子也没见过这么诡异的雾噜。坐在窗前做针线活儿的马金叶儿心里装着丰收的那件事儿，她从早到晚都在琢磨着该如何把丰收的死讯一点一点地透露给五里桥的家人，勤俭倒不是个大问题，可大大和娘能否受得了这个打击？张家大院的所有人都不知道这场迷雾的四周隐藏着依布利斯（撒旦）和他的五个儿子，他们很快就要给张家带来一连串变故。

---

[155] 浓雾

依布利斯吩咐恶灵提尔[156]躲在了张家大院东南角儿的茅房附近，老态龙钟的皮货张起身提裤子的时候，忽然感到头晕目眩，一屁股掉进了茅房的粪坑里。等大家伙儿把老人从粪坑里拉上来，洗干净之后，才发现张蚁羊这一跤可摔得不轻：他不但口眼歪斜，连开口说话也不那么利落了。张蚁羊出事儿还没过几天，紧接着又从外地传来噩耗。延禄他们那一伙人，走到察哈尔附近受到了日军盘查，不但货物全部被扣押，连人也被一起抓了起来。过了几天后，男人们倒是陆续回来了，可是延禄却在回来的路上淋了雨水，加上心疼被抢的那一大车皮货，刚回到青石板街就大病了一场。延禄的病才刚刚见好，说话呜哩哇啦的张蚁羊已经到了牙关紧闭，水米不进的境地了，卫里的马大夫摇摇头对张家人说："该给老人家准备老衣裳了，也就是这几天的事儿了。"

咽气前的皮货张忽然开始回光返照，他睁开眼睛，四下打量着屋里的大人孩子，先看看抽大烟抽得眼圈青黑的大儿子延福和大媳妇，使劲摇了摇头；又看看无精打采的二儿子延禄，显出一副无奈的神情；最后眼睛落在了老三延寿和小女儿延龄身上，老人抬起了手指着小儿子和女儿，呜哩哇啦地想要说什么，眼泪也跟着哗哗地流了下来。张家一屋子人大眼儿瞪小眼儿，一脸茫然地看着皮货张，不知道临终的老人到底想要交代什么大事儿。就在大家无计可施的时候，二儿媳妇金叶儿凑上前来："大大，延龄和老三的亲事您就放心吧！俺们过一阵子就先给姑娘成亲，嫁的是昭德的赵家；然后再给老三成亲，娶得是卫里回民丁四麦芒家的闺女！"

张蚁羊听了金叶儿的话，这才满意地点了点头，然后脖子朝后一歪，咽下了最后一口热乎气儿。

---

[156] 产生灾害,病疫的恶灵

民国二十六年初冬时节，昭德街赵牛角的孙子赵厚基和青石板街张七斗的孙女儿张延龄的婚礼，在两家人的张罗下，正在按部就班地进行着。张家的上上下下也都松了一口气，大家都知道，接下来就是老三延寿和丁四麦芒家的女儿的婚礼，等办完了这两门亲事儿，无常[157]之后的皮货张就该心满意足了。可是就在赵厚基举行婚礼的当天上午，清真寺的阿訇法蝈蝈却意外地收到的一封南国来信。这封白崇禧将军寄给法阿訇的信，如同一块儿投进荷花湾的大青石，立刻在两座清真寺以及整个东关附近掀起了巨大的波澜。那是一封回教救国协会向全国各地分会发出的通知，通知里白部长诚恳地呼吁，中华民国全体回族青年要尽快投考军校，参加抗战，保卫自己的祖国。法阿訇信还没有念完，清真寺里后生和姑娘们心中的火焰，已经在那个寒冷的季节熊熊地燃烧了起来。

"俺报名去黄埔军校！"新郎官赵厚基第一个举手报名。

"俺要去！"

"俺也要去！"

法阿訇看着满屋子举起手报名的后生和姑娘，哽咽着说："姑娘们可以放下手来，因为这次军校招生只招男生。"

阿訇点了一下后生的人数后，接着嘱咐大伙儿，"记住！明天一大早，大家都在这寺里集合，俺法蝈蝈就是豁出这条命去，也要把你们安全地送到白部长的身边儿！"

---

[157] 回族去世

　　就在清真寺的阿訇带着回族后生们坐上火车去投奔白部长的时候，国立山东大学的数学教授田立人一家，正和许多山大的师生们一起，走在迁往安徽安庆的路上。初冬时节，教育部就已经下令国立山东大学内迁，原定迁往陕西西安，后来经学校请准后改迁安庆，择定菱湖公园为未来的校舍。国立山东大学代理校长林济青立刻组织全校师生准备南下，山大员工即将所有仪器、图书、标本、文卷及办公用品等分别装箱，共计一千余件。愿意南迁的教授和学生不过百余人，教授和家属们个个垂头丧气，那些不知疲倦的大学生们一路走，一路仍然在宣传着抗日救国的道理，他们在大街小巷和旮旮旯旯里，张贴着抗日救国的标语，对田间地头的老乡们发表着抗日演讲……眉头紧皱的田王氏却在众人的喧哗声中，一路担心着小儿子田谷雨的安全。

　　已经自认为是个大人的田谷雨不愿意和父母一起去安庆，他觉得妹妹们有时候太烦人，父母又总是婆婆妈妈的，哪里比得上他一个人来去自由？执拗的像一头耕牛的田谷雨坚决不去安徽，他选择了坐胶济线火车去西北，打算骑着他的英国自行车，先去看看西北的大好河山，然后再找个山清水秀的地方上一年高中，等到高中毕业之后，再去南方和父母妹妹们会合。身高接近一米九的田谷雨已经是青岛高中篮球队的中锋了，由于还随身携带了一辆高级英国自行车，他在火车上众多逃难的人群里显得有些鹤立鸡群。半夜时分，从青岛出发的列车才沿着胶济铁路晃晃悠悠地到达了潍县车站，到站的旅客们纷纷提着行李下车，大批旅客像潮水一样涌了上来。

　　"年轻人，你这是要去哪儿啊？"

　　听到耳畔的问话声，田谷雨抬头看时，见是刚刚挤到自己身边的是一家四口人。父亲是一位戴眼镜的中年大高个儿，看起来像个规规矩矩的生意人，母亲是个长相清秀的家庭妇女，夫妻二人带着一个七八岁左右的小男孩儿和一个高个儿大姑娘，姑娘看起来和自己差不多大，也戴着一副金丝眼镜。这一家人站在像沙丁鱼一样拥挤的人群里，也正上上下下地打量了田谷雨和他的那辆英国自行车。

田谷雨挠了挠头回答："我还没有决定呢，反正是先去西北。我正在琢磨到底是在西安下车呢？还是一直坐到兰州呢？"

高个儿姑娘好奇地问他："看样子你也是学生吧？"

田谷雨看了看高个儿女生："没错，我高中还有一年才毕业。"

高个儿姑娘笑了起来："那咱俩是一级的。"

"那真是太巧了！"田谷雨也笑了起来，接着问戴眼镜的中年男人，"伯父，你们一家人这是要去哪儿啊？"

中年人扶了扶眼镜后，慢条斯理地告诉田谷雨。他本来是潍县"聚福祥"的帐房先生，现在茶叶店就要关门了，现在要去天水孩子他姥爷家。

"俺估摸着，这日本鬼儿一时半会儿还到不了那地儿。"

"天水在哪儿？有什么名胜古迹么？"田谷雨一面招呼姑娘坐在自己的座位上，一面好奇地问道。

"你不知道？天水人称西北小江南，是丝绸之路的重要一站，附近名胜古迹繁多，天水还是名将姜维和飞将军李广的故乡呢。俺打算利用在天水上高中期间，好好看看麦积山石窟和伏羲庙！”

听到天水有这么多名胜古迹，而且附近还能上高中，田谷雨立刻来了兴致：“你要在天水上高中？”

“是啊！俺打算先在舅舅的天水国立五中上完高中，再好好想想该考哪个大学哩。”高个儿姑娘爽快地回答。

田谷雨眼睛一亮，低头对戴眼镜的中年男人说：“伯父，我能不能就跟着你们一块走，我也想去天水那地方看看哩。”

中年男人听他这么说，禁不住笑了起来：“那当然没问题！你要是愿意，不妨也留在天水本地读高中吧。哦，对了，你叫什么名字啊？”

“我叫田谷雨，老家是古城的。”

“俺叫姜雪寒，是潍县人。”高个儿姑娘也大方地介绍着自己。

39

西北风呼呼地肆虐着，鹅毛般的大雪纷纷扬扬地从天际撒落下来，很快就覆盖了鲁中的每一个角落，大人小孩都换上了冬季里最暖和的衣服，戴上了厚厚的棉帽子，也穿上了笨拙的棉鞋。那天裹得像笨狗熊一样的朱毛蛋，拖拉着黄包车一走进古城火车站，立刻就觉得那天的车站十分诡异。整个车站里里外外如同老虎拉碾一般，到处是拥挤的人群，人群中有的人想坐车离开古城，有的人则刚刚从外地逃回古城。

朱毛蛋拉上神色慌张的温老三，忍不住问道："三叔，今天这是咋的了？"

"听说是他娘的小日本的什么河野部队要来了，据说现在已经在路上了，很快就要打到古城了。"温老三一面打着寒颤，一面结结巴巴地回答。

朱毛蛋听完这话，吃了一惊，手里拉着东洋车，脚底下越发加快了脚步，撒开双腿，在泥泞的雪地上跑了起来。那一时刻，雪下得正大，踩上一脚后咯咯作响，寒气像个顽皮的孩子，一阵阵地随风没头没脸地扑上身来。

"嗡嗡嗡……"

头顶上传来阵阵震耳欲聋的轰鸣声，朱毛蛋抬头往天上看了一眼，只见像灌了铅一样的天空上有一架飞机正在盘旋。那架飞机飞得很低，低得朱毛蛋连机舱里鬼子驾驶员留的仁丹胡子，都能看得一清二楚，飞机翅膀上涂着两面像鸡血一样鲜红的日本"膏药旗"。

"日本人的飞机！"

"了不得了，飞机扔炸弹了！"

"快跑啊！"

正在古城车站和路上的众人惊叫一声后，四散而逃，只留下雪地上杂乱的脚印和各式跑丢了的棉鞋以及油布纸伞。朱毛蛋也在惊慌之下，把东洋车一扔，撒腿就跑，脚上的棉乌拉[158]也跑掉了一只，温老三则像是一只被野狗追赶的土鸡，没命地

---

[158] 北方棉鞋

跟在朱毛蛋的屁股后面。

日本飞机从天上投下来的并不是炸弹，而是花花绿绿的日本传单，传单夹杂着漫天的飞雪飘落到了古城的每一个角落里。中午时分，天色愈发变得阴沉了起来。日本鬼子的大部队从北面大摇大摆地首先进了旗城，走在前边的是荷枪实弹的步兵，三八大盖上插着明晃晃的刺刀，接着是骡马拉的轻重机关枪、小钢炮和山炮，最后是辎重车辆，上面全都盖着黄色的油布。日本鬼子长长的队伍浩浩荡荡通过了旗城，继续一路往南，先头部队已经通过了万年桥，杀气腾腾地来到了南城城下，后续部队还走在阳河北岸的石板路上。

留着仁丹胡子的鬼子指挥官河野，骑马气势汹汹地来到了古城前，但见古城城门紧闭，禁不住勃然大怒，他挥动手里的指挥刀，喊了几声"鸭子给给"之类的鬼子话后，日本鬼子立刻在阳河岸边架起了小钢炮和山炮。气急败坏的河野，命令翻译官用大喇叭向古城发出最后通牒，如果里面的人再不投降，皇军就要立刻炮轰古城。急得像热锅上的蚂蚁的古城商会、红十字会和本地绅士地主们，却在此刻找不到县长羊九五了，原来此刻的古城县长已经不知去向了，六神无主的古城商长丁训斋看见匆匆赶到的祁奉先和张玉麟如同见到了救命稻草。

"奉先老弟，羊县长呢？"

祁奉先摇了摇头，无奈地回答："训斋啊，县长已经带着一帮人先行南撤了……"

"那咱们怎么办？全城的老百姓怎么办？日本人马上就要炮击古城了，依俺老丁看，如今只剩下开城投降这一条路了！"

"训斋兄，如果今日开城投降日本人，百年之后古城人当如何评述今日之事？"张玉麟厉声质问丁训斋，丁训斋听后脸色有些泛红，只是无奈地连连摇头。

"玉麟，不要再说了！如今只有开城投降了，否则全城的百姓就会遭到戕害。如果后人一定要追究今日之罪责，就一并算到我祁奉先头上吧！"

众人在经过一番简短的讨论后，决定当机立断，立刻开城投降。

"皇军别开炮！俺们愿意投降！"

古城的北门儿"吱吱扭扭"缓缓地打开了，一支临时拼凑起来的欢迎队伍，打着膏药小旗、日本陆军军旗、和"亲善中日"等横幅，冒着凛冽的寒风和扑面的雪花儿，一路逶迤走出了城门，向阳河边的日军河野部队投降。河野指挥官大喜过望，在马上用指挥刀向南一挥，日本军队迈开大步，经过万年桥，通过北门大摇大摆地进入了古城，欢迎的队伍亦步亦趋地跟在日军大队人马的后面。这支侵略者和欢迎者的队伍冒着漫天的风雪，浩浩荡荡地一路开到了古城县政府门前。鬼子指挥官挥了一下手里的指挥刀，鬼子士兵们在县政府大楼前整齐地排列成好几队；日军指挥官再挥了一下手里的指挥刀，从队伍里走出来一支日本军乐队和一个像地蛋儿[159]一样的日本军官；日军指挥官又挥了一下手里的指挥刀，地蛋儿在军乐队前面挥了挥手，军乐队开始奏起乐来，后面的日本士兵随着音乐，呜哩哇啦地唱起了歌曲来："万朵樱花作那衣襟的花色，景色如花在吉野山上被风吹落，当樱花与日本男子一同奋起，那就在散兵线同花散去，几尺长的步枪算不上武器，几吋长的军刀又能做甚么？要知道这里有，整整两千年，千锤百炼的大和魂

---

[159] 土豆

……"

民国二十七年腊月时节，在北风吹，雪花儿飘的那个下午，日本鬼子兵不血刃就占领了我的家乡——九州之一的古城。日本人的飞机在古城上空散发传单的时候，警备大队季肇强正躺在古城的妓女皮青云的怀里，吸吮着女人像两颗紫葡萄一样的乳头，她硕大的乳房沉甸甸压在警备大队的脸颊上，眯着眼睛的皮青云正云山雾罩地给大队长讲着那些虚无缥缈的故事：有个故事讲的是一个女人，她差一点儿就嫁给一个旗人做小老婆，可是后来那个男人却像断了线儿的风筝一样消失了；另一个故事讲的是她兄弟跟她借了一笔钱，买了好几只五彩斗鸡，有一次她兄弟赢了一颗金戒指，就送给了女人。等到他丈夫死的那年，女人取出那颗金戒指去换钱，却发现金戒指变成了一颗生满绿色铜锈的黄铜戒指。季肇强觉得惊异，就问女人这一切是不是都是真的，她回答说，这些事儿都是真的。就在那一刻，季肇强的卫兵疯一般敲响了青云馆的大门。

"队长，县长正四处找你呢！"

季肇强慌忙起身，穿上衣服就往外跑，皮青云跟在后面大声喊着："季队长，别忘了桌子上你的匣子枪！"

也就在那天下午，古城的模范县长羊九五带着自己的警备大队，冒着纷飞的雪花朝着南山一路仓惶狂奔。直到感到安全了，羊九五这才命令警备大队停止前进。顾宝山擦掉落在胡子和眉毛上的雪花，小心翼翼地问惊魂未定的羊九五："县长，我们就这么跑了，是不是有点儿……"

"老顾啊，就凭咱们那几杆枪，除了能跟土匪比划比划外，我不信能干得过日本人的小钢炮。韩主席就是因为听了何思源那个书呆子的话，跟他娘的日本人硬拼，到头来还不是德州失陷，济南失守。"羊九五一面拍打着衣服上的雪花，一面懊丧地回答，"所谓识时务者为俊杰，我老羊也没有那个冯玉祥说得那么高尚。三十六计，走位上策。有道是留得青山在，不怕没柴烧。你说是不是？"

"你说得是，但万一上面儿以后查下来咋办？"

"不用担心，我们这不是逃跑。队伍只要撤到山里去，找到了鲁西南省府，我们马上就可以东山再起，伺机袭击日本鬼子。"

正在此时，警备大队长季肇强突然大叫了一声："操他娘的，那几十支汉阳步枪还没来得及从仓库里取出来哩！"

羊九五听到此话，脸色立刻变得铁青，接着破口大骂了起来："操你妈个王八羔子！你除了和那个老娘们儿混在一起，每天胡吃海塞之外，你脑袋里还装着什么？！"

季肇强立刻打马调头，想连夜赶回古城，刚跑出去几步，就被羊九五厉声呵住了。

"季队长，太晚了！你早干什么去了？你现在回去不是去送死吗？"

严冬时节的鲁中，和古城县长羊九五一样弃城逃跑的还有昌乐县长王金岳和寿光县长宋宪章。昌乐县长王金岳带着手下的人弃城南逃，刚刚逃到县境南部的鄌郚山区，山东第八区行政督察公署专员厉文礼的委任状就到达了鄌郚，厉文礼委任王金岳为第八区保安副司令兼昌乐游击支队长。王金岳大喜过望，立即停在了鄌郚镇，并且着手组建了第八区保安副司令部。

刚刚成为第八区保安副司令的王金岳屁股还没有坐热，就接到了寿光县长宋宪章马上就要逃进昌乐境内的消息。王金岳接到这个消息后，禁不住心花怒放，高兴地搓着双手，他立刻命令手下，赶紧去把昌乐警备大队队长张天佐找来。王金岳对张天佐十分客气，二人关起门来密谋甚久，王金岳又对着张天佐小声耳语了半天。张天佐一面听着县长的叮嘱，一面频频地点头，脸上露出诡异的笑意。

"明天咱们就可以在这郚部山堵住他宋宪章！"

"王县长放心，有我张天佐在，他宋宪章就是插翅也难飞出郚部……"

第二天，山风夹着雪花呼啸在起伏的丘陵和高高低低的树木之间，蜿蜒流淌的白浪河岸显得萧索而荒凉。在郚部山区的打鼓山山顶上，昌乐警备大队队长张天佐正紧紧握着一柄刻有"不成功，便成仁"字样的短剑，焦急地从山上注视着山下这条通往鲁西南的山路，在山路的两侧，张天佐和副官侯毓奎已经提前布置了他们仅存的二十多人的警力。

中午时分，一支百十来人的寿光人马风尘仆仆地到达了郚部山区的北麓，前后是寿光县警备大队的骑兵，女人、老人和孩子坐在中间的几辆大车上，其中两辆大车上装满了金钱、财物、和大大小小的细软箱子。寿光警备大队的这几十号人经过长途劳累，正在马上歪歪斜斜地打着盹儿，身子也随着战马一上一下地起伏摇晃着。

"啪啪啪啪！"几声枪响后，撤退的队伍停了下来。看到不远处的土坡上架起一挺轻机枪，女人吓得尖叫了起来，孩子们也开始啼哭了起来。凶神恶煞的副官侯毓奎一面挥舞着手里的手枪，一面大声叫骂道："都他娘的不要动，有枪的乖乖地把枪放下，然后全都他妈的把手举起来，蹲在那边儿的柳树底下，否则我一枪蹦了他！"

因为搞不清楚对方有多少人，而且又是在别人的地面上，寿光警备大队队员纷纷知趣地把枪扔到地上，然后一个个举着手下了马，张天佐的手下立刻把他们集中在路边的柳树下，严加看管了起来。寿光县长宋宪章一开始还以为是土匪，等缓过神儿来定睛一看，才认出劫道的竟然是张天佐的手下，于是紧跑几步，跌跌撞撞地来到张天佐的马前。

"俺还以为是谁呢？这不是俺的寿光老乡天佐么？真是白浪河水淹了龙王庙，一家人不识一家人啊。"

张天佐冷冷地盯着宋宪章："宋县长，您这是要带着这些人往哪儿去呢？"

宋宪章陪着笑脸："俺这是要带着手下的人撤到南山里去，你看看，没有外人，除了家眷，就是警备大队弟兄们。"

宋宪章话还没有讲完，张天佐忽然在马上大笑了起来，倒把宋宪章吓了一跳。

张天佐阴阳怪气地说："宋县长真是好手段！我和我的兄弟们被日本人打得屁滚尿流，你却带着寿光老百姓的民脂民膏往南山里逃跑，你说说，你他妈的该当何罪啊？"

宋宪章一脸无辜地答道："俺也是为了去南山里找省政府，为的是继续抗战。这些财物、枪支弹药和马匹就是俺宋某东山再起的种子啊！"

张天佐忽然变了脸色："那可不行，你今天可以选择把人头留下，一切财物归你；你也可以选择把这些财物留下来，然后你们就可以唱着山歌儿，往南山里走了，你想想你到底是选哪一个呀？"

宋宪章见张天佐光天化日之下如此明抢豪夺，鼻子都快被气歪了，可转念一想，又觉得好汉不吃眼前亏，也只好垂头丧气地表示同意："那好吧，你给俺们留下一辆大车和几匹劣马进山，其余的东西你尽数拿走吧！"

张天佐笑着点了点头："好，宋县长真是个痛快人，我就喜欢你这样的老乡！"

那个下午，昌乐警备大队队长张天佐以"弃职潜逃"的罪名，一次就劫获寿光县长战马六十四、长短枪四十余支、金钱财物十大车、中国银行存折十个、现款十余万元。警备大队的队员们一人背着两、三杆枪，手里牵着好几匹马，笑得嘴都合不拢了。看到手里这么多缴获，侯毓奎不无担心地问张天佐："队长，咱们带这么多东西回去，难道就白白便宜了咱们那位王县长不成？"

张天佐笑了笑，压低轻声对侯毓奎说："我也是这么想的，他王金岳是什么鸟玩意儿，何德何能能当上保安副司令？我看咱们不如趁热打铁，回到司令部就立刻下手拿掉王金岳。接下来，保安副司令部不就是咱们的了？"

侯毓奎听罢此言，朗声大笑了起来："好！大队长实在是高明！"

40

侵华日军华北派遣军师团司令部就驻扎在离古城不远处的张店，担负着济南、古城以及滨州、东营等地十三个县的警备，占领古城的河野部队则驻扎在古城城北的胶济线附近，牢牢扼守着南北两城。侵华日军对附近道、县的老百姓实施怀柔政策，日本人占领古城后不久，就在南北城成立了"古城维持会"，古城的士绅们一致推选南城西书院街的绅士丁训斋为维持会会长，北城的绅士祁奉先为副会长。日本人还把古城的中山街更名为新民大街，说是要按照日本人的新民精神，建立一方王道热土。接着，日军借安全为由关闭了古城的西门和南门（阜财门），行人只能从北门和东门出入南城。古城的老百姓如同蝼蚁一般，骄横的鬼子兵和狐假虎威的伪军站在高高的城楼和城墙上，监视着老百姓的一举一动，尤其是那些敢于拿起武器，起来反抗他们的人。从此以后，古城笼罩在日本人的白色恐怖之下，他们不遗余力地绞杀鲁中的抗日军民，同时也杀鸡儆猴，杀一儆百，以达到警示和恐吓的最佳效果。

古城似乎已经躲过了一场灾难，逃难的人们也陆陆续续地回到家里过年，无论如何，生活还是要继续。就在那年春节期间，家勇也从东北捎信儿来告诉奉先和玉麟，他已经成为满洲国军队的一名上尉。春暖花开之时，祁奉先的儿子祁怀远，欢天喜地地迎娶了张玉麟的女儿张可卿，旗城的祁家和张家洋溢着许久未曾有过的喜庆气氛。祁怀远的婚礼刚刚结束，鞭炮的硝烟味儿还飘荡在巷子里，大红双喜字儿还贴在窗棂上，一位商人打扮的人就在夜色时分敲开了祁家的黑漆大门儿。

"老顾，你怎么来了？你胆子够大啊！"一见顾宝山，祁奉先和张玉麟都被这位不速之客的到来吓了一大跳。

"但也无妨，正所谓不入虎穴，焉得虎子啊，呵呵呵……"顾宝山一手捋着山羊胡子，一手递上羊九五的一份礼物，"这是羊县长的一点儿小意思，不成敬意！"

祁奉先和张玉麟连忙把顾宝山让进了后院儿一间僻静的小书房里，张玉麟一面给顾宝山沏茶，一面朝他抱怨着祁奉先被人审拖去当维持会副会长这件事儿："现在南北城的人都在说奉先是汉奸呢，我听了心里很不舒服！"

"哎……"祁奉先长长地叹了一口气后，才低声朝二人吐起了自己的苦水来，"我何尝不知道人家在我的背后指指点点，可是我总不能看到古城的老百姓陷于水火之中，以至于生灵涂炭，而见死不救吧？至于功过是非，我祁奉先没有想那么多，以后的事儿就留给后人评说吧，往事悠悠君莫问，槛外长江空自流。"

瘦高的祁奉先最近由于劳累操持，显得更加细长了些，眼镜后面的眼窝深深地陷在眼眶之中。张玉麟觉得奉先可怜，不忍心再数落他，于是只是叹了口气，没有再接奉先的话茬儿。

祁奉先幽幽地问儿女亲家："玉麟，我至今还记得我在海岱书院上学的时候，国文老师曾经给我讲过的一个地藏菩萨的故事。"

"地藏菩萨见地狱众生受苦而感同身受，于是菩萨遂发下心愿，下地狱救度众生。云：吾不入地狱，谁入地狱，众生度尽，方证菩提……"

玉麟的声音有些哽咽，奉先的眼泪早已经从眼中滑落。

"说得好！"顾宝山喝了一声彩，一面拍手鼓掌叫好，一面激动地站了起来。"二位的国文老师讲得好啊，于吾顾某心有戚戚焉！有这样的国文老师，才能有奉先和玉麟这样的真君子！"

"你们那边怎么样？"祁奉先擦了擦眼睛后，才开口问顾宝山，"你老顾不会只是为了给我们来送贺礼才回古城的吧？”

顾宝山站了起来，缓步走到了窗前，望着正在盛开的迎春花，一字一顿地压低了声调：“不错，我这次确实还有另外一件大事儿，想请二位出手相助。”

说话间顾宝山已经快步走近了祁奉先和张玉麟，继续小声说：“老羊让我们想办法把法庆寺里那批枪给运出去，羊县长那边儿以后要用！”

闻听顾宝山口出此言，张玉麟不禁大吃一惊，头摇得像拨浪鼓似的：“老顾，这么干太危险了，搞不好是要掉脑袋的。”

顾宝山微微一笑：“没那么危险，现在奉先是维持会副会长，我们完全可以利用这个有利条件把这些枪运出去，这在兵书上叫做'灯下黑'，日本人是绝对不会怀疑到老祁的！”

张玉麟不无担心地反驳道：“你老顾太小看日本人了，说不定你刚一进这北城，日本人就已经盯上你了。”

祁奉先扶了扶眼镜，低声说道：“抗日的事情我们绝不会袖手不管，不过，这件事儿我们要从长计议，做到万无一失。”

“这可不是一杆两杆枪，这么多枪要是万一有个闪失……”玉麟的心头忽然划过一个不详的念头，他皱了皱眉头，却没有继续说下去。

自从县警备大队逃离古城后，法庆寺里变得冷冷清清，和尚也早已经不知去向，如今倒成了野兔和黄鼠狼们的天堂。顾宝山、祁奉先和张玉麟按照羊九五的吩咐，在法庆寺西南角的那座库房的角落里，找到了那几箱子原封未动的汉阳造步枪。

"我觉得咱们先把这批枪转移到东门附近的库房里，那儿离城门近，走起来也方便。"顾宝山小声对祁奉先和张玉麟说。

祁奉先点点头儿："我看就这么办，咱们天黑之后找辆大车，先把枪运到东货场附近的库房里。"

走出法庆寺黑乎乎的库房，初春的阳光温柔地撒向大地，几只蹦蹦跳跳的松鼠正在粗大的松树枝间追逐嬉戏，一只报春鸟站在附近的迎春花丛中纵情地鸣唱。三个人都觉得那是一个美丽的早晨，原来古城的春天竟然如此美丽？其实那仅仅是古城一个普通的、阳春三月的早晨而已，可是对于已经做了亡国奴的人们来说，就多了一层复杂的情感，因为只有已经永远失去的，也才是最珍贵的……

当晚顾宝山、祁奉先和张玉麟就找了一辆大车，偷偷地把法庆寺里的枪支转移到了东货场附近的库房里。东货场离古城的东门只有二、三里路左右，三人只等找个合适的机会，就可以把枪运出古城东门。正当三个人在祁家书房里密谋，苦思冥想该如何把几十杆大枪运出古城的时候，驻防古城的日本鬼子却不知道从哪儿已经事先得到了这个消息。日本人立刻派出大队日伪军查抄了祁家、张家、顾家以及藏枪的东货场库房。三人于被捕当天，就被荷枪实弹的日本宪兵五花大绑押往张店日军宪兵司令部，没过几天，日军宪兵司令部在南城和北城各处城墙上贴出了告示，告示的大致意思是：兹有祁奉先等表面归顺，暗中通匪，私藏枪支，罪大恶极，格杀勿论……

日军枪毙了古城维持会副会长等人的消息不久就在南北城传开了，古城上下有的人拍手称快，也有的人连声痛惜，更多的人则无动于衷，可是无论如何，连维持会副会长都被鬼子枪毙这件事儿，给古城所带来的震撼却是空前绝后的。青石板街的乡亲们那天看完了城墙上告示后，足足在大槐树下讨论了大半晌，温老二家的女人说日本人枪毙北城人用的是枪，据说那三八大盖击穿祁奉先脑壳的时候，脑浆都喷出了好远，日本人的狼狗伸出舌头，在地上舔着像豆腐脑一样的脑浆；刘双喜他娘听完后，头摇得像拨浪鼓一样："你说得不对，事情的真相是这样的，日本人根本就没有用枪，直接放的大狼狗，那日本狼狗个子比个壮汉都高，听说北城人从张店抬回来的时候，身上连一块儿囫囵的地方都没有了，全是大狼狗的牙印儿哩……"延福家的瘦女人听得瘆得慌，连忙摆手让刘嫂子不要再说下去，可是其他的女人却要求刘双喜他娘讲得再详细点儿。正当女人们像一群饶舌的黄雀，在槐树下叽叽喳喳，争论不休的时候，保长刘振文和他儿子急匆匆地走了过来，刘振文边走边恶狠狠地说："你们这群婆娘再整天胡说八道，哪天皇军会把你们统统抓起来，放出大狼狗来，专咬你们这些长舌妇的舌头！"

大槐树下的女人们吃了一惊，连忙捂着舌头一哄而散。保长刘振文和治安军中队长刘四儿那天也听到日本人枪毙北城人的消息，父子俩吓得赶紧把家里藏的两把已经生了锈的鸟枪上交给了吉刚陆尉。吉刚把刘家父子夸奖了一番，后来又摆弄了半天那两只鸟枪，发现连扳机都已经坏了，于是转身把生锈的枪扔进了茅房的粪坑里。

鬼子占据古城的那年春天，南城青石板街的胖地主刘振文成了城南的保长。他儿子刘德香，外号叫"刘四儿"的秃丝头[160]，倒成了县里新成立的治安军四中队中队长，负责在城东南配合日军的防务，从此之后，刘家在阜财门附近成了过街的螃蟹——横行霸道了起来。保长刘振文本来就是个睚眦必报的小

---

[160] 秃子

心眼儿，自从当上了保长，对以前有过节的人家不是挑三拣四，就是找个理由给小鞋穿。他借口皮货张家的小儿子下落不明，坚决不保张家。延福和延禄提着点心找过保长好几次，可是刘振文却像是吃了秤砣一样铁了心。"非我族类，其心必异！"刘振文看着离去的张家兄弟，意味深长地小声对刘四儿说，"谁知道这些吃猪尾巴蘸白糖的家伙[161]，心里是他娘的咋想的？俺可不想到时候出了事儿，连座到自己头上来。"

刘四儿心里知道，那是因为父亲看上了皮货张家在仇家庄子附近的那几亩良田。想当初田家把地卖给了张家，刘振文虽然恼怒田家，却更加记恨张家，至于为什么？连刘振文自己都不知道，他只记得从光屁股开始，就不喜欢张家三兄弟。后来为了几棵庄稼，刘四儿的同父异母三哥刘三儿和张家的佃户薄家还干过一架，两家的佃户在庄稼地里拔起了轱辘[162]，双方都见了血，最后都闹到过羊县长那儿。自此之后，刘振文心里的疙瘩越结越大。刘四儿却觉得父亲的眼界太窄，简直跟个娘们儿一样，就笑着对父亲说："爹，您都一把年纪了，还跟个小孩儿一样。人家那几亩地租给了薄长果，跟你有仇的是仇家庄子的薄家，人家张家平时好像跟你还不错，你这是何苦来着？到头来惹下饥荒过贱年[163]，最后倒霉的还不是自己？"

"你知道个屁！我不是为地的事儿。你以为俺不知道，张家老三是去参加了中央军，张家二儿媳妇的同胞兄弟是个共产党，等哪天变了天，这些人第一个要杀的人就是你爹！"刘振文气哼哼地教训起儿子来。

---

[161] 对回民的一种侮辱性称呼

[162] 摔跤，打架

[163] 指种下祸端

"爹，你这话可讲错了，现在日本人的形式好得很哩！听吉刚和顶呱呱说，不管是中央军还是八路军，根本就不是人家的对手，现在正被皇军打得满地找牙哩，还变个什么天？"刘德香反倒开始教训起他爹来。

"哼，你爹过的桥比你刘四儿走的路还要多，俺吃的咸盐也比你吃的棒槌粒子[164]还要多。你别说大话让风吹了舌头，出水才见两腿泥哩！"刘振文说完后站起来，走到院子里浇花去了。

"想当年满清入关的时候，谁能料到人家坐了两百多年的江山？"

刘四儿一面嘴里嘟囔着，一面背上鸡腿撸子，慢吞吞地出了刘家大院。刘四儿手下的四中队一共也就二三十号人手，四中队的这伙人要么是刘四儿小时候在荷花湾里一起光腚游泳的发小儿，要么是他冬天到天主教堂里掏雀窝儿或者玩牌九、打扑克的狐朋狗友。在日本人吉刚和翻译刘四儿"顶呱呱"的一再要求下，刘四儿不但给自己起了个鬼子名儿叫"征四郎"，还让手下这些人也每人起了一个鬼子名字，副队长——朱毛蛋的大儿子朱旺财起名叫"太郎"，长工刘老鸹的儿子刘双喜叫"喜次郎"……山本中队长给每位伪军中队长和副中队长都佩了把鸡腿撸子，接着又把从缴获来的羊县长那些长枪分给了四中队的伪军们几支。

天刚蒙蒙亮，刘四儿和朱旺财就在青石板街吹起了集合号子，把四中队集结在石家后院旁边的场院上。不一会儿，日本人吉刚陆尉就带着七八个日本兵，和一个外号叫"顶呱呱"的

---

164 玉米粒儿

姓丁的翻译，晃晃悠悠地排着队准时来到场院里的伪军队伍前。这时候，场院的周围也围上了一群早起看热闹的女人、小孩儿以及无所事事的懒汉们。吉刚陆尉先带着日本兵向东北鞠躬后，然后开始咿咿呀呀地唱起了日本的国歌《君之代》，唱完了《君之代》后，吉刚陆尉开始点名，然后给伪军教授《兵器》、《步兵操典》和《射击教范》……伪军们一面坐在地上听着早稻田大学毕业的顶呱呱翻译，一面不停地点头哈腰着。

四中队的伪军吃完早饭后，开始轮流在各处站岗放哨，一天下来伪军都已经累得不行了，到了晚上，不站岗的伪军还要去奎星楼学日语。教日语的还是那个顶呱呱，等到他第一堂课介绍完自己，大家才知道原来这个顶呱呱是维持会长丁训斋的侄子，他爹以前还当过一任古城县长的秘书。这个姓丁的后来留学东洋，因为学会了一口顶呱呱流离的日语，所以得了这么个外号，大名儿反而没人提起了。

"一尺、泥、三、西！"顶呱呱教官一面不停地眨巴着红红的眼睛，一面念着。

"一尺、泥、三、西！"南城的伪军们也跟着顶呱呱大声地喊着。

个子不高但颧骨高耸的吉刚陆尉，对于眼前这个庞大的支那国充满了好奇和他自己瞎琢磨出来的各种奇思异想。在吉刚所有的爱好中，他尤其对各种料理有着特殊的偏好。所以每到一个新地方，这个小个子日本人总喜欢和当地人聊上几句，顺便打听一下当地有什么美食，而且他还总是想方设法得到人家的配方和做法。这个鹿儿岛的农民心里盘算着，等战争结束一结束，他就要在家乡开一家"吉刚料理"，到时候他收集的这些配方和做法都可以派上用场。

当副队长朱旺财把东关羊杂汤和酱牛肉介绍给吉刚陆尉的

时候，吉刚陆尉吃得非常满意，他还跟着朱旺财跑到了南营子赵麻子家的灶台前，专门打听了酱牛肉的配方以及老汤的调制。赵麻子甚至还把吉刚陆尉和朱旺财带到查阿訇家的那口黑咕隆咚的潲水[165]井旁，赵麻子指着潲水井口对吉刚陆尉说，用这里的潲水熬制老汤的干活，牛肉可口松软的密西密西！

吉刚陆尉望着黑乎乎的井水，禁不住倒吸了一口凉气儿："潲水井深深的，深深的干活！"

中队长刘四儿觉得朱旺财抢了自己的风头，于是就告诉吉刚陆尉羊杂汤和酱牛肉都太膻了，而且牛羊肉的味道不好，要说好吃那还得是本地的土鸡。

"姚家烧鸡大大的好！优衣西衣[166]！"中队长刘四儿向吉刚陆尉介绍起东华门街中间儿的姚家烧鸡来。那里的烧鸡油而不腻，松香可口，就是连骨头都入口即化，吉刚陆尉听得口水都流了出来。

"好的，好的，大大的好！"吉刚陆尉在尝过了第一口姚家烧鸡后，立刻赞不绝口，他大方地递给刘四儿一根鸡腿，又递给朱旺财一个鸡翅："二位队长也一起密西密西！"

吉刚晚上躺在榻榻米上，心里还在盘算着如何用家乡特有的萨摩军鸡，做出一只香喷喷的姚家口味的烧鸡来哩……

41

---

[165] 与甜水相对，潲水味苦

[166] 日语 很好

　　自从儿子玉麟出事之后，嘉勋像过昭关的伍子胥一样一夜之间须发全白了，身子骨也老了许多。他忍着心里的剧痛，偷偷地把儿子葬在了清泉湾的那片儿农田附近，那是他们父子俩一起开过荒的地方。自从今年开春儿，就没人来伺候这片儿农田了，如今荒芜的地里开满了五颜六色的野花儿，玉麟的坟地离埋石二猫的地方不远，附近是一片不知名的黄花儿，在微风中轻轻地颤动着。嘉勋的女人开始不停地问玉麟在哪里，嘉勋就告诉女人，儿子到外地干大事儿去了，要很久才能回来哩。嘉勋害怕呆在古城时间长了，也许哪天就会露馅，就计划着赶紧卖掉北城西北的老宅子，带着一家老小去投奔天津的表叔，彻底离开古城这个是非之地。张家上上下下的人都同意，只有孙子克文节外生枝，借口要找个清净的地方读书，死活不愿意跟着大伙儿一块儿去天津。嘉勋不想为难孙子，玉麟的老婆谭玉桢却觉得儿子自从玉麟死后，就像变了个人一样，忍不住朝着妹妹谭玉枝抱怨了几句："他现在大了，我都管不了他了。"

　　"没事儿，让他呆在我们那边儿吧。心寺街上清净，他想怎么读书就怎么读书。等他什么时候腻歪了，我们俩口子慢慢地帮你劝劝他，他自然就会去天津的。"就这样，小姨谭玉枝和姨父关音宝收留了暂时不愿意去天津的外甥。谭玉枝自从青岛纱厂惨案后就回到了古城，后来经人介绍成了古城广德医院的一名护士。为了上班方便，她就和丈夫关音宝不久就从北城搬到了南城心寺街附近的一座僻静的小宅子里。

　　嘉勋带着张家一家人离开古城去了天津，克文就住进了姨父家城南这所安静的庭院里，那时候，院子里金灿灿的向日葵已经有碗口大小了，不过仔里面还是空心的。心寺街靠近南城城郊，关家的四周没有几户人家，南面是一大片旷野，接着就是城墙，北面是大片儿的玉米地和菜地。克文除了每天读读书外，就是给谭玉枝和关音宝送一次中午饭，谭玉枝每天一大早就要去医院的药房和病房，查房、发药和注射针剂，一直要忙活到太阳老高了，才能停下来休息一下。关音宝则在医院门口开了家杂货铺子，经营着烟酒糖茶等杂货。谭玉枝和关音宝时不时地催促着外甥尽快动身去天津，可是克文却每次都说还不急，因为他还有好几本书没有读完哩。

天气一天天冷了起来，秋风吹起路面上的黄土，也吹黄了树枝儿上的绿叶儿。每天上午十点钟左右，克文离开心寺街，沿着东华门街往北，去给上早班儿的广德医院护士和在医院附近开烟酒糖茶的姨父送午饭。东华门街的东面是一片儿欧式的建筑，东南是天主教堂的大院，街对面是天主教堂曾经的护士学校，衡王府的东华门牌坊就高高矗立在护士学校的门口南侧。东华门街的东北是基督教堂大院儿和早已经倒闭了的守善中学校园，东华门街的西面则是一大片儿一望无际的菜地。在菜地的西南角儿，靠近广德医院的地方是一块儿荒凉的坟地，几座孤坟和墓碑的旁边是一个约半米深、几米见方的大坑，坑里是广德医院扔掉的死胎和死去的婴儿。张克文每次经过这儿的时候，脚步禁不住会慢下来，也会多看了一眼坟地旁的一块大石头，因为在那块儿大石头的下面，他埋着一把老鸹翎色的德国撸子。

广德医院的北面不远就是海军公馆，南侧门庭若市，点缀着几家店铺，有卖水果的、有卖烟酒糖茶的、也有卖油饼儿和杠子头火烧的店铺……当然，还有附近的姚家烧鸡，一股股诱人的香味儿从烧鸡铺子里飘出，被这恼人的秋风传得很远，很远……

从广德医院出来后，克文会在姨父关音宝的小铺子里静静

371

地坐上那么一小会儿，姨父一边拖着瘸腿招呼着顾客，一边和他有一搭没一搭地闲扯着。张克文注意到有个矮个儿日本军官是不远处姚家烧鸡的常客，几乎每隔一天，这个高颧骨的日本军官都会来买烧鸡，有时他会带着一两个鬼子或者伪军，而大部分时间他都是自己一个人。这个鬼子买完烧鸡后也不急着离开，而是喜欢停下来转悠一会儿，和附近的商贩或者老人、闲人以及儿童闲聊几句蹩脚的中国话。

阴历八月十四的那个夜晚，趁着夜色，克文悄悄地从孤坟旁边的大石头下面挖出了那把包裹着的德国撸子。那天晚上他把撸子藏好后，就告诉姨父和小姨，他明天也许会去火车站看看车票，他打算过几天就去天津了。姨父关音宝嘱咐了克文几句，谭玉枝这时候却有点儿舍不得了，"你不走的时候，我劝你走。如今你真格地要走了，小姨儿还真有点儿舍不得你走呢。"

克文低声回答："我也一样舍不得你们。"

谭玉枝叹了一口气："我工作忙，你姨父腿脚又不好，说不定几年也到不了天津见上你们一面儿哩。"

"我可以经常回来看你们。"克文回答，接着好像忽然想起了什么来，"小姨，听说你有个好朋友曾经刺杀过一个土匪头子，这是真的吗？"

谭玉枝听到问话，脸色慢慢阴沉了下来，半晌才喃喃地说："是啊，我两个最好的朋友都早早地离开了人世……"

克文还想再问谭玉枝，可是看到她已经流下了眼泪，就没有继续再追问。

第二天是中秋节，虽然没有下雨，天色却像铅块儿一样阴沉着。张克文那天刻意起得很晚，他希望那个日本军官会像往常一样来买烧鸡，否则杀他的计划就只能推迟了。又一次在脑海里预演了一遍如何动手，最后仔细检查了一遍上了膛的德国撸子后，克文围上一块儿黑色的围巾，又戴上了一只圆顶帽，悄悄地走出了关家的大门。在踏上东华门街的那一刻，他的心情变得畅快了起来，那种畅快，是他许久所没有感觉到的，他甚至怀疑过自己已经失去了那种快乐的感觉。

中午时分，日本军官吉刚准时出现在了"姚家烧鸡"的招牌下。他笑嘻嘻地把钱递给姚老板，一吃烧鸡！谢谢。阿里噶兜（谢谢）！姚老板收下了钱后，给吉刚选了一只香喷喷的姚家酥骨烧鸡，日本人禁不住用鼻子深深地吸了一口烧鸡散发出来的香气。他一脸幸福地想对姚老板说"油西"的时候，一声刺耳的枪声从他身后传来。日本人身子往后一仰，油乎乎的烧鸡掉在了他的军服上，接着从他身上滚落到地上，旁边几只在觅食的鸡被惊吓地"扑棱"一声跳了起来，掀起了一地枯黄的落叶。

姚老板被眼前的景象吓得目瞪口呆，不知所措，一股刺鼻的火药味儿后，他觉得自己变成了一个木头人儿。虽然清醒地意识到买烧鸡的日本军官中枪了，木头人儿想大喊救人，张开嘴时竟然发不出声音来，尿却滴滴答答畅快地从裤裆里流了出来。转眼之间，枪手早已经消失在附近的小巷中了，姚老板朝自己脸上狠狠地扇了两记耳光后，才像一只受惊的老母鸡一样惊叫着，跑出了自己的烧鸡铺子。

"杀人了！救命啊！"

基督教堂的牧师老布吃完午饭后，盯着窗外的落叶发了半天呆，然后惬意地小睡了一会儿，他躺在青砖小屋自己的小床上，想象着自己正像使徒保罗一样，乘坐着一艘颠簸的渡船，行驶在阴云密布的爱琴海面上，海浪轻轻，海风习习，不久使徒保罗就进入了梦乡。醒来后的老布心情好极了，他觉得圣灵的光环正在他头顶上闪耀，他盘算着去喝上一杯香甜的咖啡后，坐下来安心读读《启示录》或者《传道书》。心里这样想着，他慢腾腾地走出了卧室，却惊异地发现青砖小屋的走廊前面，正站着一个惊慌失措的年轻人，远处传来阵阵的警笛声。年轻人和传教士都被对方的出现吓了一跳，不过传教士很快就镇定下来，迅速地把对方拉进了屋子里，"孩子，你闯祸了！受伤了吗？"

年轻人一脸狐疑地盯着眼前这个睡眼惺忪的外国人，若无其事地回答："我没事儿，我刚才在东华门街杀了个日本军官。"

"我主耶稣！"

老布吃了一惊，差点儿把手里的《圣经》掉在地上，不过他很快就平静了下来。老布心里惊慌，冲了两小杯比平常浓出很多的咖啡，他递给了年轻人一杯，然后说："原来是这样。不过，你放心，我是不会把你交给那些该死的日本人的。"

"我一会儿就走。"年轻人喝了一口咖啡说。

"不，你现在不能离开！"老布低头沉吟了一会儿，"我看这样好了，你先在这儿躲两天，等风声一过，我再想法儿送你走！"

当天晚上，趁着一轮圆月，老布落无其事地溜达到心寺街，敲开了关家的大门。谭玉枝先是被他带来的消息惊得目瞪口呆，接着又对传教士千恩万谢，并且告诉传教士，那个日本人并没有死，只是受了点儿内伤。风平浪静之后，老布和少年也相互熟悉了。传教士知道了对方是北城藏枪人家的孩子，少年也知道了对方是南城基督教堂的传教士。老布还知道少年想去重庆陆军军官学校，于是就把田立人的地址交给了他，"你去找找这个人看看，他是古城青石板街的，幸许他能够帮上你。"少年得知对方是个孤苦伶仃的穷教士，梦想有朝一日拥有自己的教堂，"那教堂最好是在峻峭的海岩上，海水不知疲倦地冲刷着岩石，岸边到处是鸟粪，海鸥和鹈鹕在飞翔……"

阴历八月十五那天，太阳升起一竿子高的时候，吉刚前脚儿离开了城门楼儿，中队长刘四儿后脚儿就带着副队长朱旺财，晃晃悠悠地走进了东华门牌坊西侧的护士学校。刘四儿最近谈了个家住西书院附近的对象，体态娇媚的龚妮子是古城护士学校的一名学生，刘四儿和龚妮子一见如故，刘四儿喜欢龚妮子的娇嗔多情，龚妮子喜欢中队长的甜言蜜语。刘四儿像一只偷腥的野猫走在前面，朱旺财像一只没睡醒的懒猫一般漫不经心地跟在后面，两位伪军抄了牌坊南侧的小路来到了护士宿舍后面的一片野地里。

刘四儿对着二楼的一扇窗户喊道："龚妮子，龚妮子！"

龚妮子打开窗户，娇嗔地骂道："死刘四儿，你怎么这么烦人？像个跟腚猴子一样，是不是有病啊？"

刘四儿手捂腹部，痛苦地呻吟道："不瞒你说，俺这两天真是病了。"

龚妮子拧起了眉头："是吗？你到底哪儿不舒服？"

刘四儿马上换个鬼脸儿："俺得了相思病哩。"

龚妮子假装气恼地骂道："讨厌，俺看你得的是想死病！"

刘四儿哈哈大笑了起来，接着从口袋里抓出几块儿花花绿绿的东洋糖果，朝生气的龚妮子挥了挥："下来吧！俺有几块儿东洋糖，专门留给你的。"

生气的龚妮子立刻变成了一只快乐的小羊羔儿，消失在护士楼的窗前，一会儿的功夫小羊羔儿蹦蹦跳跳地从宿舍的另一侧溜了出来。龚妮子一把从刘四儿手里夺过那几块儿东洋糖，仔仔细细地端详了半天，最后才挑出一块儿糖果，剥开糖纸儿后轻轻放进嘴里，小心翼翼地把糖纸儿叠好放在了衣服口袋儿里。刘四儿笑吟吟地看着龚妮子，琢磨着是该说句下流的俏皮话儿呢，还是说句甜言蜜语的废话。

"啪"

一声刺耳的声响从不远处传来，倒把正在思索的刘四儿吓了一跳，刚刚想好的俏皮话儿也一下子忘了。他有些担心地回过头，问不远处的朱旺财："旺财，刚才他娘的是不是枪声啊？"

朱旺财正在附近臭水沟的大槐树下抽着纸烟，他一面看着树上忙碌的蚂蚁，一面心不在焉地答道："你他娘的可真是大惊小怪，不知道是谁家色屁孩子在放炮仗哩。你忘了，今天是中秋节哩！"

刘四儿却越发觉有些不对劲儿，继续骂道："放屁，谁他娘的中秋节放炮仗？刚才那明明是枪响，俺能分得清枪声和炮仗声的。"

说完话，刘四儿朝着朱旺财挥挥手："快走，旺财！跟俺过去瞅瞅去。"

龚妮子见自己刚被骗下楼，这个死刘四儿就要溜，气得骂道："你真是有病，巴巴儿把俺喊下来，屁都还没放一个，转身儿就走？"

刘四儿来不及搭理女人，转身带着朱旺财撒丫子沿着菜地，一路往北奔去。等到他俩上气不接下气地跑到"姚家烧鸡"的招牌下时，只见吉刚陆尉正表情痛苦地横躺在黄土地上，军服上沾满了血迹，四周站满了正在看热闹的人群。尿湿了裤子的姚老板战战兢兢地指着地上的吉刚，结结巴巴地告诉刘四儿："刘队长，这不是俺干的，俺冤枉啊！"

刘四儿不由分说，叉开五指狠狠地扇了姚老板一个大嘴巴子，打得烧鸡店老板踉踉跄跄。

"你妈个臭屄，赶紧救人要紧！"

说话间刘四儿在前面带路，朱旺财弯腰背起地上的吉刚，三步并作两步跑进了广德医院。一进医院大楼，刘四儿朝着正在值班儿的护士谭玉枝喊道："护士，快救救他吧，这是个日本军官！"

"赶紧跟我来！"

谭玉枝把他们领进了急诊室的时候，心里竟然升起了一阵疑惑。女人的直觉使她隐隐约约地觉得这件事情有些蹊跷，也许跟自己的外甥有关系？不过，她马上打消了这种近乎荒唐的想法。克文的子弹穿过了吉刚的脊背，可是却没有击中要害，所以日本人没有生命危险。广德医院的医生倒是注意到，这个日本人受所到心理创伤似乎远远超过了枪伤。在惊吓之余，吉刚不仅夸大了受伤时的境况，并且对刺客的长相年龄也做出了南辕北辙的描述。吉刚告诉日本宪兵队长，在他倒地的一瞬间，他注意到对方是个长身红脸的大汉，年龄大约三十岁左右。根据他的判断，如果不出意外的话，对方很可能是个经验丰富的八路，要不是自己当时急中生智地躲避了一下，那么自己的心脏可能早已经被打穿了。

"多亏他们救了我！"吉刚陆尉指着刘四儿、朱旺财、外科医生和护士谭玉枝对宪兵队长说。

宪兵队长朝着几人鞠躬致意："谢谢诸位！我代表河野向你们表示感谢，你们都是日中亲善和新民精神的楷模，军部将考虑对你们进行嘉奖。"

阴历年底之前，大难不死的吉刚陆尉已经完全恢复了。康复后的吉刚对刘四儿和朱旺财另眼相看，不仅时不时地请他们吃各种料理，有时候还跟他俩拍着膀子称兄道弟了起来。春分过后，吉刚陆尉收到了他老婆从乡下寄来的手纸，手纸的背面还有女人特意用胭脂留下的唇印儿，吉刚用嘴使劲儿吻了几下唇印儿，心里就像打翻了蜜罐子一样，幸福极了。就在那一刻，手里还拿着手纸的吉刚陆尉，禁不住心神荡漾，想起了自己在鹿儿岛的老婆来……在春季里翻飞的柳絮和身体里蠢蠢欲动的荷尔蒙的双重催化下，吉刚陆尉鹿儿岛那个矮个子、小虎牙、眉间有颗大黑痣以及走路罗圈腿的日本女人，在他心底的镜子中，倏忽之间变成了一个白皙温柔、大腿柔嫩以及千娇百媚的性感少妇，性感少妇身上散发着奇异的芬芳，展开鲜红的嘴唇儿，向吉刚伸出双臂。这种春日里无休止的欲火烧心使得吉刚陆尉到了晚上就像是一张卢家火烧铺里的大烙饼，在榻榻米上翻过来，又滚过去，滚过去，又翻过来。等到吉刚刚要沉沉入睡的时候，兵营附近的公鸡们已经此起彼伏地开始打鸣了，到了白天，在东门城门楼上的吉刚陆尉就像是被抽了筋儿的公猫，一副无精打采的样子。

"吉刚桑，你病了么？"刘队长关切地问吉刚。

"哦……刘桑。我……我没什么，也许是想家了吧？"吉刚陆尉咧开嘴打了个哈欠，接着问刘四儿，"哦……对了，刘桑，你和石桑今晚上有没有时间？我想带你们去一个有趣儿的地方？"

"俺倒是闲着，吉刚君，到底是什么地方？"刘四儿好奇地问。

"哦……如果你们今晚没事儿，我想请你俩去一趟……塘子胡同。"

"……塘子胡同？好的，好的！俺和旺财一定奉陪吉刚君。"刘四儿费了好大的劲儿终于听明白了，原来吉刚陆尉是要带他和朱旺财去塘子胡同娱乐，立刻满脸堆笑，满口应承了下来。

夜色笼罩着春天的古城，朱毛蛋拉着黄包车里的刘四儿和朱旺财，穿过新民大街（原中山街），拐了个弯儿后继续向北行，不远处就是灯火闪烁的古城火车站了。靠近火车站的城北商业区里，隐隐约约飘来一些日本浪人的吵闹声和女人伤感飘渺的歌声，灯火辉煌的街道上伫立着鳞次栉比的商户：有"小林洋行"、"铃木洋行"等日本商家，"悦来公司"、"永聚栈"等中国店铺以及德国的"德士古洋行"……过了城北这一大片儿商业区，又通过一个涵洞，不远处就是戒备森严的日本宪兵队在古城的驻地。宪兵队的旁边新建起了一座日式戏园，主要为驻扎在附近的河野部队、几十个个据点的日军以及商业区里的日商演出服务。日式戏园时不时地会上映一些宣传日本八弘一宇[167]和日中亲善的黑白电影，戏院的门口贴着几张巨大

---

[167] 八弘一宇是大日本帝国第二次世界大占时期的国家格言，日本政府解释为天下一家、世界大同的意思，但在当时的氛围，实质上是服务军方的侵略扩张政策

的海报。车站宪兵队西北边儿是一条灯光闪烁的胡同，胡同里开着一家妓院性质的洗澡塘，洗澡塘里有日本、高丽和满洲妓女的搓背项目，当然也可以有特殊的服务，这就是古城大名鼎鼎的"塘子胡同"了，如果不是吉刚陆尉带着刘四儿和朱旺财来到这儿，一般的中国人是进不了这条塘子胡同的。进门后，吉刚陆尉很快就挑选了一个小巧玲珑，穿着红绿和服的日本女人，刘四儿则挑了个长得像龚妮子的罗圈腿高丽女人，朱旺财挑了半天后，才选了一个长得有点儿像石八喜他六姐的穿着红白和服的高个儿日本女人。

朱旺财脱光了衣服，换上了呱嗒板儿[168]后，手忙脚乱地跟着这个日本女人进了澡堂子。澡堂里显得有些阴暗，屋里潮兮兮的，地上也湿乎乎的。日本女人对他呲牙笑了笑后，开始仔细地给朱旺财冲洗起身子来，朱旺财红着脸，不知所措。朱旺财感到自己的身体正慢慢地变成他家后院儿的茄子架。女人擦到他脖子的时候，蜷曲的茄子秧子上结上了青绿色的茄子扭儿，女人擦到朱旺财前胸的时候，茄子在盛夏的阳光下快速生长了起来，女人擦到他小腹的时候，茄子已经成熟了，在阳光下泛着紫色的光泽，长长地吊在了茄子架上。朱旺财也开始用手抚摸女人两个樱桃一样的奶头儿和莲藕般洁白的脖颈。在女人给他冲水的时候，朱旺财禁不住呻吟了起来："哦……真舒服！"

女人抬起头，惊异地望着他："你是中国人？"

朱旺财被对方吓了一跳："哦……对！俺是中国人。俺是城南治安中队的副队长朱旺财，你……你怎么懂中国话？

女人微微笑了一下："因为我本来就是中国人，我在满洲

---

[168] 日式木屐

国上过小学，不但学过汉语，也学过日语，还稍微会几句高丽话哩。"

女人耐心地给男人擦拭完身体后，把朱旺财领进了一间日本样式的房间里，房间看起来不大，却显得很温馨。房间的正面墙壁上供着天照大神儿，两边墙上有副樱花盛开的山水画，以及一张"武运久长"的墨迹条幅。坐在榻榻米上，朱旺财好奇地问她是怎么来的古城，女人低声讲起了自己的身世来："我老家是铁岭人，父母吸上鸦片烟后就把我送给别人收养了。后来收养的那家人一转手，把我卖给了另外一家人家做童养媳。我不喜欢那个人，就找了个机会逃走了。逃走后，在路上遇到了个好心人，他把我送进了孤儿院，我在日本人的学校上了几年学后，就跟着他们先去了奉天，最后就到了你们这古城。"

听女人讲着她的身世，朱旺财刚才的一腔情欲，倏忽间被一阵伤感和悠悠的同情所取代，茄子架上已经熟了的紫色茄子，也随即蔫了下来。一时间他心里反而觉得有些慌乱，手脚都不知道该往哪儿放了。女人抬起了头，哀怨地看着朱旺财："过来抱抱我吧，在这里很少能碰到中国人，今天见到你，我还觉得挺亲切的呢。"

朱旺财笨拙地伸出双手，轻轻地搂住了女人绸缎一般光滑而柔嫩的身体，结结巴巴地告诉女人："俺朱旺财有两个兄弟，却一个妹妹都没有，你今天就算是俺……俺妹妹吧。"

"我倒是真有个哥哥，不过我也不知道他现在哪儿，到底是死是活。"女人笑了，然后幽幽地告诉像一只蜷曲的海马一样搂抱着自己的朱旺财。

"你叫什么名字？"这只蜷曲的海马问女人。

"我叫玉淑，这里的人都叫我淑子。"女人的声音听起来显得很遥远。

朱旺财觉得鼻孔里面有些发痒发酸，想要拼命忍住的时候，眼泪却不争气地滴落了下来，落在了女人凝脂般的后背上。

第八卷 山河破碎

42

这个叫李家庄的村落四周被群山环抱，漓江的支流相思江如同玉带一般穿越其间，黄埔军校六分校就设在这个风光宜人的南国小镇。刚来到李家庄附近这座新建的军校时，古城的回民后生们没有一个人能适应当地的气候、饮食以及山岚瘴气，没过多久，几乎人人都染上了伤寒、疟疾、黄水疮等热带病，有那么一阵子，张延寿一天要跑十几次厕所，几个月训练下来，北方的大个儿后生个个都瘦成了皮包骨头。好在年轻人适应能力强，大伙儿咬咬牙，较较劲儿后，一个个都硬挺了过来。

熟悉了附近的环境之后，张延寿和妹夫赵厚基经常在训练之余走到相思江旁边坐一坐。相思江江如其名，黄昏时刻，落山的太阳把河面照得一片金黄，空气无比清新，环境格外幽静，鸟儿们在枝头鸣唱应和。如果不是偶尔传来的空袭警报声，两位未来的黄埔军官甚至觉得这里颇有点儿像是陶渊明笔下的世外桃源。深入内地的日本轰炸机时不时地会来空袭李家庄，不过李家庄附近天然山洞众多，日本飞机来了，学员们就都躲进河边儿的溶洞里，时间一长，大家对千姿百态溶洞的内部倒是如数家珍了。

"桂林山水甲天下，阳朔风景赛桂林！"赵厚基看着落霞美景，禁不住感叹了起来。

"要不是空袭和糟糕的伙食，这个地方倒真是个人间仙境。等我老了的那一天，真想再回到这里养老啊！"延寿拍着自己干扁的肚皮发起了牢骚。

随着战争的不断深入，军校的生活也一天比一天艰苦，后生们吃的菜也都是用清水煮过的菜叶子，偶尔会有些牛肉丝儿飘在菜汤上。大伙儿吃的是三等粗米，黄乎乎的大米不仅难吃，还散发着一股馊味儿，北方后生一开始吃不惯大米，总觉得吃不饱，他们时常在梦中想起古城的馎馎、菜饼、卷子和煎饼来。从相思江上游飘来一阵阵相思的歌声，赵厚基在此刻想起了新婚妻子张延龄，延寿也想起了自己的未婚妻丁秀娟。在那些那些黄昏的日子里，这些后生们总能记起许许多多关于古城的回忆……

军校在战时的培训时间大大地缩短了，等到后生们逐渐地适应了军营生活，并且喜欢上这座湖光山色饿南国小镇时，短暂的军校训练也已经进入尾声了，他们已经在不知不觉之间从一个文弱书生成为了一名即将奔赴战场的军人了。法阿訇从古城带来的几十名后生中，除了一人中途退学外，全部顺利毕业成为了黄埔军官。这些军官们配上武装带，挎着镌有"成功"和"成仁"的小配剑，兴奋地在一起合影留念。分离的感伤也在此刻悄悄降临了李家庄，大家还来不及道一声别，就被迅速地分配到全国各战场去了。

步兵军官张延寿和炮兵军官赵厚基洒泪而别后，先坐车到达长沙，然后换乘小火轮，沿湘江经洞庭湖进入长江。运输官兵的小火轮驶入长江后，逆水而上，缓缓东行，从宜昌经万县到达了陪都重庆。一进入重庆段长江，首先映入眼帘的是江岸两侧巨大的抗战标语：

"国家至上，民族至上！"

"军事第一，胜利第一！"

"意志集中!,力量集中!"

"抬起头来,竖起脊梁!"

延寿在重庆停留了半个多月,官兵们要等候办好了手续之后。才能继续乘车北上。此刻正值日机持续一百多天的大轰炸,大家每天提前吃早饭,坐船渡江到彼岸乡区寸滩去躲空袭,延寿竟然在船上意外地遇到了原古城县长羊九五,不过一想到羊九五等人弃城逃跑,延寿也懒得上前去打招呼了。

在等候周转的那几天里,延寿按照二哥和金叶给的地址,穿街走巷找到了鹿儿母女在重庆的住处。鹿儿现在是一家大户人家的佣人,看到衣着寒酸的鹿儿和马丰收瘦骨嶙峋女儿马香的时候,皮货张家的老三禁不住有些唏嘘不已。原来自从马丰收死后,鹿儿就一直在为自己的丈夫讨个说法,抗战不久就流落到了重庆。鹿儿还告诉黄埔军官,她和女儿也许在这里呆不长,过一阵子,等她父亲瑙铁到达重庆之后,他们一家打算去新疆迪化。

"新疆迪化?你们为什么要去那么远的地方?"

"因为那儿有人能够证明丰收的清白,所以俺一定要去新疆!"鹿儿幽幽地回答,"人活这一辈子,就是要活得清清白白,俺一定要给丰收讨个说法!"

到达西北临洮步兵学校西北分校后,成为军事教官的张延寿时常抽空给认识的人写信。他在信中告诉每一个人,他已经从陆军军校顺利毕业,成为了一名光荣的黄埔军官,他还不厌其烦地解释了半天,什么是黄埔军官以及军衔儿、军章等等。他还郑重其事地给自己在古城的岳父丁四麦芒也写了一封信,延寿苦思冥想,绞尽脑汁,最后语重心长地嘱咐岳父要照顾好自己的未婚妻，等候自己传来的立功捷报等等，他还从刻意挑了一张自己一身戎装的军官照片附在了信里。黄埔军官张延寿没完没了地写信，他后来还给丁秀娟写了好几封柔情蜜语的情书，可是信件却如同石沉大海。其实，延寿的信从来没有到达丁四麦芒和丁秀娟的手里，而且就在延寿写第一封情书的时候，丁秀娟早已经和夏钦园的赵厚福结婚生子了。等他写第三封信的时候，赵厚福正在荷花湾旁赶着一群鸭子下水，丁猴子在岸边数着今天下的鸭蛋的个数，丁秀娟正迈着八字步儿，抱着她穿开裆裤的儿子，在东门吊桥旁看守城的伪军们打扑克赌钱哩。

当延寿在步兵学校的时候，炮兵军官赵厚基已经开赴到了第五战区。战况十分激烈，没过多久，好几位和赵厚基一起来这里的年轻后生已经先后死在了战场上，赵厚基第一次看到血肉横飞的尸体时，着实被吓得做了好几天噩梦，可是没过多久人就变得麻木了，因为战场上难以言书的惨状实在是太多了。赵厚基觉得这一切都是真主的意欲，如果万能的主让你今天死去，你能活到明天清晨么？每当夜深人静的时候，赵厚基常常会想起父母和自己的新婚妻子延龄，也会想起古城的东门和卫里来。在炮兵军官的梦中，他曾无数次回到昭德街那座熟悉的赵家大院里，月光如流水一般倾泻在白色的窗棂纸上，他轻盈地走上台阶，伸手轻轻地推开虚掩的屋门。

"延龄，俺回来了！"

皮货张的女儿延龄也曾无数次梦见自己的郎君悄然回到自己的身边，醒来时，却只有冷冷的清月，打湿了的枕头和西厢房里公公赵金杯的咳嗽声。

古城东门商埠包括东门街、东关街、昭德街、北阁子、粮食街等街道，这里主要居住着当地的回族，他们经营着从烟酒糖茶到磨剪子锵菜刀的各种营生，从明清两朝开始，东门商埠就成为古城的主要商业区。昭德街两侧是清一色错落有致的青砖店铺，木质雕花的窗棂、泛着铜锈的锁环和贴着杜哇儿的木门，仿佛都在诉说着古城这座"巴扎"街道漫长的历史。住在昭德街东头儿的赵金杯，熟悉这昭德街的一草一木，一砖一瓦，站在真教寺旁边的青石板街上，赵金杯仿佛能听到他的祖先从大都来到这里时遥远的马蹄声，在他赵金杯的心里，这昭德街不就是《古兰经》里那下临诸河的乐园吗？

赵金杯一大早推着黄包车出门之前，儿媳妇延龄总是问公公："大大，你今天带脆皮儿烧饼还是马蹄子烧饼？"赵金杯有时候想吃脆皮儿烧饼上的那一层香脆芝麻，有时候又喜欢马蹄子烧饼里那股儿发面的香味儿，所以就干脆每样儿都带上俩。中午时分，赵金杯和朱毛蛋在车站附近每人守着一碗粘煮[169]，赵金杯吃的是烧饼和腌蒜，朱毛蛋吃的是杠子头和疙瘩咸菜。赵金杯向朱毛蛋抱怨现在古城的黄包车太多，抢了自己的生意；朱毛蛋向赵金杯抱怨最近自己闪了后腰，左脚的大脚趾头也一动就生疼，一到雨阴天后腰和脚趾头就疼得更厉害了。吃完午饭后，朱毛蛋拉上了一个去城南的生意人，弓着腰慢悠悠地向南奔去，边跑边喊道："金杯，俺今天就直接回青石板街歇了，不打算再回来了！"

朱毛蛋走后不久，天边儿飘来几朵黑乎乎的乌云，接着就下起了潮乎乎的细雨。有道是"春雨贵如油"，飘扬的雨丝轻轻地滋润着路边儿的杨柳，也偷偷地抚摸着来去匆匆行人的脸庞，赵金杯感到有些寒意，就蜷缩在黄包车里。赵金杯刚钻进车里，一个年轻的日本上兵挽着一个穿着和服的日本女人，两

---

[169] 稀饭

人撑着一把大红油纸伞，朝着赵金杯的黄包车走了过来。

"日式戏园的干活，谢谢！"年轻的日本士兵开口吩咐道，那是一口像土坷垃[170]一样生硬的中国话。

"油西油西！"赵金杯连忙跳下车，用毛巾擦了擦黄包车座位儿后，把这两个东洋人让到了车上。赵金杯戴上苇笠，披上蓑衣，拉起黄包车，朝着日式戏园的方向奔去。这时候，他闻到了车厢里飘出一股淡淡的味道，像是一种不知名的异域的花香，可这花香中又好像隐藏着一股子尿骚味儿。日式戏园很快就到了，日本男人掏出了一张大钞来，递给赵金杯，赵金杯连忙去掏零钱，日本兵却朝他摆了摆手："油西油西，那些都是你的，都是你的！"

赵金杯听东洋人这么说，咧开嘴笑着鞠了一躬："谢谢太君！"

乌云越聚越多，天空也愈来愈阴沉，街上的行人渐行渐少，看来这雨一时半会儿是不会停了。赵金杯决定今天就这样了，回家！他拉着黄包车一路狂奔，拐上昭德街的时候，青石板的路面显得有些湿滑，雨水已经开始在青石板之间的缝隙里汇成了一条细流，细流汇集起来，最后唏哩哗啦地流进东门的护城河里。天色变得愈发阴暗，赵金杯正哼着"俺站在城楼观山景，耳听得城外乱纷纷"，头顶上却忽然"啪啦"一声挨了一击，头上的苇笠[171]立刻被打掉了，滚到了路边儿的雨水里。接着传来一声怒喝："你他娘的眼睛瞎了，怎么不给皇军磕头？"

---

[170] 土块儿

[171] 斗笠

赵金杯这才意识到，自己已经不知不觉到了东门城门口，伪军刘双喜见他只顾闷头进城门儿，忘了给皇军行礼，气地一棉槐杆子打掉了黄包车夫的苇笠。被打掉了苇笠的赵金杯猛然清醒了过来，连忙低头给城楼上的下士上角和一等兵杉本鞠躬行礼，然后才从泥地上捡起被打掉的苇笠，慢吞吞地拉着车朝前面的青石板小坡跑去，已经跑出去好远，赵金杯才低声骂了一句，狗眼看人低的王八蛋！

很多年之后，在古城一中（原省立十中）就读的我已很快就要参加全国高校统一招生考试了，在文山题海之间，我一面挥汗如雨地做着模拟习题，一面还一心二用地听着父亲花一百二十元买来的那台巨大的二手收录机。从西门水库游泳回来的延寿三爷爷显然被我的音乐所吸引，他那天也凑过来，反复听着那首正在流行的靡靡之音："自从相思河畔见了你，就象那春风吹进心窝里，我要轻轻地告诉你，不要把我忘记。自从相思河畔别了你，无限的痛苦埋在心窝里……"

我告诉三爷爷，刘文正的这首《相思河畔》不如《三月里的小雨》好听，而刘文正的带子远没有费翔的带子热销，尤其是他的那盘儿《四海一心》，可延寿三爷爷执拗地说他还是喜欢这首《相思河畔》。

"果子，这相思河畔俺以前曾今去过，你给俺把这歌词写下来，俺要拿回去好好读一读。"

那一年的盛夏时节，刚刚参加完高考的我以优异的成绩被山东大学录取，可就在我拿到录取通知书第二天，我考上大学的消息却被另外一则消息盖住了风头，东门昭德街的赵金杯的儿子赵厚基，在离家半个世纪后，终于要回古城探亲了。那个夏末，我也有幸在昭德街赵家大院里见到了那个叫赵厚基的黑瘦老头儿，那时候赵金杯早已经去世多年，瘫痪多年米凤兰也于前一年刚刚去世，我的姑嬷嬷张延龄已经为他的新婚丈夫赵厚基守寡守了整整五十年零七个月了。我姑嬷嬷死于二十世纪末一个阳光明媚的春天，那天古城东关一带的娘们儿们几乎都去赵家帮忙了，出殡的时候，我的母亲杨春芳哭成了一个泪人儿，她在送葬人群里边哭边絮叨："俺那可怜的大姑啊，你这一辈子好可怜啊……大姑啊！"

43

因为日军的持续南下，迁移到安徽安庆的国立山东大学不得不再次迁往四川万县，民国二十七年三月，国立山东大学在万县石竹轩搭席棚做为临时课堂正式开课，开课仅仅几天之后，国民政府教育部即电令解散国立山东大学，在万县校园的学生被全部送入中央大学肄业，学校教员则被分配到国立编译馆担任临时编译工作，国立山东大学的图书、仪器、机械则分别暂交国立中央图书馆、国立中央大学、国立中央工业职业学校保管使用。民国二十七年六月，教育部下令免去林济青代理校长职务，至此，国立山东大学彻底停办，师生校友随即星散流离。

数学教授田立人一下子变成临时编译工，还是助教的田雨来收入也就不高，田家的生活一下子变得拮据了起来。就在此时，田谷雨和姜雪寒等几位天水的高中毕业生也风尘仆仆地到达了重庆，田家拥挤的房屋里倒一下子变得热闹了起来。

　　克文到达天津的时候，家里人早已经在天津安顿了下来。谭玉桢上上下下地打量着儿子，细心的母亲觉得，克文比以前苍白了，个子稍高了一些，颧骨却显得更加突出了。她又惊又喜，嘴唇哆嗦了半天，眼泪却先掉了下来。张可卿已经进入了宋裴卿的东亚公司，而祁怀远则开始在天津一家小公司担任职员，小夫妻马上就要迎来他们的第一个孩子。白发苍苍的嘉勋如今变得沉默寡言了，甚至有些孤僻和挑剔了，却依然像一块儿南山上的岩石一样硬朗。"家有老人是块宝"，张家的老老少少只要看到嘉勋在，心里就都觉得踏实。疑神疑鬼的老呢呢还是老样子，时不时地会陷入自言自语之中，她偶尔会突然问大伙儿：

　　"玉麟他春节的时候能不能从东北回来？"

　　祁怀远在自己的公司给克文先谋了份儿差事儿，克文心里却总是惦记着去重庆参军的事儿。祁怀远没有想到克文如此倔强，这一点儿上不像岳父张玉麟，倒有几分像是自己的老父亲祁奉先，自己认定的事儿，十匹骡子也拉不回头，心中倒是对克文越发多了几分敬重。克文找了个机会，向萨格答玛法（爷爷）和额娘（母亲）提出自己想去重庆报考陆军军官学校的想法。谭玉桢默然无语，悄悄地进了里屋；嘉勋倒是没觉得十分吃惊，却半天没有搭话儿，只是低头抽起了烟袋，过了好久才点了点头："那样也好！你已经长大了，想去哪儿就去吧。临走之前，我还有个东西要送给你哩！"

　　嘉勋颤颤巍巍地走进里屋，翻箱倒柜找了半天，拿着了一个小木匣来。打开匣子，里面是一个草纸包，草纸包里是一个红色丝绢包裹。老人小心翼翼地打开丝绢，粗糙的大手捧出一尊金光闪闪的小金佛。

"你把它带上吧，菩萨可以保佑你一路平安；路上急着用钱的时候，可还以把它换成钱。"

克文推开了小金佛，"我不要，您还是自己留着吧！"

嘉勋变得伤感了起来："自打家里出事儿之后，我每天都在硬挺着哩，说不定哪天就不行了。这个物件跟着我们赫舍里家已经很多年了，你把它带上，一路上也好有个念想。"

听嘉勋说得如此神伤，克文这才小心翼翼地接过来了小金佛。

灰秃秃的火车运行了十几小时，才仅仅跑出了五十华里，真可谓是名副其实的慢车。破旧的火车车厢里到处挤满了逃难的人们，地板上、厕所里、甚至行李架上也挤得满满当当的，克文也像一条沙丁鱼一般挤在这节充斥着汗臭味、烟味以及脚丫子味儿的车厢里。有人在耳边轻声抱怨着，也有人在用粗话诅咒着，然而周围的大多数人，已经饿得连说话的力气都没有了。

"面条，法币一百元一碗！"

"道口烧鸡，一只法币七百元！"

铁路沿线虽然不时有小贩在叫卖，可是大家要么口袋里空空荡荡，要么不想花一百法币，去买一碗少得可怜的面条，只是可怜了逃难的病人、老人和婴儿。火车挪动了一下后开始像乌龟一样向前行驶，开出去没有半里路，又咣当一声停了下来。乘客们正在惶恐之际，车厢里传来一阵骚动。

"有人晕过去了！"

"有大夫么？"

只见一个怀里抱着婴儿的妇女正躺在车厢的地板上，脸色蜡黄，牙关紧闭，满头都是大颗大颗的虚汗，一位逃难的老中医把了把脉后，告诉众人病人倒也无妨，无非是多日水米未进所致。一位脸皱得像老榆树皮儿的老太婆，用拗口的河南口音颠三倒四地告诉大家，昏倒的青年妇女是她的儿媳妇，她们祖孙三代已经两天两夜水米未进了，老太婆诉到伤心处，浑浊的眼泪顺着眼角的榆树皮缝儿淌了下来。众人听罢都唏嘘了起来，谁家没有父母幼儿？于是纷纷解囊相助，克文和旁边一位瘦瘦的白净青年也抢着掏出了身上的法币。

"我来吧！"

"让俺来吧！"

"大伙儿一起凑份子吧？"

"好主意！"

几个好心人每人出几十法币，给这家河南人买了三碗面条。老太婆一家对着大伙儿千恩万谢："谢谢嫩（你们）救了俺一家三条命，俺以后会在家里给诸位立个牌位，烧高香哩！

经过一番交谈后，克文得知这位叫秦长安的白净青年也是要去重庆，而且也要去投考军校的，克文把自己的打算告诉对方后，二人相见恨晚，谈得十分投缘，漫长的旅程倒显得不那么枯燥了。按照传教士老布的指点，克文带着长安，在重庆沙坪坝附近找到了田家，此时的田家倒成了难民收容所，田立人盯着两位风尘仆仆的年轻人，不禁又是一番唏嘘感慨。

"老布告诉我你的情况了，我看你和这个长安就先安顿下来，军校的事儿我们大伙儿帮你们们问问，慢慢来。我这里现在正好集中了一伙儿年轻人，你们正好可以好好聊一聊。"

克文和长安很快就和田谷雨和姜雪寒等人熟悉了起来。他们这帮天水学生中，有的准备报考中央大学，有的准备报考齐鲁大学或者华西协和，田谷雨和姜雪寒都打算去考齐鲁大学外语系，还有一个打算考华西协和的后生，说来说去这个叫胡孝连的竟然是古城胡约翰的儿子，克文和长安则告诉大家他们俩想报考重庆的陆军军校。到了下半年，年轻人们几乎全部如愿以偿地进入了自己的学校：田谷雨和姜雪寒进入了齐鲁大学[172]英文系，胡孝连考入了华西协和大学的药学系，克文和长安则顺利地进入了陆军军官学校。

由于日军对陪都的轰炸，此时重庆城里的物资极度匮乏，尽管如此，田家夫妻二人还是组织了一个小型的家庭聚会，和这些年轻人一起分享他们一生中难得的喜悦。田家阴暗的房子本来就小，因为人多显得十分拥挤。不一会儿，植物学老师田雨来和他怀抱婴儿的老婆也来了，后面跟着个十四五岁的姑娘，姑娘的手里还领着一个小男孩儿。

"这是我妹妹田美丽。"田谷雨介绍道，"那个小男孩是我的大侄子。"

克文抬起头对姑娘打了个招呼，屋里阴暗，克文模模糊糊地看不清楚，只是觉得对方是个落落大方的高个儿姑娘。

一会儿，屋里人多闷热，克文、孝连和长安就走到院子里。外面显得亮堂多了，三人顿时觉得心情舒畅了不少，三个人七嘴八舌地闲扯了起来，不知不觉就谈到了时局以及个人和

---

[172] 1937 年抗战后，中国东、中部高校被迫西迁。中央大学、齐鲁大学、燕京大学、金陵大学和金陵女子文理学院云集重庆南郊华西坝。

国家的前途。克文正慷慨激昂聊得起兴，忽然闻到一股异香从身后传来，转头看时，不是别人，正是田家的大小姐田美丽。克文这才有机会，仔细打量谷雨的这个大妹妹田美丽。她还穿着学校里的校服，显得身材窈窕而不失端正，齐耳的短发，只用一个黑色的卡子别在头上，露出宽阔秀美的额头来。一双清澈的眼睛，像秋日里的两眼泉水，既使人有种心醉，又让人有种似曾相识的感觉。她笑起来的时候，颊下两个酒窝里似乎装满了藏不住的喜悦，克文蓦然觉得恍如穿越时空，他想起了父亲在校场上，第一次把他抱上战马时的那种感觉：枣红马紧张不安地挪动着脚下的四蹄儿，克文也紧张地绷紧了小腹和大腿，那种激动和紧张，甚至使他的小腹产生了一阵阵酸疼。

"听说你也是古城人？"姑娘的话音把克文从失神中拉了回来，能听得出来，她说得并不是古城话，而是有些青岛口音的北方官话，听起来十分动听悦耳。

"对，我也是古城的。"克文回过神儿来，觉得自己的脸稍稍有些发烧。

"可你说的并不是古城话呀？"

"我家不是南城的，是北城的……"

"哦，这就对了。"姑娘这才恍然大悟，点头称是。

克文接着低声地从头到尾，把父亲和祁奉先如何给羊九五藏枪，如何被日本人发现后杀害，自己如何枪击日本军官的事儿讲了一遍。田美丽听完后，目瞪口呆，半晌才说："颇有些风萧萧兮易水寒，壮士一去兮不复还的感觉……"

"如今山河破碎，吾辈若再不出手，则国家亡矣，民族危矣。"

"日本人实在可恶，鹊巢鸠占，我只恨自己身为女流，不能报效国家……"

克文觉得眼前的女人谈吐不俗，不禁侧目而视，只见田美丽杏眼圆睁，粉面微红。克文心中平空对田家姑娘生出了许多好感来，开口说道："孟母三迁，断机教子；木兰从军，千古流芳；要说起女中豪杰来，可谓是数不胜数……"

二人虽说是初次见面，却相谈甚欢，倒有一种似曾相识和相见恨晚的感觉。

初秋时节，重庆各大高校陆续开课，克文和长安在陆军军官学校的学习和训练也在此刻紧张地开始了。走进简陋的军校教室，三面墙上各自是一个不同的布景，迎面的墙上挂着一面硕大的青天白日满地红，旗帜下面是一张三民主义的横幅；左边墙上挂的是留着小胡子的孙中山画像，中山先生脸色阴沉地盯着大家，仿佛是在问同学们，你们还记得我"革命尚未成功同志仍须努力"的训导吗？右面墙上挂的是蒋中正的一张戎装照，剃了光头、衣服上挂满勋章的蒋委员长大义凛然而又有些无奈地注视着教室，似乎刚刚阅读完一份前线失利的电文。

军校新生入伍后，首先要认识长官，熟悉环境，接着学习军阶、号音以及各单位的号帽，大伙儿要学习的课程主要有政治课程和军事训练，政治课程包括《总理遗教》、《三民主义》、《建国方略》以及《建国大纲》等，军事训练的课程则涵盖了基本教练、战斗教练、射击教育、阵中勤务、筑城实施、夜间演习、体操以及日式劈刺等……这些未来的军官们时不时会在深更半夜被号音惊醒，进行夜间紧急拉练或者紧急应对的训练。经过一天艰苦的训练后，躺在床上的克文觉得自己都快累散架了，可是他的内心却变得越发沉静了，他把自己想像成铁匠铺儿里的一块儿铸铁，在铁匠的每一次捶打和淬火后，他都在变得更加坚强。他昏昏沉沉地睡去，在他心底的最深处，每当想起田美丽那模糊的身影和脸庞时，都会激起一圈圈儿甜美的涟漪……

时光荏苒，日月如梭，当这帮年轻人又能够聚齐在一起的时候，已经是当年的初冬时节了，田谷雨专门去了一趟克文和长安的军校，邀请他们务必参加齐鲁大学的一场抗日募捐。那时候，聚集在华西坝子各个学校的大学生们不约而同地展开了各种各样的募捐和义卖活动，用募集来的资金为在抗日前线浴血奋战的将士们购置军需物资。齐鲁大学的这场募捐演出预定在一座炸掉了屋顶的礼堂内举行，演出目的只有一个，就是为了宣传抗日筹集捐款。演出节日都是同学们利用业余时间精心准备的歌舞、诗朗诵和戏曲唱腔，田谷雨参加了其中好几个节目的排练，胡孝连也准备扯开嗓子唱几句秦腔。募捐主持人是齐鲁大学外文系的姜雪寒和一个高年级男生，他们在讲了一番大道理后，恳请大家在此国家危亡的关头，有钱的出钱，有力的有力。

陆军军官学校学生秦长安和张克文首先上台为齐鲁大学友情表演，他们带来的节目是秦长安家乡的滦州皮影戏，故事讲述的是秦长安的家乡秦各庄被日军烧杀抢掠，父亲重伤后疯癫的故事。

一声高腔叫板后，秦长安他爹秦老二的皮影儿正坐在钱庄里，他哆哆嗦嗦地一面打着算盘算着账，一面高声吩咐车夫秦大春儿，大春啊，赶紧把花生和大豆装到大车上，趁着天好运到天津卫去。

"路上可要小心！"老秦头儿不放心地叮嘱着车夫。

克文客串的车夫高喊一声："老掌柜，您就放心吧！"

接着舞台上皮影儿日本人来了，他们一窝蜂地冲过山海关和喜峰口，来到了长城以南、渤海之畔的冀东地区。日本鬼子扶持大汉奸殷汝耕成立了冀东政府，殷汝耕的皮影儿挥动一杆红黄蓝白黑小旗子，哈哈大笑了起来，皮影儿日本军官也发出一阵瘆人的笑声。哪里有压迫，哪里就有反抗。北宁铁路的两侧出现了戴着蓝白袖章的两支义勇军游击队。游击队巧妙地同日本鬼子周旋，当鬼子和伪军被耍得晕头转向的时候，一支戴着蓝袖章的义勇军游击队已经来到了秦各庄，皮影儿大队长走近秦家大院儿，问钱庄里的秦老二："二大爷，我们能喝口水缸里的水吗？"

秦老二的皮影儿颤颤巍巍地走出钱庄，他语重心长地对大队长说："大队长，让弟兄们到家里来喝口热茶吧！别再喝凉水了，会闹肚子的。"

喝完了热茶的义勇军已经消失得无影无踪了，在青纱帐里转悠了半天的日伪军才赶到了秦各庄，他们进庄后就开始疯狂地抢夺花生和黄豆，并且开始赶村民，烧房子。一个皮影儿日本兵追上了颤巍巍逃跑的秦老二，用刺刀朝他身上狠狠地刺去，一刀、两刀、三刀、四刀……日伪军走后，秦各庄里一片狼藉，哭声震天。秦长安的皮影儿，终于在曲曲弯弯的山路上找到了父亲，此时的秦老二浑身是血，蹲在地上，正咧着嘴嘿嘿地傻笑。秦老二告诉儿子自己不叫秦老二，而叫王老五，原来受伤的秦老二已经疯了。

滦州皮影戏演到高潮处，军校学生秦长安已经开始啜泣了，台下的观众们激动地高喊：

"打倒日本帝国主义！"

"抗战到底，还我河山！"

秦长安的皮影戏表演获得了经久不息的掌声，观众们都啧啧称赞。

"我的家在东北松花江上，那里有森林煤矿，还有那满山遍野的大豆高粱。我的家在东北松花江上，那里有我的同胞，还有那衰老的爹娘……"

大学生们的合唱引来台下的一声哭泣，接着越来越多人都开始失声流泪，其中很多是来自东北的观众，他们想起了家乡的大豆高粱和自己的爹娘。克文也在此刻想起了古城，想起了死去的父亲和祁大爷，甚至还想起了神志不清的老呢呢和传教士老布，于是他的眼睛也开始湿润了起来，接着大滴大滴的眼泪涌出了眼眶。

"你没事儿吧？"旁边的田美丽红着眼圈儿问。

克文咬紧了嘴唇，摇了摇头，抽泣声却从鼻腔里背叛了自己。

"你……擦擦眼泪吧……"美丽递给他一块儿手帕，手帕上绣着一只正在五色花丛里飞舞的黄色蝴蝶。当克文把手帕扣在双眼上的时候，他闻到了手帕上的丝丝桂花香味儿。

台上精彩的演出像江边汹涌而至的潮水，使台下的观众沉浸在坚决不做亡国奴的情绪中，大家纷纷踊跃捐款。已经是重庆政府职员的原古城县长羊九五，此刻也静静地坐在观众席的后排，当姜雪寒和几位同学举着红色的捐款箱走过来的时候，羊九五连忙打开自己的钱夹，把厚厚的一叠钞票投进了捐款箱中。

"同学们演得很好，演出非常感人！" 羊九五用手帕擦了擦眼中的泪水，对捧着捐款箱的姜雪寒说。

"谢谢这位先生，谢谢你对抗战的支持！" 姜雪寒彬彬有礼地向慷慨解囊的羊九五点头致意。

"哪里哪里，国家兴亡，匹夫有责！" 羊九五掏出一张名片来递给姜雪寒，"这是我的名片，如果同学们以后需要什么帮助，可以随时来找我。"

齐鲁大学的这次抗战募捐演出获得了巨大的成功，台下的观众们有些一直赖在台下不走，希望姜雪寒他们再多演几个节目。在同学们一再谢幕后，台下的人群才慢慢地散去。直到此时，克文和美丽才发现，两个人的手不知道什么时候，已经拉在了一起，于是连忙分开了。克文想把手帕还给美丽，美丽却轻轻地推开了："手帕你就留着吧，那样你什么时候看到手帕，就会记起今天，记起这场演出和你演的皮影戏来。"

六十多年后在美国得克萨斯的一座小镇，当已经是耄耋之年的秦长安再次向我叙述起他们表演的那场皮影戏的时候，老人对日本人的愤慨之情仍然溢于言表。那个下午，我试图跨越时空去找寻张克文和田美丽在重庆那段时间里更多的足迹，却如同水中捞月一般无从找寻。天色渐渐暗了下来，窗外一排不知名的热带植物显然已经被寒流冻坏了，屋里的植物正开五颜六色的花，散发着奇异而令人愉悦的清香。

44

清明节的清晨，天还没有完全亮，启明星还隐约地挂在东方地平线上，瑙铁就和手下的徒弟套上大车走出了五里桥的家门口儿，朝城外清泉湾附近的坟地骑去。等太阳升起一竿子高的时候，瑙铁已经给石二猫母子上完了坟，顺便还在石尊宝和玉麟的坟前也烧了些纸钱。回到五里桥河边儿的时候，瑙铁此刻才觉得有些口干舌燥，于是对赶车的徒弟说："孩子，天色还早，要不你先回家去，俺到你马大爷这里讨壶酽茶喝，润润嗓子眼儿吧？"

"那师傅您就去吧。"

瑙铁下了大车后，径直朝着马家的豆腐店走去，路边的杨树叶沙沙作响，桥下的河水正缓缓地流淌着，水面上的担仗钩[173]正在尽情地嬉戏。马家的"蚂蚁"香烟作坊倒闭之后，马金牙干脆论堆[174]歇手不再卷纸烟了，和儿子马勤俭重新拾起了马家点豆腐的老本行来。马金牙和瑙铁在里屋一起喝茶的时候，马勤俭和他女人正一面推着石磨，一面闲扯着黄豆、豆腐渣以及豆饼的行情。这年头，豆腐坊的生意很不景气，地里收成不好，就连做豆腐的黄豆也是瘪的。

"俺过几天要去趟重庆，去看看鹿儿她娘儿俩。"

"那咱老哥俩一起去吧，这样路上也能做个伴儿，俺这一辈子除了去过一次天津之外，哪儿都还没去过哩。"

"你那次去天津还是跟着俺去的呢，那时候俺爹还活着哩。"

---

[173] 本地一种浮游生物

[174] 撂挑子不干了

"那时候俺大大（爹）也活着，就是耳朵聋得厉害。"

两位五里桥的老人就这样不温不火地聊着，在以后得日子里，马金牙常常会记起那天的谈话来，那都是一些平淡如水的家常话，因为老哥俩多年的友谊，平淡如水也就慢慢沏成了一壶醇香的好茶。

"瑙铁，别急着走，喝完了三货[175]茶再走，茶到了二货才出味道哩！"马金牙留住了急着要走的亲家。

瑙铁只好又坐下来："那倒也是，有道是头货水，二货茶，三货四货是精华哩。"

也是在那天早晨，太阳大约一竿子高的时候，古城的日军和伪军分乘几辆汽车，浩浩荡荡地开出了古城。吉刚陆尉一脸严肃地带着他手下的日本兵和四中队的伪军，端坐在车队最后面的一辆汽车上。刘四儿告诉伪军们，今天的任务是配合日军到东边儿的几个村庄进行扫荡。出城后下士上角和一等兵杉本就像是关了很久的鸟儿飞出了鸟笼一样，高兴得有些得意忘形了起来，这些日本兵一高兴，就在车上叽里哇啦地唱起东洋歌来。翻译顶呱呱告诉四中队的伪军们，皇军正在唱的是大美女山口淑子最新一部电影里的插曲，那部电影是关于日中亲善的黑白片儿，讲述了一个善良美丽的中国女子爱上了一位英俊勇敢的日本军官的故事，情节曲折而感人。副队长朱旺财却在这时候把头扭到了一边儿，他觉得这种胡编乱造的故事，除了哄哄三岁小孩儿之外，恐怕只有潮巴[176]和顶呱呱这种人能够相信。

---

175 二道茶

176 傻瓜

汽车经过三里庄子时，吉刚陆尉又一次通过顶呱呱向大家训话："记住！老百姓是红沙糖，八路军是红小豆，红小豆加到红沙糖里，就分不清哪是红豆哪是红糖了，你们的明白？"

刘四儿使劲儿点点头："俺们统统的明白，咱们这次要把红小豆给挑出来，也给那些不守法的红沙糖点儿颜色看看。"

见刘四儿说得乖巧，吉刚陆尉笑了起来："是的，我们这次要好好清剿一下杨家庄、五里桥这些村子，来个杀鸡给……"

"杀鸡给猴子看！"顶呱呱见吉刚陆尉半天也想不起猴子来，就提醒他这个鸡和猴子的歇后语。

"对，杀鸡给猴子看！"吉刚陆尉满意地点了点头。

就在马金牙陪瑙铁喝完了第二货茶水的时候，日本鬼了和伪军四中队已经包围了五里桥。伪军们很快就抓住了几个坏分子、几个来不及逃到庄稼地里的黄花闺女和两个有几分姿色的小媳妇儿。他们接着挨家挨户搜查，把村子里的大人小孩都赶到了碾棚旁边的场院上。吉刚陆尉让翻译顶呱呱告诉场院上的男女老少们，谁家要是胆敢窝藏抗日分子，皇军对他们绝不轻饶，不但要烧了他们的房子，还会砍掉他们的脑袋。吉刚陆尉接着又吩咐刘四儿把他的红豆拌红糖理论讲给乡亲们听，在刘四儿唾沫星子乱飞的时候，下士上角用枪托捅了一位小媳妇儿的屁股蛋儿一下，小媳妇儿疼得跳了起来，吓得像只受伤的刺猬一样尖叫了一声。看到上角下士当众调戏抓获的女人，年轻的一等兵杉本在旁边忍不住笑出声来。

刘四儿唧唧歪歪地讲完后，伪军们开始跑来跑去，忙着把五里桥的一些房子点上火。吉刚陆尉觉得今天的任务完成得差不多了，就招呼刘四儿带着队伍，押着这些俘虏朝停在桥边的汽车走去。

"你们不能带走这些女人！"

人群中忽然传出一个洪亮的声音，把正要离开的鬼子和伪军们都吓了一跳。吉刚和刘四儿同时转过头来，发现场院的人群里走出来一位高个儿中年人。这个大脑袋、一张四方脸庞的中年人一面往前走，一面摇着手，像是要告诉吉刚陆尉他们不该抓走这些无辜的妇女。

朱旺财心知不妙，连忙朝瑙铁摆手："快走开！你不想活了？"

"这是谁的裤腰带没系好，把你这个鸟玩意儿给露出来了？"刘四儿气哼哼地骂道。

瑙铁没理刘四儿和朱旺财，像一头倔驴子一样径自走到了吉刚陆尉的面前。吉刚陆尉气急败坏地问翻译："此人什么的干活？他到底要干什么？"

瑙铁平静地告诉日本人："我就是这五里桥人，你们不能带走这些无辜的女人，你们这样对待她们是不对的。两军交战，总得讲究点儿人道吧，难道在你们日本人的书本里，就没有公道、仁义和廉耻这些字眼儿吗？"

"巴嘎丫鹿！你这个通匪的刁民！良心大大的坏了！"吉刚陆尉还没听完顶呱呱的翻译，就已经勃然大怒，他愤怒地咆哮着，朝身后的鬼子兵挥了挥手。

冲在最前面的上角下士，以一个标准刺杀动作"扑哧"一声，一刀就戳进了全无防备的瑙铁腹部。瑙铁像烫熟的虾米一样痛苦地缩起了身子，一等兵杉本也在此时，一刺刀刺进了瑙铁的左胸。两名哇哇大叫的日本兵从他身上抽出刺刀的时候，瑙铁就像一截被锯断的木桩"扑通"一声扑倒在旁边的一个大碌碡上，又从碌碡上出溜[177]到了场院的地上，鲜血很快染红了大碌碡旁的土地。

那一天下午，弥河旁边的杨家庄也遭受了五里桥一样的命运，杨屎蛋儿带着一家人逃到了南营子他老姑家。杨树根却咽不下这口气，向南躲进了附近的庄稼地里，一直等到日伪军乘车离开，他才恋恋不舍地回头望了望已经是一片灰烬的庄子，趁着暮色走在了进山的路上。午夜时分他经过一个鬼子炮楼，炮楼上插着太阳旗，炮楼四面都是挖得很深的交通壕和宽阔的水沟。炮楼里站着个日本兵，手里握着杆长枪，枪上挂着明晃晃的刺刀。炮楼上的探照灯像幽灵一样四处转动着，杨树根趁着探照灯扫到别处的间隙，小心翼翼地爬过了交通壕和水沟，继续往前走去。天快亮的时候，他在田间小路上遇到一个中年男子，中年人身上背着个搭袋，看上去像个走亲戚或者做生意的人。

杨树根走近了他，问对方："大叔，你知道这附近有八路吗？"

中年男子惊讶地站住了，当他明白了杨树根的问话后，慢条斯理地对他说："你别找了，回家吧。这儿哪儿有什么八路，连八路的毛儿都没有。"

杨树根伤心地说："俺没有家了，房子都被日本人一把火烧了。家里人都躲起来了，俺咽不下这口气，想参加八路，去跟鬼子们比划比划哩。"

---

[177] 滑

杨树根一五一十地把北面的村庄被日军扫荡的情况对中年男子讲了一遍，中年男子蹲在路牙子上，抽着烟袋静静地听杨树根说。听杨树根说完后，他从搭袋里拿出块玉米饼子递给杨树根吃，杨树根狼吞虎咽地吃了起来。见杨树根像是个实诚人，中年男子慢条斯理地说，"俺看这样吧，你先到前面村子我的一个亲戚家住下，等俺进城办完事回来，再仔细帮你问问。"

说话间就到了前面的一户庄户人家，这户人家是一对老俩口儿、一个十八九岁的大姑娘和一个小弟弟。中年男子独自进了屋，先和老俩口儿嘀嘀咕咕了好久，然后出来对杨树根说："兄弟，你就先住这儿吧，俺们慢慢想法子，给你打听打听有没有八路。"

杨树根半信半疑地住了下来，除了给这家人干点儿杂活外，也陆陆续续地了解到这户李姓人家的经历。老两口一儿一女，那个十八九岁的大姑娘叫秀云，小弟弟叫明前。秀云姑娘被炮楼里的鬼子糟蹋之后，精神就一直不好，整日把自己关在一间小黑屋子里，既不洗脸也不梳头，还经常一个人对着镜子傻笑，至今也没出嫁。老两口急得一筹莫展，整天以泪洗面。

"小鬼子伤天害理！"眼泪从老婆婆眼角干涩的皱纹里流了出来。

"大娘，您放心，秀云会慢慢好起来的。俺杨树根只恨自己没有一队人马，否则，俺现在就去端了那个炮楼儿。"

老头儿接过话茬："俺老了，不中用了。可俺还是认个死理儿，善有善报，恶有恶报。"

几天之后，中年男子带着一个大胡子回到了李家，大胡子上下打量了杨树根半天，笑眯眯地问："你是杨家庄的？"

杨树根答："俺是。"

大胡子问："你爹是杨屎蛋儿？

杨树根答："是俺爹。"

大胡子继续问："听说你带头抗过东乡里的税捐，打枪打得还挺准？"

杨树根答："带头抗过税捐有这回事儿，打枪打得可不准。"

大胡子像洪钟一样放声大笑了起来，伸手握住了杨树根的双手："杨树根，欢迎你找到了八路军山东纵队。我们现在就需要像你这样的人，我们土八路可不是什么人都能看得上的哟！"

杨树根和中年男子听大胡子这么说，都禁不住笑了起来。那个中年男子笑完后，向杨树根介绍这个大胡子："这是咱们张大队长，俺是仉家庄的侦查员薄碌碡！"

杨树根也紧紧握住大胡子的手："张大队长！终于找到你们了，乡亲们的日子已经没法过了！"

重庆陆军军官学校的张克文和秦长安不久就双双毕业了，他俩都被编入陆军第十一军，很快就要开拔前往鄂湘黔前线。曾经一门心思想上前线战场的克文，此刻却变得心事重重。他的心底升起了一种难以言表的淡淡忧伤，随着部队开拔时间的一天天临近，这种淡淡忧伤就如同夜晚江边的潮气一样，不断地扩散着，越来愈重，如同瘟疫一样没日没夜地折磨着他。他希望陆军部能推迟自己的行程，最好是把行军的日期弄乱了，或者把期限搞错了，他又希望重庆没日没夜地下起瓢泼大雨，这样他就可以在重庆多呆几天了。他把自己的情况在信中告诉了天津的妹妹，张可卿在捎回的信中向他描述了家里的近况，以及自己在东亚毛纺厂的经历，敏感的女人在信的末尾问自己的大哥："那个女人是谁？如果你们已经定下了关系，可以寄张照片让老人们看看，他们的身体现在一天不如一天了。"

离开重庆之前，田谷雨、姜雪寒、胡孝连和田美丽都来给克文送行，望着滚滚东去的嘉陵江水，大家似有千言万语，却在此刻相对无言，只有无尽的伤感和压抑着的泪水。

"记住，你一定要活着回来，活着比什么都重要。"

"不要……不要去逞强！"

"别忘了经常写信回来……"田美丽低头叮嘱道。

"你们也要注意安全，尤其是遇到空袭的时候……"克文淡淡地叮嘱大伙儿，掩饰住自己正在颤抖的声音。

45

马金叶的大儿子张五出事儿的那年夏天，日本人已经占领了俺们古城。青石板街张家大院里的大人们正在忙着侍弄皮货，延禄抬头看了看天，此刻天空万里无云，鸣蝉正躲在榆树叶儿后面，此起彼伏不知疲倦地喧闹着。不过谁能打保票大雨就不会转瞬而至？或者祸事就不会转眼到来呢？也许只有造物主才知道前生后定和世间所有的幽玄吧。

那天，刺眼的阳光火辣辣地照在张家大院的几口硕大的水缸上，延禄两口子正在院子里忙着折腾几张山羊皮子，一股莫名奇妙的烟味儿飘荡在青石板街上空。自从张家大院的老掌柜去世之后，家里已经好久没有请阿訇来念经了，依布利斯（撒旦）带着他的儿子，像一股青烟一样，飘荡在附近的茅房里、羊圈旁、眉毛边儿，手指尖儿、树枝上……

"张五，出去玩的时候，不要狗不咬，使棍戳[178]！"马金叶对急着往外跑的张五喊道，已经迈过门槛的张五漫不经心地答应了一声，然后和青石板街的一群半大孩子扬长而去。接近晌午的时候，几个日本人带着翻译顶呱呱来到了张家满是硝石味的院子里，一位脸刮得铁青的日本军官，弯腰抱起了正在院子里玩耍的佩珍。

"小孩儿，咪西咪西。"他掏出几块花花绿绿的糖果，呲着大牙递给佩珍。金叶儿见状，连忙走上前去，朝日本军官伸了伸手，抱回了手里拿着糖果的大女儿。

"你是福禄寿的老板吗？"翻译顶呱呱走到了皮货张的二儿子面前。

延禄嘴里咕哝着："也算是吧。不过这年月的生意不好做，其实俺早就想歇手再干了。"

"大可不必这么悲观，皇军今天给大伙儿带来了好消息。他们想把附近的几家皮货作坊集中到青岛四方和沧口一带，统一为皇军生产皮革制品。这样一来，你们大家既没有进原料的麻烦，也没有销售的担心，何乐而不为呢？你考虑考虑，尽快动身去青岛吧。"翻译接着低声警告皮货张，"大家都是中国人，我奉劝你张掌柜一句，你可不要敬酒不吃吃罚酒啊……"

---

[178] 小孩调皮，招惹是非

延禄挠了挠头后，问日本翻译："您看能不能让俺们考虑几天？"

顶呱呱皮笑肉不笑地回答："当然可以，皇军给了你们三天的时间，足够你们考虑的了！"

"俺大哥两口子身体一直不好，难道他们也要去青岛吗？"

顶呱呱摇了摇头："那倒不必，你们张家只要去一户就可以了！"

就在延禄和顶呱呱为了去青岛的事儿在张家大院里煞费口舌的时候，张五、刘八和朱旺全等几个孩子正在海军公馆墙边的凌枣树下来回徘徊着，他们像几条饥饿的狐狸一样盯着枝头业已熟透的红凌枣。

自从温子培逃亡日本后，海军公馆里白色的墙皮开始慢慢脱落，院中的池水早已干涸，太湖石也成了鸟窝儿。公馆里的植物变得蔫不啦叽的，狗奶子[179]只剩下了干枝儿，苹果树和石榴树在春天开出满枝头的谎花，秋后结出几个跟鹌鹑蛋大小的苹果以及早已经风干了的烂石榴，凌枣树像是忘记了季节的更替，春天的时候连花懒得开了。倒是密密麻麻的爬山虎和不知名的藤蔓植物，覆盖起了海军公馆的青砖高墙，平添了许多萧索之气。

"那是因为北城人给公馆下了萨满咒了。"已经神智不清的温桂芳，在去世前告诉侄子温老三，"那都是你大哥，他给咱温家……惹下的灾祸……"

不知道从什么时候开始，海军公馆院子里的树木一下子缓

---

[179] 枸杞

过劲儿来，又开始开花结果了：狗奶子丛中挂满了黄色的枸杞，绿莹莹的酸苹果压折了苹果树枝，石榴像一盏盏红愣愣的灯笼，挂满枝头，高大的凌枣树上缀满了红绿相间的脆凌枣。那天中午，温老三刚刚收到了在省城儿子的家信，二胡琴师"温六指儿"在信中告诉父亲，大伯温子培从日本回来后一直住在青岛，前一阵子跟着于学忠在鲁南抗战，大伯捎信给他诉说一切安好，请父亲勿念。温老三把这封家信来来回回看了几遍后，接着想给温六指儿写一封回信，于是他找来了纸张和毛笔，可是找了半天，却怎么也找到砚台了。他绞尽脑汁想了半天，终于记了起来，上次收拾房间的时候，家里那块儿上等鸡血砚台被女人顺手扔到了院子里的太湖石旁边了。于是温老三拍了拍脑袋，推开屋门儿，颤颤巍巍地朝着水池旁边的太湖石走去。温老三俯身拿起砚台的时候，听到耳边一阵"呼啦哗啦"的声响，他不经意地抬头看了一下院墙，却看见一个黑乎乎的影子正站在青砖墙头的枣树丛里，枣树枝忽闪忽闪地来回地摇晃着。疑神疑鬼的温老三吃了一惊，扔掉手里的砚台，嚎叫着朝屋门口跑去。

"有鬼啊！"

日本人和顶呱呱走后，金叶儿坐下来，开始专心地缝着一件皮件儿。可是今天她却总是静不下心来，一阵心慌后那长长的针头扎进了她的食指里，涌出的鲜血立刻染红了顶针儿和手里的皮件儿。也就在那一刻，金叶儿的儿子张五正站在海军公馆墙头的树丛里，伸手去摘那挂满枝头的红凌枣，依布利斯（撒旦）却在这时候把树枝拉开了，张五用尽吃奶的气力往外伸出手时，却猛然听到温老三撕心裂肺般的嚎叫声，吃了一惊的张五像一袋子棒槌粒儿，从墙头上坠落了下来，重重地摔在地面上。青石板街的其他孩子们吓得一哄而散，温老三两口子一个抱着张五去了广德医院，一个从温公馆一口气儿跑到了青石板街报信。

"金叶儿！金叶儿！快去看看你家孩子！孩子快不行了！"

"咋的了？俺张五他怎么了？"金叶儿惊慌失措地问。

"孩子从树上摔下来就……不行了，双手……乱颤，只是……只是翻白眼儿。"跑得气喘吁吁的温家女人张口结舌，大哭了起来，"她二嫂，俺真该大前年就把那棵枣树砍了，那是棵妖树，被下了咒的树！。"

延禄和金叶心急火燎地赶到广德医院的时候，张五已经不行了，他像一条抽掉了脊椎的大青鱼一样躺在床上，张五睁开眼睛，认出了他大大和娘，动了动嘴，嘴里吐出来的却是血沫子，没出一个时辰，延禄和金叶的儿子就在广德医院咽了气。

延禄和金叶儿急匆匆地给张五出完殡，刚刚过了孩子的头七儿，一家四口就随着其他人家一起到了青岛四方的铃木会社。铃木会社是家规模不大的皮货作坊，主要为日军生产一些皮包、皮带和皮靴之类皮制品，作坊里总是散发着一股儿浓浓的皮子味儿。会社总共有十几个员工，除了两三个日本人外，其余的都是中国人，有几个还是古城的。

到了青岛这个新环境里，金叶儿的心情反而好了起来。尤其是白天在作坊里的时候，金叶儿暂时忘记张五，忘记了心中的悲伤，又变得欢快了起来，走路也轻盈了起来。可是每天下班儿后，镇尼也随着金叶儿回到了宿舍里，在太阳落山的时候，无尽的忧伤就会涌上她的心头。刚进铃木公司没几天，延禄就不小心割坏了一大块儿牛皮子，他吓得脸都青了。铃木先生看他惊慌的样子，反倒笑了，安慰延禄道："没有关系的，割坏了也还能用，可以做成其他的皮件儿。"

经理铃木一家住在不远处的一幢二层小青砖楼上，铃木是个和蔼的小个子日本中年男人，他虽然是个皮货匠，却爱好广泛，不但喜欢禅宗、茶道、清酒，而且时不时地读一些日本左翼的书籍。铃木夫人则是一个小巧而欢快的女人，喜欢摄影、插花和美食料理。铃木夫妻结婚已经很多年了，却一直没有自己的孩子，前不久才刚刚收养了外甥太郎。

有一天，铃木夫人要剪块儿布头儿，四处寻找剪刀的时候，却发现剪刀已经不翼而飞，不知道被调皮的太郎放到哪里去了。铃木夫人来到金叶儿家门口时，太阳正落进水波如镜的大海尽头，远处黑乎乎的湿地上飞着一群群正在觅食的海鸟，那时的金叶儿正一面想着张五，一面暗自垂泪。

"哒哒哒"金叶儿听到一阵木屐的声音，接着闻到门口飘来一股奇异的香味儿，那是她从来没有闻到过的，紧接着是一阵短促的敲门声。金叶儿打开屋门，看到了一张娇小白皙，如同浮世绘画儿般的女人的脸，女人的身体裹在如花一般的和服里。

"空帮哇！哈萨米[180]？"

"鲜……刀……？"

女人笑了，接着樱桃小嘴里像炒黄豆一样，蹦出几句难懂的东洋话来。金叶儿擦了擦哭红的眼圈儿，看着这张白皙的脸，却听不懂这个日本女人想要什么。延禄也走了过来，竖起了

---

[180] 日语 晚上好！剪刀？

耳朵，他也听不懂这个瓷娃娃般的日本女人，此刻到底想要什么。

"鲜……刀……？"

当女人翘起她的食指和中指优雅而快速地来回摆动时，金叶儿终于明白了，这个女人是在问她家里有没有剪刀。于是金叶儿飞快地转过身去，从她的针线簸子里找到了剪刀，递给了她，女人的接过剪刀的时候，白皙的脸像秋海棠一样盛开了。

日本女人第二天来还剪刀的时候，不仅给佩珍和佩英带来了东洋糖果和糕点，还带来了一位戴眼睛的中国翻译和太郎，日本女人指了指太郎，叽里哇啦地说了一通，眼睛也红了起来，眼泪在她白皙的脸上留下了两道泪痕。翻译略带伤感地告诉延禄和金叶儿，铃木夫人为你们失去了儿子感到很伤心，她十分理解你们的心情，因为她兄弟几年前也牺牲在前方的战场上，因此铃木一家才收养了他的儿子太郎。日本女人又叽里哇啦地告诉延禄和金叶儿，随时欢迎他们到前面的小楼去做客，哪怕只是随便坐坐也可以。

"都说日本人野蛮，想不到这家日本人倒是……？"

铃木一家如此通情达理，延禄倒觉得有些受宠若惊。

"哪儿都有好人，哪儿也都有坏人哩！"

因为国产和进口澳洲羊毛断绝，天津东亚公司的生产一天天陷入了难以为继的境地。董事会委婉地向一筹莫展的总经理宋裴卿建议，如果能够与日本三井洋行合作，东亚公司也许能获得澳洲羊毛的供应。出人意料的是三井洋行却首先向宋裴卿和东亚公司抛出了橄榄枝，正处在困境的宋裴卿立刻报李投桃，没过多久中日双方一拍即合。按照中日双方约定，东亚公司很快在日本正金银行建立了账户，正式开始了与日商的合作。

在度过了羊毛供应这个难关后不久，东亚公司总经理宋裴卿不得不履行对日方的一个承诺。宋裴卿首先召集起几个心腹，大门一关，开起了秘密会议来，董事长宋裴卿欲言又止地告诉与会者："公司今天让大家来，是考虑建立一个新的车间，你们几个将主要负责这个车间的运作。"

"……新车间？"

"我还要提醒大家，新建的车间将不再生产毛线，而是生产麻袋。"

"麻袋？"袁小楼疑惑地看了宋裴卿一眼，疑惑地接过话茬儿："董事长，咱们东亚公司的毛线一直销路很好，不追加生产毛线却生产麻袋，到时候销路恐怕……？"

蒋子龙也插嘴道："我也担心营销麻袋怕是个冒险的投资……"

宋裴卿白净的脸上微微有些泛红，他长叹了一口气后，才慢条斯理地把实情告诉了大伙儿："不瞒诸位，这些麻袋是给日本人生产的军用物资，这其实是当时和日本人合作的时候，早就已经谈好了的条件。"

听宋裴卿这么一说，与会者们这才如梦方醒，大家面面相觑，交头接耳一番后，有的目瞪口呆，有的面露愠色，更多的人则低头不语……宋裴卿尴尬地笑了笑，面露难色的解释道："大伙儿想想，如果替日本人生产这些军用麻袋，我们就能获得原料，东亚公司就可以生存下去；如果不满足日本人的要求，公司将难以获得羊毛，东亚公司即将面临破产。如果东亚公司破产，大家该怎么办？公司这么多员工又将如何处置？"

宋裴卿说到动情之处，眼睛里竟然闪烁着些许星光点点。刘老坦儿第一个站起来表示赞同，其他人也纷纷发言支持宋裴卿的决定。

宋裴卿欣慰地点了点头："我理解大伙儿的心情，有些人一时半会儿转不过这个弯来，不光是你们，就是连我自己也觉得别扭得慌。说句心里话，在夹缝中挣扎生存很艰难，大家都是东亚公司的元老了，许多人还经历过德昌的艰辛创业，大家总不能看到几代人的努力付之东流吧？你们回去以后，要好好跟职工们解释，如果谁不愿意干，他们也可以辞职，我宋某绝不为难他们！"

"董事长，您放心吧，我们一定把这条麻袋生产线做好！"蒋子龙此时也明白了宋裴卿的苦衷。

"子龙啊，你们这些年轻人要多担当起来！"

真所谓"好事不出门，坏事传千里"，天津东亚公司要为日本人生产军用麻袋的风言风语，早就在厂区的每一个角落传开了，当然，也传到了纺织女工张可卿的耳朵里。消息得到证实后，各个车间就像是开了锅的锅炉一般，女工们你一言，我一语，七嘴八舌地谈论着这事儿，争论最后乱成了一锅粥。在那几天，"抵羊"牌毛线也因为女工们的心不在焉，出了不少的次品和残品哩。

得知东亚公司要生产军用麻袋消息的当晚，可卿阴沉着脸，在餐桌上一五一十地把这个消息告诉了张家人，最后忿忿地告诉家人："我已经想好了，打算明天就辞职！一想到自己的兄弟在前线打仗，我却在后方给日本人缝麻袋，我实在是受不了！"

老嘉勋低下头，只是吧嗒吧嗒抽起着烟，一言不语；正在纳鞋底儿的母亲谭玉桢，低头想了半天后，才叹了口气说："我看还是不要急着辞职为好，自从怀远做事儿的那家化学公司南迁，他就一直失业在家。现在家里上有老，下有小，如果你再丢了工作，大伙儿就只有去喝海河上的西北风了。"

这时，搂着孩子的丈夫也嗫嚅道："还是不要轻易辞职，你们东亚公司的薪资和待遇都很好，天津有许多人削尖了脑袋也想着进东亚呢！"

可卿长叹了一口气后，低头从祁怀远手里抱过了孩子，快步躲进了里屋。

46

民国三十九年初秋，田谷雨和姜雪寒已经从齐鲁大学外文系毕业了。对于二人来说，毕业也就意味着失业。为了糊口，他们每天来往于重庆的大街小巷之间，希望能找到一份体面的工作。秋后的一个中午，寻找工作四处碰壁的田谷雨和姜雪寒迈步走近沙坪坝的一家茶馆里休息，却意外地遇到了曾经参加过他们募捐义演的羊九五，正在这家茶馆喝茶的羊九五也一眼就认出了田姜二人。

"原来是你们俩啊，二位同学别来无恙啊？"

羊九五热情地朝二人打招呼，姜雪寒怔了一下后，马上记起了募捐演出上那位大方的捐款者，于是也连忙向对方打招呼。

"您是羊……"

"对，鄙人羊九五！"

田谷雨和姜雪寒此刻正怀着一肚子苦水，尤其是田谷雨，更是对自己的怀才不遇悲愤至极，羊九五一言不发，静静地听二人垂头丧气地讲完了求职无门的经历。听完二人最近的遭遇，羊九五却微微一笑，从口袋里掏出了一份儿还带着墨香的《扫荡报》来，他把报纸递给了姜雪寒和田谷雨，指着报纸上的一则招生启事说："二位可以去这里试一试，我认识的一个熟人恰好就在这个招生处，他也许能够帮上二位哩。"

田谷雨觉得羊九五这个人倒也不像个骗子，而且《扫荡报》毕竟是中华民国国民革命军的正规报纸，在国统区具有很大的影响力。他和姜雪寒信将疑地把上的这个训练班招生启事读了一遍，这个招生启事提出的条件十分苛刻，要求应聘者必须是大学学历，不仅要求中英文都要成绩优异，而且专门要求英文口语必须十分流利，正可谓"踏破铁鞋无觅处，得来全不费功夫"，齐鲁大学英文系毕业的田谷雨和姜雪寒恰好符合招生启事里所有的条件。

"所谓赶得早不如赶得巧，二位应该去试一试，羊某倒觉得这可是一份前途无量的差事哩！"

当天下午，将信将疑的田谷雨和姜雪寒带着原古城县长羊九五的一张条子，辗转找到了招生启事上那个神秘训练班的报名处。几位衣冠楚楚的招生者，不但对两人进行了细致严格的体检，要求他们提供大学成绩单，而且要求二人必须有切实有效的担保。在报名大约一个月后，田谷雨和姜雪寒双双被训练班录取，正式成为了中华民国军统局外事人员训练班的学员。

未来的情报专家田谷雨回到家中，费了半天劲儿试图向父母解释他将来的工作，他结结巴巴解释了半天，结果田立人和田王氏还是一头雾水："你俩这次到底找到了什么好工作了？"姜雪寒见田谷雨笨嘴拙舌，笑着低声告诉二老："一言以蔽之，谷雨和我都是未来军统的外事特务！"

外事人员训练班（外训班）设在重庆校场口的石灰市，由军统局局长戴笠担任班主任，外训班学员除了几名女性外，其余都是男生，而且绝大多数都是当时名牌大学外文系的高材生。外训班的课程除了步兵操典、手枪射击、国父遗教、领袖言行和中国近代史外，还增加了许多有趣的课程比如外交礼仪、条约研究和密码学等，外训班的教授更是大腕云集，很多人都是当时民国的大员名流以及高薪聘请的外国学者。

施耐德教授的密码学课是包括田谷雨和姜雪寒等所有同学都喜欢上的课，男生们喜欢施耐德花枝招张的中国夫人，女生们喜欢金发碧眼、身材高大的德国人。施耐德在台上授课的时候，他前凹后凸的漂亮妻子左玲玉，也坐在密码学课的教室里。左玲玉除了是重庆一所大学的英语老师外，还是施耐德密码学课上的翻译兼助教。施耐德教授让太太把各种信件混在一起，堆放在前排的桌子上。他要求外训班的同学们找出这些看似普通的信件能够传达的信息，以及其中蕴含的规律。同学们绞尽脑汁，七嘴八舌地各抒己见，却不得要领，最多只能说出一些细枝末节。有的男同学干脆看着穿旗袍的左玲玉，眼睛直勾勾地盯着她那一对儿傲人的胸脯儿，田谷雨甚至开始遐想这个性感少妇旗袍的肌肤了。

"我注意到了邮票的不同……"姜雪寒举手回答。

"你注意得很好！"左玲玉微笑地点点头。

"这里面的学问大着呢！"

施耐德教授狡黠地眨了一下眼睛，接着像母鸡一样咯咯地笑着，他一面请大家注意一下邮票的大小、数目、排列和齿纹等，一面告诉未来的情报专家们，这些看似平常的信息里其实都暗含着部队的动向、飞机突袭的位置或者军舰装备的信息等等。

"我还要请大家注意藏头信的使用，比如我'施耐德叔叔'写给'左阿姨'的信，虽然敌人也许会对该信表示怀疑，却发现这只是一封极其平常的家信，无非是天气、社交和一些日常活动。但是，如果你把这封信的每个字的首字母拣出，然后排列在一起，那就变成了一条重大的军事情报——十四架轰炸机机明早飞抵重庆。"

此刻的施耐德变得严肃了起来，他用生硬的德语告诫学员们："你们不要只盯着血肉横飞的战场，其实在后方还有一个隐秘的战场，在这个隐秘的战场上，每时每刻都有无数的情报通过各种不同的方式被传递出去……"

土匪秦三儿的队伍已经发展到了几百号人，在鲁中大地众多土匪中独占鳌头。鲁苏战区整编的时候，于学忠司令把土匪考斌之和秦三儿的队伍整合在了一起，任命考斌之为苏鲁战区挺进第二纵队第一特务大队长，任命秦三儿为苏鲁战区挺进第二纵队第二特务大队长，土匪秦三儿的队伍倒转眼之间成了抗日的武装，可秦三儿却不大愿意去招惹日伪军，只想维持相安无事的状态。收编之后的秦三儿觉得自己也是正规军了，每次回秦家庄也不再躲躲藏藏的了。从此之后，孝顺的秦三儿时不时地跨过胶济铁路，回秦家店子看他老娘扣扣和大哥秦老大。

月上柳梢，月光如练，土匪们和他们骑的脚踏车在月光下拉出长长的影子。这天傍晚，秦三儿又带着几个心腹土匪骑车赶回了秦家店子，他迈着大步往秦家正屋里走的时候，小云门和劈山蝎子已经村子四处撒下探子，接着吩咐几个小土匪们像偷腥的狸猫般翻到秦家祠堂的房顶上警戒。

秦三儿给秦老大带回来了一袋子白面和一整块儿猪五花，他从怀里掏出几条儿"大陆牌"香烟扔给秦老大。秦老大接过香烟，一面拆开一条香烟，一面嘟囔着："你小子上次给俺的那条'协和'烟卷太他娘的难抽了，一股子掺了干牛粪的味道，俺看看这次的这些咋样？"

"这些狗屁日本烟卷都是从厉文礼手下的一个队长那儿搞来的。"秦三儿走到他娘面前，笑着问："娘，最近那个孬保长有没有让您挠心啊？"

扣扣白了小儿子一眼，没好气地答道："除了你哥俩儿让我闹心外，这世上再没人让我挠心了。"

秦老大抽出一根儿大陆牌香烟闻了闻，扔给秦三儿一支点上，自己也点上一支，深吸了一口后，才慢悠悠地对秦三儿说："秦老孬现在忙活得很哩，不但给日本鬼子收军粮，都他娘的一把老骨头了，还去给日本人找黄花儿姑娘，连老脸都不要了，中央军和地方军来找他要税捐，八路军也到他家里借东西。老家伙以前老是欺负咱娘，自从你拉起队伍之后，乖得跟个孙子一样。"

秦三儿笑了笑："别看老骨头上蹿下跳，俺看他是鹅卵石上踩高跷，哪天非得摔个狗啃屎不可。"

秦老大一想到秦老孬和他儿子摔了狗啃屎的样子，忍不住像树上的夜猫子一样咯咯傻笑了起来。见他哥俩聊得正欢，正在读《玫瑰经》的扣扣插嘴道："三儿，咱就不能不去干那些打家劫舍的事儿了？回家做个小本买卖儿，娶个媳妇儿给娘生个大胖小子，娘给你看着孩子。过个老婆孩子热炕头的正经日子，不比你现在活得踏实？"

秦三儿听她娘开始唠叨，像被热锅烫了屁股一般焦躁了起来，有些不耐烦地说："娘，您就别替俺秦三儿瞎操心了，俺过一阵子想把你和大哥接到俺的驻地去，你俩提前收拾收拾。"

走出秦家家门口的时候，秦三儿嘱咐大哥说，赶明儿，你找点红头儿韭菜，给老太太用白面做点儿猪肉水饺吃吃。说话间，秦三儿吹了个口哨，招呼着大小土匪一窝蜂地离开了秦家店子。

那天晚上，益北中队的一个小分队趁着月光，在队长郑葫芦和队副马大铃铛的带领下，出其不意地袭击了鬼子驻扎在胶济铁路以北的一个据点儿。在打出了一排子弹，扔出几颗手榴弹，益北中队打死了几个据点里的伪军。气得嗷嗷直叫的日军带着一队伪军，气势汹汹地从据点儿里追了出来，郑葫芦见日伪军的火力太猛，就吩咐队伍边打边撤。因为害怕中了八路的埋伏，日伪军也不敢离郑葫芦的小分队太近，像跟腚虫子一样远远地跟着郑葫芦和马大铃铛这伙人的后边，边追击边放着乱枪。郑葫芦和马大铃铛熟悉附近的地形，到了一个三岔路口的时候，队伍向北拐进了一片灌木丛里，接着迅速淌过了一条小河沟，小分队穿过一条土路后，很快就消失在一人多高的玉米地里。鬼子和伪军小心翼翼地前进着，不久也追到了这个三岔路口。鬼子军官担心附近有八路的埋伏，挥挥手命令前面的伪军搜索前进，几个伪军像受惊的兔子一样战战兢兢地沿着路两侧走近三岔路口。

　　刚刚走进三岔路口，伪军们立刻紧张地四处侦查，抬眼却看到秦三儿他们这一伙儿土匪正骑着脚踏车，一路叮叮咣咣地从远处飞驰而来。如同惊弓之鸟的伪军们吓得魂飞魄散，一面大喊"有埋伏"，一面朝着土匪们噼里啪啦地开起乱枪来。骑在前面的劈山蝎子首先中弹，一个倒栽葱就从脚踏车上摔了下来。秦三儿和其他的土匪见状，赶紧扔下车子，掏出手中的家伙来，劈劈啪啪地朝着日伪军放了一通乱枪。众土匪一面没头没脑地开枪，一面慌慌张张地往附近的庄稼地里撤退，不久也消失在茫茫夜色中的玉米地里了。

　　秦三儿带着剩余的土匪们，惊魂未定地赶回了驻地，听说劈山蝎子和另外两个小土匪被乱枪打死了，喘息未定的秦三儿心里禁不住升起一阵后怕，他觉得此事十分可疑，而且不可小觑，他转过头一脸迷惑地问小云门："他妈个屄的，日本人是怎么知道老子经过那儿的，真是他娘的活见鬼了！"

　　小云门被吓得不停地咋巴着眼睛，他心有余悸地猜测着："老大，俺觉得八成是有人出卖了咱们，要借日本人的手除掉你哩。"

　　"俺知道是谁！"

　　"是谁？"

　　"还他娘的能有谁？一定是考篦子这个王八蛋！"

　　秦三儿不停地用手用力拔着嘴角的胡须，他用力拔出几根儿短髭须后，他果断地给小云门下达命令："云门，你赶紧叫弟兄们起来，收拾收拾，咱们要立刻就离开这个鬼地方！不过，告诉这些狗崽子们，扎营的地方不要他娘的离张天佐和考篦子的地盘太近了。"

苏鲁战区挺进第二纵队第二特务大队转移到了新的营盘槐埠之后，小队长小云门专门化了妆，辗转跑到了劈山脚下夹皮沟的皮家，告诉皮青云她兄弟前一阵子得病死了，女人听到兄弟已经死了，立刻放声嚎哭了起来，小云门也在旁边陪着流了不少眼泪。

47

盛夏的夜晚，刺耳的警报拉响的时候，惊慌失措的人们一窝蜂地一起朝着重庆防空大隧道奔去。在拥挤的人群中，姜雪寒的鞋子被挤掉了一只，就在她低头找鞋子的时候，眼镜又被挤掉了。田谷雨见势不妙，拽起姜雪寒，撒开双腿腿没命地就往前跑，刚刚跑进防空隧道洞口，震耳欲聋的爆炸声已经响成了一片。

"鞋子和眼镜丢了可以再买，要是命丢了，那可就什么都没了！"田谷雨喘着粗气对姜雪寒说，姜雪寒感激地点了点头，接着把头紧紧地贴在田谷雨的胸前。防空洞里一片漆黑，田谷雨看不清此刻姜雪寒脸上亮晶晶的东西，到底是汗水还是泪水。此刻的防空洞里人头攒动，只有逃难人的呼吸声，能容纳四五千人的防空大隧道已经达到了饱和状态，田谷雨紧紧抱住姜雪寒，他们甚至能够听见彼此的心跳声。不知过了过久，防空洞内微弱的柴油灯开始闪烁摇曳，继而渐次熄灭。此时一种不详的气氛已经开始在防空洞内悄悄地蔓延，人群开始不安骚动了起来。田谷雨渐渐感觉到头昏脑胀了起来，眼前也开始发花，耳朵里也传来了悠远的声音，那奇怪的声音把他带回了古城，他像婴儿一般躺在母亲的怀抱里，后来他和雨来在守善中学的操场上拍着球；接着那声音又把他带到了麦积山，那天他不得不把脚腕儿受伤的姜雪寒从山上驮下来……

"谷雨，雪寒！你们醒醒！"

朦胧之中，田谷雨听到了呼叫自己的声音的，却已经感觉到浑身软弱无力，只能眼睁睁地看着几个训练班的同学被汹涌的人流席卷着朝洞口涌去，田谷雨想看一眼身边的姜雪寒，却一下子又失去了知觉。

清晨五时左右，一道刺眼的白光炫耀着照在了漆黑隧道的尽头，看到了白光的田谷雨缓缓地苏醒了过来，他朝着白光高喊了起来。几个重庆防护团团员发现了气息尚存的田谷雨和姜雪寒，二人在众人的搀扶下，艰难地跨过遇难者的尸体朝防空洞口走去，也许防空洞口那十八级台阶是田谷雨这一生中走过的最漫长的一段路程，台阶上层层叠叠堆满了尸体，由于窒息和踩压，死者大多衣不遮体，皮肤已经变成了青紫色，个个面目全非，死相极为凄惨。

回到训练班，失魂落魄的施耐德给二人每人倒了一杯白兰地："喝了它，可以促进恢复！"经过清点，在这场空袭中，即将毕业的外训班同学共有十九人遇难，大部分死于人群践踏，施耐德教授的妻子，美丽的左玲玉女士因为靠近洞口，经人群来回践踏后，甚至尸体都已经变得难以辨认。就在同一天，田谷雨和姜雪寒还得到了另外一个意外的消息：胡孝连在昨天的空袭中死了！

"据说他是在救一位受伤的女同学时，被炮弹弹片击中而死的。"田谷雨垂头丧气地告诉姜雪寒。

"这怎么可能？"姜雪寒不知所措地问谷雨，"我们该怎么向他的父母交待？"

田谷雨双眼木然地看着窗外："我也不知道该怎么对胡牧师交待，听说他老来得子，就只有孝连这一个儿子。"

在日本人占领古城几年后的一个傍晚，变幻着形状的火烧云刚刚染红了西边的几座山头，也照在东门的城门楼上。东门的丁秀娟正拉着蹒跚学步的儿子赵法堂，在东门吊桥上看伪军们吵吵嚷嚷地打扑克。

"一对丁沟[181]！谁还能上？"

"俺来要，一对球胆[182]！"

"看把你给牛的，一对老开[183]！谁他娘的还要？"

百无聊赖的中队长刘四儿打了一个哈欠后，伪军士兵刘双喜接着连连打着好几个哈欠，刘双喜闭上快要咧到腮帮子的大嘴，对刘四儿抱怨了起来："队长，你看，你都把你嘴里的瞌睡虫子传染俺了。"刘四儿呸了一声后说："你就是懒驴上磨屎尿多，什么瞌睡虫，磕头虫的，哪有那么多穷讲究？"就在此刻，一辆马车带着一阵烟尘，停在了古城的东门吊桥上。马车上走下来了一位器宇不凡的中年人，操一口不南不北的官话，他还带着几位女眷和不少的细软行李。刘双喜检查放行后，刘四儿仍然不放心地看着这几个进城的外地人，打扑克的伪军们也停止了吆三喝四，连城楼上吉刚陆尉也站了起来，狐疑地望着这辆驶进城去的马车。过了一会儿，一个上了年纪的伪军才拍了一下脑袋，恍然大悟地对刘四儿喊道："操！刘队长，

---

[181] 本地把 J 称为丁沟

[182] 本地把 Q 称为球胆

[183] K

俺终于想起刚才那是谁来了，那不就是温家的儿子温子培么！"

黄昏时分，曾经的海军司令和他的妻妾们，回到了阔别已久的温家大院，温家大院显得有些萧索，已是物是人非，见到从天而降的大哥，温老三着实吃了一惊。温子培却表情平静，神态自若，好像他没有离开过家乡几十年，而仅仅是两三天而已，可是他和他的妻妾们华贵的衣着，已经改变的外乡口音，却使得温家大院所有的人都相信：大哥温子培的确离已经开古城太久了。温子培有些伤感地告诉大家，他打算明天就搬到凤凰店子去住，这样那就可以经常陪伴死去的父母了。温家兄弟听大哥这么说，觉得这个陌生的大哥倒算是个初心不改，孝心有加的汉子。

第二天一大早，温家兄弟就陪着大哥温子培和家眷，在凤凰店子父母的墓前好好地祭奠了一番。表面上看，住在凤凰店子的原民国海军司令沉默寡言，不与外人来往，每日在溪水间垂钓，其实温子培的心里却清楚得跟铜镜子一样。早在前一阵子从鲁南撤退的时候，于学忠曾经要带着高级顾问温子培一起南下，可是温子培却婉言拒绝。这个聪明绝顶的鲁中汉子打定了主意，他是绝对不会跟着国民党的队伍跨过淮河一步的。遥想当年，作为中华民国舰队司令的温子培，带领民国舰队出尔反尔背叛了孙中山，几经周折最后投奔吴佩孚，北上青岛为渤海舰队司令。那时候他就明白，即使九泉之下的孙逸仙能够原谅他温子培翻手为云覆手为雨，睚眦必报的江浙人蒋介石是绝对不会原谅自己的。如果跟着于学忠南下，重庆的蒋委员长早晚会找一个机会，对自己痛下杀手，到时候后悔都来不及了。

如今在鲁北抗战的山东省教育厅长何思源和原先的澳商埠督办温子培曾经是故交，为此何思源曾经几次三番力邀温子培北上，可是一想到鲁北那块儿贫瘠之地以及何思源的那一支杂牌队伍，温子培心里禁不住打起了退堂鼓，去鲁北还不如回到家乡哩。至于日本人对自己的态度么？温子培心里虽然也有几分担心，但他的直觉告诉他，他和日本人之间没有什么深仇大恨，日本人应该不会把他怎么样的。温子培觉得自己对得起日本人，他至今还在替这些王八蛋们背着青岛镇压罢工的黑锅哩！温子培经常收听重庆的电台，也亲自到过西方和日本，了解英美和日本的工业差距，甚至于他们造船的能力……他是绝对不会把宝押到任何一方的，尤其是押到日本人这一边儿。说一千道一万，自己身上流的毕竟是华夏的血液，他要在这凤凰店子父母坟地旁的小河边，像姜子牙一样直钩垂钓，静观其变。温子培站起来，看着远处的群山，更加铁定了主意，他在给何思源的回信中一再强调：我温子培宁肯死，也绝对不会去做汉奸的。

"大不了，就一死了之，埋葬在父母的坟旁，做个千古孝子。"他喃喃地告诉妻子。

温子培的到来很快引起了日本人的注意，日本宪兵队不久就跟到了凤凰店子，把温子培"请"到了古城车站附近的河野军部。青岛的日军司令部特别关照河野，要对这个温子培以诚相待，不得无礼。不久，青岛驻军派来专人专列，把这位"贵客"带到了青岛日军司令部。青岛的日本人更是对温子培可谓招待细致，礼貌有加。

温子培抵青的次日，他就由两名西装革履的日本人和一名中文翻译陪同，一同乘车来到了八大关附近一座幽静雅致的别墅里。青岛的八大关以武胜关、嘉峪关、居庸关、山海关等八个军事隘口命名，此处红瓦绿树，别墅林立，碧海蓝天，美不胜收，可谓是寸土寸金。温子培对青岛的这块儿黄金地段相当熟悉，他能看得出这座别墅，离当年自己还是海军司令时住的那所大理石别墅并不太远。

日本人彬彬有礼地把他请上了二楼的大厅，透过这座精致别墅的巨型落地窗，可以一眼望见远处的海岬和迎风矗立着的小青岛，从前海附近传来日本海军雄壮嘹亮的军乐声："炮弹射击的响声，声音如雷般隆隆，跨过万里的波涛，发出皇国的光辉……"几艘悬挂着日本日之丸旗和日本海军军旗的军舰，此刻正耀武扬威地在青岛海面上游弋着。见到此情此景，曾经的民国海军司令禁不住感慨万千，一阵悲愤之情涌上心头，甚至有种头晕目眩的感觉，他拼命忍住面部的筋挛和在眼眶中打转儿的泪水。

"温先生，哈哈哈哈，欢迎你！"听到有人叫自己，温子培这才定了定神后缓缓地转过身。只见眼前一位西装革履、戴着金丝儿夹鼻眼镜的矮个儿中年日本人，他正满脸微笑地注视着自己。这个人真诚的微笑，使人不禁油然产生一种亲切感和信任感。日本人鞠躬后介绍自己，中文翻译官开口翻译对方日语的时候，温子培朝他摆摆手，制止他继续讲下去，温子培用流利的日语轻声告诉对方："请阁下不必翻译了，鄙人能听得懂日语。"

金丝儿夹鼻眼镜满意地一面点着头，一面微笑着对温子培说："温先生，大日本帝国现在需要的，就是像阁下这样有才干又有号召力的人出来效力，成为日中亲善的楷模。现在皇军正在各个战场取得节节胜利，实现大东亚共荣的梦想指日可待，阁下可千万不能错过这个好机会哟！"

温子培微微一笑："哈哈，阁下过奖了。您说的这个楷模恐怕不是我吧？我温子培已经年逾花甲，如今无朋无友、无子无女，是天下第一等不孝的人。即使以前有一些才干，也早已经消耗殆尽了。而且鄙人年事渐高，加上近来足疾严重，实在是担当不起此等重任啊。"

"温先生不必过谦，皇军对您的情况了如指掌。阁下曾经先后在英国和大日本帝国留学，无论是在中华民国海军，还是在胶东半岛都是德高望重的元老，现在我们非常希望和阁下合作，也愿意为您提供任何可能的帮助。"

"哈哈……"温子培拱手相谢后，不卑不亢地回答，"我温某多谢美意，不过鄙人确实已经没有从政的意愿了。请原谅鄙人爱莫能助，实在是抱歉了。"

金丝儿夹鼻眼镜好说歹说，温子培却坚辞而不为所动。日本人脸色慢慢地阴沉了下来，换了一副凶恶的面孔，恶狠狠地问："先生既然没有从政的意愿，而且又足疾严重，那你前一阵子给于学忠做高级顾问跟皇军对着干的时候，难道就不是从政？难道就没有足疾么？"

温子培竟一时语塞，不知如何应对。金丝儿夹鼻眼镜也不再理睬温子培，气呼呼地转过身，像一阵风一般拂袖而去。温子培打定了主意破罐子破摔后，反而变得满不在乎了，他长舒了一口气后，径直一屁股坐在了大厅中央的沙发里。温子培心里正在盘算着今天还能不能活着走出这所别墅，大理石楼梯上传来清脆的脚步声，接着是一阵爽朗的笑声。温子培抬头看处，却原来是多年未见的白玉龙。此刻的白玉龙虽然已是满头白发，虽然拄着文明棍儿，却显得精神矍铄。他笑容可掬地伸出手，朝温子培走了过来："多年未见，子培别来无恙啊？"

"玉龙，原来是你！"温子培连忙起身，惊喜地握住了白玉龙的手。白温二人互相打量着对方，禁不住一起感叹起时光易逝，芳华易老来。

白玉龙亲热地拉着温子培的手，一起坐了下来，白玉龙开口道："不瞒你说，我现在正在帮着日本人做事儿，他们知道你我是旧交，所以让我来劝你出山，你现在正是年富力强之时，为什么不能干一番惊天动地的事业呢？"

"玉龙啊，我实话跟你讲，我是真的已经无心从政了，你就跟他们说说，放我一马吧！"

"你就甘心做一个草民？现在连方先生这样的人都愿意出来做道尹，像您这样的，更应该挺身而出，住持一下现在的场面。"白玉龙满怀憧憬地给老友鼓劲儿，"来吧，让我们一起携手，来建设出一方王道乐土来。子培，你我都是读书人，你仔细想想，如今日本人的统治，和三百年前的满清统治到底有什么不一样？"

温子培半晌不语，许久之后才缓缓地开口："玉龙啊，其实还是不一样，道理你我也都知道，我也不想再跟你争辩这些问题了。以前在基督教堂的时候，你曾经是我的老师，我们曾有师生之谊。如今我们各奔前程，你给日本人做事，而我确实在鲁南跟着于学忠抗过日，与鲁北的何思源也有些来往。"

远处又传来大日本帝国的《军舰进行曲》，军乐声像一块巨石敲击着温子培的心口。白玉龙想说些什么，却被温子急风骤雨般的话语淹没了。

"玉龙啊，即使是战国的伍子胥与申包胥，亦有道不同而惺惺相惜之谊，吾温子培如今日暮途远，只想在凤凰店子的小河边做一个垂钓的老叟，陪秋月春风了此一生，从此再也不问世事，你能帮我温某实现这个夙愿吗？"

温子培越说越激动，忽然"扑通"一身匍匐在了大理石地板上，跪倒在白玉龙的面前。由于过分激动，温子培的身体像筛糠一样浑身上下颤动不已。

"子培，你这是干什么？"一时间白玉龙被搞得不知所措，手忙脚乱地搀扶起跪在自己面前的温子培，而此时的温子培已经泣不成声，以手拂面而不能自已。白玉龙红着脸好言相劝，温子培才逐渐恢复了平静。见温子培如此失态，白玉龙只好无奈地站了起来，踱到了临海的窗子旁，远眺着远处的海面。过了好一会儿，他才长叹了一口气后转过了头，对兀自呆坐的温子培低声说："子培啊，难得你我今天能推心置腹。每当记起在教堂的那些日子来，至今都觉得历历在目，仿佛就在昨日。眨眼间，几十年已经过去了，可谓沧海桑田，一言难尽。既然你去意已绝，我也就不好再勉强你了。也好，你今天就回古城安心垂钓吧，我白玉龙保证日本人以后不会再为难你和夫人。不过，你什么时候回心转意了，我白某随时恭候！"

48

民国三十一年的春天，古城依然春寒料峭，驻古城的日伪军却在一夜之间变得如临大敌，下令当天全城戒严。不久大批军警荷枪实弹，气势汹汹地包围了古城新民大街（即原估衣市街，民国时的中山街）上的两座教堂，河野大佐亲自带走了教堂里所有的牧师、神父、修女及其相关人员。第二天一大早，得到消息的男女老少一起挤到了冯家花园附近空荡荡的两座教堂门口，教堂外大门紧锁，教堂里也空空荡荡的，看热闹的众人都觉得十分诡异。

青石板街大槐树下聊天的人们为这些洋人的命运争论了半

天，田簸箕认为洋人一定是犯了什么得罪日本人的事儿，朱毛蛋则认为日本鬼子可能要送这些洋人回家，刘振彪的儿子刘瘸子正从他叔刘振文家出来，他觉得皇军十有八九是要枪毙了这些洋人。

"回家？可能真是要送他们回老家哩！"刘瘸子把手做成手枪的样子，朝着自己的太阳穴"噗"地开了一枪。

大伙儿正七嘴八舌地争论得不可开交的时候，张家大院延福的儿子申生和寅生从城外放羊回来，说是最近看见日本人雇了一大群乡下的佚子，正在黑虎泉南边儿的野地里没日没夜地挖一个大坑。

"万人坑！他们这是在挖万人坑哩！"

刘双喜他娘拍了一下手，恍然大悟般地喊道："俺知道了，日本人是打算把这些洋人活埋了！"

刘瘸子立刻表示赞同，田簸箕却认为小鬼子没那个胆子，朱毛蛋朝田簸箕摇了摇头，他认为日本人说得到就能干得到。刘四儿他娘急不可待地插了一句，听俺家小四儿说，一颗子弹也值不老少钱呢，把人活埋是个好主意，既省了钱，还能肥了庄稼地，听刘四儿他娘这么说，大槐树下的大伙儿纷纷点头称是。

"看来活埋是跑不掉了！"

不久，东洋人要活埋西洋人的消息就在古城城南附近传开了，田簸箕回家后鬼鬼祟祟地告诉田济世，掌柜的，听说日本人要活埋洋人哩。田济世吃了一惊，手里的茶碗儿也差点儿掉到地上，他急忙问田簸箕是从哪里的来的消息，田簸箕说是大槐树底下。田济世这才笑了笑，对田簸箕说："簸箕啊，我该咋说你呢。《荀子》有云，流言止于智者。你莫要去传播这些无稽之谈，小心招来杀身之祸。"田簸箕听罢此言，吓得出了一身细汗，连连点头称是。

保长刘振文当天下午也听到这个消息，他开心地唱了几句《武家坡》："西凉的鞑子把你斩，妻儿老小与奴一般……"傍晚时分，刘振文专门嘱咐厨房今天多加两个肉菜，吃晚饭的时候，老保长眉飞色舞地告诉儿子："听说日本人正在城外挖一座万人坑，要把这些拉过去洋人活埋哩！"

刘四儿放下筷子，将信将疑地盯着老保长，半晌才回了一句："这倒是见了鬼了，这事儿俺咋就不知道哩？！"

第二天，刘四儿在训练完毕后，好奇地问吉刚陆尉："吉刚君，听说河野大佐要在城外活埋了教堂里的那些洋人，这是真的么？"

吉刚陆尉哼了一声，既愤怒又有些不屑地对刘四儿说："这是谁说的？简直是胡扯！大日本皇军只不过是以其人之道还治其人之身而已，因为英美等国首先拘押了我们大日本帝国的侨民，作为对等报复，我们才不得不把这些间谍，统一集中在潍县的一所教堂里，为的是便于管理这些混蛋们。你的明白？"

刘四儿恨自己嘴贱，连忙像小鸡啄米一样答道："俺的明白，俺刘四儿大大的明白。不瞒您说，俺还真经常碰见基督教堂里那个老头儿，鬼鬼祟祟地在这城门口附近溜达，也许真是在搜集什么情报哩。"

听刘四儿这么说，顶呱呱叹了口气："早就该把他们狗屁洋人们抓起来了，这些人不一定个个都是间谍，但是其中间谍一定大大的有！"

当美国政府把两万多日裔公民和居留者作为潜在的间谍拘留，迁徙，并最终关押于内华达州荒凉的集中营里的时候，大日本帝国似乎并没有感到任何奇怪，他们早已经准备好了应对策略。作为对等报复，驻华日军随即在中国全境展开搜捕，将抓获的所有同盟国在华牧师、教师和商人等侨民汇集之后，统一关押进了几所被日本政府称为敌国人民生活所的集中营里。

潍县乐道院——美国长老会在潍县曾经的基督教堂和广文大学，就成为了这样一个敌国人民生活所。为了将一所教堂变成羁押"犯人"的集中营，日本人首先将乐道院周围的居民驱逐一空，将院内的树木砍伐殆尽，接着在院子的各个角落建起岗楼和碉堡，并在围墙上架设起高压电网。经过日军的精心改建，曾经幽静的乐道院和广文大学校园，一夜之间倒变成了一所阴森恐怖的集中营。

"我主耶稣！"

古城基督教堂的老布见到日本人抓他的时候，他一开始还以为自己犯了事儿，立刻被吓得魂飞魄散，可是当看到日军不止抓了他一个人后，他才放心地长舒了一口气。在前往潍县乐道院集中营的专列上，老布惊异地发现了一张张熟悉的面孔：有曾经的守善中学校长林森一家，还有原先古城天主教堂的意大利传教士老贾，甚至于他在济南大辩论时认识的两个牧师等等……这些匆忙之中踏上行程的各色人等，一开始还以为过不了几天就会被释放，等辗转到了潍县的这座集中营后，众人才觉得事态有些严重。所有的侨民，不管老人儿童，都被日本宪兵混合编队后分为六个大队，每个大队大约二三百人。每个侨民的国别都以英文字母做出识别，每人都有一个编号，编号印在臂章上，所有的人都要学会用日语报出自己的编号。老布被安排在一间只有六七平米的低矮的小房子里，小房子紧紧靠着伙房和柴房，阵阵烧木柴的烟味儿一刻不停地飘过来，呛得老布有些喘不过气来，一晚上都在不住地咳嗽。相隔不到一尺的一张床上，住的是来自美国马萨诸塞州的大学毕业生汤姆森，汤姆森在小床上睡得倒是很香甜，鼻子里发出拉风箱一样的鼾声。

每天清晨，钟声敲响后，全体侨民，不管男女老幼，都像潮水一样涌到乐道院操场集合点名，日本宪兵一刻不停地在四周踱来踱去，监视着这些形形色色的洋人。

"一尺、泥、三、西……"

接下里就是早饭时间，所谓的早饭是已经发霉的高粱米和玉米，还有用发霉的小米熬的稀饭。午餐虽然有菜和肉，但是也好不到哪里去，青菜是已经变黄的菜叶子或者变质的土豆，以及不知道囤放了多久的猪肉，主食仍然是高粱米和小米煮的粥。

盛着稀饭的大桶里飘过一股又苦又馊的味道，老布禁不住像清晨的孕妇一样，"嗷嗷"地干呕了几下。早饭吃惯了面包的汤姆森，无论如何也咽不下高粱米和小米粥，老布只好劝他："这玩意儿不好吃也得吃，否则你很快就会被饿死的。"

汤姆森推开高粱和小米粥，满不在乎地眨了眨眼睛，笑着说："算了，我可不吃这些牛粪一样的玩意儿了，我还是等着一会儿做面包师的时候，总会有办法的。"

早饭之后，宪兵队开始对这些懒惰的"敌国人民"进行劳动改造，皇军的目的是把这些奸懒食馋的寄生虫们改造成自食其力的劳动者。宪兵队长汤本宣典义正词严地告诫这群乌合之众："我们可不是请你们来打扑克或者下国际象棋的，你们其中很多人一辈子靠剥削别人为生，现在到了你们学会自食其力的时候了，只有这样，你们才是有用之人，才能造福天皇陛下的八弘一宇！"

汤本宣典和他手下宪兵费了不少功夫，根据这些洋人各自的专长，他们把这上千洋人，分门别类地安排成面包师、厨师、鞋匠、洗衣工、锅炉工、修理工、医护等等；没有专长的人，则被轮流派到不同的地方，干一些人人都能干的活儿，比如帮厨、做煤球、运煤、种菜、拾柴禾、刨地以及清扫厕所……汤姆森的工作是为日本人烤面包，因此他总能找个机会，偷偷地把面包渣扔进嘴里。汤姆森在烘箱旁边烤面包的时候，老布正在隔壁的厨房里拉风箱烧火，帮着做卷心菜，煮白菜汤或者煮土豆。和汤姆森不一样，老布对偷吃卷心菜或者煮土豆一点儿也不感兴趣，他只希望能喝上一杯热乎乎的咖啡。因为日本人每周只安排他们喝一小杯咖啡，所以老布只好在趁人不注意的时候，把用过了的咖啡渣儿捡回来，偷偷地藏在自己的床下。每当犯咖啡瘾的时候，老布才把这些像老鼠屎一样的咖啡渣儿，兑些温水或者菜汤喝，也算是聊胜于无，因为缺少咖啡提神，老布时不时地害偏头疼或者手脚麻木。

老布在被抓捕的时候还是初春，仓促之间他也没带什么衣服，如今天气转暖已经很久，他还在穿着那一身儿厚实的衣服。因为晚上失眠和咳嗽难以入睡，几个月下来，可怜的老布变得面黄肌瘦，衣衫褴褛，活像个潍县乡下要饭的叫花子，每天在厨房里无力地拉着风箱，呼啦呼啦呼啦……

面包师汤姆森的情况也好不到哪儿去，日本宪兵发现他在面包房里偷吃面包后，立刻罚他去打扫厕所，日本宪兵一脸坏笑地对汤姆森说："你这个美利坚的贼不是喜欢偷吃吗？这次看你怎么办？让你偷吃个够！"

汤姆森只好无奈地耸了耸肩，自嘲地回答："这次我再也不敢偷吃了！"

"我亲爱的美国朋友，你身上真是他妈的太臭了。"老布一见到打扫厕所回来的汤姆森，就立刻用手捂住了鼻子。

"是吗？我倒是什么都闻不到，也许我的鼻子已经完全丧失了嗅觉功能了。"

汤姆森边说边脱下上衣和裤子，换上了一件他用一块儿瑞士怀表换来的旧日本和服，顺手把上衣和裤子放在了通风的地方。汤姆森像一袋子高粱一样，重重地躺在了小床上，抱怨起了那几间肮脏的厕所来。夜晚降临了乐道院，宿舍里的臭味也逐渐淡了下来，老布和汤姆森像是两只烤熟的血虎溜子[184]，安静地躺在各自狭窄的床铺上。两人闲聊的时候，老布告诉汤姆森，自己是个古城的传教士，喜欢写作和文学，但是造诣不高。自学过一些篮球知识，曾经在球场上被撞断过两根肋骨，在古城冰面上滑冰的时候，还被磕掉过三颗门牙哩。汤姆森告诉老布自己是个历史系的退学学生，他还在马萨诸塞的时候，曾同耶和华的见证人讨论过犹大到底是上吊而死，还是肚皮破裂后伏地而死的；他曾经在大学里详细研读过彼得和《水徒行传》[185]，所以他梦想有一天能去西藏，并访问遥远的拉萨和拉达克。他还曾经在上海的广学会呆过一阵子，仔细研读过《共产主义之研究》、《基督教与共产主义》以及《泰西新史揽要》。现在的他，是个介于社会主义与无政府主义之间的阴谋论者，对这个世界的前途充满了迷惘和怀疑。

---

[184] 壁虎

[185] 耶律虎揭示了耶稣与佛教的重大秘密的书籍

"不必怀疑，我有个好消息要告诉你！"正在害偏头疼的老布听说汤姆森不是基督徒，立刻兴奋地从床上坐了起来，摇头晃脑地开始给美国人传起了福音来。他滔滔不绝地谈论着耶稣的每一件神迹，接着又天马行空地给汤姆森讲起了发生在自己身边的奇迹以及基督徒和共产党在济南的那场三天三夜的大论战。

"是么？ 我对共产主义并没有什么恶感，实话告诉你，我现在正在读的书就是关于中国共产党的……"

"什么？"

汤姆森把他偷偷带进乐道院的一本儿残缺不全的破书递给了话痨一般的老布，却原来是一本英文版的《红星照耀中国》："我在燕京大学的时候，曾经听过这个叫埃德加·斯诺[186]的家伙的课程，后来听说这个家伙去了延安，还采访了毛泽东和他的战友们。这就是他前一阵子刚出的一本书，写得非常有意思，你也应该好好读一读，我的牧师先生！"

"听说他们是一群西北的土地改革者……"

"你说得是老皇历了，他们现在已经放弃了阶级斗争，正在实施一致对外的统一战线方针。西方势力为了自己的利益，希望新诞生的这股爱国主义能拖住日本的后腿，使他无力侵犯他们的殖民地。"

"可……可他们都是一群无神论者……"

---

[186]埃德加·斯诺（Edgar Snow，1905 年 7 月 11 日－1972 年 2 月 15 日），美国记者，因其在中国革命期间著作而闻名。他被认为是第一个参访中共领导人毛泽东的西方记者。1937 年的《西行漫记》是斯诺最为著名的出版物，该书纪录了从中共创建至 1930 年期间的中国共产主义运动。

"得了吧！我的英国朋友，你宣扬的那都是些偏执的牛粪。既然你们能够天真地认为，耶稣能把水变成白兰地或者杰克丹尼尔[187]，那么你们基督徒为什么愿意去尊重一下别人的信仰呢？"

老布转过头，盯着正裹在一件女式和服里的美国人，汤姆森正伸手在捉胸毛里的跳蚤，随着"叭叭"的声响，跳蚤变成了一个个小血点儿，汤姆森依旧在喋喋不休地数落着那些传教士和神父："我讨厌那些喋喋不休的布道，他们只会扼杀思想，蛊惑人心，制造出一批又一批的伪君子……"

夜渐渐深了，布坎南牧师不仅没有说服美国人，反倒被汤姆森绕得稀里糊涂，甚至产生了一种他们此时此刻的处境完全是咎由自取的感觉。经过一番口干舌燥的争论后，精疲力竭的老布斜躺在小床上，不仅脑袋疼痛，右侧的大牙也忽然之间也疼了起来，一阵阵的疼痛把老布搞得更加心烦意乱了。

看到牧师垂头丧气的狼狈相，汤姆森倒想安慰他几句，就把今天听来的小道消息说给老布听："亲爱的牧师，我倒是有个真正的好消息要告诉你，听说日本人最近在印度支那遇到了不小的麻烦。"

"麻烦？"

"日本前些日子占领了印支北部，可是他们的这些行动激怒了西方各国，现在美国、英国与荷兰正准备对'日本的侵略行为'实施石油禁运与经济制裁。在我看来，日本现在就像是一个失去理智的内华达赌徒，他会不停地下注，直到输得精光为止！"

---

[187] 田纳西州威士忌品牌

老布抬头看着低矮的屋顶，过了好一会儿，才翻了个身儿，慢悠悠地说："也许你说得有些歪道理，不过当务之急是如何不饿肚子，能够活着看到日本人裤衩输光的那一天，愿上帝保佑女王！"

<h1 style="text-align:center">49</h1>

重庆的田美丽收到了克文从南方寄来的几封信，里面提到了一片片遮天蔽日的油树林、高脚的竹子茅屋、以及一眼望不到边的香蕉林和芭蕉林，她在给克文的回信里提到了日军在重庆的"疲劳轰炸"战术、田谷雨夫妻的死里逃生以及胡孝连的死讯。在她寄出了最后一封信后，却很久也没有再收到对方的来信，田美丽的心不禁提了起来，开始担心对方会不会有个三长两短，没过多久，倒有些茶饭不思，身体也日渐消瘦了起来。直到过了好几个月后又收到了克文的回信，女人那刻提着的心才重新放了下来。

在那一段时间，克文和长安的部队遭遇了凶猛的印度支那日军，以及大山里的黑蚊子、蚂蟥和瘟疫……经过几场血战之后，他们的部队因为损失惨重，只好撤到了滇东附近的文山休整，克文和长安则双双进入了野战医院。

与附近的军营一样，这座野战医院也是依着绵延的群山而建，周围是参天的翠木和缓缓流动的河水，军营不远处是一所简易训练场，那里是国民革命军第八军的练兵场。躺在野战医院的行军床上的克文透过野战医院的窗口，能看见早晨的浓雾环绕着周围的群山，只有过了中午而且是天晴的时候，连绵的群山才会露出她们的本来面目。如果赶上阴雨天气，绵延得群山就会变成了一位羞涩而神秘的女神，紧紧地把自己裹在缭绕的云雾之中。练兵场上传来的一阵阵口号声，偶尔也会有一阵阵苗族的情歌飘进病房里，"看到小妹穿身红，哥哥见了多心疼……，"听到这不加掩饰的歌声，克文禁不住咧开嘴想笑，这一笑不要紧，引起的是额头上的一阵剧痛。

"放心吧，伤口愈合后，不会留下伤疤的！"这个广东口音的年轻护士一面细声细语地安慰着克文，一面把他脸上裹着的纱布一层层轻轻揭开。

"没事儿，这叫大难不死，必有后福！"克文闭着眼睛回答，他坚信这一片儿没有把他脑袋削掉的炮弹皮儿一定会给他带来好运气。

这位叫陈江宁的女护士，给克文换完了药后，轻轻地推门走了出去。这时候，卫兵富康正好端着一个军用脸盆儿，走进了病房，他把脸盆儿放在桌子上，一股中药和鸡汤混合的味道从盆儿里飘了出来。

"中药炖鸡？"

"差不多就是中药炖鸡，本地的少数民族把这叫酸汤岜夯鸡，是用小公鸡加上当地野菜和中药做成的酸汤底料后，慢火炖出来的，据说能大补哩。"滇西出身的富康如数家珍一般，介绍着盆子里这只只有巴掌大小的土鸡。

"富康，你去把你秦大哥叫来，咱们一起消灭了这锅炖鸡。"

秦长安此刻正在另一间病房里，热火朝天地跟陈江宁聊着天儿，女护士手里拿着一张皮影儿，脸红得就像窗外的南国红豆一般。在他生命以后的日子里，秦长安常常会感谢上帝让他在南国生的这场疟疾。几乎已经死过去的他，奇迹般地从死亡线上又爬了回来。当他睁开眼睛的时候，眼前站着一位个子不高，皮肤白皙的护士。女护士在那一刻也正打量着这位年轻的军官，原来北方的男人长得如此高大，又如此清秀。看到秦长安那双重新注入了活力的眼睛，她的心底禁不住涌上了一丝弗罗伦斯·南丁格尔[188]般的骄傲。

"护士，谢谢你救了我！"

缅甸华侨的女儿用温柔拗口的粤语告诉他："是美国人的药品救了你，你现在身体还很虚弱，需要好好休息！"

痊愈后的秦长安，不知道从哪儿捣鼓来了一块儿野兽皮。他聚精会神，目不转睛地花了好几天的功夫，终于做成了一个皮影儿，皮影儿个子不高，脸庞白皙，身穿白衣，头戴白帽，活脱脱的一副野战医院护士的模样儿。安装完毕后，秦长安恭恭敬敬地在皮影儿上写下，"陈江宁女士惠存"几个字儿。秦长安把皮影儿送给护士之前，还专门扯着嗓子，唱了一段他自己瞎编的唱腔，缅甸华侨的女儿被他逗得笑成了一团，接过秦长安这个礼物的时候，护士的脸红了，红得就像窗外树下那一串儿不知名的南国红豆一般。

时间过得飞快，康复后的克文和长安先后回到了特务营。一回到营地，他们就发现营里又多出了很多生面孔来。这些瘦骨嶙峋的云贵兵，有些是各师部外出抓来的壮丁，有些是因为听说军营里能吃饱肚子来自愿投军的。可是等新兵们真正进了国军的军营，才发现士兵们的待遇，实在是寒酸得到了无以复加的地步。即使是像第八军这样的中央军嫡系，士兵的军服仍

---

[188] 出生于意大利的英国护士，近代护理事业的创始人。

然是由粗麻布编织而成的，做工之粗糙，几乎和军用麻袋没有什么区别。第八军的士兵们时常吃不饱饭，天天吃的是盐水煮青菜，作为军粮的大米里也掺满了稗子、沙子甚至老鼠屎。在这种条件下，军营里每天都出现大量逃兵。

比恶劣的条件和逃兵不断更严峻的，是国军日益低落的士气和士兵们普遍存在的厌战情绪。为了鼓励士气，副军长李弥[189]可谓是煞费苦心。他拨出专款，雇了几个本地开山造路的石匠，在军营训练场附近的山脚下搭起了脚手架，石匠们叮叮当当，花了好几个星期的时间，终于在石壁上凿出了四个巨大的字儿来，涂了红漆后的石刻字"还我河山"赫然璧上。看到摩崖石刻上的这四个大字，克文不禁想起了小时候在海岱书院读过的诗词，山一程，水一程，身向榆关那畔行，夜深千帐灯。风一更，雪一更，聒碎乡心梦不成，故园无此声；一想到海岱书院，克文不禁想起了天津的祁怀远以及远在辽北的金无忧来。

康德十年[190]的冬天，辽北平原上一片白雪皑皑，伪满军中校营长金家勇率领一支骑兵，踏着的茫茫积雪前去袭击附近的一支抗联部队。没想队伍在森林里扑了一个空，回来的时候又迷了路，金家勇觉得有些懊丧。不过在雪地里找路的时候，伪满军的几名战士歪打正着，他们在一个窝棚发现了一名生病的抗联战士。这名战士衣衫褴褛，头发胡子都很长，就像是这白山黑水里与世隔绝的一个野人。正憋了一肚子火气的金家勇走进窝棚，看到俘虏这幅狼狈相，禁不住嘲弄地说："你看你这

---

[189] 李弥（1902 年－1973 年 3 月 10 日），字炳仁，号文卿，云南腾冲人，1944 年，奔赴滇西打响松山战役，因功升任国民革命军第八军军长

[190] 即 1943 年

副人不人鬼不鬼的窝囊样，真不知道你们到底为了什么？你知不知道，大日本皇军已经占领了新加坡和香港了……"

听完金家勇这一番话，野人突然放声大笑了起来，笑声在窝棚里回荡着，金家勇马上敲着桌子制止他："混蛋！你笑什么？你难道不知道你已经死到临头了吗？"

野人止住了笑声，哼了一声："长官，日本人就像是秋后的蚂蚱，蹦跶不了几天了。你要是执迷不悟继续和他们搞在一起，要不了多长就会受到人民的审判！"

金家勇觉得有些意外，大声呵斥道，"混账东西，你是脑子烧糊涂了吧？"

这人却摆出一副死猪不怕开水烫的模样来："长官，你难道不知道，他们口口声声日满一德一心，实际日本人却不跟咱们一条心呢。如果真是像他们说的那样，为什么现在日本人吃大米，而中国人就只配吃高粱呢？你们整天供着天照大神做你们的祖宗，那又是个什么道理？哼，日本鬼子就是占领了新加坡和香港，又与你我何干？"

金家勇一时竟然语塞，不知如何应对，心里却暗暗佩服此人是条汉子，不忍心把这个硬汉带回去再受折磨。于是，他一言不发，掏出烟袋点上火后，坐在一把破椅子上，吧嗒吧嗒抽了起来。烟袋抽得差不多的时候，他才起身对护兵喊道："来人啊，把他放了吧！这个流浪汉是个疯子，留着他也是个累赘。"

金家勇冒着风雪回到家里的时候，大伙儿已经烫好了酒菜在等他回来了。金家勇脱下大衣，摘下狗皮帽子后，也一屁股坐在了火炕上。

445

看金家勇一脸无精打采的样子，富贵安担心地问儿子："老三，你今儿这是怎么了？"

"不会是出去着凉了吧？"大哥金家忠也有些不安地问。

"我没什么，就是心里憋屈得慌。"金家勇喝了口热茶，一五一十地把今天山里的经历讲了一遍，"说句实话，自打从青岛纱场开始，我就觉得跟日本人打交道很难。要不是当初咱爹一门心思地要出关，我现在也不会受这份儿窝囊气了！

金无忧这时候低声提醒父亲："日本人现在的日子不好过，关东军也有点儿失心疯的前兆，您还是要小心一点儿。我听说去年夏天，铁岭市长徐渐九就是因为在署期教员讲习会上发了几句牢骚，结果没出几天就被日本宪兵秘密处决了。"

"先吃饭吧，饭菜都要凉了！"富贵安招呼着大伙儿，自己手里的筷子却一动未动，倒是有些失神落魄："自从家孝告诉我日本人在古城杀了奉先和玉麟，我就已经恨透了这些日本人了。靠他们复辟满清，无异于与虎谋皮，饮鸩止渴。不过，话又说回来，咱们满人射出去的箭，还能回头吗？"

金家忠安慰父亲："现在满洲还算安全，据说关东军宁肯放弃本土，也不会丢下满洲不管的。"

听完大哥这番宽心话，金家勇却摇了摇头，接着告诉众人："最近关东军的几个主力师团都被抽调太平洋前线去了，中、美、英三国前一阵子刚刚发表了《开罗宣言》，日本的好日子恐怕快要到头了，关东军早晚会跟老毛子在满洲再掐起来的……"

50

　　悲观的数学教授田立人认为中国早已到了山穷水尽的地步，不但全国海关尽失，而且也失去了大部分工厂的制造能力。国民政府税入减少了一大半儿，而战争开销却增加了十倍不止。于是国民政府不得不饮鸩止渴，滥印钞票应急，结果又造成物价飞涨，致使战时经济濒临崩溃，老百姓生活在水深火热之中，就连前线官兵也严重地缺乏补给。战争似乎要把这个苦难深重的民族，一步一步地推向万劫不复的悲惨境地，至民国三十三年，抗战已经进入了最残酷的阶段，此时山东境内已经完全没有国民党中央军了，山东省政府也已经撤到了安徽阜阳。

　　情报专家田谷雨和姜雪寒却不认同父亲的这种观点，大量的情报显示，日本虽然在表面上各个战场节节胜利，但实际上日本大本营军队和关东军的使用已经到达了极限，他们的物资供应，甚至于制造子弹用的金属铜，都出现了极度贫乏，以战养战的战略已经难以为继。而此刻，那些各个战场的勇士们，正在凭借顽强的意志抵抗着，而他们的每一次战斗，都在消耗着帝国捉襟见肘的有生力量。随着盟军在欧洲和太平洋战场的节节胜利，胜利的天平已在不知不觉中，悄悄地发生了倾斜。

　　有道是"善有善报，恶有恶报"，民国三十三年春天，日本人遭受报应的日子已经悄悄来临了。在中华民国西南边陲翠绿幽静的群山之中，在国民政府军事委员会调查统计局(军统局)的云南办公室里，通过潮湿空气中那滴滴答答的电报声，田谷雨和姜雪寒开始从周围的空气中捕获起一个又一个振奋人心的好消息。

　　"滇西缅北战役就要开始了。"

　　"第八军要参加滇西会战了！"

民国三十三年春夏之交，侵华日军尽管犹做困兽之斗，可已成强弩之末，败相已现。日本陆军大本营向印度支那附近的驻军做出了十分不乐观的形式估计，接到命令的滇西缅北的日军，不仅修筑起了坚不可摧的工事，同时也做好了在腾越山区最后"玉碎"的心理准备。

在军统局里忙碌的田谷雨和姜雪寒，早已按捺不住心头的激动，他们开始在家中争论着最后胜利日子，盼望这那一天早日降临。姜雪寒这个坚强的山东女人，一想到死去的胡约翰和在前线生死未卜的张克文，眼中禁不住流下了眼泪来。

松山群峰迭嶂，地险势高，易守难攻，自前年起日军占据松山后，他们的工兵部队和大批泰缅民工花费了近两年时间，修筑了这道坚固的堡垒式工事，扼守于怒江两岸。如果国军不能够尽快地攻取松山，则日军进可威胁陪都重庆，退可以拒守越缅北部，切断我战略物资的补给。最先进攻松山的新第二十八师屡屡受挫，初战的半个月里全师伤亡竟然高达三千多人，士兵见状后逃亡近半，剩余的士兵军心涣散，对日军松山阵地一筹莫展。从七月初开始，半美式装备的第八军取代新第二十八师继续进攻松山，第八军在七月间对日军阵地的攻击连连受挫后，军部调整了战术，放弃了之前的强攻，而是命令各师部从外围着手，一个地堡接一个地堡地逐个摧毁。第八军开始像蜗牛一样，缓慢地向山头地堡群中心依次推进。

夜幕降临到怒江两岸，国军停止了对松山高地的进攻，高地上日军的阵地也渐渐哑了下来。雨季来临的松山，夜里会突然下起瓢泼大雨，雨水愤怒地冲刷着山脊四处的污血，和着泥浆和石块儿，一起流进了战壕里。战壕里的国军士兵们只好挤在一起，躲在一块儿吊在树枝上的雨布下，雨水时疾时缓地滴落在雨布上，士兵们在滴滴答答的催眠声中，半睡半醒地打着盹，就像是一群挤在一起的落汤鸡。大雨逐渐停了下来，天空如洗，月亮也爬上了树梢儿。在升腾弥漫的水汽里，夹杂着一种难以描述的臭味儿，那是四周正在腐烂的尸体的味道。中国士兵们早已经放弃了把死去的袍泽拖回战壕的尝试，因为他们知道，也许此刻在黑暗的碉堡射孔处，日军的狙击手们正一眼不眨地盯着他们呢。早晨太阳出来后，士兵们全身淋透的军衣在太阳的曝晒下慢慢地被体温烘干了，中午时分，战壕里又变得炎热无比。在如同地狱般的阵地上，绝大多数的第八军士兵，自从七月初进入松山阵地后，就没有吃不上一顿正常的饭。大量的士兵都染上了可怕的疟疾，得了疟疾的士兵一旦发作起来，会突然倒在战壕里打摆子打个不停。尽管如此，这些士兵已经足够幸运了，如果不是因为今年云南的雨季较短，美军得以顺利地空投他们急需的药品和补给，第八军的情况也许会更加糟糕。

八月上旬的松山，太阳刚刚升起，阵地上就变得燥热异常。走在山路上的克文和长安，此刻能清晰地看到高黎贡山的主峰松山，那就是他们军要夺取的据点儿。特务营的士兵们正慢吞吞地在地上做着标记，一架日军的飞机猛然从头顶上掠过，低得像是要划过头顶上的树枝，日机一面飞，一面用机枪扫射着，"嗒嗒嗒嗒……嗒嗒嗒嗒……"

子弹在地上扫起一阵尘土，树叶也哗哗地落了下来。连里的一名新兵朝着飞机举起了手中的枪，克文喊道："别开枪，你会招来日机扫射！"

日军的飞机飞走后不久，几架美国运输机慢悠悠地飞到了头顶上。飞机定好位置后，天空绽放出一朵朵降落伞开出的花朵，美军开始空投第八军急需的饼干、罐头、药品等补给物品。克文和长安指挥着士兵们，四处搜集起这些珍贵的物资，同时也祈祷明天最好也是个大晴天。美国运输机在实施空投的时候，第八十二师和一零三师的几个连正在发起对松山的日军阵地，发起猛烈的佯攻，工兵营则在美国工程师的指导下，沿着松山的斜上方朝着日军主阵地的下方开挖地道。

此刻的第八军军部里乌烟瘴气，滴滴答答的电报声和带着川音的争吵声此起彼伏。满脸倦意的副军长李弥，正在同八十二师师长王白衣、工兵营的营长、美军顾问以及英语翻译，为该用多少 TNT 炸药吵得不可开交。这时候，机要科又一次送来了重庆催问战况的电文，李弥烦躁地朝女机要员挥了挥手，如果电报的内容和昨天差不多，就不用再念了，放在他妈的桌子上就行了！

个子矮小的工兵营的营长，以前是个在贵州大山里开矿的矿工，现在他正像一头倔强的驴子一样，与美军顾问在地道中应该放置多少吨 TNT 的问题上，产生了巨大的分歧。倔强的贵州驴子认为 TNT 烈性炸药应该用得更多一些："我们中国人讲究韩信点兵，多多益善！"戴着牛逼帽[191]的美军顾问，一面像只反刍的黄牛一样嚼着口香糖，一面傲慢地让翻译告诉这个无知的贵州乡巴佬："我的中国朋友，TNT 烈性炸药并不是长在庄稼地里的爱达荷土豆，想有多少就有多少。我们美国空军要辛辛苦苦地把这些该死的烈性炸药，一箱一箱地从加拿大运到这里，那可不是件容易的事儿。那些勇敢的杂种们，是在注射了该死的安非他命之后，才能够连续飞行的。"

"如果这次爆破不能全部摧毁山顶的日军，我们的地面部队又会重蹈覆辙，在日军的暗堡前像稻草一样一个接一个倒下！"工兵营营长愤愤地抗议道。

---

[191]贝雷帽

450

"好了好了，还是听我们美国朋友的吧……"副军长李弥打起了圆场。

山洞 TNT 爆破实施之后，敌主峰碉堡虽然被冲起数米，残留的日军却在各个子堡中负隅顽抗，松山的战斗却依然没有结束。九月初在陆军大本营的严令下，第八军十战松山，进入肃清松山之敌的最后阶段，副军长李弥亲自出马，指挥手下直属部队和已经准备"玉碎"的残余日军顽敌展开了拉锯战，克文和长安的特务营也随第八军军部进入了夺取大寨、黄家水井、黄土坡、马鹿塘和收复松山主峰的最后战斗中。已经山穷水尽的日军，不仅用死去士兵的尸体加固自己的战壕，已经断粮多日的日本士兵，竟然开始以烧烤刚刚死去士兵的大腿为食。特务营的战士们一个接一个倒在了阵地上，国军士兵们不停地用机枪和火焰喷射器，攻击着已经失去了理智却仍然困兽犹斗的日军残部……

九月七日中午过后，松山上的枪炮声渐渐平息了下来，硝烟也开始逐渐散去。从山顶往下望去，沿途到处是保持着临死姿态的国军将士尸体，以及残缺的人头、手脚、大腿等。官兵在尸体堆中收集起枪支，寻找活着的人和死去的战友，状况之惨烈令人目不忍睹。副军长李弥一脸疲惫，两眼泛红，像一只急红了眼的饿狼一般，身上的黄色呢子军服早已经碎得一条儿一条儿了，脚上的靴子也已经多处开绽，他手里拎着一只冲锋枪，在几个卫兵的护送下，踉踉跄跄地朝山脚下走去，一面走，一面嘴里嘀咕着："你们这些龟儿子们，今天给老子长脸了，老子回去一定给你们请功，给你们这些龟儿子请功！"

浑身沾满了尘土和污血的克文、被打掉了军帽的长安和打着赤脚的卫兵富康，像石雕一样坐在一棵炸断了的松树下，一面千疮百孔灰秃秃的青天白日旗像招魂幡一样，斜斜地插在一段儿还冒着硝烟的树枝里。克文掏出一盒香烟来，哆嗦了半天才抽出一根儿烟卷儿，顺手扔给了富康。

"营长，再给我一支吧。"

张克文没说话，悉悉索索地又抽出两根儿来扔给他。

"克文，给我也来一支吧……"

见从不抽烟的秦长安伸手要香烟，克文先是怔了怔，接着扔过去一支。大家一个个点燃香烟后，默默地低头吸了起来。克文这时才惊异地发现，在自己脚下的石缝里，竟然有一小丛不知名的灌木，正瞧瞧地从黄土地里探出头来。秦长安被烟卷儿呛得咳嗽了好几声，他朝四周看了一眼，战友们要么静静地坐在地上发呆，要么就只是坐着闷头抽烟，没有一个人说句话。那是一个漫长的下午，当黄昏的太阳缓缓地落进山坳时，松山远近的山岗都被照得一片金黄，天边出现了大片的火烧云，西面残阳如血。

东北的雨季即将来临，远在铁岭的富贵安一家人，也在这个使人心烦的季节里，变成了热锅上的一团蚂蚁。富贵安打量着眼前的一家老小：男人们都穿上了破破烂烂的衣服，女人们也都剪短了头发，把自己弄成一副邋邋遢遢的埋汰[192]样儿。金无忧挺着大肚子的女人还特意在脸上涂了些锅灰，孩子们个个吓得面面相觑，不知所措，除了富贵安和老通宝之外，所有的人都已经做好了进关的准备。富贵安强装镇静，给大伙儿打着气："大家都不要怕！记住，你们要尽量呆在一起。如果走散了，或者碰上了土匪，也没有关系，大不了就再回来，这里

---

[192] 满语，脏

不是还有我和老通宝么？

女人们想到这一去路途遥远，凶险未卜，眼泪已经先流了下来，男人们个个一副心事重重的样子，金家忠还想着劝父亲最后一次，于是嗫嚅道："爹，您和通宝大叔还是跟着大伙儿一块儿走吧，我们实在是不放心你俩。"

富贵安摇了摇头："你们放心走吧，我腿脚不好，走不动了，也不想死在路上做个无名鬼魂。我现在就想呆在这儿，死也要死在自己的家里！"

老通宝点了点头，安慰大伙儿，"没事儿，我们俩一辈子在一起，什么风浪没见过。现在都这把年纪了，就更没有什么好担心的了。你们趁着早快点儿赶路吧，大雨很快就要来了！"

听老人们这么说，大家都低下头伤心不语。满载着大人、小孩儿和箱柜细软的大车，晃晃悠悠地朝着关内方向驶去。坐在车上的金无忧回头望去，狂风吹乱了富贵安和老通宝的衣襟，两位老人颤巍巍地向远去的亲人挥着手，浊泪不知不觉间从眼角的皱纹里流了下来，远处的地平线上乌云密布，雷声滚滚，一场暴风雨正在逼近辽北平原。

一场大雨袭击了青岛，雨过天晴之后，阳光灿烂，天气也变得异常闷热了。有道是天下没有不散的宴席，铃木会社的每个工人们心里都清楚，今天到了互相道别的时刻了，会社的中国员工们明天就要各自返回自己的家乡，驻青岛的日侨也将陆续被美国人遣返，回到他们在日本的家乡。铃木夫妇对着铃木皮革株式会社的每一位员工，都深深地鞠躬致谢。

"这些年来大家辛苦了！"

"大家真的辛苦了！"

大家也以同样的礼节回应着铃木夫妇，日本也许已经战败了，但是感情却是非常个人的东西，大部分员工并没有对铃木夫妻产生敌意或者是憎恶。

"谢谢铃木先生和夫人，阿里嘎多够杂一马丝！[193]"

"大家一路上多保重吧。"

一想起要回青石板街，延禄的心里反倒升起一种抵触的情绪来，他觉得在青岛的这几年，反而是他一生中最宁静和放松的一段儿时光，能够远离喧嚣，甚至于远离自己的亲人，皮革作坊的工作也是他所喜欢的，他还真从铃木那里学会了不少新东西，而他和铃木先生建立的友谊，也像一壶酽茶一样，经久而醇香。

"张桑，周末随便过来坐坐吧？带上金叶儿和孩子们。"铃木先生走过来，专门叮嘱显得失神落魄的延禄。

"听说金叶儿怀孕了，这真是个好消息，恭喜您又要做父亲了。"铃木夫人欢快地向延禄祝贺着。

"谢谢你！是的，她的确又怀孕了。"延禄鞠躬后回答。

"我想金叶儿希望这次是个男孩儿，对吧？"日本女人笑着问金叶儿。

"是的，当然是的。"金叶儿红着脸回答。

---

[193] 日语 多谢

"如果是个男孩儿，名字起好了吗？"

"这次要是碰巧是个男孩儿，小名儿也许会叫张六。"

铃木夫人那天准备了烧鱼、各种酱菜和几种不同口味的寿司，铃木先生也专门花了半天的时间，练习自己刚刚学会的茶道。金叶儿用慢火炖了一盆儿小羊羔肉，最后又加了些土豆块和胡萝卜，金叶儿第一次带这道菜的时候就告诉日本人一家，这道菜叫"羊肉乱炖"，名字是她自己乱起的。铃木一家包括太郎在内，都很喜欢这道"羊肉乱炖"，说是有点儿像关东的料理。

"不，这不是关东的料理，这是东关的料理！"延禄开玩笑地回答。

"哦，关东……东关……，哦……哈哈哈……"

两个男人坐下后，开始连比划带汉语如同日语乱炖一般，边聊着天，边喝着铃木做的煎茶。实在听不懂的时候，延禄和铃木就会在纸上写几个汉字或者画一副画儿。太郎和张家的两个女儿一起在榻榻米旁忙着堆积木的时候，铃木夫人送给金叶儿一本精美的摄影集。金叶儿打开后，发现那是一本儿黑白照片的《青岛影集》，里面记录了青岛的每一个景点儿，每一座建筑，甚至每一条大大小小的街道。

"这样你就可以记住青岛了。"日本女人一面解释着，一面把手做成相机状，金叶儿会意地点了点头。

金叶儿送给铃木夫人一块儿绣花织锦，织锦的图案是用五色锦线织成的一朵鲜花，花儿盛开，花瓣儿肥厚，一根根五色的花蕊，从花心伸出来后，在花瓣处打了一个弯儿。几只五色蝴蝶，正在花丛中欢快地飞舞，花丛之上的天空中，挂着一轮金黄色的月亮，月亮圆得令人心醉。

"这叫花好月圆。"金叶儿指着织锦上的花丛和月亮，轻声告诉铃木夫人。

铃木夫人立刻心领神会地比划着："花……月……，叟戴丝内，叟戴丝内[194]。"

男人们聊天聊到了酣处，声音变得越来越小了起来，最后变成了在纸上书写，延禄认认真真地用铅笔在白纸上写下"何日君再来？看到纸上的字儿，铃木先生的眼圈儿不禁红了，他接着在白纸上写下："手纸を书い请！（请阁下给我写信）。"金叶儿和铃木夫人聊天聊到了酣处，声音也变得越来越小起来，并不时地发出吃吃的笑声，铃木夫人还把耳朵贴到金叶儿的肚子上，接着又吃吃地笑了起来。

海潮随着夜色，开始在四处弥漫，闷热的天气，使得这座海滨城市的湿度近乎达到了饱和，榻榻米好像因为潮湿而变得湿漉漉的，金叶儿的眼睛也变得有些潮湿。从附近的工厂宿舍里传来一阵时断时续的歌声，金叶儿听出了那是李香兰唱过的一首歌曲，歌声像即将落地的樱花一样婉转而凄切："好花不常开，好景不常在；愁堆解笑眉，泪洒相思带；今宵离别后，何日君再来；喝完了这杯，请进点小菜；人生难得几回醉，不欢更何待(来来来 喝完这杯再说吧)；今宵离别后，何日君再来……"

51

---

[194] 日语，是啊，说的对啊

"嗡嗡……嗡嗡……"

一九四五年八月十七日上午九点三十分左右，从潍县乐道院集中营的天空中，传来一阵阵震耳欲聋的轰鸣声。被牙疼折磨一宿未眠的老布，睁开了满是血丝的眼睛，一眼看到裹在那件破烂和服里的汤姆森正像一只受惊的兔子一样，因为焦急和紧张正竖起了耳朵。

"上帝啊，这到底是怎么回事儿？"老布急切地问，"你能听出点儿什么来吗？"

"这是飞机的声音！如果不是要对我们下最后的毒手的话……"

看到老布吃惊的样子，汤姆森耸了耸肩后安慰他："但愿是来救我们脱离虎口的，说不定是盟军的飞机呢。"

"我该赶紧向上帝祈祷，祈祷要么赶快把我杀死，要么快点儿放我出去，我需要一个诚实可靠的牙医！"肿着右面半边儿脸的老布嘴里嘟囔着。

外面传来的轰鸣声越来越大，仿佛就从屋顶上传来，楼道里传来了人群跑动的声音，接着是七嘴八舌的惊叫。

"盟军的飞机！"

"美国人，是美国人的飞机！"

老布和汤姆森手拉着手，沿着漆黑的楼道，推开已经没有锁的监舍门，迈步走到了乐道院中间的院子里，院子里已经挤满了人群，他们一个个衣衫褴褛，蓬头垢面，身体饿瘪，有的还打着赤脚，活像是一群乡下要饭的叫花子。一股刺眼的阳光使得传教士的眼睛有种被灼伤的感觉，老布抬头顺着发动机的轰鸣声望去，只见在蔚蓝的天空中，一架巨型的B—24巨型轰炸机正在乐道院上空来回地盘旋着，机身上的星条旗依稀可见。美国伞兵跳出了机舱后，打开了降落伞，伞兵们像是一朵朵白色的花朵，绽放在天空中。

"是他妈的美国佬！"此刻潍县集中营所有被关押的人们都疯狂了，他们跳跃着，高声叫喊着，欢呼着……老布也已经热泪盈眶。几个青年人像狸猫一样，迅速爬上乐道院钟楼的楼顶，将一面事先准备好的美国国旗，扯住四角后，平着展开来，青砖台阶旁边的几个美国小孩儿开始低声哼唱起了《美国国歌》。集中营的日本宪兵和看守们，看到从天而降的美国大兵，一时间竟目瞪口呆，不知所措。老布在不知不觉中，被拥挤的人群簇拥着向大门外涌去，有人高声呼喊着向前狂奔，有的摔倒在地后匍匐爬行，有人捶地痛哭了起来……跑在前面的人们一拥而上，将空降在田野上的美国伞兵高高举起，欢呼着抬到了集中营门外的高地上。大家争着把伞兵的降落伞撕成碎块后留作纪念，汤姆森把抢到的两小块儿星条旗分给了老布一块儿："老伙计，就要回家了。听说盟军要先把大伙儿送到青岛，然后从那儿送我们回国！"

老布接过撕碎了的小块儿星条旗布料："我不打算急着离开，我还想回古城一趟，去看看我的那所教堂。"

"随你的便，我一定会常常记起你这个英国佬的。"

"我也会常常想起你的，我亲爱的汤姆森。"

美国人忙着在潍县救援乐道院里被关押的一千多外国人的

时候，吉刚陆尉正跟在朱旺财身后，两人像两只丧家犬一样，在古城火车站的每一个角落里，寻找着那个叫玉淑的女人：塘子胡同里没有，日本戏院里早已空空如也，几大日本商号里也已经门可罗雀……在空荡荡的日本兵营里，他们看见了山本中队长。山本正坐在兵营旁的水泥台阶上，像斗败了的公鸡一样的山本正在暗自神伤，他哭红了眼睛，连鼻头也哭得红红的。吉刚陆尉看见山本，就像是见到了救星一样，连忙朝他跑了过去，气喘吁吁地问："山本君，塘子胡同里的那些女人到哪里去了？"

山本中队长一听道吉刚陆尉问那些随军女人，禁不住勃然大怒，自己正在为帝国的失败而伤心欲绝，而吉刚陆尉却在此刻想起了他家乡的老婆来。愤怒的山本中队长飞起一脚，一个飞踹把吉刚陆尉踢翻在地，指着吉刚破口大骂了起来："巴嘎丫鹿，你这个鹿儿岛的畜生，也不看看现在是什么时候了？"

倒霉的吉刚陆尉翻身从地上爬起来，一面拍着身上的尘土，一面指着朱旺财，不是我，是他要找那个叫淑子的女人。山本中队长这才垂头丧气地告诉朱旺财，塘子胡同那群女人，现在正在城西一家小旅馆里躲着呢。

吉刚陆尉和朱旺财费了九牛二虎之力，才终于在城西阳河转弯处的一个僻静之处，找到了那家青砖门楼的小旅馆。朱旺财上前说明来意后，看门的独眼龙老头儿将信将疑，慢腾腾地摸索出一串儿钥匙去开门儿，独眼龙一面开门，一面嘴里不干不净地骂着："就是几个日本臭婊子而已，白送给俺老汉，俺都嫌她们身子脏哩！"

心里正烦的朱旺财一听老头儿叫她们臭婊子，怒不可遏，岔开五指，来回扇了老头儿几个大耳刮子。

"老子叫你他娘的嘴贱，叫你嘴贱！"

不知所措的独眼龙被扇得眼冒金星儿，吓得捂着脸连声求饶："大爷，别打了！俺错了，俺嘴贱！

听到外面的争吵和打斗声，藏在屋里的女人被吓得缩在一起发抖。朱旺财锤[195]完了老头儿，大摇大摆走进了屋里，扫了一眼正缩成一团的女人们，立刻认出了已经剪成男人头，脸上也涂了锅灰的玉淑。

"玉淑姑娘！"朱旺财朝她喊道，"你不记得俺了，俺是朱旺财。"

姑娘一脸狐疑，盯着这个愣头愣脑的男人。皱起眉想了半天，终于想起了那个春天的夜晚，和趴在自己身上哭泣的副队长来。女人于是怯生生地问道："是你……你……到这儿……来干什么？"

朱旺财低下头不语，半天才扭扭捏捏地抬起头来。

"俺就是想来问一问你……要是你不想回东北的话……嘿嘿……干脆就留在俺们古城算了。"

姑娘摇了摇头："……不，……我一定……要回东北去。"

吉刚陆尉不知什么时候，已经晃晃悠悠地走了进来。他见玉淑连连摇头，就用日语磕磕绊绊地劝女人留下来，玉淑扭过头，看着这个长相怪里怪气的日本人。

"我要是你，我一定不会错过和……和这个男人……在一起。其实……他已经找你找了好几天了。"

---

[195] 揍，打

站在旁边的朱旺财听不懂这个日本鬼子在叽里咕噜说什么，不过他感觉吉刚像是在说，自己曾经救过他的小命儿哩。他看到玉淑姑娘紧张的脸色渐渐地缓和了下来，接着开始慢吞吞地收拾自己的包裹，然后挎上蓝布包裹，朝着自己慢慢地走过来："那我就赌一把，跟你走吧。"

在那一刻，朱旺财心里就像是打翻了蜜罐儿，他觉得自己的三魂七魄都出了窍了。魂游体外的朱旺财跟着玉淑，木然地朝屋外走去，走着走着，他忽然想起了什么似地问女人："俺还一直不知道你姓什么？"

"我姓柳，柳玉淑。"

走出门外，一道夕阳照在了青砖门楼上，也照在朱旺财和玉淑的脸上。朱旺财觉得他和吉刚陆尉谁也不欠谁了，他转过身，等着低头奄拉甲[196]的吉刚走过来，吉刚看起来一脸疲惫，军服和脸上满是尘土，像个刚从灶台里爬出来的灶王爷，朱旺财对着吉刚鞠了个躬："吉刚君，啊里嘎兜（谢谢）！"

吉刚鞠躬之后，伤感地回答："石桑，谢谢你的救命之恩，淑子小姐，撒由那拉（再见）！"

吉刚懒散地回朝兵营走去，铁路下的涵洞正好有个卖马蹄子烧饼的人，一见到筐子里的烧饼，吉刚这才发觉自己的肚子已经咕噜噜地像青蛙一样叫了起来，于是吉刚迈步朝着这个烧饼摊子走去。

"一……一个……烧饼。"吉刚一面结结巴巴地掩饰着自己的口音，一面把手里的钱递给烧饼货郎。

---

[196] 垂头丧气

烧饼货郎却递给了他两个烧饼，吉刚惊异地看着他，烧饼货郎笑了起来："买一赠一，俺们中国人是礼仪之邦，来而不往非礼也。"

吉刚见对方没有恶意，禁不住松了一口气，接过了烧饼狼吞虎咽地吃了起来。烧饼货郎见对方吃得着急，倒是弯腰倒了一杯热茶，递给了眼前的这个矮个子日本人。

"谢……谢谢！"

"这位先生听说过这附近的一句谚语吗？"

"……谚语？"

"对！这句谚语叫做别看夜来（昨天）闹得欢，就怕今天拉清单。"

"我……我很快……就要……回家了……"日本人听不懂货郎的谚语，只是嗫嚅着告诉他自己就要回家的喜讯。

"俺现在就可以送你回家！"

话音未落，烧饼货郎手里忽然多出来了一把锋利的钢刀，他朝着猝不及防的吉刚用力捅去，钢刀扑哧一声连根儿没入了日本人的腹部。

夏末时节，田家大院的老掌柜田济世起了个大早，拿着一个青铁喷壶浇了一遍花坛里五颜六色的花草，苹果树上挂满了红黄相间的小国光，红得发紫的石榴也在树丛中绽开着笑脸，有的咧开的石榴露出了紫红色的石榴颗粒。田济世的背已经驼了，他的眼神儿也不比从前了，但他的心底却变得宁静了起来。田济世最近在夜里经常梦见自己的爹娘，梦中的田大寿笑嘻嘻地领着自己在范公亭和归来堂[197]附近转悠，梦中的娘给自己买了一个白糖馅子的火烧，里面还加了青红丝儿，他让娘也咬一口，娘却说，你吃，娘不舍地吃哩。田济世在半夜里醒来的时候，枕头竟然已经被自己的泪水浸湿了，他知道不用过多久，他也会和朱家父子、田蚂蚱父子、老皮货张家、石尊宝和瞎海从云以及老地主刘狗蛋儿等这些死去的人一样，成为城外坟地里的一堆黄土，他会和爹娘再次相聚，自己心里憋着一肚子话要跟二老好好絮叨絮叨哩。

田济世走过石榴树下的那口潲水井时，看到田簸箕正像一只打开的纸伞一样躺在院子中央修车。

"我说簸箕呀，最近外面整天叮叮咚咚的，到底是咋事儿啊？"

正在修车轴子的田簸箕从车下伸出脑袋来："听屎根儿说，小日本投降以后，保安团和地方军跟八路军干起来了，八路军打败了保安团和地方军，刘四儿和朱旺财那伙人都逃到乡下去了。"

田济世放下水壶，回头对田簸箕说："刘四儿跟他爹刘振文一个当伪军队长，一个当保长，哪天人家少不了来青石板街，找他们刘家清算哩。"

田簸箕哼了一声："可不是么，朱旺财也被人当了枪头使唤了好几年，现在又养了个日本女人，听说把他爹朱毛蛋都气出气球[198]来了。"

---

197 古城西门外范仲淹和李清照故居

198 疝气

"朱旺财要是好好跟着他爹拉黄包车，哪会有这些哩哏儿楞[199]！"

田济世和田簸箕正你一言我一语聊得起劲儿，田簸箕的儿子田屎根儿一阵风似地走进了田家大院儿，满头大汗的田屎根儿一进门就心急火燎嚷起来："老掌柜！爹！你们知道吗？现在外面可热闹呢，他们正忙着成立农会，仇家庄的薄碌碡当上了农会会长，咱这街上刚从青岛皮革厂回来的延禄二叔，也当了个农会副会长哩。"

"你个熊孩子也加入农会了？"田簸箕厉声质问儿子。

"爹，俺和申生他们几个就是给农会跑跑腿儿。"田屎根儿咕咚咕咚喝完了水，又像丢了魂儿一样急匆匆地朝门口走去，田簸箕跟在田屎根儿后面喊道："你要是在外面捅出娄子来，别说俺田簸箕是你亲爹。"

田济世看到田簸箕像斗鸡一样跳脚大骂儿子，禁不住笑出声来。

"你们爷儿俩啊，可真是……亲爷儿俩！"

过了一会儿，老掌柜像是忽然想起了什么事儿，转过头来对田簸箕说："簸箕呀，你最近要是有空儿，就把院子里里外外打扫打扫。你大哥来信说他们一家很快要回青岛了，说不定哪天就回古城了。"

"你这么一说，俺还挺想大哥一家哩，他那两个小嫚[200]也都长成大姑娘了吧？"

---

[199] 乱七八糟，无用的事儿或话

[200] 山东半岛，尤其是青岛地区对姑娘的称呼

"都长大了，长得俺都快认不出来了。日子过得可真快，这一眨眼儿的功夫，日据八年就这么过去了，街上的老人都死得差不多了。"

田簸箕扳着指头算了算回答："可不是么，老掌柜，俺爹都死了好多年了。"

提到田秋秸，田济世有些伤感，叹了口气说："我最近经常梦见你爹，你爹真是个好人，就跟我半个兄弟差不多。有道是好人无长寿，祸害一千年啊。"

52

田谷雨夫妻俩通过内部情报得知克文的部队就驻扎在泸西附近，于是就找了个时间，一起带着孩子找到了第八军在泸西的驻地。卫兵一听田谷雨夫妻找团参谋长，立刻带着夫妻二人来找克文。

"我的大参谋，咱们又见面了！"谷雨一进门就扯开嗓门喊道。

"两位大情报专家，我可想死你们了！"张克文也紧紧地抓住了田谷雨的双手，"差一点儿就见不到了，几次都是都命悬一发哩。"

"不要提死，今天谁要是再提"死"字，一会儿罚酒三杯。"田谷雨握着克文的手，笑着开起了玩笑来。

姜雪寒笑嘻嘻地站在一旁，上下打量着两个古城男人：田谷雨身着便服，大高个子在军营里也显得鹤立鸡群，比几年前多了几分成熟、自信和狡黠；经过战火洗礼的张克文身穿黄色军服，脚蹬马靴，脸显得黑亮而清瘦，黑豆儿一样的眼睛却炯炯有神，姜雪寒还注意到他的额头上，有一块儿新添的一寸多长的伤疤。

田谷雨转过头来，指着带着孩子的姜雪寒对克文说："雪寒前一阵儿每天都在打听你们第八军的伤亡情况，几乎到了痴迷的程度！"

"是啊，松山那场战斗确实是旷日持久，不但雪寒天天关注，就连陆军部都是一天好几封电报催命哩。"

克文看到两个孩子害羞地躲在姜雪寒身后，就问姜雪寒："小家伙都多大了？"

"这个大的叫云峰，快四岁了；这个小的叫南峰，才两岁多点儿。"姜雪寒指着两个孩儿说。

"很有纪念意义，俩人的名字凑起来，正好是云南。"

"对，这么起名儿，就是为了纪念这段彩云之南的日子。"姜雪寒看了一眼田谷雨，意味深长地回答。

克文带着田谷雨一家出了营房，走进了附近的一个小酒馆里，大家找了个僻静靠窗的位置坐了下来，要了几碟子云南小菜、几碗蚂蚁上树和一桶当地米酒。窗外是一片翠竹，几棵俗名叫"大象耳朵"的植物兀自长得正旺，姜雪寒看着谷雨和克文，心里不禁想起了胡孝连，眼圈一下子就红了。

"要是孝连能活着看到今天，那该有多好啊！"

田谷雨端起了酒杯："来，咱们这第一杯酒，敬给孝连兄弟和那些不该死去的人们！"

　　三人一饮而尽后，边吃边聊。谷雨告诉克文，上面有意让他北上去英国使馆做协调工作，这个机会千载难逢，可那也就意味着，姜雪寒只能一个人带着孩子，继续留在云南情报处了。

　　"你还是去吧，省得以后说我拖了你的后腿儿，我自己一个人能行，他俩也慢慢长大了。"姜雪寒大度地回答。

　　"相见时难别亦难！要是这次真去了南京，咱们下次相见，又不知道是什么时候了？"谷雨喝了口米酒抱怨道，"要是国共双方果真兵戎相见的话……"

　　克文摇了摇头："没那么悲观，现在国共正在和谈，听说部队有可能裁军或者整编，我随时准备回到清泉湾，做个种田垂钓的闲人哩!"

　　姜雪寒忽然笑了起来，两个男人不解地望着她。

　　她这才开口道："克文，抗战胜利了，你也该好好考虑考虑自己的终身大事儿，就是在清泉湾种田垂钓，也总得有人陪伴吧？"

　　"那得有合适的人才行啊。"

　　"我觉得大妹妹看你的眼神儿就很特别。"

　　克文笑了笑，想要说什么，却什么也没有说出来。

　　田谷雨喝了一口米酒："雪寒说得对，我看也是。听说陆军部有意派你们去青岛接收胶东半岛，到时候你和美丽也早点儿把事儿办了，那样我们也算是亲上加亲了。"

　　听田谷雨也这么说，姜雪寒开口大笑了起来，可不是么，到时候你就是妹夫了！

"伯父、伯母已经回青岛了吗？"克文红着脸问谷雨。

谷雨点点头："他们就要上路了，听说国立山东大学十月底就要复课。照这样算得话，等你的部队抵达青岛的时候，他们已经在岛城了，或者是在古城爷爷那儿。"

克文有些担心地问："听说山东那边的时局比较乱？"

"没错，听说国共双方都在那边儿忙着抢地盘儿，为这次谈判做筹码哩！苏联军队接管了旅顺大连，美国海军陆战队也从海上登陆青岛，我心里总是有种不详的感觉。"

"国民政府早就任命了何思源先生为山东省政府主席，他现在正忙着山东上上下下的布局，有何先生这样的爱国志士，我倒觉得山东的时局一定会越来越好！田谷雨他这个人，总是把事情往坏处想，我觉得他都该去看看心理医生了。"姜雪寒数落完丈夫后，朝着两个男人举起了手里得酒杯，"来！为抗战的胜利和未来的幸福，让我们干了这一杯！"

克文和谷雨看雪寒一副女中巾帼的样子，禁不住相视而笑，三人举杯把杯里的酒一饮而尽。店小二连忙又走上前，上了一轮儿米酒，大家接着有说有笑，聊起了各自以后的打算。克文告诉田谷雨夫妇，他这次回山东还要专门去找一个人。

"是什么人？"

"古城基督教堂的传教士布坎南，他对我有救命之恩。听说，他一直被日本人关押在潍县的一座监狱里。"

情报专家姜雪寒低声告诉克文："八月中旬的时候，从昆明起飞的一架 B-24 轰炸机，执行了一次叫'鸭子行动'的飞行，就是专门去潍县营救这些人的。如果你说的这个老布没有被饿死的话，那么他现在已经获救了，此刻正在青岛等候被遣返。"

谷雨插了一句："我给父亲去信的时候告诉他一声，让他在青岛找找这个老布。说起来，这个布坎南还是家父在古城的老朋友哩。"

初秋的济南正是秋老虎肆虐的季节，天气闷热，如同火炉一般，偶尔一阵微风吹过，掠起地上的黄土，吹到脸上，风竟然也热呼呼的。南来北往的乘客们或坐，或站，或躺，横七竖八地挤满了这座当时亚洲最大的火车站。这座哥特式车站附近的角落和墙壁上还贴着各种庆祝抗战胜利的标语，穿着制服的警察不放心地盯着四周的人群，脚夫和拉黄包车的正四下招揽着顾客。

"呜……扑哧扑哧……"

又一辆硬座车厢的火车进站了，到站的人群扶老携幼，熙熙攘攘的下了火车，接着又争先恐后地挤过天桥，走出了这座哥特式建筑西侧的那两扇铁栅栏门。一对满头白发的老年夫妇蹒跚地走在出站人群的最后面，男人一只手拎着一只牛皮包，右手搀扶着自己的老伴儿，老太太胳膊上挎着一只竹篮子，篮子里装着地瓜、玉米等杂粮，另一只手里紧紧地拎着两只老母鸡。

"老师儿[201]，去哪儿？"黄包车车夫露出一口黄牙，热情地招呼着这对老夫妇。

---

[201] 济南方言里的称呼，相当于师傅

男人从怀里掏出了一个地址，递给了黄包车夫，车夫看了看地址后，拉上老夫妻向南离开了车站。

"二位来济南干莫[202]，是走亲呢还是访友啊？

"哦……我来济南看一位多年未见的老友。"老人低声答道。

"你们是从……"

"哦，我们俩是从古城来的。"

黄包车七拐八拐进入了一条宽阔的街道，周围种满了法国梧桐和高大的银杏树，车夫在一所幽静的庭院前停了下来，门前站立着卫兵，门上的牌子上赫然写着"何公馆"。何公馆的下人们不认识这对老夫妻，老人告诉下人自己是古城人，姓温，是何主席的一位故交。

山东省政府主席兼国民党省党部主任委员何思源，听说温子培一路辗转到了济南造访自己，立刻和夫人宜文妮·詹姆斯（何宜文）迎了出来。见到一副乡下老农打扮的老友，何思源一把接过温子培手里的牛皮包，紧紧握住了他的双手。

"子陪，别来无恙啊？"

"何主席您是抗战的功臣，连我们凤凰店子的童谣都知道：只要还有老处长[203]，齐鲁大地未曾亡！"

"何某愧对齐鲁大地的父老相亲……"

男人们的大声喧哗惊动了朱素英手里提着的老母鸡，老母

---

[202] 济南方言，相当于干吗

[203] 何思源，原山东省教育厅长，鲁北抗战时人称老处长

鸡咯咯咯地叫起来，温子培的女人拍打了它一下，对何宜文说：："自家养的，全是吃野地里的虫子长大的，一天下一个蛋，舍不得杀哩。"

见曾经大户人家的贵妇人朱素英如今泯然农妇，何宜文这位善良的法国女人不禁有些哽咽，何思源看着满脸沧桑的温树德，心中也百感交集："莫放春秋佳日过，最难风雨故人来！子培，这些年你受委屈了。"

"仙槎[204]，我没什么。我这些年一直都在盼着你们回来呢，盼星星，盼月亮，终于把你们给回来了。"

"我本来有意想把你安排到青岛去，可是现在青岛各路大军云集，连美国人也来凑热闹，再过一阵子中央军的第八军也会到达胶东半岛，我不想让你去捅那个是非窝子……"

"仙槎，其实温某也不想去那个地方，青岛……是我的……伤心之地，不去最好……"

"那你就留在省府，做个……政府参议吧？"

"子培愿意效犬马之劳！"

众人寒暄唏嘘一番后，山东省政府主席何思源感其"出污泥而不染"之高节，遂委任温子培为山东省政府参议，温子培遂与夫人朱素英留在了济南。

一九四五年日本的突然投降，急剧地改变了国内外形势。

---

[204] 何思源，字仙槎

那年的九月中旬，国共两党的大员们齐聚重庆进行谈判期间。鲁南八路军主力和各独立大队几乎同时接到了中共中央"向北发展、向南防御"的新战略方针。在中共中央山东分局书记、山东军区司令员兼政治委员罗荣桓的调遣下，从一九四五年九月至十二月期间，超过六万余山东八路军部队以及六千余名干部，或由胶东海路，或从陆路日夜兼程，潮水般涌向东北。

副大队长兼政委的郑葫芦率领着潍北独立大队的一个中队，负责掩护一部分八路军海渡"闯关东"，已经是独立大队中队长的马大铃铛意外地见到了表弟杨树根，马大铃铛见杨树根虽然和自己官衔儿差不多，可人家杨树根毕竟是八路军的正规军，那种军容和气势一下子就把郑葫芦他们这帮杂牌军给比了下去，马大铃铛心中不禁对表弟杨树根羡慕不已，倒有些后悔当初跟了郑葫芦这伙人了。别看马大铃铛羡慕杨树根，杨树根心里却十分羡慕这些闯关东的八路军战友，听说东北现在遍地都是日本鬼子的枪炮哩，可上级却偏偏没有批准杨树根坚决要求去东北的请战书，理由是他杨树根是鲁中本地人，对本地的地形人情知根知底儿，以后如果要跟国民党在鲁中会战，少不了需要杨树根这样的人。杨树根撤回根据地之前，郑葫芦和马大铃铛还专门请他吃了一顿潍北团圆饭：海蛎子就[205]地瓜干和粗粮煎饼。吃饭的当间儿，副队长郑葫芦对当前的局势进行了一番评论，他认为中共中央可能会在这次重庆谈判中做出一些让步。

"俺郑葫芦赞成双方各退一步，那样全国和平就指日可待了。"

马大铃铛向杨树根抱怨了一番独立大队的武器装备后，委婉地希望他向上级反应一下，能不能支援一下地方部队，俺们

---

[205] 伴着

潍北独立大队也不是后娘养的啊。杨树根答应马大铃铛他一定转达，接着提醒郑队长和马队长要多多注意周围的敌情，尤其是号称山东保安第一师的张天佐和挺进第二纵队的秦三儿，杨树根最后还向郑葫芦和马大铃铛透露，国民党正准备调一支国军主力来山东。

"听说这次派来的是个叫李弥的第八军，据说曾经参加滇缅的松山会战哩！"

"咱们有中共中央毛主席的领导，有苏联老大哥的支持，怕他个国民党球毛，他就是参加过泰山、梁山会战，俺郑葫芦也不害怕！"

"他们也有美国老大哥的支持哩……"

"那咱就在这鲁中跟他们比划比划，正好是他奶奶的"八路"对"八军"，看看最后到底鹿死谁手？！"

在跟随父亲南下的这些日子里，田美丽已经从那个离开青岛时的少女出落成了一位成熟的大姑娘。在这美丽如花的抗战胜利时节，微微南风甚至吹散了雾都重庆天空常年不散的云层，阳光如同一位无私的母亲把她无限的慈爱撒向大地。南去的朵朵白云啊，你真实地告诉我，你可知道我的爱人他如今在哪里？东去的滚滚江水啊，你到底要流过几个渡口，你能否带上我心底的思念？在田美丽此刻的心中，正憧憬着那五彩缤纷的爱情，也充满了对那个向往的人的挂念，就如同在青岛的那些年月里，她母亲站在起伏的山坡上，注视着从崎岖的小路上走回来的父亲一样。一丝姑娘独有的忧郁和对未来的担心，不经意地从她的心底掠过，就像她喜欢的那位诗人说的一样：我是天空里的一片云，偶尔投影在你的波心。你不必讶异，更无须欢喜，在转瞬间消灭了踪影……

睡到半夜时分，田美丽被一种很奇怪的感觉抚醒了，原来窗外有一轮明月，她正是被这温柔的月光给唤醒的。田美丽下了床，一人坐到黑暗房间的窗边，黄灿灿的月亮是女人见过最令人心动的一轮，窗外是一大片开阔的平地，月亮离地面非常的近，把四周照得透亮。没有一丝浮云，没有一颗杂树，有的只是空旷和寂寞的大月亮，于是她留下了眼泪来，只为今夜这皎洁的月光。

仲秋节将至，山城又变成了一片欢乐的海洋，欢呼声和鞭炮声不绝于耳，游行的队伍像赶大集一样络绎不绝，人们在庆贺着抗战胜利后的第一个团圆节日。从家中走出来的田美丽和田美兰这一对姐妹，不知不觉地被人拉进了一支游行队伍中，路边是欢天喜地的老百姓和喜气洋洋的小贩们。

"姑娘们，进来喝杯米酒吧，不要钱！"

"《中央日报》号外新闻绝版，承认外蒙独立！"

"明年一月一日起。车马行车靠右！"

"'永恒'照相，抗战胜利纪念特价！永恒照相馆，记忆恒久远！"

田美丽停了下来，接过了一张"永恒照相馆"的广告，田美兰也停了下来，姐，你要去照相？我也想去。田美丽点点头，告诉妹妹，我早就想好了，咱俩一起去照张合影专门送给咱娘。这不仅是为了纪念抗战胜利，你忘了，咱娘的生日也快要到了，这些年来爹娘都老了不少，娘操心操得头发白了好多哩。听姐姐这么说，妹妹跳着拍起手来，好好好！这真是个好主意，真是太好了！

第二天上午，古城青石板街田家大院儿田济世的两个孙女儿梳妆打扮后，换上了最好的衣服，她俩辗转找到山城陪都这家"永恒照相馆"。照相馆老板热情地接待了这对姐妹，这位矮个儿的四川摄影师，在经过一番指导纠正后，果断地按下了快门儿。在这张黑白照片中，田美丽留着一个当时流行的"五四"头，头发略略拢到背后，刚刚露出耳朵来，在发髻的右侧，她别了一个夹子，也许那是当时的一种时尚。她白皙的脸庞看起来还有些婴儿肥，露出两个淡淡的酒窝儿，在她平直而修长的眉毛下面，她那双眼睛凝视着远方，那眼神是如此的纯真，又如此的清澈，就如同城南荷花湾里的那两湾清泉一样，使人心醉，甚至使人有种想要流泪的感觉，她泉水一般的眼神里，透出淡淡的羞涩和对未来无限的憧憬。田美兰就坐在田美丽的右侧，姊妹俩像是一个模子里刻出来的，只不过妹妹还透着些稚气，看起来没有姐姐那样风采照人。田家姐妹俩的头，都微微向里侧着，那是摄影师的主意，因为那样就给人一种亲密无间的感觉了。

田家大院的这对姊妹，就这样并肩出现在了这张黑白的照片上，照片中的她俩显得丰润而健康，腼腆而端庄，年轻得让人嫉妒，她们正微笑着凝视着远方……

很多年之后，我在行驶的列车上看到这张照片的时候，忽然有一种似曾相识的感觉，我对父亲说："我好像以前在那里见过她。"父亲叹了一口气："连我都没有见过她，你怎么可能见过她呢？"父亲说这话的时候显得有些伤感，那时候父亲还那么年轻，我也只是个上高中的毛头小伙子。

仲秋节过后，田谷雨如愿以偿，接到调令后调往南京的英国大使馆任职，姜雪寒则带着两个儿子继续留守在云南情报处。秋冬时节，克文的部队也要开拔前往香港九龙，他们将在那里搭乘美国人的运兵船前往山东半岛。

一九四五年初冬时节，经过休整的国民革命军第八军整员三万余人，自香港九龙湾登上了美国第七舰队护航的军舰，北上接收山东半岛。"山河破碎风飘絮，身世浮沉雨打萍。惶恐滩头说惶恐，零丁洋里叹零丁。"经过伶仃洋的时候，站在甲板上眺望远方的克文禁不住轻声吟诵着文天祥诗句，厓山之战后再无宋朝，中日之战这次险些成为二次厓山之难，想到这里，他心中禁不住有些庆幸的感觉，也许在冥冥之中，老天确实在默默地眷佑着中华。军舰缓缓驶出零丁洋后，慢慢加快了行驶的节数，满载国军将士的美国军舰破浪而行，从南海经台湾海峡驶入东海，再沿着东海北上，于一九四五年阳历年底驶入了黄海的胶州湾。

几声低沉的汽笛声后，军舰的前方出现了一条深色的海岸线，海鸥在栏杆和甲板的上空盘旋着，鸣叫着，军舰上的各种号旗被寒风吹得飒飒作响。离海岸线越来越近了，刺骨的寒风吹起一阵阵夹带着寒气的海雾，透过在寒风中起舞的迷雾，远处是一大片陆地，横亘在半岛和内陆之间。在海岸西面的小青岛（琴岛）像金刚一般守护着这一方青山绿水，在海岸东面的迷雾中若隐若现的是一块儿高高耸立的风化石[206]，据说那是位海边的老渔民，他正在海滩上等待着被龙王夺走的女儿，潮起潮落中静耳谛听，似乎能依稀听到他女儿呜咽的哭声。

一阵阵凛冽的海风吹过，海面上荡起阵阵波涛，汹涌的波涛愤怒地拍击着青色的岸礁，激起十几米高的巨浪和朵朵白色

---

[206] 午山脚下临海断崖处有一尊海蚀柱，形如老人，端坐于碧海之中，人称"石老人"，传说石老人在等被龙王抢进龙宫的女儿的归来

的浪花，渐渐出现在眼前的是海边那一排排红顶青砖的德式建筑和精巧的木质日式建筑。又一阵刺骨的海风吹过，寒风像匕首一般穿透了克文的军大衣，他禁不住打了个寒颤；海雾迎面扑来，一想到马上就可以见到田美丽，克文禁不住又多看了一眼手中的黑白照片，眼睛也变得湿润了。岛城的码头和船只上挂满了青天白日满地红旗和美利坚合众国的星条旗，早已等候多时的军乐队开始奏响军乐，军舰缓缓地驶入了这座被称为东方海伦[207]的海港，就是这座城市，曾经引起过多少列强的垂涎和觊觎，又曾经在近代历史上掀起过多少的波澜，她就是民国的十二个直辖市之一，黄海里的明珠——青岛。

"美丽的姑娘，别来无恙否！？"

（《古城三部曲》第一部完）

---

[207] 是希腊神话中宙斯与勒达之女，被称为"世上最美的女人"，她和特洛伊王子帕里斯私奔，引发了特洛伊战争

后记

　　本文写作中受到了皮皮鲁女士、王二猫先生、寒梅女士、哈士奇小姐和张蒹葭女士的建议和指正，特此致谢！

www.ingramcontent.com/pod-product-compliance
Lightning Source LLC
Chambersburg PA
CBHW021209090426
42740CB00006B/166